"十三五"高等院校经济与金融专业规划教材

国际结算与贸易融资

（第二版）

徐莉芳 李月娥◎主编

立信会计出版社
LIXIN ACCOUNTING PUBLISHING HOUSE

图书在版编目(CIP)数据

国际结算与贸易融资/ 徐莉芳,李月娥主编.—2
版.—上海:立信会计出版社,2018.1(2022.12 重印)
"十三五"高等院校经济与金融专业规划教材
ISBN 978 - 7 - 5429 - 5685 - 9

Ⅰ.①国…　Ⅱ.①徐…　②李…　Ⅲ.①国际结算—
高等学校—教材 ②国际贸易—融资—高等学校—教材
Ⅳ.①F830.73 ②F831.6

中国版本图书馆 CIP 数据核字(2018)第 019496 号

策划编辑	方士华
责任编辑	方士华
封面设计	南房间

国际结算与贸易融资(第二版)
GUOJI JIESUAN YU MAOYI RONGZI

出版发行	立信会计出版社		
地　　址	上海市中山西路 2230 号	邮政编码	200235
电　　话	(021)64411389	传　　真	(021)64411325
网　　址	www.lixinaph.com	电子邮箱	lixinaph2019@126.com
网上书店	http://lixin.jd.com		http://lxkjcbs.tmall.com
经　　销	各地新华书店		

印　　刷	苏州市古得堡数码印刷有限公司
开　　本	787 毫米×1092 毫米　　　1/16
印　　张	17.25
字　　数	392 千字
版　　次	2018 年 1 月第 2 版
印　　次	2022 年 12 月第 2 次
书　　号	ISBN 978 - 7 - 5429 - 5685 - 9/F
定　　价	39.00 元

如有印订差错,请与本社联系调换

第 二 版 前 言

随着世界经济一体化步伐的加快和我国社会主义市场经济体制改革的不断深化、开放力度的不断加大,特别是我国已加入了世界贸易组织,这一切都表明我国与世界各国的经贸往来将发生前所未有的变化。如何进一步开拓国际市场,使我国成为世界贸易强国;如何拓展国际金融市场,充分利用外资,实现商品输出和资本输出的相互促进,已成为理论界和实际工作者迫切需要研究的重要课题。

国际结算与贸易融资是一门研究国际结算的支付工具和支付方式以及贸易结算中的融资与信贷业务的应用经济学科,是从事国际贸易与国际金融工作所必须掌握的一门重要的实务课程。为此,学校组织一批具有丰富理论知识与教学经验的中青年教师编写本教材。本教材的编写也是在我们多年的教材改革和课程改革的基础上进行的。本书作为大学本科国际经济与贸易、金融学专业学生的主干课程教材,具有以下特点。

1. 内容新颖

内容的新颖体现在将国际商会《跟单信用证统一惯例》第 600 号出版物(UCP600)、《跟单信用证统一惯例电子提示补充规则》2006 年 1.1 版本(eUCP1.1)、《2010 见索即付保函统一规则》第 758 号出版物(URDG758)、跨境贸易人民币结算等最新内容纳入教材。

2. 结构独特

本教材不仅介绍了国际结算的支付工具、结算方式和结算所使用的商业单据,还较详细地介绍了与贸易结算有关的融资信贷方式,从而将国际结算与融资信贷有机地结合在一起。在现代国际商务活动中,国际贸易的结算与融资信贷相结合已成为现代国际结算业务的基本特征之一,两者是融为一体的。

3. 体例创新

本教材在每章设置了案例分析、本章小结、重要概念和复习思考题等,使教材在篇章结构上得到创新。设置案例分析的目的在于提高学生理论联系实际的应用能力;本章小结可使学生系统掌握本章的理论脉络,起到"纲举目张"的学习效果。

本教材由同济大学浙江学院经济与管理系国际结算与贸易融资教学团队的教师策划与编写。

共分十一章。第一章绪论,阐述了本教材的基本内容和当前国际结算的主要特点;

第二章至第四章阐述了国际结算中的支付工具——汇票、本票和支票的必要项目、特点、种类及各国票据法的有关规定；第五章和第六章阐述了国际结算方式——汇款、托收和信用证的选择、作用、业务流程；第七章阐述了为承担交易风险的一方提供信用保障的工具——银行保函和备用信用证；第八章阐述了国际贸易结算中的商业单据及其审核；第九章和第十章阐述了国际贸易结算中的融资业务和国际保理、福费廷、出口信用保险等与贸易结算有关的融资业务；第十一章阐述了2009年起试点实施的跨境贸易人民币结算的内涵与流程。第一章至第五章、第十一章由徐莉芳编写；第六章、第七章由蒋诚编写；第八章至第十章由李月娥编写；全书由徐莉芳设计大纲及统稿。

本教材的编写借鉴了诸多专家学者的论著，书后已列出主要参考文献。在本书的编写过程中，李华、冯喜英、傅泾华、李品芳、季晨曦、杨忠华、傅星照、陈金莲等老师和同学帮助收集相关资料。在此我们一并表示由衷的感谢！立信会计出版社方士华副编审对本书的出版给予了极大的支持与鼓励，谨在此表示衷心的谢意！

由于编者的水平有限，书中难免存在某些不足之处，在此我们希望得到各位同仁和专家学者的赐教！

编者

2018 年 1 月

目　录

第一章

绪　论

　　国际结算与贸易融资是一门以国际金融、国际贸易和融资信贷为基础而形成的理论与实践相结合的国际经济应用课程。它以国际支付结算方式、与贸易结算有关的融资信贷为研究对象,分析、评价各种结算方式和融资信贷业务。国际结算包括贸易结算和非贸易结算,而贸易结算是其主要内容;贸易融资则包括与贸易结算有关的融资信贷和其他相关信贷。国际结算有着较长的历史演变过程,目前银行已成为国际结算业务的中枢,因此,银行海外机构网络的构成至关重要。

第一节　国际结算的基本内容

一、国际结算的概念

　　国际间由于各种经济交易交往而产生的以一定货币形式表现的债权债务,通过一定支付手段和支付方式进行偿付和清偿的行为,叫做国际结算。

　　不同国家的个人、单位、企业、公司或政府当事人之间,因为商品买卖、提供服务、金融交易、无偿捐款或赠款等会产生以一定货币形式表现的债权债务关系,这些债权债务的偿付,有以外币现金为支付手段的,也有以外币支付凭证(非现金)为支付手段的(这里,又有自由外汇和记账外汇之分),后者须通过银行来进行,有汇款、托收和信用证等不同的支付方式。另外,由于这些债权债务往往表现为一种多边关系,所以在非现金支付情况下,还常常采取多边清算的办法来完成清偿。

　　国际结算可按照引起跨国货币支付的不同原因作以下分类。

(一)贸易结算类

　　贸易结算类(即有形贸易结算类)是指货物交易本身的结算。这里所谓的有形贸易,包括了所有的商品贸易方式在内,即不仅包括货物所有权的交易(买卖),还包括货物使用权的交易(租赁)。

(二)非贸易结算类

　　非贸易结算类是指货物交易以外的所有经济交易/交往的结算。

　　1. 无形贸易结算类

　　这是指国际旅游、出国留学、劳务输出、国际技术转让、国际工程承包,以及交通、运输、通信、货物保险和收账服务等国际服务交易等的结算(显然,这里包含了贸易服务费用的结算在内）。

2. 金融交易结算类

这是指国际外汇买卖、对外投资和对外筹资等的结算（显然，这里包含贸易信贷结算在内）。

3. 无偿转移结算类

这是指国外亲友赠款、国际捐赠款和移民携款等的结算。

4. 其他

如参加国际展销、展览等的结算。

而所谓国际贸易结算，是指国际间由于各种进出口货物贸易所产生的国际结算。狭义是专指货物贸易本身的结算；广义则还包括货物贸易从属费用的结算（即各项贸易服务和贸易信贷的结算）在内。

最初的国际结算业务主要是国际贸易结算业务。随着金融业的发展与日益国际化，跨国的资金转移规模不断扩大，已经远远超过贸易总额。但是国际贸易结算仍然是国际结算业务中极其重要的组成部分，而且贸易结算的工具、方法种类繁多，大多可以运用于非贸易结算中。此外，贸易与融资的结合使得贸易结算与资本交易在许多方面紧密连接起来。因此，国际贸易结算仍将是国际结算业务的重点。

二、国际结算与贸易融资的基本内容

国际结算与贸易融资作为一门课程，主要包括四个方面的内容，即国际结算使用的信用工具（国际结算工具）、国际结算方式、国际结算单据和与贸易有关的融资信贷方式。此外，国际结算涉及一些相关的法律（如《票据法》）和国际惯例（如《托收统一规则》《跟单信用证统一惯例》等）。

（一）国际结算工具

国际结算工具包括各种支付凭证（如支付授权书、托收委托书等）和信用工具。信用工具也称金融工具，它是以书面形式发行和流通，用以证明债权人权利和债务人义务的契约证书。国际结算中使用的信用工具或金融工具主要是票据，包括汇票、本票和支票三种，其主要功能是确定收付货币的数量等。

（二）国际结算方式

国际结算方式是指收付货币的手段和渠道，这是国际结算的最主要内容。主要包括汇款、托收、信用证、银行保函、备用信用证等。不同结算方式具有不同的信用基础和特点，决定其不同的运用范围。前三种是基本的国际结算方式，后几种为派生结算方式。其中信用证是使用最广泛的国际结算方式，占全球国际贸易结算的 50% 以上、我国国际贸易结算的 70% 都采用信用证结算方式。

（三）国际结算单据

国际结算单据是指国际结算中涉及的、反映货物特征及说明交易情况的一系列证明文件或商业凭证，主要包括运输单据、保险单、商业发票等基本单据。此外还有众多的附属单据如海关发票、装箱单、商检证明、产地证书等。

（四）与贸易有关的融资信贷方式

与贸易有关的融资信贷方式包括国际保理、福费廷、出口信贷、出口信用保险等。

第二节 国际结算方式的发展与现状

一、国际结算方式的发展阶段

国际结算最早源自国际间的商品买卖，也就是说是国际贸易导致了国际结算的发生。按照国际结算的定义，我们将更早期的那种不以货币为中介的简单易货贸易排除在外，可以把国际结算方式的发展和演变大致归纳为以下几个发展阶段。

（一）从现金结算到非现金结算

公元前 6 世纪以前，随着社会分工、私有制、国家的出现，原始的国际贸易已经孕育。但当时的产品交换是以物物交换的易货贸易形式进行的，交易过程本身就完成了贸易结算，因而不存在国际结算这一概念。

从公元前 6 世纪到 12 世纪，货币已经产生，其作为交易媒介极大地便利了贸易的发展。当时世界各国的对外贸易普遍采用黄金、白银、铸造硬币作为国际间的现金结算货币。随着国际贸易区域不断扩大，从地中海沿岸移至大西洋沿岸，然后远及亚洲、非洲、美洲遍布全世界。此时。采用现金结算的缺陷是显而易见的。大量现金的携带和远途运送极不安全——可能遭遇天灾人祸；而且现金结算效率低——资金占用时间长、周转慢，搬运、清点和辨伪十分麻烦；成本高——不仅需要运费，还得承担潜在的利息损失。于是以当事人的信用作担保的票据应运而生。利用票据这种信用工具，对国际间的债权债务，通过转账划拨资金或者互相抵销的办法进行结算，既减少了结算的费用，又节省了时间。尤其是银行的信用保证和融资作用，通过票据的使用得到了进一步的发挥。而票据本身功能的逐渐扩展，汇票、本票、支票立法的不断完善，使票据成为贸易结算的主要工具，故当代非现金结算已成为高度的票据结算。

（二）从直接结算到间接结算

最初的国际贸易多在商人之间以"一手交钱，一手交货"的方式完成，因此商人在交易的同时即完成了款项的交割，这属于商人之间的直接结算。买卖双方直接结算方式不适合国际贸易，因为使用不同货币，处在不同的贸易和外汇管理制度之下，不可能办理面对面的买卖双方货款两讫的直接结算，只有委托银行办理结算。银行有它自己的机构网点，或代理机构网点，设在买方或卖方驻地，它们经营买卖各国外汇或套汇的业务，它们了解各国贸易、外汇管制情况，因此贸易结算自然地分工到银行，从而使买卖双方集中精力开展贸易。货款结算完全通过银行办理，卖方可将货运单据经银行寄出，索取货款，银行则配合收款。卖方也可自寄货运单据给买方，由买方经银行汇回货款。在办理结算业务的同时，银行向当事人提供信用保证，或以单据为抵押向当事人融通资金，从而在更大程度上介入了国际结算的全过程。

（三）交易单据化的兴起

进入18世纪以后，随着国际贸易的进一步发展，商人们不再自己运送货物，而是委托船东运送货物，为了减少风险，又向保险商投保。这样，商业、航运业和保险业就逐步分化成三个独立的行业。行业分化导致了贸易条件的细分和物权——履约单据化的兴起，CIF、FOB等价格术语逐渐形成，提单、保险单等商业单据也相继问世。有的单据如海运提单，不仅代表着物权（货物所有权），而且代表着履约（按期交货），有着双重的功能；有的单据如保险单、发票、品质证书、装箱单或重量/体积证书等，则仅仅是履约证明。物权和履约的单据化导致了交易单据化的蓬勃兴起，确立了卖方交单买方付款的单据交易原则，同时，这也为以后银行信用加入国际贸易结算业务中来创造了条件。

（四）银行信用加入国际结算业务中来

到19世纪末20世纪初，交单付款的单据交易方式已相当完善，由于贸易规模不断扩大导致了商人们的贸易资金严重不足，融资需求日渐迫切，终于使得银行加入国际结算业务中来，并最终成为国际结算的业务中枢。银行信用的加入，给各方面都带来了诸多好处。对于银行来说，为商人们提供国际汇兑和单据交易服务，以及相关的贸易融资，是一项利润丰厚而又相对安全的业务。对于商人们来说，以银行为中介的国际结算业务体系有着支付安全、结算效率高、结算成本低和利于融资等众多好处。此后的国际贸易结算业务出现了结算和融资信贷相结合的新特点，并且提单和保险单也渐次演变成可转让的物权凭证和保险凭证。这一切又进一步大大促进了国际贸易的发展。

二、当前国际结算业务的特点

经济全球化和区域经济一体化的时代潮流促使国际贸易以高于世界经济的增长速度快速发展，贸易结算的业务量随之飞速增长。同时，当前的国际结算业务还呈现出以下四个重要特点。

（一）银行成为当代国际结算业务的中枢

在长期的国际结算业务实践中，世界各国的银行之间，总行与分行、分行与分行、代理行与代理行之间，逐步形成了一个完善的印鉴密押识别系统和高效的资金转移账户网络，商人们通过这一庞大的遍布全世界的银行系统进行国际汇兑、单据交易和资金融通，既方便快捷又安全可靠，这一切自然而然地使银行最终成为国际结算业务的中枢，这是当代国际贸易结算业务的一大特征。

（二）贸易结算与融资信贷相结合

当初，商人们的融资需求就是促使银行加入国际结算业务中来的重要原因，所以，自从银行加入国际结算业务领域之后，结算与融资信贷相结合就成为一大发展趋势。特别是第二次世界大战以后，卖方信贷、买方信贷、混合信贷和福费廷等出口信贷的新形式先后出现，并得到了长足的发展，至今，结算与融资信贷相结合也已成为当代国际贸易结算业务的一大特征。

（三）传统结算方式正面临新的变革

由于国际贸易中的市场竞争日趋激烈，经济全球化和区域经济一体化的发展势头十分迅猛,使得赊账交易和商业信用支付方式在贸易和结算中的地位日益重要,与之配套或为之服务的现代保理、包买票据和追账服务等业务迅速兴起,它们与传统的商业信用结算方式相结合,正在促成结算方式的新变革,这是当代国际贸易结算业务的另一大特征。

(四)结算业务的电子化和网络化趋势

随着计算机网络和通信技术的迅猛发展,"电子数据交换"(Electronic Data Interchange,EDI)以其快速高效、低成本和相对安全等优点已被经济发达国家普遍采用,结算业务的电子化和网络化发展迅猛。

随着现代通讯技术的发展及其在银行业的应用,国际结算已经可以通过国际电子清算系统进行,这迅速提高了银行处理结算业务的效率。现在国际上已经形成三大国际清算系统,即纽约银行同业电子清算系统(Clearing House Inter-bank Payment System,CHIPS)、伦敦银行同业自动清算系统(Clearing House Automated Payment System,CHAPS),以及环球银行金融电讯协会(Society for Worldwide Inter-bank Financial Telecommunication,SWIFT)。高效、安全的资金转移网络的建立,加快了资金的周转和利用速度,促进了国际贸易总量以及结算业务量的增加。

纽约银行同业电子清算系统是由100多个设立在纽约的美国和外国银行于1970年自愿组织的协会,清算系统本身主要用于成员银行办理货币收付,实际上是一个国际美元收付的计算机网络。该系统以前由于技术方面的问题,无法处理当月全部美元的收付,但是在1981年得到改进。CHIPS在纽约联邦储备银行建立一个特别清算账户,通过该账户,利用联邦储备系统的FEDWIRE(Federal Reserves Wire Transfer System)完成当日货币收付结算。该系统现有140家成员银行,其中绝大部分为外国成员银行,分布在43个国家。

伦敦银行同业自动清算系统是英国于1984年建立的计算机收付系统。以高度自动电脑化的信息传递部分替代依票据交换的方式,其主要优点体现在,能使以清算银行为付款人的部分交易在当日完成结算。CHAPS继续维护英国银行的双重清算体制,即所有商业银行均须在清算银行建立账户,通过其往来的清算银行进行清算,每日营业结束之际,各清算银行间进行双边对账和结算,其差额通过它们在英格兰银行的账户划拨来结清。

SWIFT是一个国际性银行资金清算机构。其总部设在布鲁塞尔,在比利时、荷兰以及美国分别设有3个操作中心。SWIFT每周7天,每天连续24小时运行,具有自动储存信息、自动加押、自动核对密押的功能。SWIFT业务覆盖面广,可以用于国际汇兑、外汇买卖以及托收、跟单信用证和银行保函等业务。为了给成员银行提供安全、可靠、快捷、有效的服务,SWIFT特别组织制定各种电文通用格式,对电文中的项目、货币、日期、数字、当事人等表示方法作出规定,保证电文的标准化和格式化,防止会员银行任何文字上或者翻译上的误解或差错。SWIFT保存电文长达4个月,并随时可以查询,而且费用较低,目前已经拥有130多个会员国,4 000多家会员银行。

银行通讯技术的现代化,不仅可以提高银行信息传递的速度,还可能改变结算单据通过邮递影响结算速度的局面。只是现在银行的电子数据交换受技术的限制仍无法得到普遍的运用,但是随着通讯技术的进一步改善,以银行为中介的结算体系必然会进入无纸贸易的时代。

第三节　国际结算中的银行汇兑

贸易与金融的国际化同银行业的国际化是相辅相成、密不可分的。为了能更好地为客户提供全球性的金融服务,银行必须在海外拓展业务,建立起海外经营机构,从而形成海外机构网络。就结算业务而言,如果没有海外业务网点,银行就无法执行客户的委托,跨国转移资金,清偿国际性的债权债务。就其他业务如外汇交易、国际信贷等而言,如果没有海外银行的协助,银行也将寸步难行。因此,通过合作、投资等各种方式建立起海外机构网络,是银行开展国际业务的前提条件。就本书所涉及的各种结算方式而言,每一种都离不开银行等金融机构的国际性合作,而这种合作最典型的方式是不同国家银行之间的代理合作,即银行间的代理行关系。

一、银行海外机构网络的构成

银行建立海外机构网络的方法,主要是通过投资及签订代理行合作协议等方式,但近几年来银行间的兼并也成为有关银行扩大业务网点的有效方法。由此形成的海外机构网络主要包括下列几种成员。

(一) 分行

分行(branch bank)是国内总行在东道国开设的经营常规银行业务的机构。分行的资本金全由总行提供,其资产、负债、收入、支出及利润、盈亏等全部包括在其总行的有关财务报表中。分行的主要管理人员都由总行委任,其经营方针与重要业务决策都由总行制定,因而在营运上受总行控制。此外,按照国际惯例,海外分行只是代表总行在东道国当地的派出机构,它与总行及其他姐妹分行属于同一个法人,被视为同一家银行(注:在信用证业务中,《UCP600》规定,应视为不同银行)。因此,总行不仅承担其海外分行的盈亏风险,还承担其他的责任风险,而分行有时也不得不承担由其总行引起的风险。正是因为分行与总行在业务、盈亏、风险等方面紧密相连,总行能很好地控制分行的经营,使其更好地服务于总行的利益。

(二) 子银行

子银行(subsidiary bank)也称为附属银行,是国内银行在国外按东道国法律注册成立的独立银行,是一个独立的法人机构。国内银行可能是该子银行的全资、独资股东,也可能占大部分股权,其余少部分股权由当地资本或其他外国银行资本掌握,因此国内银行对该子银行有控制权,可以通过股东大会、董事会等方式控制该子银行的经营。但是子银行本身是具有独立法人资格的银行,其日常业务必须按东道国法律规定办理。

(三) 联营银行

联营银行(affiliate bank)也是按东道国法律注册成立的独立银行,具有独立的法人资格。国内银行对该联营银行有部分投资,因而占有部分股权,但不能达到控股比例,无法控制该银行的业务。

（四）代表处

代表处（representative office）是总行在国外开设的代表该银行的办事机构，但其本身不是银行，不能经营存、贷款等常规银行业务。代表处的作用是代表总行与东道国的客户、银行及政府管理部门保持联系，为总行搜集与介绍东道国的政治、经济、法律、银行业务等方面的信息，为将来开办分行作准备。代表处的所有营运资金都来自总行，而且因其不能开展业务，不产生收入或利润，是一个只出不进的机构。

（五）经理处

经理处（agency）是商业银行在海外设立的能办理汇款以及贷款业务的机构，但是限制经营当地存款业务。经理处是总行的一个组成部分，不具有法人资格，是介于代表处和分行之间的机构。它具体经营工商贷款、贸易融资、信用证开证、承兑、票据贴现等业务。经理处由于业务范围的限制，其资金来源只能是总行或者从东道国银行同业市场拆入。

（六）代理行

代理行（correspondent bank）是指因签订代理行协议而与国内银行互相提供代理服务的国外银行。代理服务的内容涉及结算、融资、咨询、培训等诸多方面，在代理行协议上签字的银行互相成为对方银行在本国的代理行，在协议规定的业务范围内彼此提供金融服务。海外代理行本身是一家独立的银行，在经营、资金、盈亏、风险等各方面与国内银行没有任何关系，国内银行既不需要对对方银行投资，也不能控制对方银行的经营管理。双方只是出于拓展海外业务网点、为各自客户提供全球性银行服务的共同需要，经过友好协商并签订协议而形成了互相合作的代理关系。这种代理关系也可能因对方银行的倒闭、经营有问题或政府的限制而中止。

在每一家国际性银行的海外机构网络中，代理行的数量都占绝对优势，成为这一网络的主要成员。许多国际著名的大银行，如花旗银行、美洲银行、东京银行、三和银行等都建有代理行网络。我国银行随着对外贸易的发展，也与国外银行建立代理行关系。

二、建立代理行关系的重要意义

在银行的上述六种海外机构中，最主要的是分行与代理行，其中代理行又占了绝对的多数。对于分行，总行有直接控制，并可以通过分行进入东道国的金融市场，享受东道国经济成长与金融发展的巨大利益，这比起代理行能带来的好处要大得多。

但是开设分行涉及一系列的问题。首先，是资金的问题。由于银行是经营货币资金的机构，必须具备良好信用，而这种信用的基础就是雄厚的资金实力，因此开设分行意味着总行要投入大笔的资金。由于实力的限制，银行不可能到处开分行。其次，是人员配备的问题。分行的主要管理人员均由总行派遣，因此总行必须拥有一批既有丰富的从业经验，又能在异国环境中开拓业务的专业人才，而且对这些人员的语言能力、适应能力等均有较高要求。要寻觅到合适的人员实非易事。再次，是东道国的管制问题。许多国家

（尤其是发展中国家）对于外资银行在本国开立分行有较严格的规定，通常对总行的资产资本额、盈利情况、与东道国机构的业务额等内容有具体要求，而且还要求总行已开设代表处达到一定年限等。出于政治、经济等方面的考虑，外资银行分行的业务范围也会受到一定的限制。最后，分行开设后的业务前景也会影响到总行的决策。如果开设分行带来的利益不能弥补为此付出的代价，那么开设分行就不是明智的决策了。出于上述因素的考虑，对任何一个银行来说，开设分行都不是件容易的事，都需要平衡成本效益，慎重考虑。

相比之下，寻找合适的代理行就要容易得多。对国内银行来说，它既不需要对外投资，也无需配备人员；相反，根据代理行协议，它还可以向国外代理行派遣人员接受培训，学习国外银行先进的管理、运作经验，提高自己职员的业务素质与能力。由于对方银行是一家成熟的开展业务的机构，其业务水准是符合常规标准的，因而国内银行可以放心地向对方委托银行业务，只要对方业务作风正派，一般总能尽职完成委托任务。此外，海外代理行是当地的国内银行，熟悉该国的政治、经济、法律及银行业的情况，比起国内银行在当地的分行可能更善于与有关人员打交道，处理业务更方便。这一切都是海外代理行独具的优势。同样，站在对方银行的角度，寻找在国内的代理行比起在当地开分行也会有种种优越之处。因此，建立代理行关系是一种互惠互利的行为，既扩展了各自银行在对方国家的代理网络，又节省了大量的资金支出，而且在银行服务的质量方面也有保证。由于简便、成本低，建立代理行关系已经成为银行拓展海外业务网络的最实用和最常用的方法，由此而确立的代理行已成为海外机构网络的最主要的成员。

代理行关系的建立，大致经过以下三个步骤：

首先，考察对方银行的资信。通过多方渠道了解对方银行所在国的有关政策、法规、市场信息和关于对外资银行的管理条例、外汇管制和金融市场状况等；掌握对方银行的基本情况，如行名、地址、电报、电挂、成立时间、发展过程、组织形式、资本构成、主要经营业务等，考察对方银行的资本总额，资信状况，财务、经济和管理的稳健性，经营作风，服务质量以及该行在其国内同业中的地位。其中应特别重视根据对方银行的资产负债表、利润表以及现金流量表，对其流动比率、速动比率、财务结构比率等进行的分析与评估。银行可以利用总行的综合调查资料或分行的调查资料，或者间接委托国外分行、代理行以及驻外商务机构代为调查，还可以参考银行年鉴以及该行编写的年报等资料。

在分析和评价的基础上，确定建立代理银行关系的层次。代理行的层次分为：一般代理关系、账户代理行关系、议定透支额度关系。

其次，签订代理行协议（agency arrangement）。代理行协议在订立时可由一方起草，由对方银行审核同意后缮制正式文本，由双方负责人签署后才正式生效。代理行协议包括双方机构的名称（总行签订的代理行协议是否包括分支行、几家分支行必须在协议中明确）、控制文件、代理业务的范围、业务往来头寸的调拨、融资便利的安排等内容。

最后，代理行之间交换控制文件（control documents），并确认控制文件。为了代理业务的快捷、安全，代理行之间相互交换控制文件。

三、代理行协议的主要内容

代理行协议是确立代理行关系的基础文件,其主要内容通常包括下列项目。

(一) 签署机构

代理行协议一般都由两家银行的总行签署。如果协议包括双方的分支行,应在协议中注明其名称、地址。

(二) 合作范围

代理行协议规定的合作内容主要是结算业务,例如汇款的解付与偿付、托收的提示与收款、信用证的通知与保兑,等等,此外还可以涉及其他银行业务的合作,如外汇交易、资金融通、资信调查与咨询,等等。具体内容由双方商定。

(三) 账户设置

大多数代理行之间并不设置账户。如果有资金往来、可以通过各自的账户行划账。因此,代理双方应在协议中注明某种货币的各自的账户行及账号。这样,一方银行如有该种货币的收入,可以要求对方将资金划入指定账户行,如有支出,可以要求对方向指定银行索偿,从而实现双方间的资金转移。

有些代理行之间会开设账户,包括用于经常性资金收付的往来账户(current account)、投资账户及其他特定用途的账户(如信用卡账户、债券发行账户等)。开设账户的代理行称为账户行(depository bank)。几乎经营国际业务的所有银行都在国际货币的清算中心开立账户,否则会影响货币收付的正常进行。如美元,必须在美元的清算中心——纽约开立账户;英镑,必须在英镑的清算中心——伦敦开立账户;日元,必须在日元的清算中心东京建立账户。

开立账户时,若本国银行在境外其他银行开立账户的,就本国银行来说,称作往账(nostro account or due from account),往账通常开立的是境外货币的账户。例如,中国银行在纽约大通银行开立美元账户,在日本东京银行开立日元账户,这对中国银行而言就是往账,中国银行可以将该账户项下的资金对外直接支付。若境外银行在国内银行开立账户的,就本国银行来说,称作来账(vostro account or due to account),来账通常以本币开立,也可以境外货币开立。例如,大通银行在中国银行开立人民币账户和美元账户。境外银行可以将该账户下的资金直接对外支付。目前,由于人民币还未实现完全可自由兑换(经常项目已经实现可自由兑换),所以国内银行的人民币来账还相对有限。

账户行必定是代理行,但是代理行未必是账户行。为了避免外汇资金过于分散和资金的闲置积压,代理行之间是否均建立账户关系,对此,各相关银行应当有选择地进行考虑。从安全、便利、灵活以及效益的原则出发,以促进金融业务的开展为前提,并不是所有的代理行都有建立账户关系的必要。具体地说,应当考虑该代理行所在国的货币是否在国际结算中使用较广泛的货币,如美元、欧元、英镑、日元等。除此之外,与该代理行之间的互委业务的多少以及代理行资金实力、资信等级、经营作风、服务质量、服务效率、账户条件等也是建立账户行的重要考察因素。

各银行的账户条件各不相同,表明在不同银行建立账户的成本费用有大有小。各行的账户条件大致有下列几种：

（1）最低存款额。有些银行规定账户必须保持最低额度的存款，一旦银行所开立的账户过分分散，就容易引起外汇资金的闲置积压。

（2）存款利息。有些银行规定开立的往来账户，即用于处理日常业务的活期账户不但是不支付利息的，甚至还征收管理费。

（3）透支额度以及利率。往来账户一般不透支，若有透支要求，应另外拟订透支额度以及相应利率。对此，不同银行的规定是不同的。

（4）账户费用。如维护费用、借记费用、贷记费用、征收的方式等。

（5）对账单。它包括对账单传递的方式与时间、对账单是航邮还是电传、是一个月一次还是半个月一次等内容。

建立账户行可以采用单方开立账户和双方互开账户的方式。单方开立账户是指一方银行在对方银行开立对方国家货币或者第三国货币的账户，如中国银行在纽约花旗银行开立美元账户；双方互开账户是指中国银行在纽约花旗银行开立美元账户，同时花旗银行在北京中国银行开立人民币账户。通过账户开立，代理行之间通过传送借记报单、贷记报单方式就可完成外汇资金的收付，支持结算业务的开展。

（四）控制文件

控制文件主要包括授权签字样本、密押及费率表三种，前两种用于鉴定代理行之间往来信函、电讯的真伪性，后一种用于计收提供服务应收的手续费。现分述如下。

1. 授权签字样本

授权签字样本（specimen of authorized signatures）是列示银行各级有权代表银行或各自部门签署文件的授权人员的签字示样的文件。按照各授权人员的权力等级，有的文件经单人签名即可生效，有的文件需经有关人员双签方能生效。代理行之间往来的书面文件，例如信函、凭证、票据、协议等，都需带有相关人员的签字，收件行将文件上的签字与预留的授权签字样本核对无误后方能确认来件的真实性，否则应立即向发件行查询以判定真伪。代理行之间应互相交换各自的授权签字样本，如有人事变动涉及授权人员者，变动银行应将新任授权人员的签字样本及时通知给对方以替换旧有签字。

2. 密押

由于以电报、电传等方式传递的电讯文件无法用授权签字验定真伪，发电行会按照事先约定的编码方法编制密押（test key），由收电行按同种方法破译，并以破译所得信息与文件字面信息相吻合来确定电讯文件的真实性。密押的编制方法在每个银行都属于绝对机密，只有极少数可靠的人员才能接触到密押。密押没有固定的编制方式，但其基本原理是不变的，即将电讯文件中有关日期、金额、币种等重要信息及其他有关项目按某种方式折算成一项数字而得。为了保证使用的安全，密押在使用一定时间后就应更换。签订代理行协议的双方可以互换密押，各自使用自己的密押，也可以由一方银行提供自己的密押，供双方银行彼此之间电讯往来时使用。

除了传统的电传用密押外，还有一种 SWIFT 密押（SWIFT authentication key），专用于 SWIFT 文件。由于 SWIFT 是一个电脑网络，其传递的文件可以由电脑自动加注密押,亦可由收件行电脑自动识别,减轻人工编制与破解的麻烦,避免人为错误。而且SWIFT 密押是针对整个文件所涉及的所有字母、数字与符号编制,因此准确性极高。按照 SWIFT 密押使用规则,代理行之间的 SWIFT 密押每半年需更换一次。

3. 费率表

费率表(schedule of terms and conditions)是银行承办各种代理业务的收费标准。一般由总行统一制定、发行,各分支行具体执行。对方银行委托业务,按照我方银行的标准收费。我方银行委托业务,按照对方银行的标准收费。费率表的制定应当公平合理,如果双方代理关系良好,也可以考虑互相给予优惠,降低费用标准。收费不能过高,以免削弱作为代理行的竞争力。

四、国际汇兑中的资金偿付

国际汇兑是将资金从一家银行调拨到国外的另一家银行。汇出资金的银行,称为汇出行;接受资金的银行,称为汇入行。偿付就是委托付款银行(汇出行)向代理付款银行(汇入行)划拨资金头寸以弥补其垫款的行为。根据银行间往来账户的设置情况,国际汇兑中的资金偿付方式有以下几种类型。

(一) 账户行直接入账

如果汇出行在汇入行开立了往来账户,即汇出行在汇入行开立了"往账",汇出行可向汇入行发出授权借记的偿付指示:"请将汇款金额借记我行在你行账户"(please debit the sum to our account with you),汇入行在借记账款后,应寄出借记报单(debit advice)通知汇出行。

如果汇入行在汇出行开立了往来账户,即汇出行有汇入行开立的"来账",汇出行在委托汇入行付款时,应先贷记汇入行的来账,在偿付指示中应写明:"作为偿付,我行已将汇款金额贷记你行在我行的账户"(in cover, we have credited the sum to your account with us),汇入行在收到贷记通知后,即按委托解付汇款。

由账户行直接入账的业务流程如图 1-1 所示。

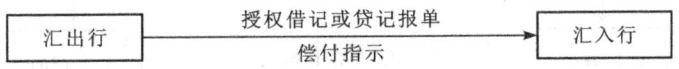

图 1-1 账户行直接入账的业务流程

(二) 共同账户行转账

如果汇出行和汇入行之间并无往来账户,但它们在有关货币清算中心地的同一银行开有账户,该银行即为汇出行和汇入行的"共同账户行",则汇出行可以通过共同账户行将资金划拨汇入行,偿付指示中应写明:"作为偿付,我行已授权××银行借记我方账户并贷记你行在该行的账户"(in cover, we have authorized ×× bank to debit our account and credit your account with them),汇入行收到偿付指示并收到共同账户行发出的贷记报单后,即按照委托解付汇款。

由共同账户行转账的业务流程如图 1-2 所示。

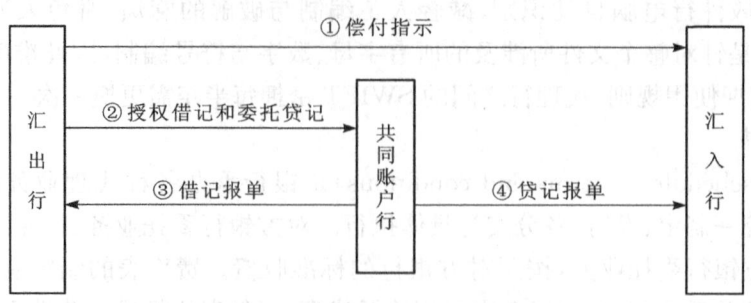

图 1-2　共同账户行转账的业务流程

（三）无共同账户行时的转账

尽管经营国际结算业务的银行，均在货币清算中心地的银行开有账户，但汇出行和汇入行所开立的账户可能在不同的中心货币银行，没有共同账户行，此时资金的划拨就会牵涉到 4 家以上的银行。由于经营国际业务的银行在货币清算中心的账户往往是大银行，这些中心货币银行之间，往往有账户行关系或至少也有共同账户行，此时汇出行必须查询核实汇入行的账户行关系，确定资金转移路线，偿付指示中应说明偿付路线。比如，"作为偿付，我行已指示 A 银行将汇款金额付给你行在 B 银行的账户"（in cover, we have authorized A bank to pay the sum to your account with B bank）。典型的业务流程如图 1-3 所示。

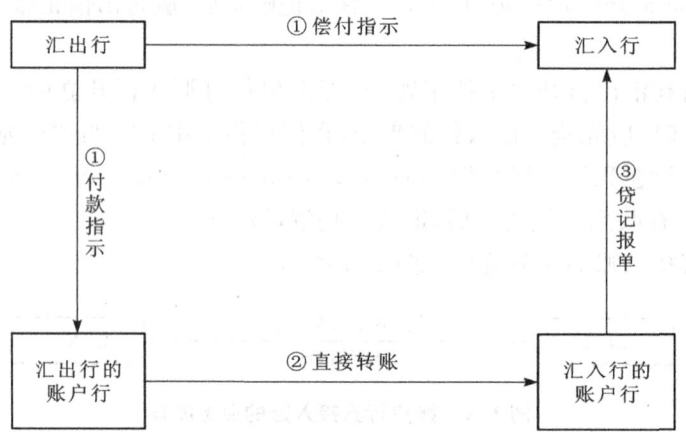

图 1-3　无共同账户行转账的业务流程

随着国际资金转移体系的不断完善，比如，通过 SWIFT 汇款时，已不需要汇出行查核并确定资金转移路线，汇出行可直接委托其在货币清算中心的账户行，经过计算机网络以最合理和快捷的方式转入汇入账户行。

本 章 小 结

1. 国际结算是指为清偿国际间的债权债务关系而发生在不同国家间的货币收付活

动。国际结算研究的对象是以清偿债权债务为目的的不同的货币收付方式。国际结算与贸易融资的基本内容包括国际贸易结算的工具、国际贸易结算的方式、国际贸易结算的单据以及与贸易有关的融资信贷方式。

2. 国际结算从现金结算到非现金结算、从直接结算到间接结算、交易单据化、银行信用的加入,其间经历了漫长的演变过程。当前国际结算业务的特点归纳为:银行成为国际结算业务的中枢;贸易结算与融资信贷相结合;传统结算方式面临新的变革;结算业务呈电子化和网络化的趋势。

3. 现代银行是借助全球银行网络处理国际结算业务的。银行海外机构网络成员包括分行、子银行、联营银行和代理行等。其中代理行在数量上占绝对优势。因为总行在海外开设分行要受到许多条件的限制,而代理行关系的建立有着互惠互利、手续简便、成本低廉等优点。所以银行拓展其海外业务,必须建立广泛的代理行关系,并有选择地与代理行建立账户关系。根据银行间往来账户的设置情况,银行实现国际汇兑中的资金偿付。

重要概念

现金结算　非现金结算　代理行　账户行　控制文件　子银行　联营银行

复习思考题

1. 国际结算主要研究哪些内容? 国际结算为何以银行为中心?
2. 简述国际结算的特点及发展趋势。
3. 银行海外机构网络的主要成员有哪些? 它们与总行的关系如何?
4. 简述建立代理行关系的目的及意义。
5. 在国际汇兑业务中,银行之间资金划拨的方式主要有哪几种?

第二章

国际贸易结算中的票据

票据作为市场经济发展到一定阶段的必然产物,已成为现代经济生活中主要的信用支付工具。现代国际结算是以票据为基础的非现金结算,因此,票据就是国际结算中普遍使用的信用工具,从这种意义上说,国际结算工具便是票据。本章将简要阐述票据的基本特性、功能;票据当事人的权责。其内容适用于以后各章分述的汇票、本票和支票。

第一节 票据概述

一、票据的概念

票据是用以抵销国际间债权债务的信用工具,它有广义和狭义之分。

广义的票据是指各种记载一定文字、代表一定权利的书面凭证。如股票、债券、发票、提单、汇票等。

狭义的票据(bill)是指出票人委托他人或自己承诺在特定时期向指定人或持票人无条件支付一定款项的书面凭证。它是以支付金钱为目的的特定证券。作为最主要的有价证券,票据被誉为"有价证券之父"。

现在,人们谈起票据都是指狭义的票据,也就是说,票据已是一个专用名词,专指票据法规定的汇票、本票和支票。而将股票、债券等称之为证券或有价证券,把发票、提单、保险单等称之为单据。因此,本教材所说的票据,就是专指汇票、本票和支票三种。

作为一种权利证书,票据的转让可以带来权利的转让,但是不同的转让方式在转让手续与权利让渡的完整性方面是不同的。票据的转让有三种不同的方式。

(一) 过户转让

过户转让,简称过户(assignment),过户在手续方面的要求是必须由票据转让人以书面形式告知票据债务人,使其了解票据转让事实,不因债权人更替而解除对票据受让人的债务。在权利让渡的完整性方面,按照财产转让的一个普遍原则,受让人权利不得优于转让人权利,因此,如果转让人权利有缺陷,受让人将继续受这种缺陷的影响而不获得票据的完整权利。通常采用过户方式转让的票据主要有股票、人寿保险单等。

(二) 交付转让

交付转让,简称交付(delivery)。交付与过户的区别在于转让票据时不需要对原债务人另作通知,只需将票据交与受让人,或者在票据背面签字后交与受让人就可以完成转让,债务人对新的票据持有人仍有清偿的义务。但就权利让渡的完整性而言,交付与过户相同,即交付受让人的权利不优于其转让人。采用交付方式转让的票据有提单、仓单、栈单等。

(三) 流通转让

流通转让,简称流通(negotiation),又称议付、议让等。在转让手续方面,流通与交付一样,无需通知原债务人。仅凭交付或背书后交付即可。但在权利让渡方面,流通与过户及交付有实质性区别,即只要受让人善意地支付了对价,就可以获得充分完整的票据权利,即使转让人权利有缺陷,受让人亦不受其影响,因而流通转让的受让人的权利可能优于转让人。在这里,善意与支付对价是两个重要的先决条件。所谓善意(good faith),是指诚实的行为,其判定要依具体情况而定,但一般而言,系指获得票据时没有偷盗、欺诈、胁迫等恶意行为,也没有有意或无意地忽视那些明显地应予以注意或应引起怀疑的情况等重大过失。所谓对价(value),是指足以支持一份简单合约的有价约因,它可以是货物、劳务、资金,也可以是未清偿的债务。要求受让人支付对价,意味着无偿受让(如馈赠、继承等)的行为不构成流通。所以,只要受让人善意地支付了对价,就可以获得可能优于转让人的、充分完整的票据权利。

在了解了票据及其流通的概念后,我们将两者结合起来得到流通票据的定义,即流通票据是指以支付一定的资金为目的、可以流通转让的权利证书。一般情况下,流通票据仅指汇票、本票和支票。

二、票据的性质

作为国际结算工具的票据,它能代替货币(现金)用于结清债权债务,是由于票据具有以下特有的性质。

(一) 设权性

设权性(establishing rights)是指票据权利的发生,必须以票据的设立为前提。票据是一种表示具有财产价值的权利的文本。票据权利的产生必须作成票据;票据权利的转让必须交付票据;票据权利的行使必须提示票据。票据的权利在票据作成之前并不存在,它是在票据作成时同时产生的。

(二) 流通性

流通性(negotiability)是指票据权利可以经过背书或交付而转让,它是票据的基本特性。票据的流通性有两方面的特点:其一,票据凭交付或经背书后交付给受让人,即可合法地完成转让手续,而无需通知票据上的债务人。这与一般的债权转让不同。按民法原则,一般的债权转让必须通知债务人才能生效;否则,债务人在不知情的情况下,并不对受让人承担履行债务的责任。其二,票据流通中强调保护善意并支付了对价而获得票据的持票人,即受让人不受其前手权利缺陷的影响。这也不同于一般的权利转让。按民法原则,让与人只能把自己合法拥有的权利转让给他人。如果让与人所转让的权利不是他合法拥有的,或者其权利是有缺陷的,则受让人的权利同样是不合法的或者是有缺陷的,受让人的权利不能优于让与人。然而,在票据流通转让中,受让人的权利有可能优于让与人(受让人的前手),即倘若让与人的权利是有缺陷的,但受让人出于善意并支付了对价,那么他将得到票据文义规定的全部权利。

(三) 无因性

无因性(non-causative nature)是指票据是一种无须过问原因的证券。这里所说的原因是指产生票据上的权利与义务关系的原因。票据的原因是票据的基本关系。它包括两个方面的内容:一是指出票人与付款人之间的资金关系;另一是指出票人与收款人,以及票据的背书人与被背书人之间的对价关系。从事实上看,任何票据关系的产生总是有一定的原因,例如,A 为出票人签发以 B 为付款人的票据,B 绝不会无缘无故地成为付款人并同意付款,其中必有原因,其原因可能是 A 在 B 处有存款,或者 B 同意给 A 信贷等,这种关系就是所谓的资金关系。又如当 A 开出以 B 为收款人的票据,而 B 又以背书方式把该票据转让给 C 时,其中也必有原因,其原因可能是因为 A 购买了 B 的货物,需要开立以 B 为收款人的票据来支付货款,而 B 之所以要把该票据转让给 C,可能是因为他欠了 C 的债,这种关系就是所谓的对价关系。

票据权利与义务虽然在一定原因的基础上产生,但是票据一旦作成以后,其权利与义务就与其原因相脱离,具有独立性。票据是否成立,不受票据原因的影响。票据当事人的权利与义务,也不受票据原因的影响。对于票据受让人来说,他无需调查这些原因,只要票据记载合格,他就取得票据文义载明的权利,票据的这种特性就称为无因性,这种无因性使票据得以流通。

(四) 要式性

票据是一种要式不要因的有价证券。所谓要式性(requisite in form),是指票据的作成必须具备法定形式,才能产生法律效力,即所记载的必要项目必须齐全且合乎规范。各国票据法皆规定票据必须具备的必要项目,有绝对必要项目和相对必要项目。对于绝对必要项目而言,当事人必须在票据上记载,否则票据无效;对于相对必要项目而言,当事人是否记载,不影响票据的法律效力。我国《票据法》第 22 条就明示汇票必须记载的事项,而且规定汇票上未记载规定的事项之一的,汇票无效。对本票和支票也有如此规定。此外,当事人在汇票上所记载的事项必须合乎法律规定,不然也会影响汇票的法律效力。

票据的要式性除了要求票据作成,即出票行为必须符合法律规定外,实质上对票据的转让、承兑、保证等行为都有要求,各国票据法对票据行为都制定相应的法律条款,只有票据行为均符合票据法的规定,该票据才称得上是要式齐全的票据。

(五) 提示性

提示性(presentment)是指票据上的债权人(持票人)请求债务人(付款人)履行票据义务时,必须向付款人提示票据,才能请求付给票款。如果持票人不提示票据,付款人就没有履行付款的义务,因此各国票据法都规定了票据的提示期限,超过期限,付款人的责任即被解除。

(六) 返还性

返还性(returnability)是指票据的持票人领到支付的票款时,应将签收的票据交还付款人,该票据经正当付款即被解除责任而归还至付款人。由于票据的返还性,它不能无限期地流通,而是在到期日被付款后结束其流通。这也说明票据模仿货币的功能,仍有它自身的局限性,一经付款,票据就不能流通了。

三、票据的作用

票据的作用,也可称为票据的功能,主要是指其经济性功能,具体体现在以下几个方面。

(一) 结算功能

结算功能也包含了支付功能,它是票据的基本功能。简单地说,支付功能就是在经济交易中以票据支付代替现金支付;结算功能就是用票据清偿或抵销当事人之间的债权债务。

国际结算的基本方法是非现金结算。在非现金结算条件下,要结清国际间的债权债务就必须使用一定的支付工具。票据就是一种能起到货币的支付功能和结算作用的支付工具。尤其在支付较大金额时,采用现金支付既不方便也不安全,这时,用票据进行支付就成为人们最好的选择。票据的结算功能在实践中已被广泛使用,例如债务人向银行购买一张汇票,寄给债权人,由债权人持票向当地银行(付款行)取得票款,从而结清双方的债权债务。而各种票据交换所、清算中心通过票据的交换结清当事各方的债权债务,则使票据的结算功能得到了充分发挥。

(二) 信用功能

信用的原意是指商品的延期付款或货币的借贷行为,其特征是商品或货币的所有者,暂时让渡商品或贷出货币,而商品或货币的借入者,要在约定的日期还本并支付利息。在这里,商品或货币的所有者拥有债权,商品或货币的借入者承担债务,债务人要承诺债权人的权利在一定的时间内得以实现。现在,我们称这种承诺为"信用",它表现为一定的凭证。票据就是债务人开出的保证债权人权利能够实现的信用凭证。

信用作用是票据的核心功能,被称为"票据的生命"。因为,票据不是商品,不含有社会劳动,自身没有价值,它是建立在信用基础上的书面支付凭证。卖方之所以接受买方用票据支付,就是向买方提供商业信用。而买方向卖方开出约定期限支付的票据,则可使债权表现形式明确,保障性强,清偿时间确定,转让方便。所以,票据是信用关系的载体,即信用工具。例如,在商品交易中,买卖双方约定交货后1个月付款,买方可向卖方开立1个月期付款的本票,也就是买方1个月期付款的信用以本票来代替了。

(三) 流通功能

票据经过交付或背书转让给他人,并能连续多次转让。背书人对票据的付款负有担保责任,因此背书次数越多,对票据付款负责的人也就越多,票据的可靠性也就越高。背书转让使得票据在市场上广泛地流通,成为一种流通工具,既节约了现金的使用,又扩大了流通手段。

票据虽可代替现金流通,但票据本身不是货币,它不具备法定货币的强制流通效力。所以,如果债务人以票据清偿其债务时,则必须征得债权人的同意,否则,债权人可拒绝接受。

(四) 融资功能

融资功能是指通过对远期票据的贴现和再贴现融通资金的功能。这是票据的一种新功能。票据贴现是指对未到期票据的买卖行为,即未到期票据的持有者通过卖出票据而获得现金。许多国家通过票据的融资功能发展了本国的票据贴现市场,并进而通过票据贴现市场来调节市场的货币流通量。此外,还可以将票据抵押给银行进行抵押贷款融资。

(五) 汇兑功能

随着商品交换活动的发展,商品交换规模和范围不断扩大,经常会产生在异地或不同国家之间的货币兑换和转移资金的需要。直接携带或运送现金,往往很不方便。在这种情况下,通过在甲地将现金转化为票据,再到乙地将票据转化成现金或票款。通过票据的转移、汇兑,实现资金的转移,不仅简单、方便、迅速,而且又很安全。在现代经济中,票据的汇兑功能仍具有很重要的作用,它克服了资金收付上的地域间隔。

第二节 票据的当事人及其权责

票据当事人是指依据票据法的规定,基于票据行为而享有票据权利,承担票据义务的票据法律关系的参与者,即票据法律关系当事人,是票据关系的主体。

一、基本当事人

票据的基本当事人是指在票据签发时即于票面载明的当事人,主要包括出票人、付款人及收款人。

1. 出票人

出票人(drawer)是指依照法定方式作成票据,并在票据上签章,将票据交付给收款人的人,即为"签发票据"之人。票据关系因出票人的出票而产生。

出票人责任:①对收款人及正当持票人承担票据在提示时付款人一定付款或承兑的保证责任。②如果票据遭到拒付,出票人被追索时,应对持票人承担偿还票款的责任。对于即期票据在付款前,或远期票据被承兑之前,出票人是票据的主债务人;远期票据承兑后,出票人是票据的次债务人。

2. 付款人

付款人(drawee,payer)是指由出票人在汇票中记名指定的、接受票据提示以进行支付的当事人。但是出票人单方面的指定并不构成对付款人的约束,因为不能排除出票人对没有资金关系的当事人滥发票据的可能性。付款人不是票据的债务人,付款人有权选择付款或者不付款。持票人不能强制付款人承兑或者付款。从这个意义上讲,"付款人"一词并不准确,严格地说,他只是接受票据提示的"受票人(addressee)"。当然在正常情况下,付款人都会同意支付,要么立即付款,要么签字承诺在约定到期日支付,在这种情况下,付款人以签字形式承诺了出票人指定的支付义务,从而成为票据债务人。

3. 收款人

收款人（payee）是第一个从出票人手中获得票据的当事人，也是基本当事人中唯一的债权人，其权利通常包括收款、转让，以及在付款人拒绝支付时向出票人追索。收款人通常是记名的特定当事人或其指定人，也可以是无记名的，在这种情况下任何持有该票据的人都可以是收款人。

二、其他当事人

其他当事人是指在除出票外的其他票据行为中产生的当事人。这些行为可能同时涉及了基本当事人，但此时他们的身份已有所不同。

1. 承兑人

承兑人（acceptor）是指同意接受出票人的命令并在远期汇票上签字承诺付款的付款人。在票据到期日，承兑人承担按其所承兑的文义付款的责任。若汇票不需承兑或尚未获得承兑时，出票人是第一债务人，也是主债务人。一旦出现承兑，则承兑人成为主债务人，而且该项主债务在票据失效之前不能撤销。

2. 背书人

背书人（endorser，indorser）是指在票据背面作签字，将票据权利通过背书转让给他人的人。收款人将票据背书转让给他人后成为第一背书人，受让人依次将票据背书再转让，相应地成为第二背书人、第三背书人等。背书人在票据背面作签章，即对受让人承担保证其所持票据承兑和付款的责任。在票据得不到承兑或者付款时，背书人应当向持票人或者被迫付款的后手背书人清偿票款。背书人是票据的次债务人。

3. 被背书人

被背书人（endorsee）是指接受票据背书转让的受让人。被背书人通过受让票据的权利，成为票据的债权人，有权持票对付款人或者其他票据债务人主张付款请求权和追索权。被背书人若不拟凭票取款，也可以转让票据给他人，而自己就成为另一个背书人。

4. 持票人

持票人（holder）是指现在正持有票据的人。持票人可能是票据的收款人，也可能是票据流通过程中的被背书人或者来人。

持票人的票据权利，一般包括收款、转让及追索三个方面。收款权是持票人的基本权利，在任何情况下都不会被取消，但转让权与追索权在一些特殊情况下可能受到限制。例如，有些票据在出票或背书时注明"仅付……""不得转让"等文句，从而限制了持票人的转让权。虽然持票人仍有可能将此类票据转让给他人，但受让人不能以本人的名义行使票据权利，必须由转让人代为行使。另外，有些出票人或背书人会在票据上注明"免受追索"或类似文句，除了那些根据票据法应视作无记载而不生效力的情况以外，都对接受票据的持票人构成约束。这显然会严重影响收款安全性。

《日内瓦统一法》没有对持票人作出分类，也没有提到关于对价的要求。我国《票据法》规定，除了税收、继承、赠予等情况外，票据的接受必须支付对价。在上述不付对价的票据转让中，持票人不能获得优于其直接前手的权利。英美票据法将持票人区分为一般持票人、对价持票人与正当持票人三种，主要的依据就是对价的支付情况。不同持票人享有的票据权利不同。

一般持票人的条件要求最少，可以不付对价，但其权利受限制程度也最大，尤其是可能因未付对价而被票据债务人否定其追索权。

对价持票人(holder for value)包括三种情况：①持票人本人支付了对价，如商品、劳务、货币资金，或者授予票据者对其负有债务。②持票人根据合约或法律对票据有留置权，那么在留置权金额内被视为对价持票人。例如，A将一张以其为收款人、面额为1 000元的汇票抵押给银行，借得600元贷款，则银行对该汇票有600元的留置权，对票据上的已有当事人而言，该银行是该汇票600元部分的对价持票人。对于留置权金额以外的部分，银行作为留置权人应以信托身份加以保管。③持票人未付对价，但对价在先前任何时候已被付过，那么对承兑人和付过对价以前已成为票据当事人的各人而言，该持票人也视为对价持票人。例如，A签发一张汇票给收款人C，由B承兑后，C将其流通转让给D并收取对价，D随后作背书将汇票赠送给E。那么，对D而言，E不是对价持票人，但对A、B和C而言，E是对价持票人，因为他们都先于支付对价的D成为票据责任当事人。对价持票人的权利比一般持票人更大些，不存在未付对价因素的干扰，但是其权利仍有一定限制，尤其是要受到前手权利缺陷的影响。

正当持票人(holder in due course)，也称为善意持票人(bona-fide holder)，是一种特殊的对价持票人，其构成条件有两个：①在票据形式方面，应该完整、合格，没有过期，也没有曾被退票(即拒绝付款或拒绝承兑)的记录。②在票据转让程序方面，持票人应善意地支付对价，并不曾知悉出让者对票据的权利有任何缺陷。按照英国立法的观点，正当持票人必须在流通转让中产生，由于收款人是由出票行为所确定，因而不能成为正当持票人；但美国的《票据法》则允许收款人成为正当持票人。

正当持票人的票据权利最为充分完整，可以不受前手权利缺陷的影响。

5. 保证人

保证人(guarantor)是指对已经存在的票据债务进行担保的当事人。根据《日内瓦统一法》的规定，保证人既可以是非票据债务人，也可以是票据债务人。我国的《票据法》规定保证人必须由非票据债务人充当。英美票据法对此没有明确规定，英国《票据法》中甚至连保证这一行为都没有提及。

保证人的责任与被保证人责任完全相同。被保证人的票据债务在形式上有效时，不管其实质上是否有效，保证人责任都有效；若票据债务形式上无效时，保证人责任亦告解除。此外，持票人可以在被保证人未能清偿票据债务时向保证人请求清偿，也可以先于被保证人向保证人请求清偿，保证人都不能予以拒绝。一旦清偿了票据债务，保证人就可以向被保证人及其前手行使持票人应有的追索权。

第三节　票据的法律系统

在国际结算、国内结算以及社会经济活动中，票据发挥着十分重要的作用，各国政府对此极其重视，相继立法将票据流通规则法律化。因此，票据法是规定票据种类、票据形式、票据行为及票据当事人权利义务关系的法律规范的总称。

国际上的票据法大致可归类为两大法系:一类是以英国《票据法》为代表的英美法系;另一类是以《日内瓦统一法》为代表的大陆法系。

一、英美法系

英美法系的代表是英国《1882 年票据法》(Bills of Exchange Act,1882),它规定了汇票和本票法,并把支票包括在汇票之内(到 1957 年,又另定了《支票法》,以作为对《1882 年票据法》的一种补充)。

美国没有单行的票据法,只是在美国《1952 年统一商法典》(Uniform Commercial Code,1952)的第三篇"商业票据(Commercial Paper)"中,以英国《票据法》为蓝本加以发展,制定了有关票据的法规。

英美法系票据法的结构主体是围绕各当事人的权利义务规定其必备的法律条件,一些英联邦成员国,如加拿大、澳大利亚、印度等国的票据法均属于英美法系。

二、大陆法系

大陆法系的代表是《1930 年日内瓦汇票和本票统一法公约》(Convention Providing a Uniform Law for Bills of Exchange and Promissory Note signed at Geneva,1930)和《1931 年日内瓦支票统一法公约》(Convention Providing a Uniform Law for Cheques signed at Geneva,1931),通常将其一并统称为《日内瓦统一票据法》。由当时的国际联盟主持在日内瓦达成,以欧洲大陆国家为主体以及日本和一些拉美国家等 26 国签署了这一票据法公约,所以这些国家的《票据法》都是在这一公约的基础上制定而成的。大陆法系票据法的结构主体是围绕各种不同的票据行为规定其必备的法律形式及程序。由于英美两国未加入这一公约,所以它未能成为世界统一的票据法。

联合国贸易法委员会曾想要消除两个法系的差异,从 20 世纪 70 年代开始拟定有关国际票据的统一法规,又在 1982 年至 1988 年期间作过几次修改,制定了《国际汇票和国际本票公约草案》(Draft Convention on International Bill of Exchange and Promissory Notes)和《国际支票公约草案》(Draft Convention on International Cheques),但它们至今仍是草案,尚未生效实施。两大法系的分歧主要体现在以下几个方面。

1. 票据的分类不同

《日内瓦统一票据法》把汇票、本票视做一类,而把支票看做另一类,分别制定了《统一汇票本票法公约》和《统一支票法公约》。英国《票据法》认为汇票是基本票据,由于汇票当事人的身份不同而派生出本票和支票。但在实务中,该分歧并不影响票据的使用。

2. 票据持票人的权利不同

英国《票据法》把票据的基本当事人和流通中派生出的当事人加以区别;把持票人分为对价持票人和正当持票人,并赋予他们不同的权利;正当持票人才对票据拥有完全的权利。《日内瓦统一票据法》则认为,只要票据上的背书是连续的,持票人就是"合法持票人",就对票据拥有完全的权利。

3. 对伪造背书的处理不同

英国《票据法》认为,有了背书加签名才能将票据转让,假签名(伪造背书)根本无效,票据权利没有转让,其后的受让人根本未得到票据权利,付款人有义务鉴别背书的真伪(实务中付款人鉴别背书的真伪是困难的)。而《日内瓦统一票据法》认为,伪造背书的风险应由丢失票据的人承担,正当持票人仍拥有票据权利,付款人付款后即免除责任。

4. 对票据绝对必要项目的要求不同

英国《票据法》对票据未规定必要项目(形式要件),也不要求写明票据的名称,而是给汇票下了定义,凡票据形式符合定义就是有效票据。《日内瓦统一票据法》则规定了汇票的绝对必要项目,缺了任何一项,则汇票无效,而对汇票未下定义。

两大法系之间的分歧妨碍了国际经济交往的发展,不利于票据在国际上的流通,在一定程度上影响国际结算的顺利进行。联合国国际贸易法委员会为了调和两大票据法系的分歧,促进各国票据法的协调统一,从 1971 年着手进行统一国际票据法的工作,至今已取得了阶段性成果,但离统一票据法目标还较远。

三、我国票据法

我国关于票据的立法要远远落后于西方发达国家。表面原因可以说是受票据发展的制约,根本原因是受社会经济发展的制约。尽管票据的雏形在我国起源也很早,但并未发展成为近现代票据,也没有形成相应的票据法规。

1929 年 10 月,国民党政府正式颁布和实施《票据法》,全文共 139 条,内容包括汇票、本票和支票。这是我国历史上第一部正式的票据法。后经多次修订,迄今仍在我国的台湾地区继续实行。

1949 年,中华人民共和国成立后,废除了旧票据法。在此后 30 余年的计划经济体制下,没有汇票和本票,支票也只能作为单纯的结算工具、不能流通转让,也就没有必要制定专门的票据法了。

1978 年我国改革开放以后,为适应商品经济发展的需要,逐步恢复了票据的使用。1988 年 12 月,中国人民银行颁发新的《银行结算办法》,全面改革了银行结算制度,推广使用汇票、本票和支票作为支付、结算手段,建立起以汇票、本票、支票和信用卡为核心的"三票一卡"的新银行结算制度,标志着我国的结算制度开始从非票据结算向票据结算的全面转变。

1990 年年底,中国人民银行正式成立了票据法起草小组,研究制定我国统一的票据法。经过近 5 年的努力,于 1995 年 5 月 10 日通过立法程序,颁布了《中华人民共和国票据法》,1996 年 1 月 1 日正式实行。这是新中国第一部真正规范的票据法。至此,我国的票据法体系终于形成。2004 年 8 月,我国票据法又作了修订。

我国票据法从内容上看比较系统全面,共有 7 章 111 条,规定了票据法的适用范围。该法适用于在中华人民共和国境内的票据活动,对出票、背书、承兑、保证、付款等行为之一发生在境外的或者票据当事人一方为境外人员的票据作为涉外票据处理;强调了票据的无因性,将票据关系与原因关系分离;规范了票据行为,规定出票、背书、承兑、保证与付款 5 种票据行为,强调票据行为的要式性、文义性、独立性的特性,各种票据行为必须依照法定要式记载于票据上并签章,签章人依照票据文义承担票据责任和义务,各项票据行为独立发生法律效力,其中一项票据行为无效并不影响其他票据行为的法律效力以及其他签章人的票据责任;规定了票据权利和票据义务;建立了关于票据丧失后失票人的权利补救制度,包括公示催告制度和普通诉讼制度;以及进一步强调了票据的流通转让性,在限制付款人对由转让而取得票据的抗辩、保护善意受让人的权利方面作了较全面的规范。该法对票据种类、票据行为、票据权利与义务方面的规定参照了国际通行规则和做法,并保留了我国行之有效的实践经验和做法。

 【本章案例 1】

关于票据的无因性

A 公司从 B 公司购买一批货物,价款 5 万元。货物运抵 A 公司后,A 公司签发了一张 3 个月后付款的远期汇票,A 公司为出票人和付款人,B 公司为收款人。后来,B 公司又从 C 公司购进另一批货物,价款正好也是 5 万元。B 公司于是将 A 公司开立的汇票背书转让给 C 公司。汇票到期后,C 公司向 A 公司提示汇票要求付款,不料遭到 A 公司的拒付,理由是 B 公司向 A 公司交付的货物不合格。试问 A 公司的做法是否合法? 为什么?

分析与点评

A 公司的做法不合法。根据票据法原理,票据是无因证券,票据如果具备票据法上的条件,票据权利就成立。本案中,B 公司与 A 公司的合同关系是本案汇票的原因关系。汇票开立后,A 公司就与票据的持有人产生票据关系。原因关系与票据关系是相互分离的。A 公司提出 B 公司的货物不合格是原因关系有瑕疵。其拒绝付款就是用原因关系对抗票据关系。但现在汇票已被背书转让,原持票人 B 公司不再是原因关系的当事人,所以 A 公司不得以 B 公司的货物不合格为由对抗 C 公司,A 公司必须付款,付款后票据关系消灭。但原因关系尚不消灭,A 公司仍可根据原因关系的瑕疵要求 B 公司赔偿损失。

 【本章案例 2】

关于涉外票据及其法律适用的案例

××××年年底,香港凯利贸易公司与珠海中达开发公司因合作业务,需要筹集资金,经人介绍认识了珠海飞鸿电子公司经理。该公司经理答应帮忙,但要求凯利公司先借 100 万元人民币给飞鸿公司用以偿还其所欠广东省粤海进出口公司之贷款。次年 7 月 1 日,凯利公司将 3 张收款人为粤海进出口公司,金额为 120 港元的中国银行香港分行的支票交给飞鸿公司,声明该 3 张支票是给飞鸿公司还款抵押担保。7 月 5 日,飞鸿公司将该 3 张支票交付粤海进出口公司,作为偿还所欠部分贷款。同一天,飞鸿公司经理因违法被行政拘留。7 月 10 日,凯利公司以“因收款人与被担保人没有发生金钱上及生意上的往来为由”,通知中国银行香港分行止付。粤海进出口公司多次找凯利公司要求兑付,均遭拒绝。无奈之下,粤海进出口公司向法院起诉凯利公司,要求凯利公司向粤海进出口公司支付支票金额。法院经审理认为,本案属于行使追索权的涉外票据纠纷。本案中支票的出票地和付款地为香港。根据涉外票据追索权的法律适用规则,应适用香港法。最后,法院判决凯利公司向粤海进出口公司支付支票金额100万元。

分析与点评

涉外票据的法律适用是非常复杂的,我国港、澳、台地区的票据纠纷准用涉外票据的规定。本案中,支票的出票地和付款地都在香港,原、被告之间的纠纷属于票据追索权纠纷。按照我国涉外票据的法律适用的具体原则,追索权适用出票地法律,即应适用中国香港法律处理本案。根据中国香港现行的《票据条例》,支票是指发票人签发一定的金额,指示付款银行于见票时付款给持票人的票据,对于出票人来说,只要其在支票上签名,则不论什么原因,他都要依据支票上规定的义务去履行,持票人可以根据支票的记载主张权利。据此,本案凯利公司签发了3张收款人为粤海进出口公司的支票,就意味着其发出了付款人于见票时无条件付款给持票人的指示,凯利公司的止付理由是不能阻止粤海进出口公司根据支票数额主张票据权利的。凯利公司的保证(质押)意思表示发生在国内的珠海,依据票据行为的法律适用原则,应适用我国内地法律。而我国《票据法》要求票据的保证(质押)必须记载于票据之上,本案凯利公司的保证(质押)只是所谓的"声明",不具有法律效力。因此,粤海进出口公司具有完全的票据权利,凯利公司应向其支付支票款。凯利公司因此受到的损失,可以向飞鸿电子公司追偿。

本章小结

1. 票据是出票人委托他人或自己承诺在特定时期向指定人或持票人无条件支付一定款项的书面凭证。流通票据的基本特性是流通性,即能以流通的方式进行转让。这使流通票据有别于以过户或交付方式转让的其他形式的有价凭证。为了更充分地体现流通性这一性质,流通票据在流转、使用中只注重其形式要件而不过问其基础原因,即具有要式性与无因性的性质。票据还具有设权性、文义性和返还性等重要特征;票据的功能体现为结算、信用、流通、融资和汇兑功能。

2. 票据法是规定票据种类、票据形式、票据行为及票据当事人权利义务关系的法律规范的总称。票据法具有强制性、技术性和统一性的特征。目前世界上最有影响的两大票据法系是以英国《票据法》为代表的英美法系和以《日内瓦统一票据法》为代表的大陆法系。其中前者以票据当事人的权利义务为立法的结构主体,后者以票据行为为立法的结构主体。我国现行的《票据法》在体例、结构等方面接近《日内瓦统一票据法》。

3. 票据当事人是指依照票据法的规定,基于票据行为而享有票据权利,承担票据义务的票据法律关系的参加者,包括出票人、收款人、付款人、承兑人、背书人、被背书人、保证人、持票人、对价持票人和正当持票人。出于善意并支付对价的持票人,即以流通方式受让票据的当事人,可以获得充分、完整的票据权利,这正是流通性的直接体现。

重要概念

票据　流通票据　承兑人　背书人　持票人　善意　对价　正当持票人

复习思考题

1. 试述流通转让、过户转让、交付转让之间的区别与联系。
2. 流通票据有哪些特性？
3. 如何理解票据的原因是票据的基本关系，而票据又是无因证券？
4. 试述大陆法系与英美法系各自的特点及两者的主要区别。
5. 对价持票人与正当持票人有什么不同？他们的票据权利如何？

第三章

汇　票

汇票在国际结算中的使用频率远远超过本票和支票，在各国的票据立法中，关于汇票的规定总是最为详细，这不仅因为汇票在现实经济中得到广泛应用，而且也因为这些法律规定完全或部分地适用于本票与支票的情况。本章将以票据法为基础，详细阐述汇票的定义、必要项目、其他附加记载、票据行为以及汇票的分类，并且分析汇票在融资中的具体运用。

第一节　汇票的定义与内容

一、汇票的定义

英国《票据法》关于汇票的定义是："A bill of exchange is an unconditional order in writing, addressed by one person to another, signed by the person giving it requiring the person to whom it is addressed to pay on demand or at a fixed or determinable future time a sum certain in money to or to the order of a specified or to bearer."中文意思是："汇票是一人向另一人签发的，要求即期、定期或在可以确定的将来时间向特定的人或其指定的人或来人，无条件地支付一定金额的命令。"

《日内瓦统一票据法》对汇票未下定义，只规定了汇票应记载下列事项：①"汇票"字样；②无条件支付命令；③出票地点和日期（未记载出票地点时，可以出票人营业场所、住所或经常居住地为出票地）；④付款期限（未记载付款期限时，视为见票即付）；⑤收款人名称；⑥一定货币金额；⑦付款人名称和付款地点（未记载付款地点时，可以付款人营业场所、住所或经常居住地为付款地）；⑧出票人名称和签字。

我国《票据法》的定义是："汇票是出票人签发的，委托付款人在见票时或者在指定日期无条件支付确定的金额给收款人或者持票人的票据。"汇票的样本如附式3-1。

二、汇票上的基本要项及其必要记载项目

所谓要项，是指汇票上的要式化记载项目。一些项目是汇票上必不可少的，也有些项目是可以省略或可有可无的，不同的票据法对此有着不同的规定，但无论如何，出票人签字/签章（"签章"是我国票据法特有的规定——指"签名、盖章或者签名加盖章"，它相当于西方票据法中的"签字"）总是汇票上一个最重要的必不可少的项目。

附式 3-1   汇 票 的 样 本

---

①   ⑥   ③

Exchange for £1 000   15th Apr. , 20 ___ Shanghai

      ④

      At 60 days sight of this First of exchange (Second of the same tenor and date unpaid)

      ②   ⑤   ⑥

      Pay to the order of B Co. the sum of one thousand pounds

      Drawn under Bank of Europe Irrevocable L/C No. 2137 dated 21th March, 20__

      ⑦

      To：C Company, London

                                           ⑧

                                    For A Company，Shanghai

                                         ⑧

                                        signature

（一）"汇票"字样

汇票英文表达可以是 bill of exchange 或 exchange 或 draft 等,《日内瓦统一票据法》和我国《票据法》均认为它是汇票的必要记载项目,这是为了便于把汇票跟本票、支票严格区分开来,以免混淆。但英国《票据法》却并不把"汇票"字样作为汇票的必要记载项目,并且还规定,如果一张票据的付款人和出票人是同一个人或付款人是杜撰的或是无支付能力的人,则持票人有权选择将该票据作为汇票还是本票处理,以银行为付款人的即期汇票就是支票等。可见,依英国《票据法》,要确定一张票据的本质属性,不在于其有无"汇票"字样,而在于其具体内容。

（二）无条件的支付命令

无条件的支付命令(unconditional order to pay)是支付文句中的必要记载,是一般票据法都要求的必须记载项目。这里含有两层基本要义:①英文的支付文句必须用"祈使句"(应避免使用虚拟语气);②支付命令必须是无条件的。因此,不允许在汇票上记载付款条件,如以收款人履行某项义务或某种行为作为付款人付款的前提条件。否则,将导致整张汇票无效。

【例 3-1】 支付文句"Pay to C Co. or order the sum of one thousand US dollars only(支付 C 公司或其指定人金额 1 000 美元整)"是有效的。

【例 3-2】 支付文句"Pay to C Co. or order the sum of one thousand US dollars provided that the goods they supply are up to the standard of the contract(若 C 公司提供的货物与合同相符,则支付他们 1 000 美元整)"是无效的,因其中有要求货物与合同相符的付款前提条件。

【例 3-3】 支付文句"Pay to C Co. or order the sum of one thousand US dollars out of the proceeds in applicant's account maintained with you（从申请人在你行的存款账户支付 C 公司或其指定人金额 1 000 美元整）"或"Pay from No. ×××account of D Co. with you to C Co. or order the sum of one thousand US dollars only（从 D 公司在你行的×××账户支付 C 公司或其指定人金额 1 000 美元整）"都是无效的，皆因其中隐含着付款的前提条件——指定了特别的资金来源，这里表现为要求从指定的资金账户出钱，但被指定的账户有可能账上金额不足甚至根本没钱。

【例 3-4】 支付文句"Pay to C Co. or order the sum of one thousand US dollars and charge/debit the same to No. ×××account of D Co. with you（支付 C 公司或其指定人金额 1 000 美元并将此金额借记 D 公司在你行的×××账户）"是有效的，因其支付实际上是无条件的，只是附带指明了支付后可借记的账户。

（三）出票地点和日期

对于国际票据来说，国际惯例是采用"行为地法律"原则，所以，国际票据的成立与否，应以其出票地法律来衡量。但一般票据法都认为，出票人未注明出票地点（place of issue）的汇票仍然有效，此时，可以出票人名称中所附地址作为出票地，或者，就以出票人的营业场所、住所或经常居住地作为出票地（而不论该票据是否真的在当地签发）。另外，英国《票据法》还特别规定，对于未记载出票地的汇票，取得汇票的收款人还有权根据需要依法自行加列出票地，并且这一记载对于其后手受让人将具有法律效力（这是为了保护后手的权益）。

汇票的出票日期（date of issue）有三个重要作用：

（1）决定出票人的行为能力。比如，出票人在出票时已处于破产或清理状态，则其当时所出票据将无效；因为他当时属于"丧失行为能力人"，自然也丧失了出票权。

（2）决定付款到期日。对于出票后定期汇票来说，必须知道出票日期，才能确定付款到期日。

（3）决定汇票的有效期。因为汇票的有效期是从出票日起算的。

《日内瓦统一票据法》和我国《票据法》都认为出票日期是汇票的必要项目，但英国《票据法》认为，出票人未注明出票日期的汇票仍然有效；并且，取得汇票的收款人还有权自行加上出票日期，这一出票日期对于其后手受让人将具有法律效力（这也是为了保护后手的权益）。

（四）付款期限

付款期限又称付款时间（time of payment）或付款到期日（maturity），一般票据法都认为，付款期限并非汇票的必要记载项目，凡是未注明付款期限的汇票一律作为即期汇票处理。《日内瓦统一法》和我国《票据法》都规定了以下四种付款期限。

（1）即期（at sight/on demand/on presentation）。这种期限的汇票被称作即期汇票（sight/demand draft），无须承兑，持票人提示汇票的当天即为付款到期日。

（2）出票后定期（at a fixed period after date）。这种期限的汇票属于远期汇票（time/usance/term draft）中的一种，必须由持票人先期向付款人提示要求承兑，以明确后者的付款责任，并确定付款到期日。如"30 days after date"（出票日后 30 天），这种汇票的出票日应记载明确,否则无法推算到期日。若出票日欠缺,按《日内瓦统一票据法》和我国《票据法》规定,该汇票无效,但按英国《票据法》规定,可由持票人补填,并按补填之日推算到期日。

（3）见票后定期（at a fixed period after sight）。如"at 60 days sight",这种期限的汇票也是一种远期汇票,一般也须由持票人先期向付款人提示要求承兑,以明确后者的付款责任。

（4）定日（at a fixed date）。这种期限的汇票是又一种远期汇票,一般也须由持票人先期向付款人提示要求承兑,以明确后者的付款责任。

各国票据法规定的付款期限都与上述的四种付款期限大同小异,《英国票据法》也规定有上述的前三种付款期限,但无"定日付款"的期限规定,而另有一种"某一将来必然发生事件后定期付款"的期限规定,这种期限的汇票自然也是一种远期汇票,一般也须由持票人先期向付款人提示要求承兑,以明确后者的付款责任。

此外,美国《票据法》中还规定有如下一种付款期限,在实务中也常见。

（5）延期付款（deferred payment）——某一说明日期后定期付款（payable at a fixed period after a stated date）。具体说来可以是:

其一,提单（签发）日/交单日/其他特定日后定期付款（payable at a fixed period after the date of bill of lading /presentation of documents/other specified date）。

其二,汇票注明日期后定期付款（payable at a fixed period after stated date）。为了从汇票票面上即可明确看出付款到期日,出票人通常会在汇票上加注提单日/交单日的具体日期。这种期限的汇票显然也是一种远期汇票,一般也必须由持票人先期向付款人提示要求承兑,以明确后者的付款责任。

在实务处理上,完全可以避免在汇票上出现这种不符合《日内瓦统一票据法》和我国《票据法》的付款期限,这只需把汇票的出票日期填写成具体的提单日/交单日,同时再规定付款期限为出票后定期就可以了。

关于付款到期日的算法,应根据汇票文义和国际惯例。一般的国际惯例是:①算尾不算头;②月为日历月;③半月按 15 天计算;④先算整月,后算半月;⑤节假日顺延。

同时还要注意汇票文义,虽然按照国际惯例,付款到期日的计算应是"算尾不算头",其相应的英文表达是"at…after",但有时也会碰到汇票上记载的到期日算法不符合国际惯例的情形,比如要求"算尾又算头",其英文表达为"at…from…"。它的付款到期日要比前者早一天。尽管国际惯例是"算尾不算头",但只要后者的特殊要求不违背付款地法规,付款人还是应当按照汇票文义予以执行。

【例 3-5】 规定付款期限为"At 90 days after sight"的汇票,若其承兑日为当年 10 月 3 日,则其付款到期日应为次年 1 月 1 日,因 1 月 1 日正逢节假日,到期日须顺延至其后的第一个营业日。如果将本例付款期限中的"after"改为"from",而其他条件保持不变的话,则其付款到期日应相应变成当年 12 月 31 日。

【例 3-6】 规定付款期限为"At 1 month after 30th Jan."的汇票,其付款到期日应为当年 2 月 28/29 日。如果将本例付款期限中的"1 month"改为"2 months",而其他条件保持不变的话,则其付款到期日应相应变成当年 3 月 30 日。

【例 3-7】 规定付款期限为"At 3 and a half month after 15th Feb"的汇票,其付款到期日应为当年 5 月 30 日。如果将本例付款期限中的"15th Feb."改为"18th April"而其他条件保持不变的话,则其付款到期回应相应变成当年 8 月 2 日。

(五) 收款人名称

收款人(payee)名称是汇票上支付文句中的必要记载项目,也是一般票据法都要求的必须记载项目,通常被称为汇票的抬头。该项记载必须有一定的确定性——汇票可以有三种不同性质的抬头,分别决定着汇票的不同流通性——如果抬头中有记名的话,则应写一个完整准确的全称(必要时还应附带地址)。

1. 限制性抬头

限制性抬头(restrictive order)在实务中常见的英文写法有三种不同形式:

(1) "Pay to C Co. only(仅付 C 公司)…"。

(2) "Pay to C Co. not transferable/negotiable(支付 C 公司,不可转让)…"。

(3) "Pay to C Co.(支付 C 公司)…" 并在汇票正面另有"not transferable/negotiable(不可转让)"的字样。

一般来说,限制性抬头汇票的出票人只对收款人负责,若收款人转让该汇票的话,则其后手的票据权利不优于收款人,且只能联合收款人一起向出票人行使追索权。

2. 指示性抬头

指示性抬头(demonstrative order)在实务中常见的英文写法也有三种不同形式:

(1) "Pay to the order of C Co.(支付 C 公司的指定人)…"。

(2) "Pay to C Co. or order(支付 C 公司或其指定人)…"。

(3) "Pay to C Co.(支付 C 公司)…"。

第三种形式虽然没有出现 order 字样,但因汇票上没有注明不可转让字样,本着汇票的基本特性——流通性,应视其为指示性抬头。指示性抬头汇票为自由流通证券,但转让时必须作背书。

3. 来人抬头

来人抬头(payable to bearer)为英国《票据法》所独有(《日内瓦统一票据法》和我国《票据法》均不允许这种抬头),实务中常见的英文写法有两种不同形式:

(1) "Pay to bearer(支付执票来人)"。

(2) "Pay to C Co. or bearer(支付 C 公司或执票来人)…"。

执票来人抬头汇票为自由流通证券,且可直接交付转让。

另外,也有少数国家的票据法允许汇票不记载收款人(Payee),称之为空白抬头汇票,其流通性与执票来人抬头汇票相同。但英国《票据法》和《日内瓦统一票据法》都认为"收款人"非注明不可。

(六) 确定的金额

确定的金额(certain in money)更是汇票上支付文句中的必要记载项目,也是一般票据法都要求的必须记载项目。货币金额记载,必须有支付货币的确定名称和确定金额(这里所谓"确定"的金额,是指汇票的任何当事人按照汇票文义来计算应付金额时,应能得到同样的结果,而不会发生歧义)。

1. 基本记载

如"Pay to···the sum of one thousand US dollars(支付······金额 1 000 美元整)",这显然是有效记载。

2. 附带有利息记载

(1)汇票的付款金额附带利息记载的效力应服从出票地法律。按照英国《票据法》是允许的。但若利息记载之金额不确定,则该汇票无效。按照《日内瓦统一票据法》,唯有即期汇票和见票后定期汇票,可由出票人加列利息记载;如果利息记载之金额不确定或者是其他付款期限的汇票带有利息记载,则一律视作该利息记载无效,但汇票仍可有效。我国《票据法》对此无明确规定。但一般来说,只要汇票金额确定,就有效;如果利息记载之金额不确定;则该利息记载无效而汇票仍可有效。

(2)付款计息期限的算法应根据汇票文义。

【例 3-8】 "Pay to··· the sum of one thousand US dollars plus interest at 6% p. a. (支付······金额 1 000 美元并按年率 6%计息)."这里的金额记载不确定,因为其计息期限无法确定,依英国《票据法》该汇票无效;依《日内瓦统一票据法》和我国《票据法》,该利息记载无效而汇票仍可有效。

【例 3-9】 "Pay to··· the sum of one thousand US dollars plus interest at 6% p. a. from the date hereof to the date payment(支付······金额 1 000 美元并按年率 6%从出票日起算至付款日止计息)."这里的金额记载是确定的,从而有效。不过,这里应当注意的是,按照本例的汇票文义,"from···to···"意味着计息期限是"算头又算尾"的。

3. 附带有货币兑换记载

(1)汇票支付文句带货币兑换记载的效力一般来说,只要这一记载不影响到支付货币和金额的确定性,出票就有效。如果这一要求又不违背付款地法规,付款人应予执行。

(2)付款汇率的算法可根据汇票文义或国际惯例。

【例 3-10】 "Pay to··· the sum of one thousand US dollars converted into Sterling equivalent at the prevailing rate of exchange in New York(支付······相当于金额 1 000 美元的按纽约当时汇率折换成的等值英镑)."这里的金额记载是确定的,从而有效。

4. 附带有分期付款记载

唯有英国《票据法》认为汇票上可以有分期付款记载,但若其分期付款记载的文义不确定,则汇票无效。由于分期付款记载实质上是把付款金额和付款期限两个要项混在了一起,既不利于汇票文义的简明确切,又不利于汇票的流通(通常分期付款汇票是不可流通的),所以,《日内瓦统一票据法》和我国《票据法》均不承认分期付款汇票的有效性。其实,实务中出票人完全可以用分别开几张不同付款期限汇票的办法来解决分期付款的问题。

【例 3-11】 "Pay to··· the sum of one thousand US dollars by installments(支付······金额 1 000 美元分期付款)."这里的分期付款记载过于笼统,文义不确切,从而汇票无效。

【例 3-12】 "Pay to··· the sum of one thousand US dollars by two equal consecutive monthly installments(支付……金额1000美元按2个月等额连续地分期付款). "这里的分期付款记载文义确切,按英国《票据法》,汇票有效。

汇票金额通常用文字大写金额(amount in words)和数字小写金额(amount in figures)分别表明。我国《票据法》中强调此要求,而西方国家票据法虽然大多并未强调要求同时有大、小写金额,但在实务中人们仍习惯于同时记载大、小写金额。如果大、小写金额不一致,应重新填写该份汇票。

(七) 付款人名称和付款地点

汇票上的付款人记载,也是一般票据法都要求的必须记载项目。付款人就是受票人(drawee),在汇票上英文是以"To…"开头的文句,应当有必要的确定性——要有付款人完整准确的全称(必要时还应附带地址),有时还须加记其详细地址(比如以某地的一家银行为付款人,而该行在当地有两个或多个分支机构的时候,就尤为必要)。

另外,英国《票据法》还允许一张汇票开致两个或多个付款人(To A and B),此时,任何一个付款人都必须对全部债务负责,无主次之分。但不允许开致两个付款人任选其一(To A or B),因为这样的付款人有着不确定性。

按照"行为地法律"原则,汇票的承兑、付款等行为都适用付款地(place of payment)法律,所以,明确"付款地"是具有重要法律意义的。但一般票据法都认为,付款地并非汇票的必要记载项目,凡是汇票未注明付款地时,如果付款人名称中附有地址的话,就以该地作为付款地;再不然,就以付款人的营业场所、住所或经常居住地为付款地。

(八) 出票人名称和签字/签章

一般应在汇票的右下方列有出票人(drawer)名称——完整准确的全称(必要时还应附带地址)。尽管一般票据法均未专项强调出票人名称的必要性(因为当出票人的签字/签章已可完全表明出票人名称时,就不必要再另外加列其名称了,所以,出票人名称不是所有汇票都必须具备的必要项目)。但当出票人为公司或其他单位法人时,若仅有其法定代表人或委托代理人的签字而无出票人名称的记载,显然是不行的——对于公司或单位法人出具的汇票而言,出票人名称记载(按我国《票据法》就是加盖公章)实际上是一个必要项目。

出票人签字(signature of the drawer)不但是一般票据法都要求的必须记载项目,而且是汇票上最重要的记载项目。票据法是根据出票人在票据上的签字/签章来确定其票据责任的,出票人在票据上签字/签章表明了其承认自己的债务,并将按票据上记载的事项承担票据责任的意向。

出票人委托其法定代表人或代理人在票据上签字/签章时,必须在票据上表明其代理关系。也就是说,代表公司或单位作出票签字/签章时,必须在个人签字/签章前加上必要的文字说明(如 For A Co. 或 On behalf of A Co. 或 For and on behalf of A Co. 或 Per pro. A Co. 等)或者是加盖公章(此时实际上是把"出票人名称"作为"出票人签字/签章"的一个连带的必要项目了),有时还要在其签字/签章的旁边注明签字/签章人在公司或单位的职务名称。例如:

"For A Co. , New York

Signature

（Manager）"

无出票人签字/签章，或伪造出票人签字/签章，以及无行为能力人或限制行为能力人作出票人签字/签章的票据均视为无效票据。

对于缺项票据——指出票人在出票时已作了签字/签章，但必要项目记载不全的票据。按照西方国家的票据法，得到授权而取得缺项票据的收款人可以根据授权填写补齐所缺记载，使之成为合格票据；但我国《票据法》不允许出票人签发缺项票据。不过，持票人因票据记载事项欠缺而丧失票据权利的，仍可享有民事权利，可以请求出票人或者承兑人返还其与未支付票据金额相当的利益（未必是金钱）。

归纳起来，按照英国《票据法》，汇票有五个必要项目；而《日内瓦统一票据法》和我国《票据法》完全一样，都是规定了七个必要项目。缺少必要项目的汇票是不成立的，尤其是无出票人签字/签章的汇票根本就无效。

三、其他附加记载

票据法通常还允许汇票的各种当事人在汇票上作一些"基本要项"以外的其他记载，但是这些额外记载必须不违背行为地票据法的规定，否则会导致汇票不成立或者是该记载无效。

（一）汇票编号

汇票编号（number of exchange）是指出票人的汇票流水作业编号，这是为便于检索需要的附加记载。

（二）出票条款

出票条款（drawn clause）是一个表明汇票的出票原由的文句。比如，在信用证支付方式下出具的汇票上往往会加注在某信用证项下出票的文句，例如"Drawn under A Bank L/C No. ×××（在 A 银行×××号信用证项下出票）."

（三）付一不付二

汇票一般是成套汇票，一套两张。出票人通常须在第一张汇票的支付文句中加记诸如"Pay this First Exchange（Second of the same being unpaid）to［支付此第一张汇票（第二张相同内容者不付）］…"之类的内容；同时还须在第二张汇票上记载"付二不付一"的相应内容。

（四）担当付款人

当付款人是公司商号而非银行时，为便于收付款起见，出票人可事先与付款人约定一家该付款人的往来银行来代理执行付款，称之为担当付款人（person designated as payer），出票时可在付款人记载后面加列担当付款人。

比如，"To：A Co. Ltd New York payable by B Bank New York"，其中的 B 银行就是担当付款人。

（五）预备付款人

出票人还可以在付款人记载后面加列一个预备着在遇到付款人退票时，持票人可以向其请求参加承兑/参加付款的人。如果未遭到付款人退票的话,预备付款人(referee in case of need)可备而不用。出票人在记载预备付款人时,应详细记载其名称及地址。

比如,"To:A Co. Ltd

In case of need refer to

B Co. 102 ×××Street, New York",其中的 B 公司就是预备付款人。

注意,持票人必须首先向付款人请求承兑/付款,遇退票后,才可以向预备付款人请求其参加承兑/参加付款,这与前述的英国《票据法》允许同时开列多个并列付款人的情况是截然不同的。

(六) 对价条款

在汇票的收款人已向出票人付过对价的情况下(比如议付信用证项下出具的汇票就常以议付行为收款人),出票人通常应在汇票的支付文句后面加记一条对价条款(value clause),如"For value received(已收对价)"。

(七) 托收条款

在托收支付方式下出具的汇票常常会加列托收条款(collection clause),即在汇票的支付文句中加列被委托收款银行(bank designated as Payee)、贷记账户(credited account),并在支付文句的后面再加记一条托收文句,例如:"Pay to the order of C Bank for No. ×××account of us the sum of say one thousand US dollars only For collection",其中的"我们(us)"是指出票人,也是该汇票的收款人(托收项下出具的汇票多为已收汇票),C 银行则是被委托收款的银行。需要注意的是,C 银行并非该汇票的收款人,而是受收款人委托代为收款的人,他还有权再进一步委托付款人所在地的银行作为代收行来执行收款,×××号账户则是收款人在 C 银行开立的账户。依据文义,出票人同时又是收款人要求 C 银行收妥该款项后贷记此账户。

(八) 免作退票通知或者免作拒绝证书

一般来说,当汇票遭拒付时,持票人需要及时向其前手发出拒付通知并作成拒绝证书以便追索。可是,出票人有时会在汇票上加列免作拒付通知或者免作拒绝证书的条款,如"notice of dishonor excused(免作拒付通知)""protest waived(免作拒绝证书)"之类的记载。这表示持票人遭拒付后,不必作成退票通知或拒绝证书,便可以直接向出票人追索。出票人的这种免责记载,一般对出票人的所有后手也都有效。

(九) 无追索权

一般来说,出票人作为汇票的主债务人,当汇票遭拒付时,必然会受到追索。可是,出票人有时会在汇票上加列免予追索条款,如"without recourse to drawer(对出票人无追索权)"或"without recourse to us(对我们无追索权)"之类的记载。

关于出票人免予追索记载的法律效力:

(1) 英国《票据法》认为,出票人可以用此记载来免除其汇票被拒绝承兑或拒绝付款时受追索的责任。

(2)《日内瓦统一票据法》认为,出票人可以用此记载来免除其汇票被拒绝承兑时受追索的责任,但不能免除其汇票被拒绝付款时受追索的责任。

(3) 我国《票据法》认为:"汇票上可以记载本法规定事项以外的其他出票事项,但是该记载事项不具有汇票上的效力。"并且,出票人的免予追索记载最多对其自己有效(当出票地法律认可这一记载时才有效,否则该记载对出票人也无效),对于其后手背书人来说,如果后者没有在背书时另外加记对于自己免予追索的条款,或者是背书人虽然也特别加记了对于自己的免予追索条款,但背书地法律不认可这种免责记载时,则持票人仍可向他们追索。

第二节 汇票的行为

汇票是一种要式文件,不仅其格式要符合法定要求,其流转程序中的每一种行为也都必须符合票据法的相应规定。汇票的行为主要有出票、背书、提示、承兑、保证、付款、退票、退票通知、拒绝证书、参加承兑、参加付款、追索等。其中,出票是主票据行为,是其他票据行为得以发生的基础。

一、出票

出票(issue)是指出票人签发汇票并将其交付给他人的行为。出票是基本票据行为,是其他一切票据行为的基础。完整的出票行为应包括两个内容:一是出票人制作汇票并签字。签字使汇票生效,否则必为无效票据。二是出票人将汇票交付给他人,如收款人。

交付有实际交付和推定交付之分。若出票人与收款人为同一个人,则以出票人背书交付给受让人为正式交付。交付的目的在于使汇票不可撤销,从而使其作为独立的债权凭证而发挥作用。

二、背书

背书(endorsement,或 indorsement)是指在票据背面或粘单上记载有关事项并签名的票据行为。背书包括两个动作:一个是在汇票背面签字;另一个是交付给被背书人,只有经过交付,才算完成背书行为,使其背书有效和不可撤销。

一项有效背书应符合以下条件:

(1) 背书应制作在汇票背面,若背面已无空白之处,持票人可以在粘单上制作背书,但他必须在粘单与汇票粘接处骑缝签字。在汇票正面所作的签字,除出票或承兑签字外,均被视为保证签字,因此背书必须制作在汇票背面。

(2) 背书转让的金额应是汇票的全部金额。将汇票金额的一部分转让的背书或者将汇票金额分别转让给多人的背书均为无效背书,即受让人(无论单个还是全体)不能凭此项背书获得票据权利,因此部分金额的背书转让不构成汇票的流通。但是这种转让可以作为普通的转让而受到民法的保护,即受让人可以此证明他与背书人之间关于背书金额部分的转让关系。

(3) 在以背书转让汇票时,背书应连续,即转让人背书签字与受让人再作背书的签字应依次前后衔接。

背书的目的可以是票据转让,也可以是票款托收,还可以是票据质押。一般来说,背书记载的基本要项有:背书目的、受让人/受托人/质押人、背书日期、背书人名称和签字/签章等。西方票据法认为,唯有背书人签字是必不可少的背书记载项目;但我国《票据法》认为,除了背书人签章是必不可少的背书记载项目以外,受让人/受托人/质押人记载亦不可省略。而背书未记载日期的,可视该背书为汇票到期日前所作;背书未记载地点的,可以该背书人的营业/经常居住地为背书地。

根据背书目的的不同,背书主要有下列七种类型。

1. 特别背书

特别背书(special endorsement)也称为完全背书、记名背书,不仅有背书人签字,而且记明了受让人的名称。受让人如需转让汇票,也必须作背书。在有一连串特别背书时,后一个背书的背书人就是前一个背书的被背书人,背书的连续性得以确认,最后持票人可以清晰地了解汇票的转让情况。例如:

Pay to the order of B Company

For A Company, London

<u>Signature</u>

被背书人B公司可用背书和交付方法继续转让汇票。从一系列的特别背书可以看出背书的连续性。

顺序 当事人名称	第一	第二	第三	第四	第五	
被背书人	B	C	D	E	F	*最后被背书人 是持票人*
背书人	A(*payee*)	B	C	D	E	

2. 空白背书

空白背书(blank endorsement)只有背书人签字,不注明被背书人,或只注明转让给来人,因此也称为无记名背书。经过空白背书后,汇票转化成为来人汇票,持票人可以仅凭交付就进行转让,无需再作背书。但任何持票人都可以在原空白背书中背书人签字的上方加注其本人或其受让人的名称,或重新制作背书,写明受让人名称,从而结束汇票向来人支付的状态。因此,由空白背书而形成的来人性质不具备永久性,可以因其他形式的背书而转换。

按照我国《票据法》的规定,除了为向付款人提示汇票领款而作的背书外,其他背书都是为了转让汇票或将部分汇票权利授予他人行使,因此必须记载被背书人名称,不允许作空白背书。

3. 限制性背书

限制性背书(restrictive endorsement)是指"支付给被背书人"的指示带有限制性的词语,目的是禁止被背书人把汇票再行流通转让,他只能凭票取款。例如:

Pay to B Company only

For A Company, London

<u>Signature</u>

4. 附有条件背书

附有条件背书(conditional endorsement)是指背书人在背书转让汇票时,其背书是带有条件的。例如:

Pay to the order of B Company

On delivery of Bill of lading No. 123

For A Company，London

<u>Signature</u>

附带条件只对该项背书的背书人和被背书人有约束力,它与付款人、出票人无关。当汇票向付款人提示要求付款时,付款人不管条件是否履行,可以照常付款给持票人,汇票即被解除责任。附有条件背书实际是指背书行为中的交付,也只有条件完成后,背书人才将汇票交付给被背书人。

5. 托收背书

托收背书(endorsement for collection)是要求被背书人按照委托代收票款的指示,处理汇票。通常是在"Pay to the order of B Bank"的前面或后面写上"for collection"等字样。

托收背书是非权利转让背书,因此托收背书仅使被背书人获得代理权。代理权的范围是行使票据上的一切权利,包括付款请求权和追索权,以及需要提起诉讼的权利。除此之外,委托背书也有权利证明的效力,不过证明的也仅是代理权。我国《票据法》规定:"背书记载'委托收款'字样的,被背书人有权代背书人行使被委托的票据权利。但是,被背书人不得再以背书转让票据权利。"

6. 设质背书

设质背书(endorsement in pledge)又称质权背书,是背书人以在票据权利上设定质权为目的而作的背书。背书人为出质人,被背书人为质权人,设定的质权为权利质权。我国《票据法》第35条规定:"汇票可以设定质押;质押时应当以背书记载'质押'字样。被背书人依法实现其质权时,可以行使汇票权利。"

背书人一经作成设质背书并交付被背书人,被背书人直接取得质权,在背书人不履行债务的情况下,被背书人可以行使其质权,即以自己的名义做一切必要的票据行为,如提示、请求付款、受领票款、作成拒绝证书、追索、诉讼等。被背书人可以票据金额优先清偿自己的被担保的债权,若有剩余,应将剩余部分退还背书人。

设质背书的实用价值不大。因为设质汇票受到期日的限制,若债权到期而票据未到期仍不能取得票款,或若票据到期而债权未到期,则必须将票款提存,而不能支配使用票款。

7. 回头背书

回头背书(reversed endorsement)又称还原背书或逆背书。是以票据债务人为被背书人的转让背书。其中的票据债务人包括出票人、承兑人、参加承兑人、背书人、保证人等。

回头背书与一般的转让背书相同,都产生转让票据权利的效力。但是由于回头背书中被背书人的特殊性,持票人享有的票据权利也会受到某种限制。

回头背书的被背书人为出票人,仅享有对承兑人的付款请求权(因为承兑人为汇票的主债务人),但对其前手无追索权;比如出票人 A 签发一张汇票给收款人 B,B 背书转让给 C,C 再行转让……汇票又回头背书转让给 A,即 A→B→C→D→E→F→A,若出票人 A 遭拒付,则 A 对 B、C、D、E、F 均无追索权。

背书人为回头背书的持票人,对其后手无追索权。若出票人 A→B→C→D→E→F→B(汇票第一次背书的背书人)的流通转让过程中,持票人 B 对 C、D、E、F 无追索权,只对 A 以及承兑人有追索权。

承兑人为回头背书的持票人,对任何人均无追索权;保证人以及参加承兑人为回头背书的持票人,其权利限制具体视保证人和被参加承兑人为何人而定。

三、提示

票据具有提示性。汇票的提示(presentment)是指持票人向付款人出示汇票要求其承兑或者付款的法律行为。

提示包含承兑提示(presentment for acceptance)和付款提示(presentment for payment)。承兑提示是汇票持票人在承兑期限内,以确定和保全其票据权利为目的,向付款人出示票据,请求予以承兑的行为。对远期汇票,持票人须两次提示,首先承兑提示,在汇票到期日对付款人付款提示;对即期汇票,持票人对付款人直接付款提示。

提示必须在法定期限内进行:对于即期汇票,有付款提示期限,英国《票据法》规定在合理时间内(实务中一般认为不能超过半年);《日内瓦统一票据法》规定,自出票日起一年;我国《票据法》规定自出票日起 1 个月。

对于远期汇票,包括承兑提示期限和付款提示期限两部分。关于承兑提示期限,英国《票据法》规定在到期日前的合理时间内;《日内瓦统一票据法》规定,见票后定期付款的汇票应自出票日起一年内为承兑的提示;我国《票据法》规定,见票后定期付款的汇票,持票人应当自出票日起一个月向付款人承兑提示;对于定日付款和出票后定期付款的汇票,《日内瓦统一票据法》和我国《票据法》均规定在到期日前承兑提示。关于付款提示期限,英国《票据法》规定在付款到期日当天;《日内瓦统一票据法》规定,应于到期日或者前后两个营业日中之一日为付款提示;我国《票据法》规定,定日付款、出票后定期付款或者见票后定期付款的汇票,自到期日起十日内向承兑人付款提示。

有关提示地点,根据汇票上付款地的记载。若汇票上未记载付款地,则付款人的营业场所、住所或者经常居住地为提示地点。

有关提示方式,若付款人为银行,则有三条渠道:通过票据交换所提示;直接在付款行柜台提示;委托代理行或者联行代为提示。

四、承兑

汇票的承兑(acceptance)是指远期汇票的付款人在汇票正面签字/签章,写成承兑,表明其同意按出票人的命令/委托到期付款的意旨,并将汇票重新交付给持票人的一种票据行为。远期汇票一经承兑,付款人就成为承兑人,即票据的主债务人。承兑人不得以与出票人之间欠缺资金关系为由对抗持票人。

　　承兑的交付有"实际交付"（actual delivery）和"推定交付"（constructive delivery）之分。后者是指承兑人交付给持票人一份（某日已作承兑的）承兑通知书，而将原汇票留下。国际银行业的惯例是，180天以内（含180天）的远期汇票承兑后不退还持票人，而只以书面通知承兑。

　　承兑行为的基本要项包括"accepted（承兑）"字样、承兑日期、承兑人名称和签字/签章等。西方票据法认为，只有承兑人签字是承兑时的必要记载，其他记载项目均可省略；但我国《票据法》认为，除了承兑人签章以外，"承兑"字样也是承兑时的必要记载项目。

　　按照承兑人在票据正面所记载关于承兑事项的不同，承兑有普通承兑（general acceptance）和限制性承兑（qualified acceptance）两种。

（一）普通承兑

　　普通承兑是指承兑人对出票人的指示不加限制地同意确认，通常所称的承兑即普通承兑。如承兑人的记载如下：

ACCEPTED

15th June, 20××

For A Company

Signature

即为普通承兑，表示付款人A公司完全接受出票人的无条件支付命令。

（二）限制性承兑

　　限制性承兑是指付款人于签章前加载其他事项，限制或者更改出票人的无条件支付命令。常见的限制性承兑有：

　　（1）有条件的承兑（conditional acceptance）。它是指承兑人支付票据金额必须以所列条件实现为前提，实际上更改了汇票支付的无条件性。如：

ACCEPTED

15th June, 20××

Payable on delivery of bills of lading

For A Company

Signature

　　（2）部分承兑（partial acceptance）。它是指付款人只对票据的部分金额承担到期支付的责任，如下列承兑记载（假设票据金额为1 000英镑）：

ACCEPTED

15th June, 20××

Payable for amount of £500 only

For A Company

Signature

　　由于付款人拒绝就汇票全部金额作出承兑，持票人可将其视为拒绝承兑，并以此为由向前手追索全部票款。但持票人也可以接受部分承兑，然后就未承兑部分的金额向前手追索。承兑部分的金额在到期日由承兑人支付，若届时承兑人拒付，持票人仍可以向前手追索该部分金额。这种处理方法虽然比较麻烦,但比起简单地以全额退票处理的方法有其优点,即就承兑部分的金额而言,承兑人承担主要付款责任,出票人承担连带责任,因而至少有两个责任当事人,尤其是承兑人为主债务人,因此收款可靠性较大。若以全额退票处理,持票人拒绝接受部分承兑,付款人对持票人就不再承担责任,持票人只有向前手追索这一唯一的利益保全方法。如果未能追回票款,持票人无权再要求付款人支付,因而有可能面临全部损失。

(3)限制地点的承兑(local acceptance)。它是指承兑人只限在特定地点支付票款。如:

ACCEPTED

15th June,20××

Payable at the Bank of Europe,London and there only

For A Company

Signature

(4)延长付款时间的承兑(qualified acceptance as to time)。它是指承兑人延长支付票款的时间(假设票面记载的付款期限为见票后30日)。如:

ACCEPTED

15th June,20××

Payable at sixty days after sight

For A Company

Signature

关于限制性承兑,我国《票据法》规定:"付款人承兑汇票不得附有条件;承兑附有条件的,视为拒绝承兑。"《日内瓦统一票据法》除允许部分承兑外、其他限制承兑均以拒绝承兑论处,但承兑人须按其承兑文义承担责任。英美票据法均规定,除部分承兑外,持票人不得擅自接受其他形式的限制性承兑,即未经出票人与背书人的事先授权或事后同意,接受限制承兑的持票人将对未予同意的前手当事人丧失追索权。

持票人向付款人提示请求承兑,付款人有权选择是否予以承兑,但应尽快决定承兑或者拒绝。票据法规定了给予付款人考虑的时间,即承兑时限。英国《票据法》规定在习惯时间内(within customary time),通常指提示日的下一个营业日营业时间终了之前;《日内瓦统一票据法》规定,承兑时间为从第一次提示后的次日到第二次提示的这段时间。我国《票据法》规定:"付款人对向其提示承兑的汇票,应当自收到提示承兑的汇票之日起3日内承兑或者拒绝承兑"

对于一式多份的汇票,各张分次先后提示要求承兑的,付款人只能按照提示的先后顺序,承兑首先提示的汇票,后来提示的不予承兑。

五、付款

汇票付款(payment)是指付款人支付票据金额从而解除票据债权债务关系的行为。付款必须由付款人或者承兑人所为,汇票经正当地付款后,汇票上的债权债务关系全部解除,在汇票上签章的所有票据债务人均因此解除责任。所谓正当地付款是指满足以下

条件:

（1）在汇票到期日或以后付款。若提前支付,付款人自担风险,自负责任。例如,贸易结算中常使用一式两份或多份的成套汇票,其中一份被解除,全套汇票即告解除;若付款人对其中一份提前支付,而其余汇票未被解除,整套汇票仍然有效。

（2）由付款人或承兑人支付。可以由其本人支付,也可以由其代理人(如往来银行)授权支付。其他人所做付款只是广义付款,不能解除汇票的债权债务,只能转移债权。

（3）向持票人支付。持票人的认定,除必须占有汇票外,还必须以必要背书的连续来证明。

（4）善意地支付。这是指付款人或承兑人对持票人可能存在的权利缺陷不知悉,同时,付款的做出是在营业时间内按照正常的业务规范进行的。

持票人在汇票到期后按规定作付款提示时,执行付款人完成付款的时限,依据英国《票据法》,执行付款人必须于习惯时间内(within customary time),通常是指提示付款日的下一个营业日营业时间终了之前足额付款;依据《日内瓦统一票据法》和我国《票据法》,执行付款人必须于提示付款当日内足额付款。

六、退票、退票通知和拒绝证书

(一) 退票

汇票的退票(dishonor),又称拒付,是拒绝承兑或拒绝付款的统称,持票人按票据法的规定行事却得不到承兑或得不到付款。退票行为可以是实际的,也可以是推定的。前者指持票人正式提示时,付款人明确表示拒绝承兑或仅作保留性承兑或拒绝付款,从而构成实际退票;后者指付款人未在承兑时限内完成承兑;未在付款时限内完成付款;付款人破产或丧失行为能力(如因违法而被责令停止业务活动、死亡或患重病等);付款人纯属虚构或隐匿不见。

(二) 退票通知

退票通知(notice of dishonor)是指在汇票遭拒付时,持票人及背书人将遭拒付的事实通知前手及出票人的行为。

1. 退票通知的作用

退票通知既可以使前手与拒付人作协商或做好清偿准备;还是持票人顺利行使追索权的又一必要前提。一般来说,汇票遭拒付时,持票人乃至前手背书人为了保留自己的追索权或再追索权,必须向自己的前手发出退票通知。但对于出票人有免作退票通知记载的汇票,可以不作退票通知;对于只是个别背书人有免作退票通知记载的汇票,则只是对该背书人无须作退票通知。英国《票据法》规定,持票人若不作成退票通知,并及时发出,即丧失其追索权。《日内瓦统一票据法》则认为,退票通知仅是后手对于前手的义务,不及时通知并不丧失其追索权。但因未及时通知,造成前手损失的,应负赔偿之责,其赔偿金额以汇票金额为限。

2. 退票通知的做法

持票人作退票通知,可以采用依次通知的方式,即持票人向其前手发出,接到退票通知的前手再通知其再前手,依次通知,直到出票人为止。也可以采用另一种方式,即持票人向全体前手发出退票通知。

退票通知应当是书面的,其中应记明被拒付汇票的主要记载事项,明确说明该汇票已被拒绝承兑或是拒绝付款。

3. 发出退票通知的时限

英国《票据法》规定,如果前手在同地,则持票人最迟应在退票日的次日内通知到;如果前手在异地,则持票人最迟应在退票日的次日里发出通知。前手们在接到通知后的再通知,亦应遵循上述时限。

《日内瓦统一票据法》规定,持票人应当在拒绝证书作成日起算 4 日内向前手发出通知。前手们的再通知则应自收到通知之日起算 2 日内向其再前手发出。

我国《票据法》规定,持票人应当自收到被拒绝承兑或者被拒绝付款的有关证明之日起算 3 日内向前手发出通知;前手们的再通知亦应自收到通知之日起算 3 日内向其再前手发出。

(三) 拒绝证书

拒绝证书(protest)是指由退票地公证机关或其他有权公证的机构或当事人出具的证明退票事实的法律文件。持票人请求公证人作成拒绝证书时,应将汇票交出,由公证人向付款人再作提示,仍遭拒付时,即由公证人按规定格式作成拒绝证书,连同汇票交还持票人。

1. 拒绝证书的作用

拒绝证书是持票人得以保留追索权的必要凭据。一般来说,国际汇票遭拒付时,持票人必须作成拒绝证书(但出票人在汇票上有免作拒绝证书记载者例外),以备追索。

2. 拒绝证书的作成时限

英国《票据法》规定,必须在拒付日的下一个营业日内作成拒绝证书;但也可以先由公证人在汇票上作"录证(Noting)",以延迟作成正式的拒绝证书。《日内瓦统一票据法》规定,对于即期汇票的拒绝付款证书或远期汇票的拒绝承兑证书,必须在拒付日的下一个营业日内作成;对于远期汇票的拒绝付款证书,必须在付款到期日之后的两个营业日内作成。我国《票据法》无此时限的明确规定。

3. 作成拒绝证书的费用负担

一般来说,持票人可在追索时向前手收取此项费用;但对于出票人有免作拒绝证书记载的汇票,持票人追索时无须提交拒绝证书,当然也就不能向前手收取此项费用;对于只是个别背书人有免作拒绝证书记载的汇票,则对该背书人追索时无须提交拒绝证书,也不能向他收取此项费用,但持票人可向出票人或其他背书人收取此项费用。

七、追索

汇票的追索(recourse)是指汇票不获承兑或者不获付款,或者其他法定原因出现时,持票人在履行保全手续后,向其前手背书人、出票人要求清偿票据金额以及费用的票据行为。

退票是产生追索权的原因。汇票退票事实存在,持票人就可以行使追索权,但是在

追索前,持票人必须履行保全手续:

(1)持票人必须在法定期限内提示承兑或者提示付款,否则就丧失票据的追索权。

(2)持票人必须在法定期限内发出退票通知,将拒付事实通知其前手。

(3)持票人必须在法定期限内作成拒绝证书。

持票人完成必要的保全手续以后,便可选择追索对象进行追索。只要在票据上签章的当事人,包括出票人、背书人以及其他票据债务人,对持票人均承担连带偿付责任。持票人可以向自己的直接前手追索,也可以选择向任何一个背书人、出票人或者保证人进行追索;可以向一个票据债务人追索,也可以同时向数个或者全体票据债务人进行追索。债务人承担票据债务没有先后顺序之别。在实务中,持票人通常对出票人追索。因为出票人是票据的基本债务人,所以按照顺序追索,最终还是出票人的责任。即使存在承兑人,承兑人付款的资金来源于出票人,但实际上仍然是出票人付款。除非出票人破产或者无力支付,承兑人才以自有资金直接付款。持票人选择追索对象后,还应当确定追索金额。追索金额包括被拒付票据金额;票据到期日或者提示付款日与清偿日之间的利息以及相关拒绝证书和退票通知的费用。

持票人向其前手背书人追索,被追索权人清偿了追索金额以后,取得与持票人相同的权利,有权对其前手进行再追索。再追索金额包括已清偿的全部金额、前项金额自清偿日起至再追索清偿日止的利息及发出通知的费用。若出票时注明"protest waived"或者"notice of dishonor excused",则出票人和全体背书人对拒绝证书和退票通知的费用免责。

持票人因缺乏退票通知或拒绝证书或误时而丧失追索权的,他对票据的主债务人(承兑人/出票人)仍在一定期限内拥有票据权利。英国《票据法》规定,追索权与民法上的请求权相同,自债权成立日起算 6 年。其中所谓"债权成立日",对于承兑人是承兑日;对于其他债务人是出票日。《日内瓦统一票据法》规定,持票人对承兑人的追索权,是自付款到期日起算 3 年。持票人对前手及出票人的追索权,是自拒绝证书作成日/付款到期日(在免作拒绝证书时)起算 1 年;清偿持票人对前手及出票人的再追索权,是自清偿日起算 6 个月。我国《票据法》规定,持票人对出票人和承兑人的权利,即期汇票/远期汇票是自出票日起算 2 年/自付款到期日起算 2 年;持票人对前手的追索权,是自被拒付之日起算 6 个月,清偿持票人对前手的再追索权,是自清偿日或者被提起诉讼之日起算3 个月。

八、参加承兑

参加承兑(acceptance for honor)是指在汇票未获承兑或者未获付款后,非汇票债务人在征得持票人同意的情况下,参加承兑已遭拒绝承兑的汇票的一种附属票据行为。其目的是为了防止特定债务人被持票人追索,维护他们的信誉。《日内瓦统一票据法》以及英国《票据法》均有参加承兑行为的规定,而我国《票据法》并没有参加承兑的规定。

参加承兑应当在汇票上记载,由参加人签章,并记载被参加人(是指由于参加承兑人的参加行为而免予追索的特定票据债务人)的姓名,未记载的,被参加承兑人视为出票人。例如:

ACCEPTED FOR HONOR

of <u>A Company</u>

15th June，20××

For B Company

<u>Signature</u>

这时，B 公司为参加承兑人，A 公司为被参加承兑人。根据《日内瓦统一票据法》，参加承兑人可以是除承兑人之外的任何人，包括出票人、背书人、保证人、预备付款人等。英国《票据法》认为，参加承兑人应当是票据债务人之外的第三者。被参加承兑人是指被"参加承兑人"担保信誉的任意债务人。《日内瓦统一票据法》规定，凡参加承兑而没有记载被参加承兑人在，则应视出票人为被参加承兑人。

汇票到期时，如付款人不付款，持票人可向参加承兑人提示要求付款，通知其付款人因拒绝付款而退票，并已作成拒绝证书的事实。参加承兑人即应照付票款，从而成为参加付款人。举例如图 3-1 所示。

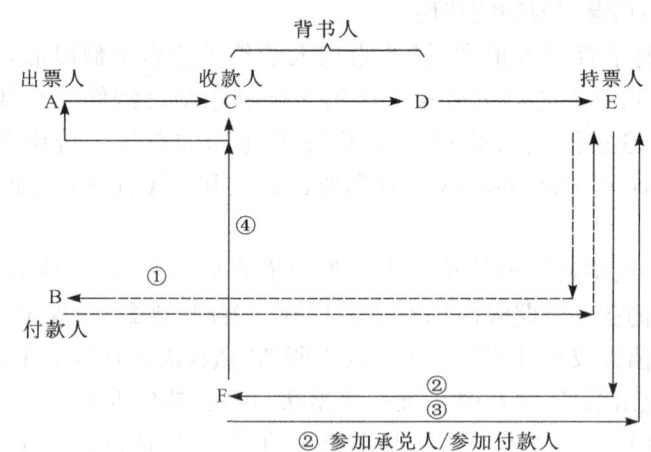

图 3-1　参加承兑流程图

一张汇票，出票人 A，付款人 B，收款人 C 将汇票背书转让给 D，D 再背书转让给 E，E 作为持票人向付款人 B 提示要求承兑，但遭拒绝（①），参加承兑人 F 参加承兑（②），并指定被参加承兑人，即参加承兑人 F 向持票人 E 担保 C 的信誉，汇票到期，付款人 B 拒不付款，而由参加承兑人 F 付款（③），则 F 即成为参加付款人，对被参加付款人 C 及其前手 A 有请求偿还权（④），而被参加付款人 C 的后手 D 被免除票据责任。

参加承兑人应在参加承兑后两个营业日内将参加承兑事实通知被参加承兑人，并且要取得持票人的同意。持票人若允许其参加承兑，则持票人对被参加承兑人及其后手不得于到期日前行使追索权。参加承兑人对持票人以及被参加人之后手，承担与承兑人相同的责任。若持票人到期向付款人作付款提示时被拒付，则参加承兑人就应当承担付款义务。

见票后若干天付款的汇票被参加承兑时，到期日从作成拒绝承兑证书之日起算，而不是从参加承兑日起算。持票人于到期日时须先向付款人提示要求付款，遭到拒付时，才能向参加承兑人提示要求付款,参加承兑人则应照付票款。

由于汇票遭到拒绝承兑以后,再找参加承兑人是不容易的,故参加承兑行为很少发生。

九、参加付款

参加付款(payment for honor)是指在因拒绝付款而退票,并已作成拒绝付款证书的情况下,非票据债务人可以参加支付汇票票款。参加付款者要出具书面声明,表示愿意参加付款,说明被参加付款人的名称,并由公证人证明后,即成为参加付款人(payer for honour)。

参加付款与参加承兑的作用,同为防止持票人行使追索权,维护出票人、背书人的信誉,而且两者都可能指定任意债务人作为被参加人,所不同的是参加付款人不须征得持票人的同意,任何人都可以作为参加付款人,而参加承兑须经持票人的同意;同时参加付款是在汇票拒绝付款时为之,而参加承兑则是在汇票遭拒绝承兑时为之。

参加付款后,参加付款人对于承兑人、被参加付款人及其前手而言能取得持票人的权利,有向其请求偿还权。被参加付款人之后手,因参加付款而被免除票据付款责任。

参加付款人未记载被参加付款人者,则出票人应视为被参加付款人。参加承兑人在参加付款时,应以被参加承兑人作为被参加付款人。由第三者作为参加付款人时,应将参加付款的事实在两个营业内通知被参加付款人,如未通知而发生损失应负赔偿之责。

参加付款的金额应包括票面金额、利息和拒绝证书费用,付款时,参加付款人收回汇票和拒绝证书,然后向被参加付款人及其前手请求偿还。

由于汇票遭到拒绝付款以后再找参加付款人,事实上不容易,故参加付款行为极少发生。

十、保证

汇票的保证(guarantee)是指票据债务人以外的第三者,为担保特定票据债务人履行债务而自愿承担同一内容的票据债务的票据行为。汇票的出票人、背书人或承兑人都可以是被保证人。

汇票的保证,应当在汇票上或者粘单上作成,应当记载相应的事项,如表明保证的字样、保证人的名称地址、保证日期、被保证人的名称以及保证人的签章。根据我国《票据法》,必须记载表明保证的字样、保证人的名称及其签章。未记载被保证人名称的,已承兑的汇票,承兑人为保证人;未获承兑的汇票,出票人为被保证人。常见的保证格式有:

PAYMENT GUARANTEED	GOOD AS AVAL	PER AVAL
For account of	For account of	For account of
Signed by _____	Signed by _____	Dated on _____
Dated on _____	Dated on _____	Signed by _____

汇票的非票据债务人,在汇票上作成上述记载,就成为保证人。保证既有从属性又

存在相对独立性。在被保证的债务有效时,保证具有从属性,保证人责任与被保证人相同,各保证人责任因其被保证人责任的不同而互有差异。我国《票据法》规定,保证人与被保证人对持票人承担连带责任。但是保证又有独立性。被保证的债务只要具备形式上的有效性,即使在实质上为无效,如被保证人为无行为能力人,或者被保证人的签章伪造,其保证仍然有效,保证人不能因此免责。但是假如被保证的债务因欠缺绝对必要记载事项而无效,如被保证人为背书人,其背书因为背书人未签章而无效,则该保证为无效。我国《票据法》规定:"保证人对合法取得汇票的持票人所享有的汇票权利,承担保证责任。但是,被保证人的债务因汇票记载事项欠缺而无效的除外。"

汇票保证人清偿票款后,其保证责任消灭。保证人取得持票人的资格,有权向票据上的相关债务人行使追索权,即向被保证人及其前手行使追索权,被追索之人不得以其与原持票人之间存在的抗辩事由对抗保证人,而被保证人的后手则可免责。

英国《票据法》不认可保证行为。

第三节 汇票在融资中的运用

汇票最初时主要用于转移资金的目的,因而属于一种支付工具。随着汇票在经济交易中使用的扩大,逐渐成为一种承载各票据当事人信用的工具。在融资业务中使用的汇票,其信用工具的作用体现得尤为明显、充分。汇票在资金融通中的运用,主要有贴现、融通和承兑等几种方式。

一、汇票的贴现

(一)贴现业务

贴现(discount)是指持票人在票据到期前为获取现款向银行贴付一定的利息所作的票据转让。贴现业务中使用的票据,除远期支付的流通票据(如汇票、本票)以外,还有国库券、银行存单等须到期偿付的凭证。就汇票的贴现而言,通常应是银行承兑汇票,因为银行信用的可靠性通常较好,可以增强贴入汇票银行届时收款的安全性。由工商企业承兑的商业承兑汇票,除非承兑人享有一流的资信,否则很难进入贴现市场,即使办理贴现,其贴现率也会高于银行承兑汇票的贴现率。

持票人以贴现的方式转让票据给银行,并获得提前收款的融资。这样一种融资业务与普通银行贷款的区别主要是:

(1)信用关系的当事人不同。银行贷款的当事人是贷款银行和借款人,有时还有保证人;贴现的当事人是贴入银行、贴现人以及票据各当事人。贴现票据不获偿付时,贴现人及票据各当事人均为债务人,因而对融资银行来说,贴现比贷款更安全。

(2)信用期限不同。一般贷款的期限可以长达1年或数年,而贴现的期限绝大多数不超过半年,由此融资银行的流动性在贴现业务中体现得更好些。

(3)收付利息的时间不同。普通贷款的利息是在贷款期末一次性收付或在期内分期收付,但都是先贷后收息,而贴现业务中银行预扣贴现利息。如果两者的利率相同,考虑到货币的时间价值,贴现业务的盈利性要更高些。

贴现的一般做法如图 3-2 所示。

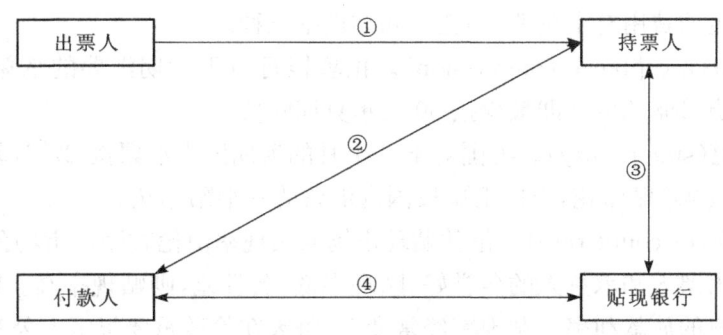

图 3-2　贴现程序图

图 3-2 说明如下：

① 出票人开出汇票,交给收款人,收款人为第一持票人,若背书转让,即出现新的持票人。

② 持票人将远期汇票向付款人作承兑提示,付款人承兑后交还汇票。

③ 持票人背书后交付贴现银行,银行扣减到期利息向持票人支付票款,即为贴现。

④ 贴现银行以正当持票人的身份在汇票到期时向付款人提示,付款人付款。

贴现的基本计算公式是：贴现净值 ＝ 到期价值 － 贴现利息。

贴现净值又称贴现价格、贴现收入,是转让票据时从贴入银行收取的对价。到期价值是汇票到期时承兑人应付金额,若汇票不计息就是面额,若计息则为本息之和。贴现利息是贴入银行预扣的利息。其计算方法是：

$$D = (V \times d \times t)/T$$

其中,D 是指贴现利息;V 是指到期价值;d 是指以年利率形式表示的贴现率;t 是指贴现期,即从贴现日到汇票到期日的天数;T 是指 1 年的基础天数,须按贴现地计算惯例确定,如美元一般以 360 天计,英镑则一般以 365 天计。

由于贴入银行预扣贴现利息,因此收益率比名义贴现率高,对贴现人来说,则意味着真正的融资成本比名义贴现率大,这一真正的收益率或融资成本就是实际利率(effective rate),又称为有效利率。

(二) 汇票的身价

汇票的身价是由汇票签字人的信誉、地位所决定的。汇票的签字人有出票人和承兑人,从下面两个方面鉴别：

(1) 出票人和承兑人的地位(standing)。出票人和承兑人必须是良好声誉的商号,具有好的资信,贴现公司对要求贴现的汇票上面要有两个信誉好的商号,这样的汇票就有了好的身价。在出票人或承兑人的两个名号中更加重视承兑人的信誉。一般认为,作为承兑人,银行优于商号,大银行优于小银行。

(2) 重视汇票起源交易的出票条款。贴现公司认为由于正常交易,出售货物而出具的汇票是可靠的,因此注明根据信用证出具的汇票是最好的汇票。

（三）贴现费用

贴现时发生的费用有承兑费、印花税和贴现率三种。

（1）承兑费（acceptance commission）。伦敦银行对于远期汇票的承兑费，按承兑期每月 1‰ 算收，最少收 2‰。即最少按 60 天承兑期收费。

（2）印花税（stamp duty）。英国对于 3 个月的远期国内汇票按 2‰ 计算收，6 个月的远期国内汇票按 4‰ 贴印花，外国汇票按国内汇票的一半贴印花。

（3）贴现率（discount rate）。伦敦贴现市场的贴现率由伦敦贴现市场公会决定，按年率计算。汇票出票人和承兑人的名誉好，贴现率低；名誉差，则贴现率高。贴现率一般略低于银行对客户的放款利率。贴现率经常变动，每天在伦敦重要报纸上公布。

（四）汇票的重贴现

贴现人贴进远期汇票，占压了自己的资金，如果等不及到期日需要用款时，可以提前抛售汇票收回资金，即申请本国中央银行要求再贴现或重贴现（rediscount）。

（1）重贴现的条件。汇票的贴现人售出其所贴进的汇票称为再贴现或重贴现。英国规定汇票重贴现的条件是汇票上必须带有两个英国头等名号银行，一个是汇票的付款人，也就是汇票承兑后的承兑人，必须是英国的银行。另一个是贴现公司，也必须是英国的。因为贴现公司系属银行性质，汇票贴进后，贴现公司如拟出售，即须在汇票上背书，因此汇票上有了第二个英国银行的名号。只有银行承兑汇票才具备重贴现条件，商业承兑汇票不具备重贴现条件。所谓头等银行，指的是第一流大银行。

（2）重贴现的银行。贴现公司主要是利用拆借同业短期贷款的资金来买入票据。如果商业银行要收回贷款，贴现公司就得把贴进的票据提交中央银行，即英格兰银行重贴现。一般是中央银行做重贴现业务，由于重贴现率比市场贴现率高，所以贴现公司只能把少量贴现票据交英格兰银行重贴现，否则就要亏本。英格兰银行的重贴现率是衡量英国利率水平的主要标志。

二、汇票的融通

汇票的融通（accommodation）是指一人为了帮助另一人获得资金融通，在没有从后者收取对价的情况而以出票人、承兑人或背书人的身份在汇票上签字，从而使后者能以持票人身份将汇票转让而筹集资金。签字提供帮助之人称为融通人（accommodation party），接受帮助的持票人称为被融通人（accommodated party）。融通人没有从被融通人处获得对价支付，其签字的目的是为了将自己的良好资信出借给被融通人，帮助他获得融资。因此融通人对被融通人不承担责任。但是融通人作为汇票的签字当事人，必须对后手中的对价持票人及正当持票人承担票据责任，无论他们是否知悉融通事宜，都不得以融通中未收对价为由提出抗辩。若融通人对上述持票人清偿了票据，可向被融通人及其前手行使票据权利。

汇票的融通做法在英美票据法中有明文规定，但在《日内瓦统一法》中却无相应规定。我国《票据法》则规定票据的签发与取得必须具有真实的交易关系和债权债务关系，必须给付对价（税收、继承、赠与除外），因此禁止汇票的融通这种做法。这主要是因为我国的票据业务还处于初级阶段,实践经验尚不丰富,有必要从严管理。

根据英美法律的规定,汇票的融通可以出现于出票、承兑或背书等行为中,但只有融通人以承兑人身份签字的汇票才称为融通汇票(accommodation bill)。其特点是:

(1)融通人,即融通汇票的承兑人,通常是银行,尤其是专营此项业务的票据承兑所(accepting house)或商人银行(merchant bank)。票据承兑所或商人银行专门以自身名义承兑汇票,赚取承兑手续费,但不垫付资金,汇票经其承兑后信用等级提高,可以在货币市场上贴现。

(2)被融通人,即融通汇票的出票人与收款人,在出票与承兑时并未支付对价给融通人,因此不能要求融通人对被融通人承担票据责任;相反,他必须在汇票到期前将足额票款交付给融通人以备到期支付。

(3)若被融通人未将足额资金提前交给融通人,后者将拒付汇票。届时贴入汇票的银行将向被融通人追索,在其清偿后汇票即告解除。若被融通人未能清偿票款,贴入汇票的银行可以强制融通人支付,因为后者是承兑人,必须按汇票文义承担责任。

融通人为了规避被融通人违约的风险,事先都与后者达成融通协议。该协议可能以跟单信用证的方式存在,即银行保证凭合格的货运单据对汇票作承兑,并取得押金及货运单据的物权保障。该协议也可以以承兑信用额度(line of acceptance credit)的形式存在,即规定额度有效期、承兑总金额、每张融通汇票的限额、担保品等条款。对于额度内的融通汇票银行将自动承兑。

例如,A公司欲融通资金,得到了经营融通票据业务的B银行的承兑信用额度的承诺后,A公司作为该汇票的出票人,同时又是收款人,B银行在汇票上承兑,成为该汇票的主债务人。利用B银行的信誉,A公司得以在金融市场上将汇票贴现,获得所需资金,其金额为汇票的面值扣减至到期日的贴现息。然后,在汇票到期日之前,A公司将足额票款交付B银行。受让汇票的贴现银行于汇票到期日向承兑人B银行提示,B银行即偿付票款。

本例中B银行为融通人,A公司为被融通人(即筹资者),所开立的汇票为无对价关系的融通票据。B银行向A公司授信而无需提供资金,但可收取承兑手续费;A公司利用B银行的信用筹措到所需资金,付出的代价是贴现息和承兑费用;而贴现银行所获得的利益是贴现息。

例如,被融通人伦敦出口公司是借款人,与融通人威凯银行订立出票额度协议:用开立承兑信用额度证的形式,在额度证内规定,融通人允许被融通人在一年内可以开立××万英镑的融通汇票,没有质押品。

承兑信用额度证开出后交给被融通人。被融通人根据这张额度证,开立一张融通汇票,以伦敦出口公司作为出票人和收款人,以威凯银行作为受票人,金额为6 000英镑,期限为见票后90天付款。被融通人作成空白背书后,将汇票交给融通人;融通人将融通汇票承兑后,送交某贴现公司要求贴现。贴现公司贴进融通汇票,将净款支付给被融通人。

若贴现年率为9%,那么被融通人可得净款为:

$$6\ 000 \times (1 - 90 \div 365 \times 9\%) = 5\ 866.86(英镑)$$

在融通汇票到期日前,被融通人应将足额票款 6 000 英镑交付融通人威凯银行,以备受让汇票的贴现银行于汇票到期日向承兑人威凯银行提示付款。但若被融通人手头资金不足,则可以利用承兑信用额度证的额度,开出一张新的期限相同的融通汇票,要求承兑贴现。被融通人从贴现银行得到的新融通汇票的净款为 6 000 英镑,正好用于归还原来融通汇票到期应付之款。因此,新的融通汇票票面金额应为:

$$6\ 000 \div (1 - 90 \div 365 \times 9\%) = 6\ 136.17(英镑)$$

等新的融通汇票到期时,被融通人再以现金支付票款。由此可见,这种做法可充分发挥汇票的信用和融资作用。不带质押的融通汇票程序如图 3-3。

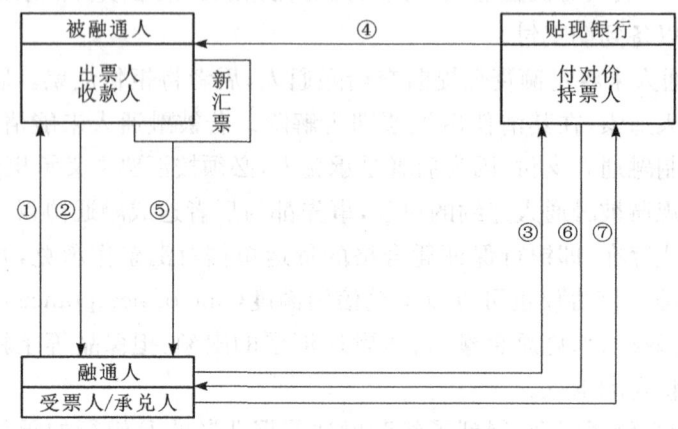

图 3-3　不带质押的融通汇票程序图

图 3-3 说明如下:

① 融通人和被融通人订立出票额度协议后,由融通人开立承兑信用额度证。

② 被融通人根据额度证开立以自己为出票人和收款人、以融通人为付款人的融通汇票,交融通人承兑。

③ 融通人承兑汇票后,由其代为被融通人向贴现公司申请贴现。

④ 贴现公司贴进汇票,将净款付给被融通人。

⑤ 在汇票到期日前,若被融通人资金短缺,则在额度证内开立一张新的融通汇票(金额略大于前一张融通汇票),并交给融通人承兑。

⑥ 在原汇票到期日,贴现公司作为付对价持票人向承兑人(融通人)提示要求付款。

⑦ 融通人将已承兑的新融通汇票交贴现公司要求贴现,并以此归还原汇票到期票款。

三、美国的银行承兑汇票

银行承兑汇票(bankers' acceptance,缩写为 B/A)是指出票人开立一张远期汇票,以银行作为受票人命令它在确定的将来日期,支付一定金额给收款人。这张汇票经受票行承兑后,承兑行就承担到期付款的责任。持票人凭着承兑行的承兑信用保证,可将汇票请求任何银行贴现,贴进汇票的银行,还可立即把它出售到票据市场上,经过出票、承兑、贴现、重贴现,获得融资机会。

银行承兑汇票在美国较为典型。根据《美国联邦储备法案》第 13 款的规定,流通于

纽约市场的银行承兑汇票交易,需符合以下要求:

(1) 融资货物必须是现时的货运(current shipment),即指承兑日必须在提单装运日的 30 天以内,因此可以使用 B/A 的货运有效期最长为提单日起 30 天。

(2) 必须向承兑银行声明要求融资的货物没有获得其他的资助,以表示销售该货的钱款可以用来偿还到期票款。

(3) 银行承兑汇票应随附单据,以示确有一笔货运交易。汇票如果没有随附单据,则承兑银行在需要时有权索看货运单据副本,以证实此笔货运。

银行承兑汇票融资适用的范围如下:

(1) 美国与外国,或美国以外国家之间的进出口货物,包括信用证项下的银行承兑汇票,托收项下的银行承兑汇票,以及银行承兑光票(又称直接融资汇票)。

(2) 美国境内的货物运输应将物权单据交给承兑银行。

(3) 美国境内仓储货物应将仓库收据交给承兑银行作为质押品,融通期限最长为 90 天。

(4) 出口备货融资应将合同交来证实确有一笔出口交易,将在 180 天内装货出口,在出口前准备货物需要融资。

由于美国以外的国家间的进出口货物,可以使用银行承兑汇票融资,外国银行若提供进出口货运资料,也可开出银行承兑光票(clean acceptance),采用美国承兑银行直接资助方法筹集资金,用作外国银行放款,以获取贴现利率与放款利率之间的利差。这样,外国银行可以先同美国承兑银行订立承兑信贷额度,将预先签字的空白汇票寄交美国承兑银行妥为保存,然后发电提供所需资料。

美国承兑银行接到电报或电传提供的资料,立即填制汇票,经承兑、贴现后,将净款贷记外国银行设在该行的账户,外国银行利用此项资金做放款业务。承兑银行贴进汇票,可以保存至到期日,借记外国银行账户,付清 B/A 票款。也可立即销售到二级市场,由重贴现汇票的市场投资人持票,待到期日向承兑行提示取款。

美国银行在承兑汇票时收取承兑手续费,在贴现汇票时,收取贴现息,承兑贴现一起办理要收取这两种费用,把这两种费率合并成为一种综合利率(all-in-rate)当作 B/A 的价格报出。例如,承兑手续费率 1%,市场贴现率 9%年率,则报出综合利率是 10%年率。倘若汇票金额为 1 000 美元,汇票期限为 6 个月,综合费用是:

$$贴现息 = \frac{1\,000 \times 180 \times 10\%}{360} = 50(美元)$$

$$贴现净款 = 1\,000 - 50 = 950(美元)$$

这样,客户按年率 10%预先付出综合费用 50 美元,得到融资 950 美元。如按贷款 950 美元,于到期日付出 50 美元的贷款利息计算,则:

$$实际利率 = \frac{50}{950} \div \frac{180}{360} \times 100\% = 10.53\%$$

所以,票据综合利率如与贷款利率比较,首先要将综合利率折成实际利率(effective annual interest rate)方可进行比较。

$$实际利率 = \frac{R}{1 - \frac{t}{360} \times R} \times 100$$

式中：R——综合利率；t——到期天数。

外国银行申请美国银行承兑、贴现汇票时，首先要求承兑银行报出综合利率；然后按上述公式折成实际利率，再与当天 LIBOR 利率比较。如果低于 LIBOR，可以叙做 B/A，获得资金，用于银行同业拆放，或向贸易商放款。如果 B/A 综合利率折成实际利率略高于 LIBOR，就不能叙做 B/A，以免赔钱。一般情况下，美国 B/A 综合利率与英国 LIBOR 相比，平均约低 0.5% 左右。

第四节　汇票的分类

汇票可以按不同标准，从不同角度进行分类。

一、根据汇票的付款时间，可以分为即期汇票与远期汇票

即期汇票(sight bill)是指要求见票即付的汇票，或者是没有规定付款期限的汇票。远期汇票(time bill，或 usance bill)是指约定在将来确定的或可确定的时间进行支付的汇票，这种汇票通常要先作承兑提示以明确承兑人的责任。

二、根据出票人身份，可以分为银行汇票与商业汇票

银行汇票(banker's draft)是指出票人和付款人都是银行的汇票，通常用于资金转移(如汇款等)业务中。银行汇票是银行信用，风险小。商业汇票(trader's draft)是指由非银行(通常是工商企业、个人)签发的汇票，其付款人可以是银行也可以是非银行，广泛用于各类经济交易中。商业汇票是商业信用，其收款人或持票人承担的风险较大。

三、根据承兑人身份，可以分为银行承兑汇票与商业承兑汇票

银行承兑汇票(banker's acceptance bill)是指由银行承兑的汇票，以银行信用为基础，信用等级较高，可以进行贴现。商业承兑汇票(trader's acceptance bill)是指由非银行的工商企业或个人承兑的汇票，以承兑人的商业信用为基础，信用等级一般要低于银行承兑汇票，因此，通常较难办理贴现。

四、根据汇票支付使用的货币，可以分为本币汇票与外币汇票

本币汇票(local currency bill)和外币汇票(foreign currency bill)的区分，既可以站在出票人的角度，也可以站在付款人及收款人的角度，因此具有相对性。

五、根据汇票的流通地域，可以分为国内汇票与国际汇票

国内汇票(domestic bill)是指出票地与付款地处于同一国家的汇票。国际汇票(international bill)，也称为外国汇票(foreign bill)，是指出票地与付款地分处两国的汇票。

这一区分的意义在于确定汇票遭退票时制作拒绝证书的必要性。

六、根据当事人的重复性，可以分为普通汇票与变式汇票

普通汇票（ordinary invoice）的出票人、付款人、收款人各不相同。若有重复则为变式汇票。变式汇票（variable type invoice）有三类。出票人与付款人相同的称已付汇票；出票人与收款人相同的称已收汇票；收款人与付款人相同的称付受汇票。

七、根据附属单据的情况，可以分为光票与跟单汇票

光票（clean bill）是指不附有货运单据的汇票，有时可附有发票或价格清单，但绝不会附有代表物权的货运单据。因此，光票代表单纯的资金请求权，与物权相分离，它在市场上的流转完全依赖于当事人的信用，不能给持票人带来物权的保障。所以，光票很少用于国际贸易结算中，主要用于资金转移业务中。跟单汇票（documentary bill）是指附有货运单据的汇票，而且通常是商业汇票。跟单汇票代表资金请求权与物权的结合，持票人既受票据当事人的信用保证，又受所附货运单据代表的物权的保障。但持票人在资金与货物中只能两者得其一，即当付款人支付时，持票人必须将汇票连同所附货运单据放弃给付款人，从而使后者得享物权。这一机制非常适合国际贸易结算的需要，因而使跟单汇票成为国际贸易结算的主要工具。

八、中心汇票

中心汇票（draft on center）是指付款人是汇票所用货币清算中心的银行的即期银行汇票。如以纽约某银行为美元汇票付款人的汇票，以东京某银行为日元汇票付款人的汇票，以伦敦某银行为英镑汇票付款人的汇票等都是中心汇票。

在国际汇款中，中心汇票是一种比较理想的汇款方式。中心汇票的付款人总是出票银行在某货币清算中心的账户行。对出票行来说，在开立汇票时已向汇款人收了款，直到付款行付款时才从账上付出，可以较长时间地占用资金，并且出票行不必调拨资金，手续简便。对持票人而言，可以通过卖出中心汇票早日收款。银行一般只愿购买中心汇票，买入中心汇票后，买入行只要将它寄到汇票所用货币的清算中心即可收回票款，手续简单，还可获得一定的利息收入。

一份汇票可以同时兼有几种特性。例如，一份商业汇票可以是远期汇票，同时是银行承兑汇票，还可以是跟单汇票、国际汇票、外币汇票、已收汇票等。

 【本章案例】

因背书记载不规范而引起的纠纷案

志远贸易发展公司（简称志远公司）与华丰实业有限公司（简称华丰公司）订有一份购销合同，双方商定了银行结算办法。20××年1月20日，志远公司按照华丰公司的要求开具了一张汇票，票面金额为30万元，付款人为中国工商银行某县支行，收款人为华丰公司，出票日期为1月20日，付款日期为5月14日。华丰公司收到汇票后，将汇票背书转让给某大型购物中心（简称购物中心），并应该购物中心的要求未填写被背书人的名

称。购物中心曾一直拖欠着某县物资公司(简称物资公司)货款 30 万元,急于用这张汇票偿还债务但又不想承担票据责任,于是购物中心与物资公司商量并达成一致,在未填的被背书人栏中写了物资公司的名称。3 月 20 日,物资公司持汇票向工商支行提示承兑,工商支行告知如果志远公司按其与工商支行的预约协议将一笔款项于 3 月份存入工商支行,工商支行保证到期付款。银行拒绝承兑后,物资公司向志远公司索款,未果。物资公司无奈,提出华丰公司与购物中心应分担债务又被拒绝。物资公司走投无路,只得等待 5 月份收回款项。

在此期间,物资公司向某机械厂(简称机械厂)购买了三台农用拖拉机,价款共计 30 万元。于是,经与该机械厂协商将所持汇票背书转让给机械厂。机械厂虽了解此汇票被拒绝付款,但由于机械厂正陷入严重财务危机,只得接受了该汇票以使交易得以达成。而机械厂由于职工子女入学问题,曾答应向当地中学教改建设投资 15 万元,为此,趁此机会将汇票转让给当地的这所中学,背书上附带说明仅转让 15 万元,其他票据权利仍归机械厂享有。该中学收到汇票后立即向工商支行提示付款,工商支行拒绝付款并出具拒付证明。于是,该中学持汇票、拒付证明向华丰公司追索,华丰公司指出背书无效且其背书转让的是购物中心,应由购物中心负责。该中学只得将该汇票退回机械厂,机械厂持汇票、拒付证明向物资公司追索。未果,机械厂便向法院提起诉讼,要求物资公司支付货款。

法院经审理判决:机械厂不能向物资公司行使追索权。但可以按照民法中债权原理向物资公司行使一般民事债权,物资公司应向机械厂支付货款。

分析与点评

本案是一起汇票背书转让纠纷,主要涉及背书的记载事项问题。我国《票据法》规定,背书转让时,必须记载背书人和被背书人名称,不承认空白背书的效力。另外,背书时不能将票据金额的一部分转让给被背书人,也不能将票据金额分别转让给两个以上的被背书人,否则为无效背书。

本案中,华丰公司合法取得价值 30 万元的票据并可以依法背书转让该票据。但是华丰公司在将该汇票转让给某大型购物中心时,没有记载被背书人的名称,违反了《票据法》的有关规定。购物中心因与物资公司之间拖欠货款又未记载自己(背书人)的名称而转让了汇票。华丰公司与购物中心的做法均违反了《票据法》的关于背书记载事项的规定。更为严重的是,物资公司接受了空白背书,并且在提示付款遭拒付后,仍背书转让是违法的,应承担票据责任。作为机械厂明知该汇票早已被银行拒付,却接受了转让,也应为此行为负责,不享有票据追索权,只可以行使民事权利。而该厂又恶意将它转让给当地某中学,而且只是转让票据的部分权利,应属无效。

本 章 小 结

1. 汇票是出票人签发的无条件的书面支付命令。其所记载的事项包括绝对必要项目和相对必要项目,其中绝对必要项目是必须记载的要项,欠缺其中一项,汇票即告无效。在诸多细节方面,各国票据法的规定不尽相同。《日内瓦统一法》与我国《票据法》对汇票签发的必要项目有较详细的规定,故绝对必要项目较多;而《英国票据法》的规定则较为宽松。

2. 票据行为指一切能够引起票据法律关系的发生、变更或消灭的各种行为,包括出票、背书、承兑、提示、付款、拒付、行使追索权、参加承兑、保证等行为。票据行为也是要式的,必须符合票据法的规定。各国票据法对一些主要票据行为的规定大致相同,如出票、背书、承兑、提示、付款等,当然也有细节性的差异。

3. 汇票不仅可作为支付工具广泛运用于国内、国际贸易结算中,而且还可以作为信用工具被运用于融资活动中。贴现可使持票人从贴现银行提前得到票款,但须支付贴现息。融通汇票在签发时并不存在真实的交易关系。在西方国家,票据贴现市场相当活跃,而票据的无因性又使汇票正当持票人的权利免受汇票签发时不存在对价关系的约束,因而使融通汇票成为一种常用的短期融资工具。这种融资活动在英美两国尤为发达,因而在两国的票据法中作出了相应的规定。

4. 同一张汇票按不同的分类方法可以属于不同的种类。

重要概念

担当付款人 指示性抬头汇票 托收背书 限制性承兑 正当付款 追索 再追索 参加承兑 拒绝证书 融通汇票 贴现 银行承兑汇票

复习思考题

1. 汇票有哪些基本要项? 其中哪些是必要记载项目?
2. 汇票上的抬头有哪些不同的表示?
3. 汇票上的付款时间有哪些不同的规定?
4. 如何保证背书的连续性?
5. 保留性承兑有哪几种形式? 持票人应如何对待保留性承兑?
6. 国际汇票持票人行使追索权应具备哪些条件?
7. 开展汇票融通业务对融通人和被融通人各有什么好处? 融通人应如何控制相关风险?
8. 出票人 A 公司出票并交付给收款人 C 公司一张见票后 60 日付款的汇票时,加注了"WITHOUT RECOURSE"(无追索权)字样。付款人 B 公司承兑了该汇票。但在汇票提示付款时,B 公司破产倒闭。试问谁应对该汇票承担付款的责任?

第四章

本票与支票

本票与支票是汇票之外的两类票据。这两类票据与汇票存在着共性,但也有特殊的一面。票据法在本票、支票的当事人及票据行为方面都有特殊的规定。本章将对本票、支票的定义及必要项目、特点、用途、种类作简要阐述,并分析本票、支票与汇票的区别。

第一节 本 票

本票在国际贸易结算中的使用比不上汇票,因此本票的主要作用并非是充当支付工具,而是作为信用工具在融资市场上为筹集资金服务,因而本票比汇票和支票更具有投资工具的特性。

一、本票的定义及必要项目

本票是出票人作成的一项无条件的书面支付承诺。

英国《票据法》将本票定义为:"A promissory notes is an unconditional promise in writing made by one person to another signed by the maker engaging to pay on demand or at a fixed or determinable future time a sum certain in money to or to the order of a specified person or to bearer."中文含义是:本票是一人向另一人开出的,由制票人签字,保证对某一特定的人或其指定人或持票来人即期或定期或在可以确定的未来某一日期支付一定货币金额的书面的无条件支付承诺。

我国《票据法》将本票定义为:"本票是指出票人签发的、承诺自己在见票时无条件支付确定的金额给收款人或者持票人的票据。本法所称本票,是指银行本票。"

根据《日内瓦统一票据法》的规定,本票必须具备以下几项:①写明"本票"字样;②无条件支付承诺;③一定金额;④付款期限(未载明付款期限者,视为见票即付);⑤收款人名称;⑥出票日期和地点(未载明出票地点者,制票人名字旁的地点视为出票地);⑦付款地点(未载明付款地点者,出票地视为付款地);⑧制票人签字。

上述八项必要项目是《日内瓦统一票据法》对本票必要项目的规定,同时该法规定,除付款期限、出票地点、付款地点外,其余均为绝对必要项目,若有欠缺,本票无效。作为相对必要项目,若出票地点欠缺,可以制票人名称旁的地址为出票地;若该地址欠缺,可以制票人住所或营业地作为出票地点。若付款地点欠缺,则应视为与出票地点相同。若付款期限欠缺则视为见票即付。

英美票据法规定本票的绝对必要项目只是上述②、③、⑧共计三项,其余各项均为相对必要项目,若有欠缺不影响本票效力,其处理方法同汇票的有关规定一样。本票样本如附式 4-1 所示。

附式 4-1　　　　　　　　　　　本　票　样　本

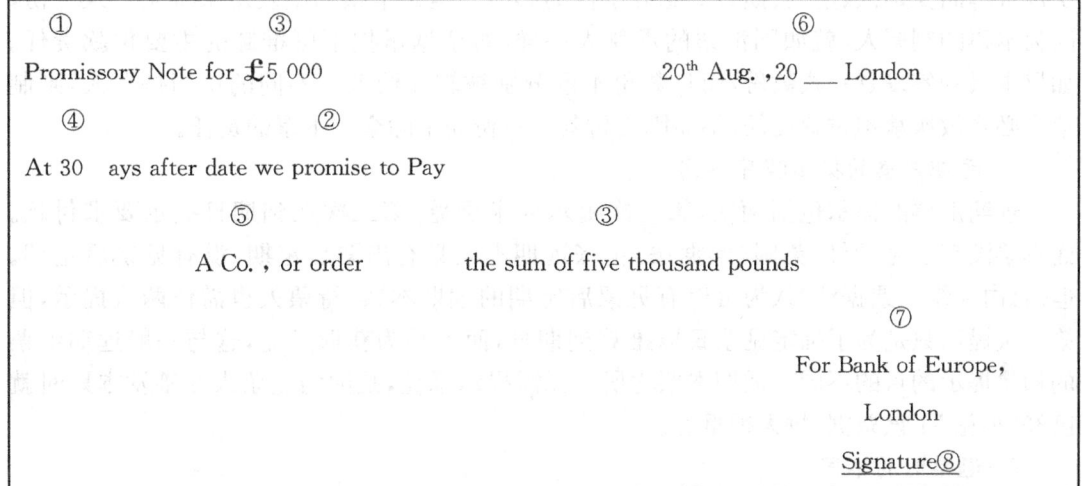

二、本票与汇票的主要区别

本票与汇票的主要区别有以下几点。

1. 基本性质不同

就基本性质而言,本票是一种无条件承诺,即制票人承诺由其本人支付,因而是一种已付证券;汇票是一种无条命令或委托,由出票人命令另一人支付,因而是一种委付证券。

2. 基本当事人不同

本票的基本当事人只有两个,即制票人与收款人;而汇票的基本当事人有三个,即出票人、付款人与收款人。虽然汇票的三个基本当事人可能会两两相同,但只有当出票人与付款人是同一个人时,其委付证券的性质才有变化,此时持票人可以继续将该票据视为汇票,也可以将其视为本票。所以从一般意义来看本票是普通汇票的一种特殊的变化形式,许多关于汇票的一般规定都同样地适用于本票。

3. 签发票据人的责任不同

本票的制票人一开始就承诺由自己支付,因而是本票的主债务人,自始至终承担主要付款责任。汇票的出票人只承担保证付款人支付的连带付款责任,一旦汇票得到承兑,就由承兑人承担主要责任,出票人可退居而成次债务人。只有不经承兑的即期汇票和获得承兑前的远期汇票,出票人必须承担主要付款责任。因此从这一角度看,本票相当于已获承兑的汇票。此外,如果票据被过期提示,则汇票的出票人与背书人均解除责任,但本票的制票人仍需承担责任。

4. 份数不同

汇票在实务中常有成套签发的做法,即一项付款命令由两份或数份内容要件完全一样的汇票构成,各份汇票注明相应编号,同时注明若本份汇票获得支付,其他各份均无需支付。所以付款人只需支付其中最早提示的一份，即可解除所有各份汇票的责任，若作承兑也只需承兑其中一份，因此这一式多份的汇票视作一张汇票。这种做法在国际贸易结算中尤为常见，因为出口商可以将一式多份汇票分批寄给进口商请求支付，避免因一次性寄单而受延误、遗失、损毁等意外事件的影响。但是本票的签发历来都是一式一份，因为本票的制票人，就如同汇票的承兑人一样，对票据承担不可推卸的主要付款责任。如果本票的签发是一式数份，而且数份本票分别被转让给数个不同的正当持票人，则制票人必须数次承担付款责任，不能因支付其中一份而解除全套本票的责任。

5. 远期票据的提示程序不同

远期汇票的提示包括两次，第一次提示要求承兑，第二次在到期日提示要求付款。而本票没有承兑，所以英国《票据法》主张远期本票只有出票后定期，没有见票后定期。但《日内瓦统一票据法》认为可以有见票后定期的远期本票，持票人也需作两次提示，但第一次提示只是为了确定见票日以推算到期日，而不是为获取承兑，这与一般远期汇票的初次提示的目的不同。远期本票之所以无需提示承兑，是因为签票人在签发本票时就已经"承兑"了该票据，故无须重复。

6. 退票时的不同

国际本票遭到退票，不需作成拒绝证书；国际汇票遭到退票，必须作成拒绝证书。

三、本票的用途

由于本票兼具投资工具的特性，所以它在贸易与融资相结合的进出口交易中，才成为一种常用的结算工具，并可进入资金或资本市场交易，发挥融资工具的作用。具体体现在以下几方面：

（1）商品交易中的远期付款，可先由买方签发一张以约定付款日为到期日的本票，交给卖方，卖方可凭本票如期收到货款，如果急需资金，可将本票贴现或转售他人。

（2）用作金钱的借贷凭证，由借款人签发本票交给贷款人收执。借款合同订有利率和担保人时，可将本票写上利息条款，注明利率和起算日，并请担保人在本票上作成"担保付款"的行为。

（3）企业向外筹集资金时，可以发行商业本票，通过金融机构予以保证后，销售于证券市场获取资金，并于本票到期日还本付息。

（4）客户提取存款时，银行本应付给现金。如现金不多，可发给存款银行开立的即期本票交给客户，以代替支付现钞。

四、本票的常用形式

根据本票制票人的不同，本票可以分为商业本票和银行本票两种。但是，如前所述我国《票据法》所称本票仅指银行本票。即我国没有商业本票，也就是说我国企业不能签发本票。

（一）商业本票

商业本票（trader's notes）又称一般本票，是指以工商企业为制票人签发的本票。美国一些大公司签发的远期商业本票被称之为"商业票据"，往往用于向资金市场筹集资金。在国际结算中开立本票的目的是为了清偿国际贸易而产生的债权债务关系。

商业本票的信用基础是商业信用，并不提供任何资产保证，只凭其现有的清偿能力、盈利能力保证到期日一定支付票款。因此，制票人的付款缺乏保证，其使用范围渐趋缩小。现在中、小企业因几乎没有人愿意接受而很少签发本票，一些大企业签发本票通常也限于出口买方信贷的使用。当出口国的银行把资金贷放给进口国的商人用以支付进口货款时，往往要求进口商开立分期还款的本票，并经进口国银行背书保证后交贷款银行收执，作为贷款凭证。因此，商业本票多为远期本票，即期商业本票的实用价值很小。

（二）银行本票

银行本票（banker's notes）是指以银行为出票人签发的本票，通常用于代替现金支付或进行现金转移。

银行发行的来人抬头的小额即期本票，其实质就是钞票。例如，港币曾经就是以本票的形式出现。一般来说，即期的银行本票，习惯称为向出纳发出的支付命令，意即上柜即可取现金。因此，银行本票多为即期本票。远期本票则严格限制其期限，如我国规定，本票自出票日起，付款期限最长不超过 2 个月。由于银行本票在很大程度上可以代替现金流通，容易干扰中央银行的货币政策，各国为了加强对现金和货币金融市场的管理，往往对银行发行本票施加限制。如规定银行本票的最小金额。我国《票据法》规定，本票制票人资格由中国人民银行审定。

（三）国际小额本票

国际小额本票（international money order）是由设在货币清算中心的银行作为签票行，发行该货币的国际银行本票，交给购票的记名收款人持票，带到该货币所在国以外的世界各地旅游时，如需用钱，即将小额本票提交当地任何一家愿意兑付的银行，经审查合格，即可垫款予以兑付。然后将国际小额本票寄经货币清算中心的代理行，给票据交换，收进票款归垫。兑付的代理行如有签票行账户，即可借记账户归垫。

国际小额本票是在货币清算中心签发中心本票，让持票人带到海外使用，然后流向中心付款。发行国际小额本票的银行不拨头寸，收取了购票人的资金，可以等国外寄来本票托收时，再把资金付出，这对签票行非常有利。

（四）旅行支票

旅行支票（traveller's cheque）仅从付款人就是该票的签发人这一点来看，它是带有本票性质的票据。但旅行支票的发行，实际上是购票者在发票机构的无息存款，兑付旅行支票等于是支取此笔存款，故旅行支票又带有支票性质。

购买旅行支票时旅游者要当着出售银行职员的面，在票上初签，然后带到国外旅游。当需要兑付时，持票人要当着付款代理行的面，在票上复签，经代理行核对复签与初签相符，即予付款，但需要扣减贴息，支付净款。旅行支票发行时，签发行占用旅游者的资金，直到旅行支票寄回索救。每当兑付之际，付款代理行向旅游者扣收贴息，银行两头受益。因此这是银行乐于承做和有利可图的业务。

（五）流通存单

流通存单（certificate of deposit，CD）最早是由美国各大银行开发发行的。它是一种大额、固定金额、固定期限的存款单证。它的期限为 3 个月、6 个月或 1 年,最长为 5 年。存单带有利息,到期日,发行银行支付本利和。存单金额最低为 2.5 万美元,一般为 10 万美元、30 万～100 万美元,最高的 1 000 万美元,并以 100 万美元的固定金额最受欢迎,可以享受优惠率。

第二节 支 票

在现代经济生活中,支票被大量地、广泛地使用,支票已经与现金一起构成两种最基本的支付工具。而且支票作为支付工具所具备的方便与安全的优势,是现金所无法比拟的。市场经济越发达,支票的使用率就越高。但是,支票主要使用于国内结算,而在国际结算中使用不多。

一、支票的定义及必要项目

《英国票据法》关于支票的定义是:"Briefly speaking, a cheque is a bill of exchange drawn on a bank payable on demand. Detailedly speaking, a cheque is an unconditional order in writing addressed by the customer to a bank signed by that customer authorizing the bank to pay on demand a sum certain money to or to the order of a specified person or to bearer."中文意思是:简单地说,支票是以银行作为付款人的即期汇票。详细地说,支票是银行存款客户向其开立账户的银行签发的,授权该银行即期支付一定金额给一个特定人,或其指定人,或来人的无条件书面支付命令。

我国《票据法》把支票定义为:"支票是出票人签发的,委托办理支票存款业务的银行或者其他金融机构在见票时无条件支付确定金额给收款人或者持票人的票据。"

实际上,支票是存款人用以向存款银行支取存款而开出的票据,首先交给收款人,再由收款人凭票提示取款,或由收款人转让给别人向银行提示取款。

根据《日内瓦统一票据法》规定,支票必须具备以下几项:①写明"支票"字样;②无条件支付命令;③付款银行名称和地点;④出票日期与地点;⑤一定金额;⑥收款人;⑦写明"即期"字样,如未写明即期者,仍视为见票即付;⑧出票人签字。其中付款地一项欠缺者,以付款人名称旁的地址为付款地,若该地址有数处,则以第一处为付款地,若该地址欠缺,则以付款人主要机构所在地为付款地;出票地点欠缺者,以出票人名称旁所载地址为出票地,因此这两处地址均非绝对必要项目。此外,《日内瓦统一票据法》没有将付款时间与收款人作为支票必要项目,前者是因为支票必定是即期支付的,后者是因为收款人可以是记名的、指定的,或者是无记名执票来人。因此无须规定为必要项目。

我国《票据法》关于支票必要项目的规定与《日内瓦统一票据法》的规定基本相同。

英美票据法关于支票必要项目的规定,只以上述②、③、⑤、⑧项为绝对必要项目,其余均为相对必要项目,如有欠缺,不影响支票效力,可按规定推定。支票样本如附式 4-2 所示。

附式 4-2　　　　　　　　　　　**支 票 样 本**

①　　　　　　　　　　　　　　　　　　　　　　　　　　　④

Cheque No. _____　　　　　　　　　15ᵗʰ June, 20 ___ London

②　　　　　　　⑥　　　　　　　　　　⑤

Pay to the order of B Company the sum of   ten thousand Pounds Sterling Only

③

To：Bank of Europe
　　London

　　　　　　　　　　　　　　　　　　For A Company，London

　　　　　　　　　　　　　　　　　　Signature)⑧

二、支票的特点

从英国《票据法》的定义可知,支票是一种特殊的汇票,因此,它在许多方面都同汇票类似:都是无条件的付款命令,票据行为除承兑外都适用于支票等。但支票又与汇票有重要差别,有其自身的特点。

(一) 支票的出票人必须具备一定条件

1. 支票的出票人必须是银行的存款户

这要求出票人在银行要有存款,在银行没有存款的人绝不可能成为支票的出票人。因为,没有存款的支票得不到付款。

2. 出票人必须在银行有足够存款

这是一个相对概念,意指支票的出票人所签发的支票金额不能超过其存款金额。如果银行允许在一定限度内透支,则透支金额不超过银行允许的范围。出票人不得开立空头支票。空头支票是指出票人在付款行处没有存款或存款不足的情况下,签发的超过存款余额及银行透支允许范围的支票。各国法律均严格禁止签发空头支票。一般国家法律对签发空头支票的出票人都要课以罚款,金额大的还要拘留甚至判刑。因为签发空头支票,不只是出票人的"不履约",而是严重的"欺骗"。

3. 出票人与存款银行签订有使用支票的协议

存款银行若要同意存款人使用支票,应签订协议、预留签字样本或印鉴,否则存款人不得签发支票。《日内瓦统一票据法》强调支票的付款银行必须是持有出票人协议,有权开立支票处理的存款银行。

4. 支票的出票人必须使用存款银行统一印制的支票

支票不能像汇票和本票一样由出票人自制,而必须向存款银行购买统一印制的支票簿。使用时直接在相应栏目填写必要项目并签字或签章。

(二) 支票为见票即付

支票都是即期付款,付款银行必须见票即付。所以支票可不注明付款期限。由于支票没有远期,因而也不需办理承兑手续。有时出票人会在支票上预填将来的日期为出票日期,意在限制持票人不在该日期以前提示,从而达到远期支付的目的。对于这种预填出票日期的支票，《日内瓦统一票据法》与我国《票据法》均规定预填日期应视为无记载，如果该支票提前提示，只要其他方面合格且出票人存款资金足够，银行应见票即付。但是英美票据法却规定这种支票在预填日期到达以前可以正常地流转，但不能提示要求付款，否则银行可退票，这在实际上是默许了远期支票的存在。

（三）支票付款人仅限于银行

从支票的定义可知，支票付款人只能是银行，而汇票的付款人可以是银行、企业或个人。支票的付款行要核对出票人签字的真实性，并严格按照支票的指示付款。例如，在划线支票时，如果付款行疏忽，没有按照划线内容付款（例如，前来收款的银行不是特殊划线指定的银行），而使支票的真正持有人受到损失，付款行就得赔偿。此外，付款行在付款时还要核对出票人的账户是否有足够余额、该支票是否被止付等事项。

（四）通常情况下，支票的出票人是主债务人

支票付款行是受出票人的委托，用出票人的存款支付票款，所以除保付支票外，支票的出票人是主债务人。

（五）支票的提示也有合理期限的规定

我国《票据法》规定支票应当自出票日起 10 日内提示，若系异地使用，其提示期限由中国人民银行另行规定。《日内瓦统一票据法》规定国内支票的提示期限为自出票日起 8 天；若出票地与付款地处在同一洲的不同国家，则为 20 天；若两地分处不同的洲，则为 70 天。美国票据法规定要使出票人承担责任，支票提示的合理期限为出票日后 30 天，要使背书人承担责任，则应在背书日后 7 天内提示或转让。英国《票据法》只规定要在合理时间内提示，具体长度要根据实际情况而定。

如果支票逾期提示，背书人责任即告解除。至于出票人的责任能否解除，则取决于出票人是否因持票人延期提示而受损失；如果不受损失则仍须承担责任；若受损失则可以就损失的额度解除对支票的责任。关于出票人责任的解除，英美票据法有明确的规定。

《日内瓦统一票据法》与我国《票据法》没有针对性的明文条款，但从其总体精神来看，持票人不因超越有关期限而丧失对票据主债务人的追索权，但对因此而使后者受到的损失应作不超过票据金额的赔偿，这一点规定与英美立法的规定是不谋而合的。因此，支票的延期提示并不必然地解除出票人的责任，除非出票人因延期提示而受损失，则就损失的金额可以解除对支票的责任。

例如，A 签发支票，指示其银行从 A 的 500 元支票账户存款中支付 100 元给 B，B 过期提示，恰逢银行倒闭而不获付款，那么 A 对 B 的责任要视银行的清偿情况而定：若银行无力偿还客户的存款，A 就损失 500 元，如果 B 及时提示取走 100 元，则 A 的损失为 400元，因此 B 的延期提示使 A 受 100 元损失（其余 400 无损失纯粹是由于银行倒闭造成的，与 B 无关），则 A 可以解除对 B 的责任。若银行按存款余额的 60% 清偿，则 A 可收回300 元，损失 200 元，如果 B 及时提示，A 的存款余额应为 400 元，则收回 240 元，损失160 元，于是 A 因 B 的延迟提示受损失 40 元，可解除该部分金额的责任，A 只需偿还 B60 元即可。若银行全额退款，A 收回 500 元，不受损失，仍须对 B 承担责任，因此要支付

100 元给 B。不管银行的清偿比率如何，A 与 B 受到同样程度的损失（或者同样不受损失），而 A 解除票据责任部分的金额，实际上作为对银行的债权转移给了持票人 B。

三、支票的种类

支票按不同的划分标准，有不同的种类。根据票据法原理及世界各国票据法的规定，常见的支票大体有以下几种分类。

(一) 根据支票抬头不同划分

1. 记名支票

记名支票(cheque payable to order)是指抬头注明收款人名称的支票。除非记名支票有限制转让的文字，否则记名支票即为指示性抬头支票，可以背书转让。记名支票在取款时，必须由收款人签章并经付款行验明其真实性。

2. 无记名支票

无记名支票(cheque payable to bearer)又称空白支票或来人支票，它是没有记明收款人名称或只写"付来人"的支票。任何人只要持有此种支票，即可要求银行付款，且取款时不需要签章。银行对持票人获得支票是否合法不负责任。

我国《票据法》未把收款人作为支票必要记载项目，在法律上认可了不记名支票这一形式。

(二) 根据支票的支付方式不同划分

作为一种支付工具，一般的支票既可以用来支取现金，也可以用于转账结算，同时还有专门用于支取现金的现金支票和专门用于转账的转账支票。

1. 现金支票

现金支票是指出票人签发的委托银行支付给收款人确定数额现金的支票。现金支票只能用于支取现金，不能用于转账。我国《票据法》规定，现金支票由银行另行制作，专门用于现金支取。

2. 转账支票

转账支票是指出票人签发给收款人凭以办理转账结算，或委托银行支付给收款人确定金额的支票。转账支票只能用于转账，不得支取现金。我国《票据法》规定，转账支票由银行另行制作，专门用于转账。我国使用的支票，主要有现金支票和转账支票两种。

(三) 根据支票付款是否有特殊限制或特殊保障划分

1. 普通支票

普通支票(uncrossed cheque)即非划线支票，无两条平行线的支票或对付款无特殊限制或保障的一般支票，亦称开放支票。

普通支票的持票人可以持票向付款银行提取现金，也可以通过其往来银行代收转账。只要提示的支票合格，付款银行就应立即付款。因此，万一支票遗失，容易被人冒领取款后逃之夭夭，使损失难以追回。为了有效防止冒领，就产生了支票所特有的"划线"办法。

2. 划线支票

划线支票(crossed cheque)是指由出票人或持票人在普通支票正面划有两条平行线的支票。划线支票的持票人只能委托银行收款，不能直接提取现金，即对支票取款人加以限制,限于银行或银行的客户,便于核查票款的去向。划线支票可以起到防止遗失后被人冒领,保障收款人利益的作用。根据平行线内是否注明收款银行,划线支票又可分为普通划线支票和特殊划线支票。

(1)普通划线支票。即一般划线支票,指不注明收款银行的划线支票,收款人可以通过任何一家银行收款。普通划线支票有四种形式,如图4-1所示。

① 在支票上划两条平行线,不进行任何记载。

② 在两条平行线间加上"and Company"的字样;也可简写成"and Co.",这是早期银行流传下来的,它不表示任何含义。

③ 在两条平行线之间加上"Not Negotiable"(不可议付)的字样。其出票人只对收款人负责,收款人仍可转让该支票,但受让人的权利不优于收款人。

④ 在平行线间加上"A/C Payee"或"Account Payee"(入收款人账)的字样。支票的收款银行只可将收到的票款记入收款人账户,而不得直接付现金,以便有案可查。

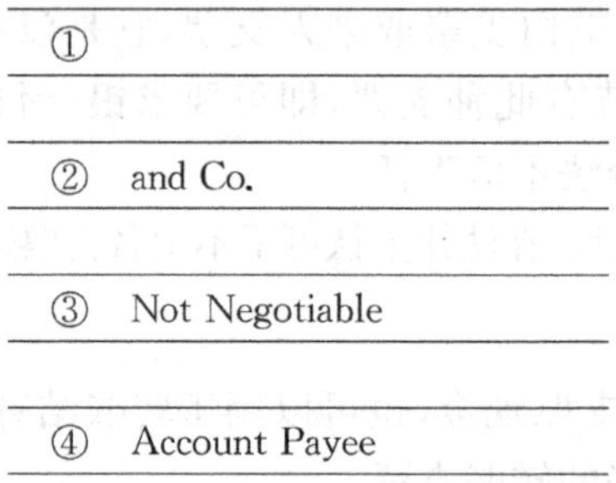

图4-1 支票普通划线的四种形式 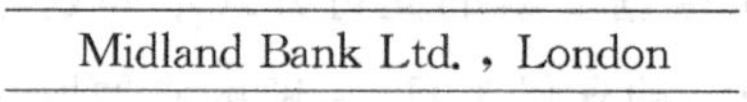　　　**图4-2 支票特别划线的形式**

(2)特殊划线支票。指在平行线中注明了收款银行的支票。如图4-2所示。

对特殊划线支票,付款行只能向划线中指定的银行付款,当付款行为指定银行时,则只能向自己的客户转账付款。如果付款银行将票款付给划线中指定银行,应对真正所有人由此发生的损失负赔偿责任,赔偿金额以票面金额为限。

出票人和持票人可以对支票划线。支票上的划线是实质性内容,普通支票可以经划线而成为划线支票,一般划线支票可以经记载指定银行而成为特殊划线支票。但特殊划线支票不能回复成一般划线支票,一般划线支票不能回复成普遍支票。即一旦划上平行线,写上任何内容都不得涂消,即使涂消,记载仍旧有效。

3. 保付支票

保付支票(certified cheque)是付款银行于支票上记载"照付"或"保付"等同义词字样,由付款银行承担绝对付款义务的支票。例如:

CERTIFIED

Dated on _____

For Bank of ABC,New York

Signature

简而言之,保付支票就是经支票付款行保付的支票。它是依票据法的保付制度而产生的。保付支票的功能在于,由支票付款行保证支票合法有效,无论出票人支票存款账户上的存款是否足够支付支票金额,付款行都必须承担付款的义务。保付制度的目的,正是为了强化支票的信用,利于支票的流通。

支票一经保付,即由保付银行承担付款责任,其他债务人一概免责;持票人可以不受付款提示期限的限制,在支票过期后提示,保付银行仍要付款。

保付支票最早见于美国,后来为日本等其他一些国家所采用。但日本的保付只限于在支票提示期限内有效。我国《票据法》未规定支票保付制度,因而不存在保付支票。

四、支票的止付与退票

(一) 支票的止付

支票的止付(countermand)是指在支票解付以前予以撤销的行为。支票的止付可能是由出票人主动为之,更多情况下是持票人因支票灭失、遗失、失窃等原因而失去票据,从而要求付款银行停止付款。关于支票的止付,各国立法的规定不尽相同。

《日内瓦统一票据法》禁止在有效期内止付支票,即使出票人死亡、破产也不受影响,这样规定是为了防止出票人开了空头支票又止付得以逃避债务。同时规定有效期过后出票人可以止付,不然付款行付了款也不负赔偿之责。因为支票持票人在有效期后向付款行提示,付款行就没有付款的义务,但是,如果出票人在支票提示期限之后仍未通知付款行止付,付款行仍然可以对持票人付款。

英国《票据法》允许止付支票。其认为,出票人止付支票并不能摆脱债务,如果他执意不付,债权人可以向法院起诉他,他最终还是得付。英国银行只有在收到由出票人签字的书面通知后,才会止付。英国《票据法》还规定,在有确凿证据证明出票人已经死亡或破产时,英国银行有权止付支票。

我国《票据法》没有对支票的止付作出规定。但规定了在票据遗失时,失票人可以通知付款人挂失止付,再通过法律程序保全其票据权利。

(二) 支票的退票

支票的退票是指付款银行对不符合付款条件的支票拒付的行为。支票除因止付而遭退票外,还可能因下列原因而被退票:

(1) 空头支票。

(2) 超过合理的提示期限,即支票是过期支票。

(3) 背书欠缺或不连续。

(4) 出票人签字/签章不符合预留式样。

(5) 破损支票,若损及支票必要项目(如出票人签字、支票金额等),银行当退票,但若必要项目完整不受破损影响、银行仍可通融支付。

(6) 大小写金额不符。

(7) 支票的必要记载不符合规定。

五、支票与汇票的区别

支票是汇票的一种,所以支票与汇票有许多共性。但支票要发挥其支付作用,又具有许多不同于汇票的特殊性。

（1）支票是以银行存款客户作为出票人，以其开户行作为受票人签发的书面支付命令，授权开户行借记出票人账户，支付票款给收款人。因此出票人是银行客户，受票人是开户银行，支票是授权书。汇票的出票人、受票人是不受限定的任何人，汇票是委托书。

（2）支票是支付工具，只有即期付款，没有承兑，也没有到期日的记载。汇票是支付和信用工具，它有即期、远期或板期几种期限，它有承兑行为，也可有到期日的记载。

（3）支票的主债务人是出票人，汇票的主债务人是出票人或承兑人。支票如在合理时间内未能正当提示要求付款，支票的背书人可解除责任，但出票人不能解除责任。而汇票如遇延迟提示受到损失时，出票人只能解除受到损失的数额，而汇票的背书人和受票人均被解除责任。

（4）支票可以保证付款。为了避免出票人开出空头支票，保证支票提示时付款，美国《票据法》规定：受票行可应出票人或持票人的请求，在票面写上"证明"（"CERTIFIED"）字样并签字。这张支票就成了保付支票。保付银行的责任等于远期汇票受票行的承兑，它要将票款借记出票人账户，贷记在一个备付账户，准备用来付款，这时出票人和背书人的责任即告解除，完全由保付行承担付款责任，商业信用转为银行信用。汇票没有保付的做法，但有第三者保证。

（5）划线支票的受票行要对真正所有人负责付款，而即期汇票，或未划线支票的受票行要对持票人负责付款。

（6）支票可以止付，汇票承兑后即不可撤销。

（7）支票只能开出1张，汇票可以开出1套。

（8）支票无参加承兑、参加付款等行为，汇票则有时有。

 【本章案例】

国外不法商人以空头支票骗取我出口货物案

国内某外贸公司与加纳商人成交出口一批货物，货款计 12 000 美元。支付方式为预付货款，运输方式是空运。当时该商人开给该公司以加纳某银行为付款人的美元支票1张。

2月16日，该外贸公司将支票委托国内某银行（托收行）向外收款，采用立即托收方式，委托香港麦加利银行（代收行）代收。根据这种托收方式，支票托收之款可先收账，如果票款遭付款人退票拒付，代收行可主动将垫付的票款从委托人的账户划回。

3月2日，我国内某银行接香港麦加利银行收账报单，即给外贸公司结汇，但此系麦加利银行（代收行）垫款，并非真正收受了票款。该外贸公司却认为货款已收受，便将货用空运发出。

4月27日香港麦加利银行将托收的支票退回，并主动从我托收行账户划回其垫付的票款。原因是支票的付款行拒付票款，拒付理由是该张支票不仅不合法，而且是伪造的。我国内某银行（托收行）只能将支票退还该外贸公司，并从该外贸公司账内将票款冲回。由于货系空运，国外不法商人已提货潜逃。该外贸公司白白损失了 12 000 美元的货款和航空运费。

分析与点评

本案例是由空头支票引起的欺诈。所谓空头支票是指出票人违反与开户银行之间的账户资金关系,签发没有资金保证或超出其账户内资金余额的支票。签发空头支票的行为实质上是出票人违反与开户银行之间账户合同关系的违约行为。

在三大票据中,支票特别注重资金关系。支票的资金关系是签发支票的前提条件。

由于签发空头支票将会使持票人实现不了自己的票据权利,其合法权益受到损害,更为重要的是,签发空头支票扰乱了正常的金融秩序。所以对于签发空头支票者,除了英美票据法没有处罚规定外,其他国家立法大都规定了从民事到行政甚至是刑事的严厉的处罚措施。

此案的发生有以下几个方面的教训值得吸取:

(1) 对客户的资信情况不了解。该不法商人与我外贸公司系第一次交易,事前未经调查资信,所以受骗上当。

(2) 该外贸公司对立即托收的性质不了解。该外贸公司与银行联系不够,该外贸公司对银行的做法也不了解,认为款已收账,于是就空运发货。如果该外贸公司要求银行采用收妥托收方式处理,就可避免损失。

(3) 对空运单据的作用认识不够。空运单据不具有物权凭证的作用,收货人提货不凭空运单据,而凭承运人的收货通知。在对国外商人缺乏了解的情况下,空运单据的收货人应作成国外银行(代收行);或者改用海洋运输方式,海运提单作成指示提单。

(4) 我国银行对加纳的外汇管制法令了解不多。据了解,加纳外汇管制较严,任何人未经中央银行批准,不得在加纳境内开立外币票据。如果银贸双方都能了解此情况,也可事先洞悉其欺诈性而不致受骗,银行平时没有很好地向公司进行介绍说明,不能不说是一个缺陷。

本 章 小 结

1. 本票是出票人签发的,承诺自己在见票时无条件支付确定金额给收款人或者持票人的票据。本票比汇票少了一个绝对必要项目——付款人。制票人作为本票的主债务人承担本票付款的责任。除承兑外,关于汇票的其他有关规定和票据行为的规定,均适用于本票。本票的法定付款提示期限与汇票不同,过期提示时,本票的持票人就丧失出票人之外的、对其他前手的追索权。

2. 本票虽然也被用作支付工具及流通工具,但更主要地被用作信用工具,广泛用于投融资领域。本票的常用形式有商业本票、银行本票、国际小额本票、旅行支票和流通存单等。

3. 支票是银行存款户根据协议向银行签发的无条件支付命令。与汇票的内容比较,支票的绝对必要项目中没有收款人。此外,支票还存在一些与汇票不同的地方,这些不同之处构成了支票的特点。

4. 支票为见票即付,说明支票不能用作信用工具。因此在国际贸易结算中受到较大限制。但在国内经济交易中,支票作为常用的支付工具得到普遍运用。另外,在一些小额的国际非贸易结算中,支票也得到一定的使用。

5. 支票付款人仅限于银行。支票的出票人必须具备一定条件,即必须是银行的存款户,必须在银行有足够存款,而且出票人与存款银行订有使用支票的协议。出票人对支票承担付款的责任,对过期提示的持票人仍然承担票据的责任。支票付款人对支票承担相对付款义务,无法定抗辩事由,付款人对持票人不应拒绝付款。

6. 支票的主要形式有两种,即普通支票与划线支票。公开支票既可以办理转账,又可以提取现金,因而使用较灵活,但易被他人冒领票款,因而安全性不够。相比之下,划线支票虽不能提取现金,但因其必须通过银行转账取款而大大增强了收款的安全性,即使被他人冒领,也较易追查冒领者而追回票款。另外在有些国家还有保付支票的形式。这主要是为了防止空头支票对收款人或持票人的损害而形成的。支票一经保付,保付银行就是支票唯一的债务人,支票的所有其他票据债务人,包括出票人、背书人均被解除责任。

重 要 概 念

制票人　银行本票　商业本票　国际小额本票　划线支票　保付支票

复 习 思 考 题

1. 试分析本票的主要功能、作用。
2. 什么是划线支票? 支票划线有何作用?
3. 普通划线支票与特别划线支票有何不同?
4. 试分析本票、支票与汇票三种票据的主要区别。

第五章

国际贸易结算方式——汇款和托收

汇款和托收,都是建立在商业信用基础上的结算方式。按资金流动方向和结算工具传送方向的顺逆,汇款是顺汇,即结算工具的传递方向与资金流动方向相同;托收是逆汇,结算工具的传递方向与资金流动方向相反。汇款方式速度快、使用灵活、费用低,是跨国公司分支机构之间以及跨国公司相互之间经常采用的结算方式。与汇款相比,由于交货与付款方式的变化,托收方式下出口商收款的安全性得到加强。本章将主要介绍汇款的种类、业务程序及其在国际贸易结算中的使用;托收业务的基本当事人及其权责、跟单托收项下的交单条件。

第一节 汇 款

一、汇款的含义及基本当事人

汇款(remittance)又称汇付,是银行(汇出行)应付款人的要求,以一定方式将款项,通过国外联行或代理行(汇入行),交付收款人的结算方式。也就是说,付款人将款项交给当地的银行,委托其将款项付给收款人,当地银行接受委托后,再委托收款人所在地的联行或代理行,请其将款项付给收款人。汇款的过程与人们到邮局汇款完全一样。其流程是:

汇款人(付款方)──→汇出行──→汇入行(解付行)──→收款人(收款方)

从汇款的流程可以看出:付款人和收款人都不是银行,而是利用银行间的资金划拨渠道,把银行以外一个人的资金输送给另一个人,以完成收、付款方之间的债权债务的清偿。在银行的汇款业务中,所使用的凭证称为支付授权书(payment order, P. O.)或汇款委托书。由于支付授权书的传递方向与资金流动方向相同,汇款属于顺汇性质,又称顺汇法。

在早期的国际结算中,汇款是最主要的结算方式。在现代国际结算中,尤其是电子汇款方式的速度快、手续简便的特点使汇款方式仍得到了广泛的使用。汇款方式既能适用于贸易结算,也能适用于非贸易结算,凡属外汇资金的调拨都是采取汇款的方式。

在汇款方式中,一般有四个基本当事人。

(一) 汇款人

汇款人(remitter)是指拥有款项并申请汇出的一方。在国际贸易中,汇款人即债务人或进口商或委托人。其责任是填写汇款申请书、提供所要汇出的金额并承担有关费用。汇款申请书是汇款人与汇出行之间的契约，也是汇款人的委托指示，必须明确清楚，如因填制上的错漏所引起的后果，由汇款人自行承担。

汇款申请书主要包括以下内容：①汇款种类的选择。②收款人姓名、地址。③开户行名称、地址、账户。④汇款人姓名、地址。⑤汇款金额及币别。⑥汇款附言。

（二）汇出行

汇出行（remitting bank）是指受汇款人委托而汇出款项的银行。汇出行通常是汇款人所在地或进口地银行。其基本职责是按汇款人的要求将款项通过一定途径汇给收款人。也就是说，如果汇出行的支付授权书与汇款人的汇款申请书有差异而引起的后果，以及因头寸到位不及时或汇入行的错漏，汇出行应予负责。

（三）汇入行

汇入行（paying bank）即解付行，是接受汇出行委托，协助办理汇款业务的银行。汇入行通常是收款人所在地或出口方银行，它必须是汇出行的联行或代理行。其职责是证实汇出行委托付款指示的真实性，通知收款人取款并付款，同时也有权在头寸落实后再解付款项。汇入行必须严格按汇出行的支付授权书行事，否则后果由汇入行负责。

（四）收款人

收款人（payee）是汇款金额的最终接受者。收款人通常是出口方或债权人，但也可以是汇款人本人。其权利是凭证取款。

二、汇款的种类及业务流程

根据汇出行通知汇入行付款的方式，或支付授权书、汇款委托书的传递方式不同，汇款可以分为电汇、信汇和票汇三种。

（一）电汇

电汇（telegraphic transfer，T/T）是汇出行应汇款人的申请，通过加押电报或电传或SWIFT，指示和授权汇入行解付一定金额给收款人的汇款方式。电汇方式的业务流程如图 5-1 所示。

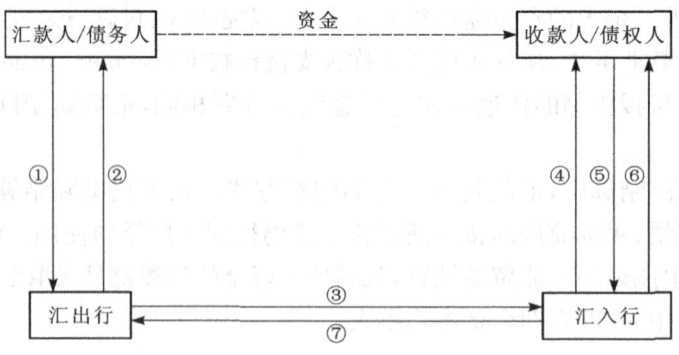

图 5-1　电汇业务流程图

图 5-1 的说明如下：

①汇款人填写汇款申请书连同汇款金额交给汇出行，在电汇结算业务中汇款人应在申请书上选择电汇这一方式。

②汇出行接受申请，将电汇回执交付汇款人。

③汇出行根据申请书的内容，用电报、电传或者 SWIFT 方式向其国外的联行或代理行（即汇入行）发出汇款委托书。

④汇入行收到汇款委托书后应核对密押，再通知收款人取款。

⑤收款人持通知书及其他有关证件前去汇入行取款，并在收款人收据上签字。

⑥汇入行核对无误后解付汇款。

⑦汇入行将付讫借记通知书邮寄给汇出行。

电汇转移资金的速度是最为迅捷的，通常占用两个营业日资金就可进入收款人指定账户。由于转移速度很快，银行基本上无法占用汇款资金头寸；资金在途时间很短，由此产生的利息损失也很小，因此电汇转移的资金通常都是大宗资金或用途紧迫的资金。虽然汇款人必须支付较高的国际电讯费，但大宗资金节约的在途利息足以弥补这些费用。

（二）信汇

信汇（mail Transfer，M/T）是汇出行按汇款人的要求，利用邮寄信汇委托书（M/T advice）或支付委托书（payment order）指示/授权汇入行支付一定货币金额给指定收款人的汇款方式。信汇方式的业务流程如图 5-2 所示。

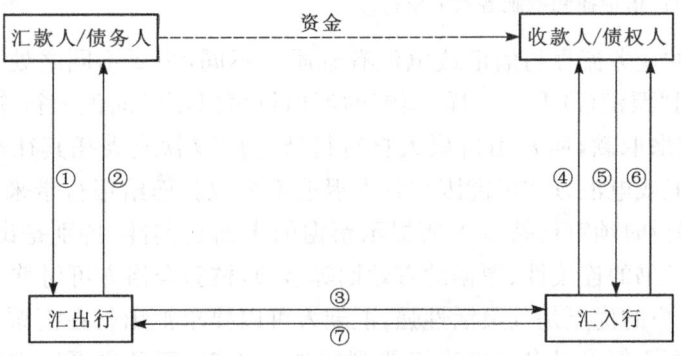

图 5-2　信汇业务流程图

显然，信汇与电汇的业务流程基本相同，不同之处是汇款人应在汇款申请上注明"信汇（M/T）"字样；信汇不用电信工具而是用航邮作委托付款通知；信汇委托书上不加注密押而是由汇出行有权代表签字/签章，汇入行收到信汇委托书后核对其签字/签章相符后，即可向指定收款人解付信汇款项。

信汇具有外汇汇价低和航邮费低的优点，但其汇款在途时间较长（在此期间汇出行可短期占用资金），收款人的汇率风险比电汇大，可靠性也不如电汇（银行对于航邮途中的遗失或延误不负责任）。

（三）票汇

票汇（remittance by banker's demand draft，D/D）是汇出行按汇款人的要求，开立以汇入行（汇出行的海外分行或代理行）为付款人的银行即期汇票给汇款人，命令/委托汇入行见票即付一定货币金额给持票人。

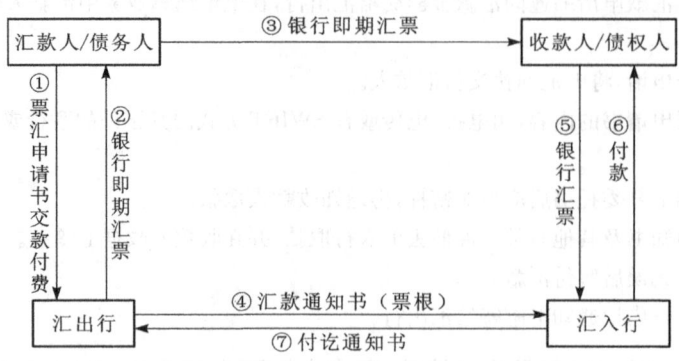

图 5-3　票汇业务流程图

图 5-3 的说明如下：

① 汇款人填写汇款申请书时，选择票汇方式。

② 汇出行根据汇款申请书开立银行即期汇票交给汇款人。

③ 汇款人自行邮寄汇票给收款人，或自己携带汇票给收款人。

④ 汇出行开立汇票后，将汇款通知书（即票根）邮寄给汇入行。

⑤ 收款人持汇票向汇入行取款。

⑥ 汇入行核对票根无误后解付票款给收款人。

⑦ 汇入行将付讫借记通知书邮寄给汇出行。

显然，票汇的业务流程与信汇或电汇有着质的不同，主要不同之处是汇款人应在汇款申请书上注明"票汇（D/D）"字样；票汇的汇出行可以不必向汇入行作票汇通知，也不必通知收款人前来取款，而是由持票人自行持票上门取款或委托其往来银行代为收款（这还避免了信汇或电汇方式可能因收款人迟迟不去取款而给银行带来的种种麻烦）；票汇的汇入行在解付时须审核持票人所提示票据的表面真实性，特别是出票行签字/签章的真实性，以及背书的连续性、票据的有效期等事项，核验合格方可付款。

票汇对于客户的优点是其灵活性强，汇款人可以要求汇出行在汇票上指定自己或他人为收款人，从而不但可以自己携带汇票到国外去取款，而且也可以把它寄给国外的收款人去取款；收款人还可以根据票据法的规定将汇票转让给他人，因而收款人可以很方便地将这种高资信的银行汇票向任何一家当地银行叙做贴现，也可以委托自己的往来银行代为收款。另外，票汇也具有外汇汇价低的优点，并且还省去了电信费或航邮费。但票汇与信汇一样，在途时间长，因为汇出行出具的汇票可以在市场上流通，所以银行可能占用资金的时间一般比信汇要长，收款人，尤其是经过多次转让后的持票人有着较大的汇率风险。

电汇、信汇、票汇三种汇款方式各有利弊，我们从结算工具、成本费用、安全性、速度四方面对三种汇款方式作出简要比较如下。

1. 使用结算工具的比较

电汇使用电报、电传，或 SWIFT，用密押证实。信汇使用信汇委托书或支付授权书，用印鉴或签字证实。票汇方式使用银行即期汇票，用印鉴或签字证实。

2. 汇款人的成本费用比较

电汇收费较高,表现为电汇使用现代化通讯的直接成本较高,以及因银行不能占用客户资金,因而收费较高。信汇与票汇费用较电汇低。

3. 安全性的比较

电汇因大多使用银行间的直接通讯,减少了中间环节,安全性高。信汇必须通过银行和邮政系统来实现,信汇委托书有可能在邮寄途中遗失或延误,不能及时收到汇款,因此信汇的安全性比不上电汇。票汇虽有灵活的优点,却有丢失或毁损的风险;背书转让带来一连串的债权债务关系,容易使当事人陷入汇票纠纷;汇票遗失以后,挂失或止付的手续比较麻烦。

4. 汇款速度的比较

电汇是一种最快捷的汇款方式,因为电汇的优先级别高,一般当天处理,使汇款能短时迅速到达对方,是目前广泛使用的汇款方式,尽管费用较大,但可用缩短资金在途时间的利息抵补。信汇方式由于资金在途时间长,操作手续多,故信汇方式日趋落后,有的银行已很少使用,甚至不用。票汇是由汇款人邮寄给收款人,或者自己携带至付款行所在地提示要求付款,比较灵活简便,适合邮购或支付各种费用,其使用量仅次于电汇。

三、汇款的退汇

汇款的退汇主要是指在汇款解付之前,汇款人或收款人要求撤销该笔汇款的行为。

此外,对于电汇和信汇,如果通知到收款人后其迟迟不去取款,汇入行也有权在一定期限后主动通知汇出行注销,办理退汇(对于这种特殊情况我们这里不再赘述)。

(一)电汇和信汇的退汇

1. 汇款人退汇

需汇款人凭汇款回执向汇出行提出退汇要求,再由汇出行通知汇入行停止解付,撤销汇款;后者接到退汇通知后,应及时回复前者同意退汇(若接到通知时尚未解付,应退回汇款头寸)或不能退汇(若接到通知时已经解付,应寄回解付凭据),之后,再由汇出行转告汇款人凭汇款回执前来办理退款手续或因为已经解付而退汇无效。

2. 收款人退汇

需收款人向汇入行明确提出拒收或汇入行通知不到收款人(比如,汇款通知被邮局退回,亦可视为收款人退汇),再由汇入行向汇出行退回汇款委托书和汇款头寸,后者收到退汇头寸后,再通知汇款人前来办理退款手续。

(二)票汇的退汇

1. 汇款人退汇

票汇的汇款人只需持原汇票到汇出行申请办理凭票退汇手续即可。但如果票汇的汇款人已将票据寄出,就不能再(无票)向汇出行要求退汇了。因为票汇的汇出行,作为银行汇票的出票人,必须维护银行票据的信誉,不能中途止付其出具的票据,从而也就不能接受汇款人的这种"无票退汇"要求。

如果汇款人丧失或失灭了汇款票据的话,则须向汇出行(票汇的出票人)办理特别的

"挂失及补办票据"手续。它不同于前述的退汇,这时,汇款人须向汇出行出具保证书,保证若汇出行因"挂失及补办票据"而蒙受损失(比如,被他人利用原遗失票据冒领了汇款),则由汇款人负责赔偿,并保证,如以后又找到了原挂失票据,应当把原票缴回汇出行;必要时,还须取得法院或公证处的有关公告。

2. 收款人退汇

收款人只需将收到的票据退还给汇款人,然后,再由汇款人去向汇出行办理凭票退汇即可。

如果收款人丧失或灭失了汇款票据的话,则应及时向汇入行(票据的付款人)挂失止付,依法采取必要的保全票据权利行为。

四、汇款方式在国际贸易结算中的运用

汇款的主要功能是转移资金,因此被大量地用于非贸易的资金调拨业务中,例如信贷、外汇交易、捐赠、私人汇款等。汇款也可用于贸易结算,在贸易双方相互信任的情况下是比较理想的结算方式,在跨国公司分支机构之间以及跨国公司与跨国公司之间得到较为广泛的运用。

在国际贸易结算中,对汇款方式的运用主要反映在预付货款和货到付款这两种情况。

1. 预付货款

预付货款(payment in advance)是指进口商先将部分或全部货款支付给出口商,然后由后者按销售合同规定备货发运的结算方式。在支付预付款时,进口商多采用汇款方式。目前预付全部货款的情况已极为罕见,一般是预付合同金额的一小部分,如 10%,这是作为买方保证进口货物并支付全部货款的担保,通常称为订金(down payment)。但在有些大型机械设备的出口合同中,出口商往往要求买方支付比例更高的订金,因为出口商在制造出口货物时要投入巨额资金而且期限较长,为弥补风险,订金比例可能高达合同金额的 20%~30%。预付货款方式显然对进口商不太有利,因此一般用于紧俏商品或行情看涨的商品的进口交易中,如果产品市场处于卖方市场状况,出口商也会要求买方预付货款。

2. 货到付款

货到付款(payment after arrival of the goods)也称为赊账贸易(open account business),与预付货款做法正好相反,即出口商先出运货物,进口商收货后或收货后再过一段合同规定的时间才以汇款方式结清货款。这种做法容易造成出口商资金的占压,而且要冒收不回款项的风险,因此对出口商不利,通常用于供货商竞争较为激烈的产品的出口,或者处于买方市场的货物,出口商为加强自身竞争力而不得不向进口商提供赊账与延期结算的便利。

"货到付款"的结算方式有两种:售定和寄售。

售定(be sold out/up)是当进口商和出口商的交易条件达到一致时,双方在成交合同中明确规定货物售价和进口商付款时间等条款的贸易和结算方式。我国对港、澳地区鲜活商品的出口往往采用售定方式。

寄售(consignment)是指出口商将货物运往国外,委托国外商人(通常是中间商)按照

双方事先商定的条件在当地市场上代为销售,待货物售出,国外商人才将扣除佣金和有关费用后的货款汇交出口商的贸易和结算方式。

五、汇款方式的特点

汇款结算方式的基础是商业信用。进出口贸易合同中货款约定以汇款方式结算,出口方在装运货物后能否顺利收回货款或者进口方在预付货款后能否收到与合同相符的货物,这些都分别取决于进出口双方的信用。银行在汇款业务中只是处于受委托的地位,对货物的买卖和货款收付的风险不承担任何责任。这是汇款结算方式的最主要特点。

此外,汇款结算方式还具有以下优缺点:

(1)风险大小很不平衡。预付货款的买方或货到付款的卖方承担了几乎全部的交易风险,并且可能会遭到钱、货两空的风险;而前者的卖方和后者的买方则几乎毫无风险。

(2)资金负担很不平衡且缺乏相关的融资手段。预付货款的买方或货到付款的卖方承担了较重(甚至全部)的资金负担,而汇款方式又难以为之提供基于交易的融资手段。

(3)手续简便,费用低。

鉴于以上特点,汇款方式较多用于贸易从属费用的结算,而较少用于贸易货款的结算。不过,在跨国公司的不同子公司之间常采用汇款支付方式,以降低结算成本。

六、汇款方式下的风险与防范

汇款方式不"租借"银行的信用,属于商业信用,结算方式灵活、方便,资金周转速度快,收费低廉,但对贸易双方在风险的防范和规避方面提出了更高的要求。

汇付从汇款形式上可以分为电汇、信汇和票汇三种方式;从卖方汇款时间分为预付货款、货到付款;还有买方预付部分定金,货物到港之后买方支付余款的方式。不同的汇付方式对于买卖双方风险的划分是不对称的。

(一)电汇或信汇方式下的风险

信汇和电汇方式结算方式大致相同,两者的区别在于汇入行与汇出行之间的联络方式是采用航寄方式还是采用 SWIFT 电讯方式。就目前来看,电汇方式的应用较为普遍,而信汇方式由于资金在途时间长,操作手续多,已日趋落后,较少使用,因此我们以电汇方式为例讨论这两种方式的风险及防范。

1. 预付货款下的风险

"预付货款"是一种对于出口商较为有利的结算品种。因为出口商在发货前就已经收到了货款,实际上等于得到了进口方的无息贷款,其出口的风险程度已经得到了控制。换言之,出口商已经接受了进口方的"购货担保",从而掌握了出口的主动权。但是预付款对于卖方来讲也不是没有任何风险,但买方仍然可以蓄意伪造、涂改信汇或电汇凭证,谎称已支付或汇出货款,企图诱使出口商发货,以骗取其出口货物。这种欺诈行为往往有以下特征:

(1)合同签订以后,留给卖方的交货期较短,买方在最迟装运期前很短时间内,瞄准卖方急于销货的心理,玩弄花样,先伪造了加盖银行印章的进账单,再传真过来,冒充电汇凭证,蒙骗卖方,卖方为了不违反交货期而迅速发货,不去核实汇款的真实性,一旦货物发运,代表货物所有权的单据已交给买方,再发现货款未到账时为时已晚。

（2）买方擅自改变原来合同中的结算条款。比如原先合同以信用证签订，但出口商在信用证结算方式下迟迟收不到买方开来的信用证，使卖方处在两难的境地，等信用证收到后发货，则会违反合同规定的最迟交货期；如果卖方先发货，则得不到开证银行的付款担保；此时，买方利用卖方急于发货的心理，把信用证结算方式改为对卖方更为有利的T/T方式，使用假的汇款凭证诱使卖方发运货物。

（3）买方要求卖方把运输单据直接交给买方。在海运方式下，提单表示货物的所有权，在信用证和托收条件下，银行有为出口商处理和控制单据的义务，而在汇付的条件下，银行一般没有为出口商控制单据的义务，如果单据直接交给进口商，无疑会增加出口商的风险，一旦货物发出，出口商处于比较被动的地位。所以预付款条件下，出口商也要有警惕性。

2. 货到付款下的风险

"货到付款"即"后T/T"，就是在签署合同后，卖方先发货，买方收到货物后，再付款的结算方式。与预付货款刚好相反，是一种有利于进口商，而不利于出口商的结算方式。货到付款条件下，出口商所面临的风险一般具有以下特征：

（1）进口商在收到货物以后对货物提出异议：在货到付款的情况下，银行不控制出口商的单据，单据由出口商先行交给进口商，出口商交单后，进口商的付款取决于进口商的商业信用。进口商在收到货物以后有可能提出质量问题、包装问题、运输问题、单证问题、交货时间等问题而拒绝付款，或要求降价处理，因为此时货物已经在进口国，出口商将处于被动的局面。

（2）出口商在发货交单之后，迟迟等不到买方的付款，再去追踪货物和要求买方付款，而此时往往货物已被提走，买方人去楼空或已宣布破产，使卖方遭受货款两空的损失。

（二）进出口商在汇付结算方式下规避风险的措施

1. 充分认识汇付结算方式的风险，注意搞好客户资信调查

汇付属于纯商业信用，进口商到底是否付款，完全取决于进口商的信用，在这种情况下切实了解对方身份及资信状况十分重要。进出口商在签约前，一定要对对方的资信情况有所了解，加强对客户的咨询调查可以大大降低风险。

2. 对出口商而言，要尽量争取收妥货款后发货

如果发货在前，收款在后，那卖方在收到全部货款之前需要特别注意对所有权单证的控制和对仓库的监管。既不能轻易将所有权单证交给进口商，同时如果自己享有所有权的货物已经存放在进口商所在地的仓库，那必须加强对仓库的监管，防止货物由于保管不善发生损失及可能发生的仓库擅自同意进口商提货的情况。

3. 要关注汇款行资信

为防止进口商与当地银行恶意共谋的风险，出口商可以建议进口商选择其所在地信誉卓著的世界性大银行或与出口商的开户银行有良好合作关系的银行作为付款行，这样不仅可加快出口商收款的速度，而且一旦出现问题也便于查询及处置。

4. 争取采用C组术语，也就是争取出口商与承运人签订运输合同

出口商联系承运人有利于对货物的控制，如果买方拒绝付款，卖方可以通知承运人处理货物，或者可以委托承运人运回，以避免钱货两空的损失。如果是由买方承运人运输货物，那么风险较大，因为货物装上买方运输工具后，卖方很难控制货物，一旦买方拒

付或买方与承运人恶意串通,指示承运人无单放货,则出口商将面临更大的风险。

5. 严格审查相关银行票据的真实性,确保卖方收妥货款

收到银行的汇款凭证不等于已经收妥货款,出口商要争取通过出口地银行(收款行)确认收妥了该笔货款后才能放单。

第二节　托　收

在国际贸易中,汇款结算方式的风险大,这是因为买卖双方不能银货当面两讫,而无法约束对方。跟单托收结算方式,就是把交易变成一手交钱,一手交货的形式,从而大大降低交易的风险。

一、托收的定义

托收(collection)是国际结算中常用的方式。它是指收款人或债权人为了取得因劳务、商品及其他交易引起的应收款项,将有关单据交与本地银行,委托该银行通过其国外代理行向付款人或债务人交单取款的业务。国际商会《托收统一规则》对托收作了如下定义:

"(1)'托收'是指银行收到的指示,对下述(2)项中定义的单据进行处理,以求:

① 获得付款和/或承兑,或

② 凭付款和/或承兑交单,或

③ 凭其他条件交单。

(2)单据是指金融单据和/或商业单据:

① '金融单据'是指汇票、本票、支票或其他用来获得现金付款的类似凭证;

② '商业单据'是指发票、运输单据、所有权单据或其他类似单据,或其他任何不附金融单据的单据。

(3)'光票托收'是指不附商业单据的金融单据的托收。

(4)'跟单托收'是指对下列单据的托收:

① 附有商业单据的金融单据;

② 不附金融单据的商业单据。"

根据上述定义可知,托收分成光票托收和跟单托收两种。

光票托收中,债权人委托银行凭金融单据获得付款或承兑。跟单托收中,债权人委托银行凭债务人的付款或承兑或其他条件向其交单,债权人为得到债务人的付款或承兑或其他行为,所提交的单据是商业单据,可以有金融单据,也可能没有金融单据。

在国际贸易结算中,大多是跟单托收,其基本做法是:出口方先行发货,然后备妥包括运输单据在内的有关商业单据,并开出汇票(或不开汇票),把全套单据交出口地银行,委托其通过进口地的分行或代理行,向进口方收取货款,凭进口方的付款或承兑向进口方交付全套单据。

二、《托收统一规则》简介

《托收统一规则》(Uniform Rules for Collection,URC),是国际商会编写并出版的众

多小册子或出版物之一,也是国际贸易和国际结算方面的重要国际惯例之一。

早在 1958 年,国际商会为协调托收业务中各当事人之间的矛盾,促进贸易和金融活动的开展,就草拟了《商业单据托收统一规则》。后经 1967 年、1978 年和 1995 年的多次修订,从 1996 年 1 月 1 日起实施的是国际商会《托收统一规则》第 522 号出版物(简称《URC522》)。应当注意的是,《托收统一规则》并不是国际上公认的法律,而是托收业务中国际惯例的统一解释,只有各有关当事人事先约定,才受其约束。《托收统一规则》公布实施以来,对减少当事人之间在托收业务中的误解、争议和纠纷起了较大作用。我国已正式加入国际商会,我国银行在采用托收方式结算时,必须按照《URC522》的解释和原则办理。

《URC522》对托收各当事人的义务与责任、托收项下的程序,如提示、付款、利息、费用等,均作了比较详尽明确的规定。全文分"总则和定义""义务和责任"等七个部分,共26 条。主要内容可归纳如下。

(一)基本精神

银行承办托收业务时,应完全按照委托人的指示行事,银行对在托收过程中遇到的一切风险、开支费用、意外事故等均不负责,这些概由委托人承担。

(二)银行的义务与责任

银行必须按照托收委托书的指示行事;如果无法照办,应立即通知发出委托书的一方。在接受委托时,银行必须核实所收到的单据与托收委托书所列单据是否表面一致,如有不符或者遗漏,应立即通知委托人。银行没有审单的义务。

对于下列情况,银行不承担义务和责任:

(1)由于任何消息、信件或单据在寄送途中延误或失落。

(2)由于电报、电传、电子传送系统在传送中延误、残缺或其他错误。

(3)由于专门性术语在翻译上的错误及其所产生的一切后果。

(4)由于天灾、暴动、骚乱、叛乱、战争或银行本身所无法控制的其他任何原因。

(5)由于罢工或停工致使银行营业间断所造成的一切后果。

此外,还规定除非事先征得银行同意,货物不应直接运交银行;如果货物直接运交银行或者以银行为收货人,银行无提货义务(此项货物仍由发货人承担风险与责任)。

(三)关于提示、付款、承兑等手续

(1)银行应按交来的单据原样向付款人发出提示。

(2)如果是即期付款的单据,银行必须毫不迟延地提示付款人付款。

(3)如果是远期付款的单据,银行必须毫不延误地提示承兑,当要求付款时,必须不迟于到期日提示付款。

(4)如果跟单托收中有远期付款的汇票,托收指示中必须指明在承兑或付款后将单据交给付款人,如无此规定,单据在付款后交付。

(四)改变委托与拒付处理

(1)委托人委托银行办理托收后,可以通知银行改变托收金额和托收条件。

(2)如果托收遭拒付,代收行应立即通知托收行,后者接到拒付通知后,应及时给予

进一步处理的指示。如代收行发出拒绝通知 60 天后仍未接到指示,可以将单据退回托收行。

(3) 对代收行遭拒付时是否需作拒绝证书一事,托收指示中应有明确指示。如无此项指示,银行无义务作成拒绝证书。

三、托收业务的当事人及其责任

托收业务的实质,是利用银行间的代理业务关系和资金划拨渠道加以延伸,使两端的客户间的债权债务得以清偿。一笔托收业务通常涉及委托人、托收行、代收行和付款人四个当事人。有时还可能出现提示行和需要时的代理人等当事人。在国际贸易中常用的跟单托收各当事人有以下责任。

(一) 委托人

委托人(principal)一般是开立汇票委托银行办理托收的出口商或债权人。其责任主要受两个合同的约束:首先是作为出口商,应履行与进口商之间签订的贸易合同的责任;其次是作为委托人,应履行与托收银行签订的委托代理合同的责任。

1. 委托人作为出口商在贸易合同下的责任

(1) 按时按质按量装运货物。根据贸易合同的规定装运货物,是出口商最主要、最基本的合同义务,也是跟单托收的前提条件。因为,不按合同规定交运货物,就不能取得相关的单据,没有合同规定的单据,跟单托收也就无从谈起。

(2) 提供符合合同要求的单据。跟单托收中,单据是进口商得以提货的必要条件。因此,出口商在发货后应缮制有关单据,如商业发票,并将其与履行合同后所得单据,如运输单据、保险单(如 CIF 价格中)等交托收银行。这些单据不仅种类和份数上要满足合同要求,而且单据的内容也应符合合同要求。因为作为付款人的进口商会在审核单据之后才付款,因此,只有提供了符合合同要求的单据,才能证明出口商已经履行了贸易合同,也才有可能收到货款。

2. 委托人在委托代理合同下的责任

在办理托收手续时,委托人应充填写委托申请书,在申请书上详细载明委托的内容及双方的责任范围,以及委托人对托收行的指示和要求等。托收银行接受委托人的申请书后,即构成委托代理关系,委托申请书便成为委托代理合同。根据该合同,委托人应承担以下责任。

1) 指示要明确

委托人是通过托收申请书向银行作出托收指示,而银行只是按照托收指示和《托收统一规则》的规定办理托收业务。所以,其托收指示应力求明确具体,便于托收行操作,而且应按贸易合同规定或进出口双方的约定作出托收指示。如果因委托人的指示不明确造成托收款项的延误或损失,概由委托人自己承担。一般包括下述几个方面的明确指示:

(1) 付款人及其账户行。付款人是银行收款和交单的对象,在托收申请书中必须十分清楚地写明付款人全称和详细地址。同时还应写明付款人的账户行,以便托收行选择代收行。如果代收行是付款人的账户行,那么通过它提示单据,可以减少环节,使委托人早日收款,付款人尽快提货,且费用较小。但这只是考虑选择代收行的标准之一,更重要的标准就是银行的资信及托收行与付款人的账户行是否有代理关系。资信好的代收行,会根据委托人的指示要求付款人及时付款,并保管好单据;但资信差的银行会对委托人的指示不予理睬,甚至与进口商(付款人)相互勾结,拖延付款或拒付,使委托人蒙受损失。

委托人可以指定代收行,但托收行认为委托人指定的代收行资信差或与托收行无代理关系,托收行也可以按银行业务惯例自行选择代收行。

(2)交单方式。即代收行将单据交付进口商或付款人的条件。交单方式有即期付款交单、远期付款交单和承兑交单三种(后面将作详细介绍),不同的交单方式对出口商能否顺利收款有很大影响,应慎重选择。

但委托人应按买卖合同规定的交单条件,向托收行作出明确清楚的指示,否则,银行对由此产生的任何后果不负责任。另外要明确,远期汇票提前付款是否给予进口商折扣或利息,逾期付款是否追加利息等。

(3)收妥货款的处理方式。委托人应明确指示货款收受后的划拨方式。代收行收妥货款后,通常是贷记托收行账户,然后以信函通知托收行,托收行在收到代收行的贷记单后,再对委托人结汇。如果委托人要尽早收款,就必须指示以电报划款或电传通知,不过委托人应负担电报费或电传费。当出口商资金紧张或金额较大时,采用电报划款在经济上是合算的。

(4)银行费用负担。银行费用是指银行办理托收业务的手续费及其他费用和开支。一般情况下,委托人和付款人应分别承担本国银行的费用,即委托人承担托收行费用,付款人承担代收行费用。但有时候付款人不愿支付,则代收行可将自己应收的银行费用从收受的货款中扣除。

根据银行惯例,如果委托书中规定代收行的费用必须由付款人承担时,代收行只能向付款人收取这些费用,代收行对因此而发生的付款延期或额外开支不承担任何责任。

(5)拒付处理。托收仍然是一种商业信用,代收行不会也不能强迫付款人付款,因此委托人应清楚指示银行在付款人拒付时,是否制作拒绝证书以及货物的处理方式。

第一,是否作拒绝证书。委托人可指示银行在付款人拒付时制作拒绝证书,以便作为证据在必要时向法院提起诉讼,状告其不履行合同。不过,在一般情况下,委托人不会轻易向法院提起诉讼。所以,根据惯例,在委托人没有明确指示时,银行不必去制作拒绝证书。

第二,货物的处理。付款人拒付时,银行尚未交单,货物所有权仍属于委托人。这时,委托人对货物的处理,通常有以下几种方式:

a. 委托人在进口地找到新买主,就地将货物处理掉,这是最理想的方式。

b. 由委托人在进口地的可靠代理人付款提货。

c. 指示代收行凭单提货,办理存仓、保险手续,以便委托人再寻找买主。

d. 运回货物。不过,只有在没有可能在当地出售货物时,委托人才会这么做,因为这样会损失货价15%～30%的运费。

2)对意外情况及时指示

在托收过程中,难免会发生一些意外情况,当银行将这些情况通知委托人时,委托人必须及时作出指示,不然因此而发生的损失均由委托人自己负责。

3) 未经银行事先同意,货物不应直接发至银行或者以银行和银行指定人为收货人,以及委托银行代为存仓和保险

不然的话,即便做了上述委托,银行也没有义务采取行动,货物的风险及责任由发货人承担;若货物做成以代收行或代收行指定人为收货人,则代收行也可按照指示的交单条件安排货物的交付,而无须再行请示,但委托人须承担因此而发生的手续费及其他费用,乃至赔偿因此而给代收行带来的损失或额外费用支出(比如,代收行因放货有误,而需要重新办理放货手续时,就需要支付额外费用)。

4) 无论托收是否成功,均须承担托收的一切手续费和其他有关费用(如果付款人不肯分担这些费用的话)

这包括托收行及所有代收行的手续和一切有关费用;若银行(托收行和/或代收行)要求预支一定的托收费用的话,委托人须及时预付,若因预付费用不到位或不能及时到位而延误了代收业务,则银行无责。

(二) 托收行

托收行(remitting bank)又称委托行或寄单行,是接受委托人的委托,转托国外银行代为收款的出口方银行。托收行类似于足球比赛中的中场核心,托收活动成功与否,以及效率如何,与托收行的组织不无关系。一方面,托收行连结着出口商(委托人),从而在第一时间内可以知道出口商的指示;另一方面,托收行连结着国外代收行,对国外托收过程中可能出现的问题如遭付款人拒付等早于出口商知道。

在托收业务中,托收行完全处于代理人的地位,其基本职责是根据委托人在托收申请书的指示和《托收统一规则》行事,不能擅自超越、修改、疏漏、延误委托人在申请书上的指示,并对自身的过失承担责任。其具体职责如下。

1. 审查委托申请书和核对单据

托收行首先要仔细审查委托人的委托申请书,审查其所填写的内容是否详尽明确、签章是否有效。如果委托人的指示不完整、不准确或难以照办,托收行应该向委托人解释并要求修改托收申请书。

托收行还应核对实收单据的种类与份数是否与委托人在申请书中填写的情况相同,但没有义务审核单据的内容。在实务中,为了确保托收款项顺利收回,托收行也常为出口商审核汇票金额、发票金额与申请书金额是否一致,提单抬头是否正确等主要内容。这仅仅是银行为客户提供的服务和帮助。

2. 缮制托收指示

托收行在审查委托申请书各项内容并核对单据无误后,才能决定是否接受委托。托收申请书一旦接受,托收行就要承担此笔托收的责任。托收行在接受委托后要打印"托收指示",其内容应与委托人的申请书严格一致,经复核并加签有权签章人员签章后,将托收指示与委托人提供的单据一起寄给代收行。托收指示就是寄送托收单据的面函,它是由托收行根据托收人的托收申请书制作的,过去称为托收委托书。国际商会322号出版物称其为托收命令。目前国际商会522号出版物称其为托收指示(collection instruction)。

托收指示应该是该笔托收业务的完整指示。其中主要内容包括跟单托收的交单条

件、利息和费用的处理、需要时的代理、拒绝证书、收款指示等。托收指示的重要性体现在三个方面：第一，托收业务离不开托收指示，每笔托收业务都必须附有一个单独的托收指示；第二，代收行仅依据托收指示中载明的指示办事；第三，代收行不从别处寻找指示，并且也没有义务审核单据以获得指示。

托收指示范例如附式 5-1 所示。

附式 5-1   **The Industrial & Commercial Bank of China**

Collection Instruction

ORIGINAL

Date ：_____

Our Ref No. ：_____

To _____

Dear Sirs,

We send you herewith the under mentioned item(s)/documents for collection.

Drawer：	Draft： No. ： Date：	Due Date/Tenor			
Drawee(s)：		Amount：			
Goods：	From	To			
By Par	On				
Documents	Draft	Invoice	B/L	Ins. Policy/ Cert.	W/M	C/O			
1st									
2nd									

Please following instructions marked "×"

☐ Deliver documents against payment/ acceptance.

☐ Remit the proceeds by airmail/ cable.

☐ Airmail/cable advice of payment/ acceptance.

☐ Collect charges outside _____ from drawer/ drawee.

☐ Collect interest for delay in payment ____ days after sight at ____ % P. A.

☐ Airmail/cable advice of non-payment/non-acceptance with reasons.

☐ Protest for non-payment/ non-acceptance.

☐ Protest waived.

☐ When accepted, please advise us giving due date.

☐ When collected, please credit our account with

☐ Please collect and remit proceeds to Bank for credit of our account with them under their advice to us.

☐ Please collect proceeds and authorize us by airmail/cable to debit your account with us.

Special Instructions

For The Industrial & Commercial Bank of China

This collection is subject to

Uniform Rules for Collections

(1995 Revision) ICC Publication No. 522   Authorized Signature(s)

3. 按常规处理业务,并承担过失责任

凡委托人在申请书中没有提出要求的方面,托收行都应按业务常规处理,如选择代收行、航邮单据等。对按常规处理业务所造成的损失,托收行无责。如代收行破产,使委托人收款受到影响,托收行不承担责任。但银行必须谨慎从事,不然就要对其过失负责。根据英国商业法则,凡是该做的而未做,银行就有过失,有过失就应承担责任。如代收行通知付款人拒付,托收行却未立即通知委托人,结果因未及时指示如何处理货物使委托人受到损失,托收行对此有过失责任。

银行在托收业务中,所有来往交涉的函电,均需加上有效印鉴或密押,一律以书面、电传或 SWIFT 文字为准,不凭口头或电话办事。特别对改变交单条件,改变或减少托收金额,变更收款人名称、账户,改变被拒付后的原委托书条件,甚至要求退单或无偿交单等,更应严格按照印、押手续核对后办理。

(三) 代收行

代收行(collecting bank)是指接受托收行的委托代其向付款人办理收款并交单的银行,一般为进口方银行。代收行也与托收行一样处于代理人地位,其基本职责是按托收指示和《托收统一规则》行事,按常规处理业务,并承担过失责任。具体说来,代收行有如下职责。

1. 审查托收指示与核对单据

代收行应将收到的单据与托收指示核对一致,任何单据的名称或份数不符时,必须立即通知托收行。同时要审核托收指示上的各项要求,考虑能否照办。如果代收行对某些要求由于自身能力或将来可能发生纠纷而不愿照办,必须在收到托收指示时,立即向托收行提出不能照办的理由,或声明对该项条文不能照办,要求托收行予以取消或变更。如既不提出声明,也不照办,代收行将承担因此而造成的损失。

2. 代收行有保管好单据的责任

在托收中,交单即交货,而交货又以进口商付款或承兑为条件。因此,代收行在进口商付款或承兑以前绝不能将单据交给进口商。在付款人拒付时,代收行应立即通知托收行,并保管好单据听候处理。如果发出通知 60 天后仍未收到托收行的任何指示,代收行可将单据退回托收行,而不再承担进一步的责任。

3. 及时反馈托收情况

代收行是委托人直接与付款人接触的代表,它应将托收过程中的各种异常情况及其原因,立即用快捷的方式通知托收行,托收行转告委托人,便于委托人及时了解托收情况并采取必要措施。

4. 谨慎处理货物

代收行作为代理人原则上无权处理货物,只有在付款人拒付时,根据委托人指示代为办理提货、存仓、保险等手续。但在发生天灾人祸等紧急情况下,代收行可以不凭委托人指示处理货物,因为代收行毕竟是委托人的代理人,可以作为"必要时代理",以使委托人避免或减少损失。

应注意的是,代收行一般不处理货物也没有义务处理货物,即银行对接收与处置货物免责,因此,未征得代收行同意,委托人不能将货物直接发运给代收行或其指定人。否则,代收行对货物损失不负任何责任。

(四)提示行

提示行(presenting bank)是指负责向付款人提示单据的代收行。提示行是代收行之一,依其定义,它是负有"提示"职责的代收行。实务中,它通常兼负着提示、接受付款或承兑及付款以及交单等多重职责。当指定代收行与付款人不在同一城市时,一般以指定代收行在付款人所在地的分行或代理行为提示行。提示行在国际贸易中通常为进口地银行。

提示行除负有上述的一般代收行的责任和义务以外,还兼有以下的责任和义务:

(1)必须严格执行交单条件。若托收指示没有明确指示交单条件,则只能凭付款交单。

(2)在 D/A 托收项下,应查看汇票的承兑形式在表面上是否完整和正确,且无须延误地将承兑通知送交托收行。

(3)当付款人以非托收指示中所要求的货币付款时,除托收指示另有指示外,提示行只有在确认该货币能立即兑换成托收指示中要求的货币时,才可交单。

(4)一般不得接受部分付款。只有在全部款项业已收妥时,方可将单据交付款人。

(5)当托收指示特别注明手续费和/或有关费用不得放弃而付款人又拒付时,提示行不得交单。提示行对因此而迟交单据所产生的任何后果不负责任。

(6)遭拒付时,应尽力确定拒付原因、并无延误地通知托收行;若托收指示中有遇拒付时做成拒绝证书的明确要求,则还有义务代为做成拒绝证书。

(7)收妥的款项,在扣除自己的手续费及其他费用支出后,必须按照托收指示中指定的通信工具无延误地立即拨付给托收行。

(五)付款人

付款人(drawee)是根据托收指示被提示单据,向代收行或提示行付款的进口商。其基本职责是履行贸易合同的付款义务,不得无故延迟付款或拒付。当然,付款人的义务履行以委托人提供的单据能证明委托人已经履行了合同义务为前提。也就是说,付款人有审查单据以决定是否接受的权利。因此,以下几个方面值得付款人注意:

(1)审查票据或单据必须慎重、仔细。

(2)接受该票据或单据时,必须按规定的交单方式执行。

(3)如有异议,必须有根据。例如,合同或其他有关的约定与收到的票据或单据不一致,或单据与单据不一致。提出拒付应及时,不能拖延,理由要充分。

从上述托收的当事人及其责任中,可以看出托收当事人之间的关系:委托人与付款人的关系是以他们之间所订立的贸易合同的债权债务关系为根据的;委托人与托收行的关系是依据委托人交给托收行的托收申请书确定的委托代理关系;托收行与代收行的关系是依据托收行向代收行签发的托收指示确定的委托代理关系;代收行与付款人之间并不存在契约关系,而付款人对代收行的付款,是根据付款人与委托人之间订立契约所承担的债务。

以上各当事人的责任,是根据国际商会的第 522 号出版物《托收统一规则》中的规定来解释。

四、跟单托收的交单条件

根据交付单据的条件不同,跟单托收可分为付款交单和承兑交单两种。

(一) 付款交单

付款交单(documents against payment,D/P)是指代收行以进口商的付款为条件向进口商交单。

办理此类托收时,委托人(出口商)必须在托收申请书中指示托收行,只有在进口商付清货款的条件下,才能向其交单。采用付款交单托收时,要在委托的汇票上注明"D/P"字样。

付款交单根据付款时间的不同又可分为即期付款交单和远期付款交单。

1. 即期付款交单

即期付款交单(D/P at sight)是指当代收行向进口商提示汇票和单据,要求其付款赎单,进口商审核单据并决定接受时立即付款,代收行在收到货款后将单据交付进口商的托收方式。在没有汇票的情况下,发票金额即是托收金额或付款金额。即期付款交单简称 D/P 即期。

采用这种托收方式,原则上代收行第一次提示单据时付款人就要付款。按国际惯例,给进口商赎取单据的时间为 24 小时,以便进口商能在第一次提示单据后的下一个工作日内办理付款。但在实务中,有些进口商为减少风险,往往坚持在货物到达后才予付款,甚至有些非洲国家法令规定,对于 D/P 即期,一律要等货物到达后才能付款。即期付款交单程序如图 5-4 所示。

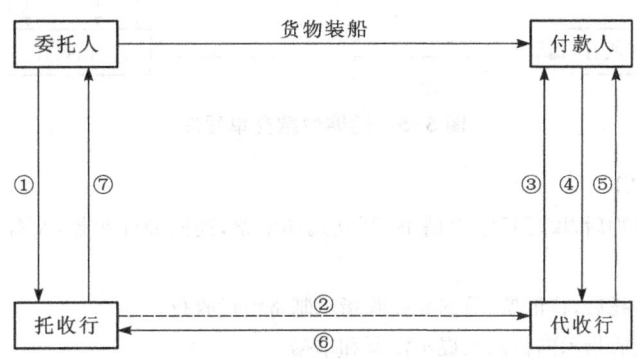

图 5-4　即期付款交单程序

图 5-4 说明如下:

① 出口商发运货物后,填写托收申请书,开立即期汇票,连同商业单据,交托收行委托收款。

② 托收行接受委托后,将汇票、单据和托收指示邮寄给代收行。

③ 代收行按照托收指示向付款人提示汇票和单据。

④ 付款人审单无误后付款。

⑤ 代收行向付款人交单。

⑥ 代收行按托收指示规定的方式将货款交付托收行。

⑦ 托收行向出口商交付货款。

2. 远期付款交单

远期付款交单(D/P at…days after sight)是指出口商开具远期汇票,附带单据通过托收行一并寄代收行,代收行收到单据后,立即向进口商提示远期汇票和单据,进口商审单后随即予以签字承兑,代收行收回汇票及单据,待汇票到期时再向进口商提示,要求其付款,在收到货款后将单据交进口商。远期付款交单简称 D/P 远期。

与即期付款交单相比,远期付款交单有以下特点:

(1) 出口商开具的是远期汇票。即期付款交单中,出口商开具的是即期汇票,也可以不开汇票。但 D/P 远期必须开立汇票。采用远期付款交单的目的是给进口商一段时间以准备或筹集资金。

(2) 进口商应先予承兑。在代收行提示远期汇票和单据时,进口商应先予承兑,承兑后的汇票及单据由代收行收回。即期付款交单无此环节。

(3) 到期付款赎单。在远期汇票到期时,代收行应向进口商作付款提示,进口商予以付款,代收行收到货款后即交单。

远期付款交单程序如图 5-5 所示。

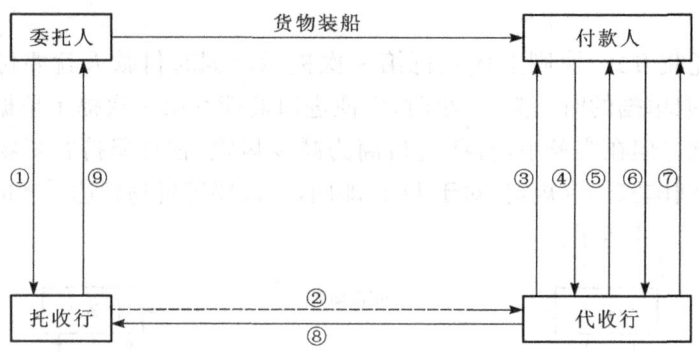

图 5-5 远期付款交单程序

图 5-5 的说明如下:

① 出口商发运货物后,填写托收申请书,开立远期汇票,连同商业单据,交托收行,并委托托收行收款。

② 托收行接受委托后,将汇票、单据和托收指示邮寄给代收行。

③ 代收行按照托收指示向付款人提示汇票和单据。

④ 付款人审单无误后,在汇票上承兑,代收行收回汇票和单据。

⑤ 在汇票到期日代收行向付款人提示付款。

⑥ 付款人付款给代收行。

⑦ 代收行向付款人交出单据。

⑧ 代收行按托收指示规定的方式将货款交付托收行。

⑨ 托收行向出口商交付货款。

远期付款交单的缺点是在"远期"的时间间隔之内,如果货物已经抵达目的港,而买方尚未付款,则不能得到单据,无法提取货物,以致货物滞留港口码头,易遭受损失或罚款。由于代收行执行托收指示,不得不将单据延至付款以后交出,故国际商会《托收统一规则》(URC522)明确指出："如果托收包含在将来日期付款的汇票,以及托收指示注明商业单据凭着付款而交出,则单据实际交出只能凭着这样的付款,代收行对产生于延迟交单的任何后果不负责任。"

委托人为了防止远期付款交单与承兑交单混淆。可在托收指示上写明"付款后才能交单"。对于汇票"远期"的时间掌握应该不得长于海上航行时间。

(二) 承兑交单

承兑交单(documents against acceptance,D/A)是指代收行以进口商的承兑为条件向进口商交单。即代收行向进口商提示远期汇票和单据时,进口商审单后签字承兑,代收行留下进口商已承兑的汇票,将全部单据交给付款人,待汇票到期时付款人才履行付款义务。

承兑交单与远期付款交单都属于远期托收。出口商开具的是远期汇票,进口商在见票时并不是马上付款,而是应先予承兑,只有在汇票到期时,才予付款。因此它们都属于远期托收。所不同的是交单条件。远期付款交单中,进口商只有在汇票到期并支付货款后才能得到单据;承兑交单中,进口商只要承兑后便可得到单据,这时,汇票并未到期,进口商也未付款。承兑交单程序如图5-6所示。

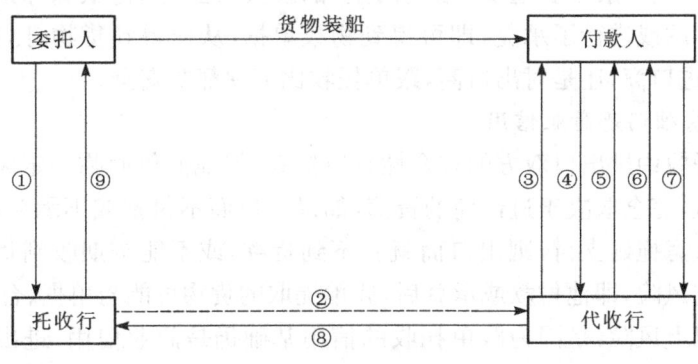

图5-6　承兑交单程序

图5-6的说明如下:

① 出口商发运货物后,填写托收申请书,开立远期汇票,连同商业单据交托收行,并委托托收行收款。

② 托收行接受委托后,将汇票、单据和托收指示邮寄给代收行。

③ 代收行按照托收指示向付款人提示汇票和单据,要求承兑。

④ 付款人审单无误后,对汇票进行承兑。

⑤ 代收行收回汇票,将单据交给付款人。

⑥ 在汇票到期日代收行向付款人提示汇票要求付款。

⑦ 付款人到期付款。

⑧ 代收行按托收指示规定的方式将货款交付托收行。

⑨ 托收行向出口商交付货款。

显然,不同的交单方式对进出口双方的影响是不同的。对出口商而言,最理想的是即期付款交单,其次是远期付款交单,最后是承兑交单。对进口商则刚好相反,最理想的是承兑交单,其次是远期付款交单,最后是即期付款交单。

采用即期付款交单方式,出口商在进口商付款之前始终控制着单据,从而控制着货物,不会出现既收不到货款,又失去货物的情况,有利于降低风险;如果进口商付款,则出口商能迅速收到货款,避免资金积压,有利于提高资金的使用效率。远期付款交单在风险控制方面与即期付款交单类似,但要等到汇票到期、进口商付款时,才能收回货款。因此,不同程度地存在资金积压的问题,不利于高效使用资金。承兑交单在货款收回的时间、资金占用方面同远期付款交单方式类似。但是,承兑交单在交单后出口商已无法约束进口商,进口商可能会破产或无力支付货款,或找借口拒付甚至无理拒付,或延迟付款等。因此,无论是在风险,还是在资金使用方面,这种方式都不利于出口商。

五、托收方式的特点

1. 比汇款结算方式安全

付款及交单方式的变化,使得进出口双方的安全性均有所提高。跟单托收中出口商以控制物权单据来控制货物,以交付物权单据代表交货,而交单又以进口商付款或承兑为条件,因此出口商一般不会遭受"银货两空"的损失,比货到付款和赊销安全。对进口商来说只要付了款或进行了承兑,即可得到物权单据,从而得到货物,比预付货款安全。因此,无论是对进口商,还是对出口商,跟单托收比汇款都要安全。

2. 结算的基础仍是商业信用

尽管跟单托收中进出口双方的安全性有所提高,但他们仍面临一定风险。出口商能否按期收回货款,完全取决于进口商的资信,如果进口商不付款或不承兑,或承兑后破产或无力支付或故意拖延支付,则出口商就收不到货款,或不能按期收到货款。当然进口商也面临着一定风险,即他付款或承兑后,凭单提取的货物可能与单据、合同不符。

托收存在以上风险,是因为跟单托收的信用基础仍是商业信用,进出口双方能否取得合同规定的货物或按期收到合同规定的货款分别取决于对方的资信。托收中的银行只是一般的代理人,他们对托收过程中遇到的一切风险、费用和意外事故等不承担任何责任。

3. 资金负担仍不平衡

托收的资金负担仍不平衡,但比汇款结算有所改善且可融资。托收结算方式中,出口商的资金负担较重,在进口商付款之前,货物占用的资金都是由出口商承担;进口商基本不负担资金。

但是出口商有物权单据,他可以通过出口押汇从银行融通资金,因而可在一定程度上减轻资金负担的压力;不仅出口商可以从银行融资,进口商也可以通过信托收据和担保提货向银行融资。

4. 比汇款的手续稍多、费用稍高

从两者的业务流程可以看出,托收比汇款的流程更复杂,其手续也就稍多一些,费用也会略高一些。

可以看出,托收仍是一种相对有利于进口商,不利于出口商的结算方式。

六、托收方式下的风险与防范

托收结算方式中尽管较少采用光票托收而较多地采用跟单托收,且其中的付款交单方式在一定程度上保护了出口商的利益。但托收方式终究还是商业信用,出口商能否收到足额的货款、进口商能否收到符合合同规定的货物都取决于对方的信用,因此进出口商面临的风险始终存在。

(一) 跟单托收出口商的风险及防范

1. 出口商面临的风险

由于托收方式是一种商业信用,出口商发货后主动权就掌握在进口商手中,能否顺利收到货款,主要取决于进口商的资信。相对而言,出口商比进口商面临的风险更大,除前述的信用风险和国家风险外,归纳起来,可能有以下情况:

(1) 来自代收行资信的风险。代收行收到货款后,不及时将货款划拨托收行,一旦倒闭,出口商即收不回货款。有时,代收行与进口商相互勾结,提货后不付款,出口商也要蒙受损失。

(2) 进口商办理货物保险的风险。在以 FOB,CFR 价格条件对外成交的情况下,当货款遭受拒付时,往往使出口人处于极为被动的境地。因为当进口商准备拒付时,他对这批货物一般已失去了兴趣,不再愿意花费办理保险。这样万一货物遭受损失,出口商就无法从保险公司取得赔偿。

(3) 地区"习惯"风险。这是针对远期付款交单而言的。拉美地区一些国家的进口商和银行习惯将远期 D/P 一律按承兑交单 D/A 处理,这也给出口商带来很大的风险,使得不法商人可先凭承兑汇票提取货物,以后又借口推卸付款责任,造成出口商钱货两空。

2. 出口商风险的防范

尽管跟单托收方式给出口商带来许多风险,但可以采取如下一些防范措施,尽可能避免或减少风险。

(1) 掌握好授信额度。采用托收方式时,出口商还应根据进口商的资信状况决定托收金额的大小,对经常发生贸易往来的客户要根据其资信确定相应的授信额度,以简化手续。

(2) 选择合理的交单条件。选择合理的交单条件也是防范托收风险的重要方面。如果可能的话,尽量采用即期付款交单方式。如果一定要采用远期付款交单,应对期限加以限制,付款期限不宜过长,一般掌握在不超过从出口地到进口地的运输时间。应尽量避免使用承兑交单。

(3) 选择好价格条款。出口商应选择 CIF、CFR 等适合采用托收方式的推定交货条件。所谓推定交货条件,是指出口商不是直接将货物交给进口商,而是只要他将货物向承运人托运就作为自己向进口商交货,出口商向进口商出示物权单据,后者就必须付款。采用这种交货方式时,出口商交货与进口商付款不同时发生,转移物权以单据为媒介。不过,其中有些交货条件,如 FOB、FCA,由于运输是由进口商安排的,所以也不宜采用托收方式。

(4) 正确选择代收行。托收项下对代收行的选择非常重要。虽然托收中银行只是收款代理人,并不担保货款的回收,但是具体向付款人提示付款以及催收货款的是代收行,所以正确选择代收行,有利于保证国际惯例的遵守以及各种代收指示的执行,减少收款的风险。

代收行可以由委托人在托收申请书中指定,也可以由托收行选定,托收行应当在进口商所在地选择一家资信良好、善于合作的银行作为代收行。在选择时,应遵循联行、账户行、一般代理行的优选原则。

(5)了解进口国家的有关规定。出口商应了解进口国家的有关贸易法令、外汇管理条例、进口许可证、外汇支付限制等方面的内容。

(6)认真履行贸易合同。出口商所交货物必须与合同规定一致,单据及单据之间均要与合同一致,避免授人以柄而遭拒付。

(7)事先找好代理人。在跟单托收业务中,如果发生拒付,出口商可以指定一个在货物目的港的人办理存仓、保险、转售或运回等事宜,这个人称为需要时的代理人,他可以是与出口商关系较好的客户,也可以是代收行。代理人的名称和权限须在托收委托书中列明。

(8)注意办理保险。在采用托收方式时,出口商应争取以 CIF 价格条件成交,由出口商办理保险,万一货物在运输途中出险,可以从保险公司得到赔偿。

(二)跟单托收进口商的风险及防范

在跟单托收方式中,进口商面临的主要风险是付款提货后发现货物与原先的样品或要求有差距,甚至是假货。此时,再要退货已大不可能,只能通过其他办法加以补救。

在跟单托收方式中,如果在付了款后收到假货、次货,虽然进口商可以告出口商不履约而要求赔偿,但这种跨国赔偿诉讼往往很困难。因此,进口商为了避免这种风险,可采取如下几项措施:

(1)慎重选择贸易伙伴。采取适当途径,对出口商的资信、经营作风等情况事先作好充分调查。

(2)最好选择承兑交单。对进口商来说,承兑交单比付款交单主动一些。但这与出口商的立场刚好相反。

(3)仔细审核单据。由于银行不负责审单,因此进口商要对单据进行仔细审核,防止票据、单据的伪造。对某些单据可指定由某些国际上有信誉的机构出具。如为保证货物质量,要出口商提供由一流商检机构出具的商检证书。

(4)尽可能争取 FOB 成交价格。这样,进口商用自己的船,自己保险,可以防止出口商伪造单据,故意沉船、纵火等行为的发生。但交单条件和价格条件往往与出口商处于相对的立场,要综合考虑,灵活运用。

 **【本章案例1】**

出口商改用汇款结算致损案

国内某外贸公司(卖方)与香港 D 商社(买方)经中间人介绍签订了一份金额为 10 万美元的贸易合同。合同规定:由买方开出即期不可撤销的信用证向卖方付款。但过了合同约定的开证日期仍未见买方开来信用证,经催问,对方称:"证已开出,请速备货。"然而,临近约定的装运期前一周,卖方还未收到信用证。卖方再次查询,对方才告知:"因开证行与卖方银行并无业务代理关系,故此证已开给有代理关系的某地银行转交。"此时,船期已到,因合同规定货物需直接运抵加拿大,而此航线每月只有一班船,若错过这一次船期,则要推迟至下个月才能装船,这样将造成利息和费用的损失。这时,港商传来了银行的汇款凭证,卖方财务人员持该汇款传真件到银行核对签字无误后,以为款项已汇出,便放心地安排装船。但出运后10多天,卖方才发觉货款根本未到账。

分析与点评

有的进口商资信甚差,瞄准卖方急于销货的心理,玩弄花样,先购买一张小额汇票,涂改后再传真过来,冒充电汇凭证,蒙骗卖方,使其遭受重大的经济损失。

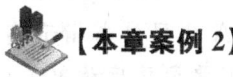**【本章案例2】**

托收行因不谨慎而致损案

上海某股份有限公司(以下简称 A 公司)委托香港汇丰银行有限公司上海分行(以下简称汇丰分行)向美国某公司(以下简称 B 公司)收取货款 140 393 美元,托收方式根据国际商会《托收统一规则》(以下简称 URC522 规则)为即期付款交单(D/P at sight)。A 公司向汇丰分行提供全套单据,但因汇丰分行错写了收件行地址,将原应寄给美国加利福尼亚州联合国民银行(以下简称加州银行)托收单据误寄给了美国佛罗里达州梅隆联合国民银行(以下简称佛州银行)。佛州银行收到托收单据后,未收妥托收款即将单据寄交 B 公司。由于 B 公司提取货物后拒绝付款。故 A 公司诉请法院判令汇丰分行赔偿其托收款 140 393.55 美元及利息和退税损失人民币 268 750.89 元。原审法院以汇丰分行办理托收虽应尽善意和谨慎的义务,但不负有对 A 公司先行赔偿的义务为由,判决不予支持 A 公司的诉讼请求。A 公司不服,向本院提出上诉。二审中,双方当事人在法院主持下达成了调解协议:汇丰分行赔偿 A 公司托收货款 98 275.49 美元;A 公司将对 B 公司的债权转让给汇丰分行,如汇丰分行经追索兑现债权超过 98 275.49 美元,则在该款额超过部分至 140 393.55 美元范围内返还 A 公司。

分析与点评

根据 URC522 规则,在国际托收中,对于国外代收行的确定存在两种方式:①由委托人指定。这种指定包括单项交易的指定和全部交易的指定。在委托人未明确系单项托收还是全部交易托收时,应当视为单项托收。②在委托人未指定的情况下,由托收行选择代收行。根据 URC522 规则的规定,代收关系不能依托收行的单方意思表示成立,而需双方合意。本案中佛州银行虽然收到了汇丰分行错寄的单据,并将其交与 B 公司,但由于该行未对收款作出任何表示,故应当属于因管理上的不适当,与汇丰分行之间不存在代收法律关系。

URC522 规则中对托收行规定的义务较为原则,即托收行应本着"善意和谨慎"态度行事。本案中,汇丰分行发生于托收业务中的疏忽与托收事故的因果关系有着直接的关系。因此,我们认为:

(1)汇丰分行错写收件行地址,系善意的过失,但属不谨慎。

（2）汇丰分行的错写直接导致托收单据误寄给了非代收行的佛州银行，与托收事故有因果关系。

（3）托收事故虽然由佛州银行不妥当的无因管理、美国 B 公司的违背诚实信用交易原则等诸因素形成，但汇丰分行误寄单据行为系起因。

（4）根据我国《合同法》的规定，汇丰分行作为有偿托收的受托方，对委托人 A 公司首先负有赔偿责任。

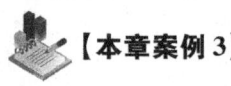

【本章案例 3】

出口商 D/P 远期交单风险致损案

某年 2 月，我国 A 公司与英国 B 公司签订出口合同，支付方式为 D/P 120 days after sight。中国 C 银行将单据寄出后，直到当年 8 月尚未收到货款，遂应 A 公司要求指示英国 D 代收行退单，但 D 代收行回电称，早已将单据凭进口商 B 公司对汇票承兑后放单了。后虽经多方努力，但进口商 B 公司以种种理由不付款，进出口商之间交涉无果。后中国 C 银行一再强调是英国 D 代收行擅自放单造成出口商钱货两空，要求 D 代收行付款，D 代收行对中国 C 银行的催收拒不答复。10 月底，D 代收行告知中国 C 银行该进口商已宣布破产，并随附法院破产通知书。问题：D/P 远期交单的风险何在？应如何防范？

分析与点评

D/P 远期交单指进口商在汇票到期日付清货款后取得单据。D/P 远期交单下，进口商不必见单即付款，如进口商信誉好，还可凭信托收据等形式从代收行获得融资。相较于承兑交单下的托收，出口商在 D/P 远期下收款的安全性要大一些，如进口商不付款，可以凭代收行保管的货运单据运回货物或就地转售。

但使用这种方式也可能造成不便，如货已到而进口商因汇票未到期拿不到货运单据凭以提货，导致进口商无法及时销货，容易贻误商机，甚至造成损失，所以往往要求代收行给予融通：①进口商向代收行出具信托收据预借单据，取得货权；②代收行与进口商关系密切，在进口商作出某种承诺后从代收行取得单据。

如果进口商在征得代收行同意的情况下，出具信托收据，向代收行借出全套单据，那么这是代收行凭进口商的信用或担保借出单据，是代收行对进口商的授信，无论进口商能否在汇票到期时付款，代收行都必须对出口商承担到期付款的责任和义务。

本案中 D 代收行在没有收取货款的情况下擅自将全套单据交给进口商，因此根据托收规则，D 代收行必须根据托收指示行事，否则将承担相应的责任。

国际商会《托收统一规则》（URC522）不鼓励使用 D/P 远期付款方式，但是没有把 D/P 远期从 URC522 中绝对排除。因此，如果选择做 D/P 远期，那么作为出口商应该把握以下几点：

第一，尽可能选择那些历史悠久、熟知国际惯例，同时又信誉卓著的银行作为代收行，以避免银行操作失误、信誉欠佳造成的风险。

第二，在提交托收申请书时，应尽可能仔细填写委托事项，不要似是而非，要根据进口商的资信情况和能力来确定是否接受信托收据的方式放货。

第三，办理 D/P 远期托收业务时，尽量不要使汇票的远期付款时间与航程时间间隔较长,造成进口商不能及时提货。一旦货物行情发生变化,容易造成进口商拒不提货,则至少会造成出口商运回货物的费用或其他再处理货物的费用。

第四,要注意 D/P 远期在一些南美国家被视作 D/A,最好事先打听清楚,做到知己知彼。

本 章 小 结

1. 汇款就是顺汇,其结算工具的流向与资金的流向相同。根据汇出行通知汇入行付款的通知方式的不同,或汇款委托书的传递方式的不同,汇款可以分为电汇、信汇和票汇三种。其中,电汇速度快、安全性高,占银行汇款业务的份额最大。汇款在解付前可以撤销,汇款人可以向汇出行办理退汇手续。

2. 汇款作为一种结算方式具有速度快、费用低和安全等优点,但其缺点在于交易双方的资金负担不平衡,买卖双方中总有一方的资金负担较重;而且由于缺乏银行对付款或交货的保证,买方是否付款或卖方是否交货完全取决于对方的商业信用,风险较大。所以汇款方式主要用于相互信任的贸易伙伴之间,应用方法主要为预付货款和货到付款。

3. 托收是出口商开立金融票据和(或)商业单据,委托银行通过其在国外的联行或代理行向进口商收取款项的结算方式。银行在托收业务中处于代理人地位,根据委托人的指示和《托收统一规则》行事,按常规处理业务,并不保证一定收到货款。

4. 托收根据所附单据的不同,有光票托收和跟单托收之分。国际货物贸易的托收一般指跟单托收。跟单托收有两种不同交单方式,即付款交单和承兑交单;付款交单根据付款时间的不同又分为即期付款交单和远期付款交单。

5. 托收业务中所涉银行也只提供服务而不提供信用,因此进出口商特别是出口商在托收业务中的风险不容忽视。出口商在托收项下面临着一系列的风险——进口商风险、进口国家风险、代收行资信的风险、进口商办理货物保险的风险和地区"习惯"风险等。为了进一步提高收款的可能性,在采用跟单托收方式时出口商应当注意考察各相关因素,如进口商的信用、进口国的信用、交单方式和价格条件的选定、代收行的选择、运输保险等。

重 要 概 念

电汇　票汇　寄售　退汇　跟单托收　付款交单　承兑交单　出口押汇

复 习 思 考 题

1. 什么是顺汇法? 什么是逆汇法?
2. 汇款的三种方式各有什么特点?
3. 汇款方式有何特点? 它主要用于哪些形式的贸易结算中?

4. 试述托收结算方式的特点。

5. 根据《托收统一规则》，银行在处理跟单托收业务时的职责是什么？又有哪些免责事项？

6. 跟单托收方式下有哪几种交单方式？对出口商而言，哪种交单方式的风险较小？

7. 出口商如何控制托收业务中所面临的各种风险？

第六章

国际贸易结算方式——信用证

信用证方式是以银行信用为基础，是国际贸易结算中最为重要的结算方式。虽然近年来由于受到其他更灵活方便的结算方式的冲击，信用证业务量有所萎缩，但是信用证以其悠久的历史、丰富的实践及完备严密的机制，仍是进出口商首选的结算方式之一。尤其是在贸易双方缺乏足够了解与信任的情况下，利用信用证，借助银行信用的保障，可以极大地方便与推动国际贸易的发展。

第一节 信用证概述

一、信用证的定义

信用证(letter of credit，L/C)是银行出具的一种有条件的付款保证。《跟单信用证统一惯例》(UCP600)对信用证的定义如下：

"'跟单信用证'和'备用信用证'(以下统称'信用证')意指一项约定，不论其如何命名或描述，系指一家银行('开证行')应客户('申请人')的要求和指示或以其自身的名义，在与信用证条款相符的条件下，凭规定的单据：

(1) 向第三者('受益人')或其指定人付款，或承兑并支付受益人出具的汇票，或

(2) 授权另一家银行付款，或承兑并支付该汇票，或

(3) 授权另一银行议付。"

在国际贸易中，上述信用证定义中的申请人是进口方，开证行是进口地银行，受益人是出口商。于是可以对信用证作这样的理解：

(1) 信用证是开证行应进口方的请求向出口方开立的在一定条件下保证付款的凭证。

(2) 付款的条件是出口方(受益人)向银行提交符合信用证要求的单据。

(3) 在满足上述条件的情况下，由银行向出口商付款，或对出口方出具的汇票承兑并付款。

(4) 付款人可以是开证行，也可以是开证行指定的银行。收款人可以是受益人，或者是它指定的人。

对于信用证定义中表达的"约定"，应特别注意以下两点：

(1) 由银行承诺付款。而在汇款和托收方式中，银行均未作出此种承诺。

(2) 条件是由受益人提交符合信用证要求的单据。在国际贸易中单据是第三者或当

事人出具的履约证书,所以信用证的约定是要求受益人以单据的形式向银行证明自己已履行了合同义务,银行即向其支付货款。对一个实际上已履行了合同义务的出口商来说,要提交这样的单据是能够做到的。因而信用证中所提出的条件,并未对卖方构成合同义务的实质性的变更或添加。

从以上分析可知,信用证业务中存在着三角契约安排(triangular contractual arrangement):第一,进出口商之间的销售合同。第二,开证申请人和开证行之间的申请书,还包括担保协议或偿付协议。第三,开证行与受益人之间的跟单信用证。若跟单信用证被另一家银行保兑,则保兑行与受益人之间同样存在着跟单信用证的契约安排。

申请人因与开证行之间,或与受益人之间的关系而产生索偿或抗辩不得影响银行的付款承诺。受益人不得利用银行与银行之间,或申请人与开证行之间的现存契约关系。故每一项契约都是独立的和控制当事人之间的各自关系的。

二、《跟单信用证统一惯例》

《跟单信用证统一惯例》是国际商会制定并出版的关于跟单信用证的国际使用规则,是国际贸易和国际结算的最重要的惯例之一。

(一)《跟单信用证统一惯例》的产生与完善

跟单信用证自19世纪以来,已经逐步成为使用最为广泛的结算方式。但是由于各国法律体系的不同,以及银行、保险、运输等制度和习惯的不同,导致各当事人对信用证条款的解释不同,争议甚至诉讼不断发生,严重影响跟单信用证的推广和使用。国际商会为了改变这种状况,使信用证成为国际间的有效支付工具,根据美国代表的提议,于1929年发布了名为《商业跟单信用证统一惯例》第74号出版物。1931年国际商会着手对该惯例进行修改,1933年正式公布了编号为82号的第一个正式版本,并建议各国银行采用。随着国际贸易的发展和新的运输技术与方式的出现及广泛运用,国际商会对惯例又进行了多次修订,颁布过多种版本,如1951年的151号出版物,1962年的222号出版物,1974年的290号出版物,1983年的400号出版物,其全称也改为《跟单信用证统一惯例》(Uniform Customs and Practice for Documentary Credit,《UCP400》),1994年的第500号出版物,简称《UCP500》。2006年国际商会进行了六次修订,形成了新的惯例版本《UCP600》,并于2007年7月1日正式实施。

(二)《跟单信用证统一惯例》的主要内容

《UCP600》共有39条。其中第一条至第五条为总则部分,规定了UCP的性质、使用范围、定义、信用证的独立性等;第六条至第十三条规定了信用证的开立、修改、各当事人特别是有关银行之间关系与各自责任等;第十四条至第十六条规定了审单标准、单证相符或不符的处理办法;第十七条至二十八条规定了对商业发票、运输单据、保险单据等商业单据的要求及掌握原则;第二十九条至三十二条规定了款项支取办法;第三十三条至三十七条规定了银行免责条款;第三十八条规定了可转让信用证;第三十九条规定了款项让渡办法。

（三）《跟单信用证统一惯例》的性质

《跟单信用证统一惯例》是国际商会推荐给银行界采用的一套业务惯例,它为各种跟单信用证交易提供指南,也促进了国际贸易的发展。然而,该惯例并非法律,不具有强制性,而只对采用该惯例的银行产生约束力,对不采用的银行则没有约束力。即使是采用惯例的银行,也有权在信用证中规定与该惯例不同的条款。但信用证一旦注明根据《UCP600》开立,在处理跟单信用证纠纷中法院将会以《UCP600》作为"法律准则"。在实际业务中若不注明"Subject to UCP, Publication No. 600 by ICC"之类的文句,信用证将难以被有关当事人接受。我国银行在开立信用证时通常加上这一文句。

（四）关于《eUCP》

电子网络技术的高速发展使国际贸易迈入了高效、安全、低成本的网上运作,同时也对传统的国际结算方式提出了新的要求。电子信用证正是顺应这一潮流而产生的。它不是一种新的信用证种类。因此,电子信用证适用于国际商会的《跟单信用证统一惯例》。同时,由于电子信用证的使用是在电子商务化的大环境下产生的,因此,2000 年国际商会又成立了一个专项工作组,针对电子信用证的应用,对 UCP500 进行重新定义和解释。经过 18 个月的准备,《跟单信用证统一惯例电子提示补充规则》(Supplement to UCP500 for Electronic Presentation, Version 1.0,简称 eUCP 1.0)终于浮出水面,于 2002 年 4 月 1 日正式生效。为了配合 UCP600 的实施,国际商会又将 eUCP1.0 版本升级为 eUCP1.1 版本。eUCP1.1 版本将与 UCP600 共同适用于信用证交易。在电子交单或电子和纸质单据混合提交单据时,要同时使用 eUCP 和 UCP 两个规则。

eUCP 共有 12 个条款,架起了 UCP 使用书面文件提示与电子提示程序间的桥梁,eUCP 的实施开启了电子信用证交易的时代。

eUCP 第 1 条规定了电子信用证的适用范围,并且规定电子提示与书面提示可以混合使用。该条指出:eUCP 是对 UCP 的补充,以适应单独提交或与纸质单据混合提交电子记录的情形。该条第 3 款特别规定,此版本为 1.1 版,以说明信用证需要明确约定其适用于 eUCP 的何种版本,以作为执行交易的依据。若信用证未明确约定,则以信用证开立、修改时的有效版本为准。

eUCP 第 2 条说明了 eUCP 与 UCP 的关系。如果一份信用证受 eUCP 规范,虽然没有书面声明,同时也受 UCP 规范;如果采用电子化单据方式提示,只有在 eUCP 与 UCP 的规定发生矛盾时,eUCP 的效力才优于 UCP。

eUCP 还对有关定义、格式、提示或交单、单据的审查、拒绝的通知、正本与副本文件、签发日期、货物运输、电子记录提示后毁损、责任豁免等作了规定。

三、信用证的特点

根据《UCP600》关于信用证的解释,信用证具有以下特点。

1. 信用证开证行负第一性付款责任

信用证是开证行向受益人作出有条件的付款承诺,即受益人所提示的单据单证相符,开证行首先承担付款的责任。无论是议付行、付款行、承兑行还是受益人本人向开证行交单,开证行都必须履行其付款承诺,不管开证申请人是否有付款的意愿或者能力。信用证体现了银行信用。

2. 信用证是自足文件,具有独立性

信用证开立的基础首先是进出口双方所签订的销售合约,其次是进口商与开证行之间的开证申请书。开证行在此基础上向受益人开立信用证,但是这些文件是相互独立的,每个文件只能约束相关当事人。《UCP600》指出:"信用证与其可能依据的销售合约或其他合约是性质上不同的业务。即使信用证中包含有关合约的任何援引,银行也与该合约完全无关,并不受其约束。"因此,信用证开出后即与基础合约相互独立;信用证约束开证行和受益人,规范开证行与受益人的权利与义务。开证行只对信用证负责,只要信用证项下付款的依据已经成立,开证行就必须履行付款的义务,而无须过问销售合同的履行状况。

3. 信用证业务处理的对象是单据

信用证业务是关于单据的买卖,银行处理的是单据,而不是货物。对货物的真假、质量优劣,对货物是否确实已装船,是否抵达目的港等概不负责。《UCP600》规定,在信用证业务中,各有关当事人所处理的只是单据,而不是单据所涉及的货物、服务或其他行为。因此,银行对单据的准确性、真伪性不承担责任,若任何单据中有关货物的描述、数量、种类、质量、包装等不真实,只要单据内容符合信用证规定,银行善意付款也不承担任何责任。《UCP600》规定,一家银行作出付款、承兑并支付汇票或者议付以及/或履行信用证项下其他义务的承诺,不受申请人与开证行或与受益人之间在已有关系下产生的索赔或者抗辩的制约。

四、信用证的作用

跟单信用证是比较完善的结算方式,由于以银行信用替代商业信用,信用证对于进出口双方以及银行都有相当大的作用:

(1) 保证出口商安全收款。只要将符合信用证条款的单据交给出口地银行,出口商就可以取得货款,不必担心进口商收到货物不付款。

(2) 保证进口商付款后,可以取得代表物权的单据,从而凭此提货。进口商通过控制信用证条款,约束出口商按照销售合约规定的数量、规格、质量、装船日期等装运货物。进口商付款后,开证行保证其获取与信用证条款相符的物权凭证。

(3) 进出口商可以在信用证项下分别获得开证行或者其他银行所提供的资金融通。例如,进口商获取开证行授予的开证额度,在额度内不必交纳保证金就可申请开证。出口商可以获取出口地银行所提供的打包放款、提货担保等融资服务。

第二节　信用证的当事人及其权利与义务

信用证结算的业务流程比较复杂,涉及的当事人较多。基本当事人通常包括开证行、保兑行及受益人,其他当事人包括申请人、通知行、付款行、议付行及偿付行等。

一、开证申请人

开证申请人(applicant)是指向银行申请开立信用证的客户。在国际贸易中开证申请人通常为进口商,它有着两方面的权与责:一是与出口商之间的贸易合同下买方的权利和义务;二是与开证行之间的开证合同下申请方的权利和义务。

(一) 贸易合同下买方的权利和义务

(1) 根据贸易合同的要求申请开证。作为贸易合同下的买方,进口商应当按照合同约定在合理的时间内申请开证,并须做到"证同一致"。如果开证行开出的信用证与合同有不符之处,并且受益人又要求修改的话,进口商有义务依约请求开证行对信用证作必要的修改。

(2) 在开证行破产或无力支付时,负有付款赎单的责任。即便贸易合同中约定了采用信用证支付方式,但贸易合同下最终的付款赎单责任仍然是属于进口商的,开证行提供的仅仅是自身的信用,而非资金,所以开证行破产或无力支付并不能解除进口商在贸易合同项下的付款赎单责任。

(3) 履行付款赎单义务后,有验货权,如发现货约不符,并且是属于出口商的责任范围时,有权向出口商退货或索赔。但是,对于运输中造成的货损,则应向运输商或保险商索赔。

(二) 开证申请合同下申请方的权利和义务

(1) 开证指示应明确、简洁、完整、一致。

(2) 须承担开证费用,出具质押书,有时须支付开证押金。目前发达国家银行多是通过信用管理严格控制客户的信用额度来防范风险,对于申请人信用额度内的开证申请一般已不再收取开证押金。

(3) 应及时履行赎单手续并按期付款。对于即期信用证应及时付款赎单,对于远期信用证则应及时承兑汇票(如果信用证规定以申请人为汇票付款人的话)或出具信托收据等其他赎单手续(如果无汇票或信用证规定以开证行为汇票付款人的话),并按期向开证行付款。

(4) 如果开证行未按开证申请书的要求开证,又未经申请人予以事先确认,则申请人有权拒绝赎单。

(5) 在赎单前有权审核单据,如发现单证不符或单单不一致,则有权选择退单拒付或付款赎单。

二、开证行

开证行(issuing bank/opening bank)是指应开证申请人(或其代理银行)的请求开立信用证的银行。在国际贸易中开证行通常为进口地银行,它有着与开证申请人之间的开证申请合同下开证方的权利或义务,又有着所开信用证项下与受益人及其他当事人(通知行、议付行/代付行、保兑行及偿付行等)之间的出证方权利和义务。

（一）开证申请合同下开证方的权利和义务

（1）须严格按照开证申请书的要求开证。但如果认为开证申请书中有不合理之处，则可在取得申请人确认的前提下予以修改。

（2）必须按信用证规定严格审单和付款受单。须确保"单证一致"和"单单一致"，若发现单据有瑕疵，可在征得开证申请人认可的前提下付款受单，否则不得付款受单。若开证行因审单不严或其他自身失误而错付了不合格单据或过期单据，则将承担赔偿责任。

（3）开证行由于自身错误而承担赔偿责任的范围仅限于跟单汇票或发票的面额加利息和必要费用。

（4）有权向开证申请人收取开证费用，要求后者出具质押书，必要时还可要求后者预付押金。

（5）只管"单证一致"和"单单一致"，而不管货物的实际情况。

（6）当开证申请人无力付款赎单时，开证行有权处理单据和货物，如其不足以抵偿垫款，还有权向申请人追偿不足部分。

（二）信用证项下出证方的权利和义务

（1）负有第一性的付款责任。只要受益人按信用证规定的地点和时间交单，并做到了"单证一致"和"单单一致"，开证行就必须按期向受益人或授权兑现银行付款，即使申请人破产或不肯接单或不按期付款或未交付手续费等，开证行也必须按期付款。

（2）信用证一经开出，未经开证申请人或受益人一致同意，开证行不能擅自撤销或修改。

（3）必须在收到单据的翌日起五个工作日内完成审单。过去由于对开证行审单时限缺乏明确规定，不同国家和地区的银行经常各行其是，由此而产生纠纷时，各地法院对于什么是"故意拖延"或"合理时间内"又无统一的判据，为克服这一缺陷，《UCP600》特别增列了这项条款。

（4）如发现单证不符，可以拒付，也可在取得申请人认可下付款受单。如果得到授权的议付行或代付行在向开证行寄单的同时已用电信索偿方式向偿付行得到拨付，而单据到达开证行后又发现单据不合格，则开证行有权追回已付款项及其利息，这仍为拒付，而非追索。

（5）如果拒付，则须用尽可能快捷的方法通知代理行或受益人（或作为受益人代理人的寄单行），并须一次性说明不符点（无权在事后补充新的不符点），还须按后者的指示妥善处理单据。

（6）付款后无追索权。开证行对于受益人（及作为受益人代理人的寄单行）或自己授权的代理行（议付行、付款行或保兑行）等均无追索权。

三、受益人

受益人（beneficiary）是指信用证权利的合法享受人。在国际贸易中受益人通常为出口商，它也有着两方面的权与责：一是与进口商之间的贸易合同下卖方的权利和义务；二是信用证项下与开证行及其他当事人(议付行/付款行、保兑行等)之间的受益方权利和义务。

(一) 贸易合同下卖方的权利和义务

(1) 应当做到"货约一致"和"单货一致"。作为贸易合同下的卖方,出口商应按照合同约定装运货物,并应按照装运货物的真实情况制单。否则,即便它能在信用证项下顺利交单,但仍须承担贸易合同下的违约责任。

(2) 当发现信用证条款与贸易合同条款不符时,可以接受该信用证,也可以要求进口商通过开证行修改信用证条款,如对方不予修改或修改后仍与合同不符而不能接受,则可拒绝接受该信用证,通知开证行撤销该信用证,并向进口商提出索赔。

(3) 在开证行破产或无力支付时,可向进口商要求付款赎单,如对方未能在合理时间内答复并付款赎单,则可另行出售货物,并可向进口商追赔由此而给自己造成的损失。

(二) 信用证项下受益方的权利和义务

(1) 须在信用证规定的装运期限内装运货物。一般还应在货物装运后及时将装运情况(如航班、唛头等)通知收货人,以便后者做好赎单准备。

(2) 须在信用证规定的效期内向信用证授权银行交单。如果信用证内同时规定有信用证有效期和装运后的交单期,则受益人必须在同时满足这两个期限要求的时限之内向信用证指定银行交单。如果信用证内没有对这方面的时限作特别规定的话,则受益人至少也须按《UCP600》的规定,在装运后 21 天内向信用证指定银行交单。否则,一旦超过交单期限,信用证即告失效。银行将拒收单据。

(3) 须确保"单证一致"和"单单一致"。如有不符,银行可拒收单据,但在信用证规定的交单效期内受益人尚可更改单据。

四、通知行

通知行(advising bank)是指按开证行的授权,将信用证通知受益人的银行。在实务中,通知行将信用证正本通知给受益人,自己留下副本。通知行是开证行在出口国的代理行,应根据与开证行之间的代理合同来开展业务。在信用证业务中,通知行与受益人并不存在法律关系。根据《UCP600》第 9 条规定,通知行的责任如下。

(一) 验明信用证的真实性

通知行应合理谨慎地审核信用证的表面真实性。通知行只有在核对签字或密押无误后才可通知受益人,以保护受益人的利益。经通知行通知信用证,就是利用代理银行之间核对真实性的手段,保证受益人能够收到真实的信用证。假冒信用证往往是开证人直接寄给受益人的。如果无法确定信用证的真实性,通知行必须立即、毫不延迟地通知开证行,并说明这一情况;如果通知行决定将该信用证通知受益人,也必须说明这一事实。

(二) 及时澄清疑点

如果收到信用证不完整或不清楚(如电传打错、缺行漏字等),通知行只可向受益人作"仅供参考"的预先通知,并应立即向开证行电讯查询。虽然,《UCP600》中规定了银行在单证传递及翻译中责任的免除,但是通知行及时澄清疑点可以说是它的道义责任。现在许多银行都把这种代客户审核信用证服务作为一个重要的非价格竞争手段。

(三) 缮制通知书

通知行在对其收到的信用证的真实性证实以后,一般应缮制信用证通知书,及时、准确地通知受益人。如果错误地通知了信用证的有关条款,给受益人造成损失,则通知行要对此负责。在实务中,通知行也可以将信用证正本直接交给受益人,自己留下副本。

通知行在履行了通知责任后,有权向受益人收取手续费。

五、议付行

议付行(negotiating bank)是指接受开证行的邀请,并根据受益人的要求,按照信用证规定对单据进行审核,确定单证相符后向受益人垫付货款,并向信用证指定的银行索回垫付款项的银行。这种垫付货款称为"议付",实务中称为"押汇",也可以说议付是银行向出口商提供的融资活动,其实质就是议付行通过买入跟单汇票,成为合法持票人。其主要权利义务如下。

(一) 有权不议付

由于议付行只是受开证行的邀请,而不是本身作出的承诺,因此有权不议付。一般只有在开证行资信不佳,或信用证过于复杂,议付风险较大时,议付行才会拒绝议付,否则,议付行不会放弃收益颇丰的议付业务。因为对议付行来说,有开证行的付款保证且有货权作抵押,风险要比一般的商业贷款小得多,但是收益却不少,包括手续费和押汇利息。如果议付行拒绝议付,受益人就只能向开证行直接交单,以致迟收货款,影响资金周转。

(二) 必须严格审单

开证行对议付行的偿付是以议付行买入汇票所附的单据符合信用证要求为条件。因此,议付行必须严格审单,确保单证一致才能保全自己的利益,如期及时收回垫款。

(三) 享有索偿及追索权

与议付行关系密切的是开证行和受益人。议付行与开证行之间,并非一定是代理关系,他只是按照信用证中开证行的付款承诺和邀请并根据受益人的要求对单据进行审核,然后议付,并有权向开证行凭相符单据要求偿付。在议付行未获准偿付之前,议付行对受益人享有追索权,即如果开证行倒闭、无力偿付或拒付,议付行有权向受益人要求偿还付款。

(四) 有权要求受益人作质押

议付行议付的单据中通常含有作为物权的提单,议付行议付后取得单据,也就控制了货物所有权。议付行决定议付,它有权要求受益人交单时提交"质押书"。质押书中受益人声明在发生意外时,议付行有权处理单据甚至变卖货物,以减少议付行议付单据的风险。

六、保兑行

开证行要求另一家银行(一般是出口地资信良好的银行,通常是通知行)对其信用证加保兑,目的是增强该信用证的可接受性。如果这家银行接受邀请在信用证上加注保兑条款(或保兑注记),则成为保兑行(confirming bank)。根据《UCP600》第8条的有关规定,保兑行的权利、责任分别如下。

(一) 保兑行的权利

1. 有权决定是否对信用证保兑

被邀请保兑的银行有权不加保兑,如果决定不按开证行指示对信用证加具保兑时,应立即毫不延迟地通知开证行,以便开证行再作安排。

2. 有权决定对信用证的修改部分是否加以保兑

信用证保兑后,如果需要修改,必须征得保兑行的同意。否则,不得修改。即使保兑行同意修改信用证,他也有权选择对修改部分是否保兑。如前所述,保兑行不加保兑不影响该修改的成立。

3. 付款后有权向开证行索偿

保兑行在对受益人付款后,即取得向开证行索偿的权利。

4. 有权向开证行收取保兑费

保兑行有权向开证行收取保兑费。

5. 有权审核单据

在付款前,保兑行有权审核单据,如果单证不符就有权拒付。

(二) 保兑行的责任

1. 保兑行与开证行同责

信用证加以保兑后,就构成保兑行在开证行承诺以外的确定承诺。即必须对信用证独立负责,承担第一性的付款责任。也就是说,开证行与保兑行均承担第一性付款责任,无先后之分。受益人可以将单据直接提交给保兑行,只要单证相符,保兑行就应承兑或付款。保兑行的付款与开证行一样是终局性付款,如果保兑行付款后,开证行拒付或倒闭,也无权向受益人及其他前手银行追索。

2. 保兑不能片面撤销

保兑是一种不可撤销的确定承诺,不论开证行发生什么变化,保兑行都不能片面取消或变更其保兑。

七、付款行

付款行(paying bank)是指被开证行指定为信用证项下汇票付款人,或是代开证行执行付款责任的银行。信用证规定由开证行自己付款时,开证行就是付款行。但付款行可以是保兑行,也可以是出口地的银行或第三国的其他银行。

付款行一经接受开证行的代付委托,就有审核单据付款的责任,付款后无追索权,只能向开证行索偿。有时付款行也可根据开证行的指示不必验单,只凭议付行单证相符的证明付款,付款后对受益人也无追索权。

由于付款行本身未作付款承诺,所以,在开证行资信极差,付款后可能得不到偿付时,付款行有权拒付。当付款行拒绝代付时,开证行仍应承担付款责任。

八、偿付行

偿付行(reimbursing bank)是指信用证中指定的对议付行或代付行进行偿付(清偿垫款)的银行。偿付行只是接受开证行的委托,充当出纳机构。一般情况下,当开证行与议付行或代付行之间无账户关系,特别是信用证采用第三国货币结算时,为方便结算,开证行委托另一家有账户关系的银行代向议付行或代付行偿付,偿付行付款后应向开证行索偿,而且偿付行的费用也由开证行承担。

如果开证行指定偿付行,应在开出信用证后,立即向偿付行发出偿付授权书,通知其授权付款的金额、有权索偿银行的名称等内容。议付行或付款行在议付或付款后,在把单据寄开证行的同时向偿付行发出索偿书。偿付行在收到索偿书后,应与授权偿付书核对,如相符,即可向议付行或代付行付款。《UCP600》第13条规定:"开证行不应要求索偿行(议付行或代付行)向偿付行提供单据与信用证条款相符的证明。"因此索偿书上也就不再需要附"明白声明书"(即声明单证相符)。

由于偿付行既不接受也不审核单据,其对议付行、代付行的偿付,就不能视为开证行的付款。开证行收到的单据若与信用证不符,则有权向议付行、代付行追索已付款项,但不得向偿付行追索。因为偿付行只是出纳机构而已。

第三节 信用证的内容

银行开立信用证的传统方式是在一份印有固定格式的空白信用证上填写有关内容,并以信件形式寄出,因此称为"letter of credit"。各银行都有自己设计的信用证专门格式,而且印刷精良。随着电讯技术的普及,银行经常用电传、SWIFT等方式开证,其格式、措词各有变化。但无论是信开还是电开,信用证的基本结构大致相同,其主要内容包括以下几个组成部分。

一、关于信用证本身的项目

1. 当事人的名称地址

包括信用证开证行、申请人、受益人等当事人的名称和地址。

2. 开证日期、地点及编号

开证地点就是开证行所在地址;开证编号由开证行自行编制;开证日期应在信用证中注明,但有些电开本信用证未标明日期,则以电讯文件发送日期为开证日期。有些信用证规定有效期为若干月,则应从开证日起算,但这种做法并没有受到惯例的支持。通常信用证都要求在各种单据上标明开证行名称、信用证编号及开证日期,以便将属于同一份信用证的有关单据集合在一起,避免散失与混淆。

3. 信用证金额与币种

信用证金额是开证行承担付款责任的最高限额，如果超过该金额就构成不符点，开证行必会拒付。有些信用证在规定金额时带有表示估计的词语，如"about（约）""circa（大致）""approximately（近似）"等，这表明实际支用额可以在规定金额上下10%的范围内浮动。

4. 到期日与到期地点

大多数信用证都明确规定到期日（expire date）为某年某月某日，但有些信用证只规定有效期长短而不明确说明到期日，这需要从开证日期起推算。信用证有效期（validity）的长度应能使受益人合理地安排货物出运。如果有效期太短，装运期就会更紧张，从而容易导致单据不严格符合信用证规定，为进口商拒付埋下伏笔。有些进口商就故意设置这一陷局，届时迫使出口商因单据有不符点而让步。

信用证到期地点的规定有三种方式。第一种是在受益人所在地或国家到期，受益人只要在到期日当天或之前将合格单据交当地银行（例如议付行），即可满足要求，无需将当地银行寄单至开证行的时间考虑在内，因此受益人可支配的时间有保证。第二种是在开证行柜面到期。第三种是在位于第三国的指定银行到期。后两种方式对受益人不太有利，因为他必须提前若干天寄出单据，可支配时间相应就减少了若干天，而且要冒单据在传递中延误或遗失的风险。目前，大多数信用证都按第一种方式到期。

信用证项下的交单，除了不能突破信用证有效期外，还不能超过交单期。交单截止期限可以规定为某一确定日期，也可以规定为装运日期后的若干天，但不得超过信用证有效期。如果信用证对此未作规定，则以装运日期后第21天与信用证到期日两个日期中先到者为最迟交单日。

5. 支用方式

信用证的支用方式（availability）有四种：即期付款、延期付款、承兑与议付。另外，信用证还需规定在哪家银行支用信用证款项，若非在开证行支用，则必须说明指定银行（nominated bank），除了在公开议付信用证中可以规定由任何银行充当指定银行外，其他信用证的指定银行必须在信用证中予以明确。

二、关于商品的描述

关于商品的描述，一般应包括品名、规格、数量、单价、价格条件、包装和唛头（shipping marks）以及件号。商品描述应简洁明确，避免过于繁琐，它应该完整无误地出现在发票上，但是其他单据在提到该项货物时可以采用不相矛盾的统称。

三、关于运输的规定

1. 有关港口的名称

信用证应规定装货港（port of loading）与卸货港（port of discharge）的名称。此外，有些信用证还规定了其他一些港口或地点，例如转运港（port of transshipment）、接受监管地（place of taking in charge）、最终目的地（final destination）。在以集装箱、托盘等成组化方式运输货物时，或者使用联合运输单据时，常常会出现多处地名的情况。

2. 转运与分批装运

信用证应明确规定是否允许转运(transshipment)。若允许转运,或不作规定,则表明货物可以转运,但必须以同一运输单据包括全程运输为条件。

信用证同样应明确规定是否允许分批装运(partial shipment)。如果未作规定,应理解为允许分批装运。

3. 最迟装运日

最迟装运日(latest date of shipment)是指装运完毕的截止日期,而非开始装运的日期,通常以运输单据的签发日为装运日,有些情况下还应以运输单据中批注的装运日期为准。

四、关于单据的要求

1. 基本商业单据

基本商业单据是指商业发票、运输单据,以及在 CIF 条件下卖方应提供的保险单据。这是受益人在信用证交易及一般的进出口交易中都需提交的单据,因而是商业单据的核心。

对商业发票要求,主要是说明其份数,是否要受益人签字,注明所列商品的名称、规格、数量、价格条件等,如果对发票抬头人有特殊要求也应说明。

对运输单据的要求,要根据运输方式及使用单据而定。常见的运输单据有海运提单、空运单、铁路运单、邮包收据以及快邮收据等,其中最常用及最重要的是海运提单。对海运提单的要求通常是:全套正本,清洁,已装船,注明运费支付情况,并说明对收货人抬头与背书的要求等。其他运输单据不是物权证书,因此要求一般比较简单。

对保险单据的要求,主要是说明应提交保险单还是保险凭证或两者均可,说明承保险别(包括基本险与附加险,并说明保险条款,例如协会货物险条款,中国人民保险公司保险条款等)、承保金额等事项。

对于基本商业单据的出单人,信用证通常不作要求,因为发票的出单人除非有特殊规定必定是受益人。而运输单据或保险单据若事先规定出单人,除非受益人同意并有把握满足此类要求,否则不利于受益人及时安排运输与投保,甚至根本无法出运,因为指定的运输或保险单据可能在货物出运地没有营业机构,受益人无法取得信用证所要求的单据。

2. 其他商业单据

除基本商业单据以外,其他商业单据的种类、名目、内容的要求是极其繁杂多变的,并无一定之规。这些单据可能是进口商就货物或交易的某些细节而要求出口商提供的,也有可能是进口商为满足进口国政府或海关的特定要求,或为享受某些特定优惠而要求出口商提供的凭证。比较常见的单据有:装箱单、磅码单、商检证书、产地证、海关发票、领事签证发票、船公司证明、电报抄本、受益人声明等。按照信用证惯例,此类单据的内容如有特定要求者,应在信用证中列明并在单据中得到准确体现;若无特定要求,则其内容应与其他各类单据内容不相矛盾。另外,信用证应对此类单据的出单人作出规定,以确保单据证明事项的权威性,但不应使用诸如"第一流""官方""著名"等含义难以界定的限制语,如果仍被使用,银行不受此约束。如果信用证未规定出单人,则银行将接受由任何人出具的此类单据,只要单据名称内容等符合要求即可。

五、其他事项

1. 对中介银行的指示

中介银行是指由开证行委托或指定进行信用证有关业务的银行,包括通知行与指定银行,后者按其业务性质又可分为付款行、承兑行及议付行。对通知行的指示主要是说明该行是否被要求对信用证给予保兑(confirmation)。对指定银行的指示可能包括:①关于背批的指示,即要求指定银行将付款、承兑或议付的金额在正本信用证背面作必要的记录,以防止超额支用、重复支用;②关于寄单的指示。即应一次寄单还是分两批寄单,若分批寄单,每批寄单的种类及份数;③关于索偿的指示,即应向哪家银行索偿以及采用航索还是电索。

2. 特别条款

这些特别条款大多是根据贸易合同的特殊安排或进口商的特别要求而加列的,其内容、效力以及对受益人的影响要依具体情况而定。有些特别条款规定了信用证的特别的使用方式,例如允许预支、转让、循环等,从而形成了相应的特殊信用证。

有些条款则是开证行或进口商为解除其责任而故意设置的,带有恶意与欺骗性,通常称为软条款或"陷阱条款"(trap clauses)。例如,有些信用证规定,受益人必须先将质保金预付给开证行或申请人指定代表后信用证才生效,而信用证条款则苛刻难办,受益人稍不注意就造成单证不符,从而白白损失质保金。有些信用证规定货物只能待开证申请人指定船只并由开证行以修改书方式转告通知行后才能装运,但若进口商拒不指定船只,则信用证永远也无法被支用。另外,软条款或陷阱条款还可以包括那些出口商无法满足的单据要求。

3. 负责条款

开证行必须作出负责支付的承诺,如果信用证获得保兑,则保兑行也须注明保兑并负责支付的承诺。

4. UCP 适用条款

由于 UCP 并不具备法律的强制性,只在愿意接受其约束的当事人之间发生效力,因此按照 UCP 办理的信用证必须注明适用《UCP600》。由于 UCP 的广泛接受性,大多数银行已不愿意处理不适用 UCP 的信用证了。在利用 SWIFT 系统开立的信用证文本中并不注明参照 UCP 办理,但因为《SWIFT 用户指南》中已明确规定,若无特别说明,则利用 SWIFT 系统开立的信用证都适用此惯例,所以因有约在先,无需重复。

5. 开证行授权签字或电讯密押

信用证还需有开证行授权签字或电讯密押。

第四节　信用证的业务程序

国际贸易结算中使用的跟单信用证有不同的类型,其业务程序也各有特点,但都要经过申请、开证、通知、交单、付款、赎单等环节。信用证的一般业务程序如图6-1所示。

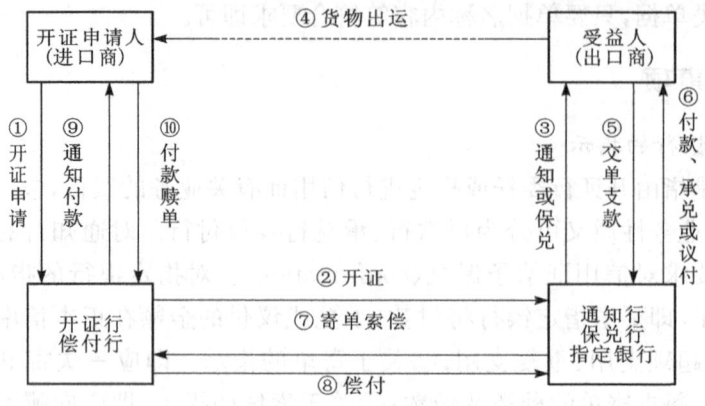

图6-1 跟单信用证业务程序图

一、进口商申请开证

贸易合同约定以信用证方式结算,进口商应当在合同规定的期限内,或者合理期限内,向进口地银行申请开证。申请开证,进口商应当填写开证申请书及开证担保书。

(一) 开证申请书

开证申请书(application for issuing letter of credit)是开证申请人与开证行之间的法律文件,同时也是开证行开立信用证的依据。其内容的完整、明确非常重要。《UCP600》规定:"信用证的开证指示、信用证本身和信用证的修改指示和修改书本身必须完整和准确。"其中,开证指示就是指开证申请书。其主要内容见附式6-1。

附式 6-1   开证申请书的格式

Irrevocable Documentary Credit Application

Applicant	Issuing Bank:
Date of application:	Expiry Date and Place for Presentation of Documents Expiry Date: Place for Presentation:
□ issue by (air)mail □ with brief advice by teletransmission (see UCP600 Article 11) □ issue by teletransmission (see UCP600 Article 11) □ Transferable Credit-As Per UCP600 Article 38	Beneficiary:
Confirmation of the Credit □ not requested □ requested □authorized if requested by Beneficiary	Amount in figure and words (Please use ISO Currency Codes):

（续表）

Partial shipments ☐ allowed ☐ not allowed	Credit available with Nominated Bank
Transhipment ☐ allowed ☐ not allowed	☐ by payment at sight
☐ Insurance will be covered by us	☐ by deferred payment at:
	☐ by acceptance of drafts at:
Shipment	☐ by negotiation
From:	Against the documents detailed herein:
For transportation to:	☐ and Beneficiary's draft(s) drawn on:
Not later than:	

Goods (Brief description without excessive)	Terms:
	☐ FAS ☐ CIF ☐ FOB
	☐ CFR
	☐ Other terms:
	☐ As per INCOTERMS 2010

Commercial invoice ☐ signed, original and ☐ copies

Transport Document:

☐ Multimodal Transport Document covering at least two different modes of transport

☐ Marine/ocean Bill of Lading covering a port-to-port shipment

☐ Non-Negotiable Sea Waybill covering a port-to-port shipment

☐ Air Waybill original for the consignor

☐ Other transport document:

☐ To the order of

☐ Endorsed in blank

☐ Marked freight ☐ prepaid ☐ payable at destination

☐ Notify:

Insurance Document:

☐ Policy ☐ Certificate ☐ Declaration under an open cover. Covering the following risks:

Certificates: ☐ Original ☐ Analysis ☐ Health ☐ Other

Other Documents: ☐ Packing List ☐ Weight List

Documents to be presented within ☐days after the date of shipment but within the validity of credit

Additional Instructions:

We request you to issue on our behalf and for our account your Irrevocable Credit in accordance with the above instructions [mark (×)where appropriate].

This Credit will be subject to UCP600, in so far as they are applicable.

_____

Name and signature of the Applicant

（二）开证担保书

开证担保书(secured agreement for letter of credit)是进口商与开证行之间的法律契约，是开证申请人对开证行作出的保证，其主要内容有：

（1）明确申请人的及时偿还开证行的义务。

（2）明确表示同意开证行根据国际商会《UCP600》的免责条款免除义务。

（3）申请人同意在付款前将货物的所有权转让给开证行。

（4）申请人承诺支付信用证项下的各项费用。

（5）申请人明确遵循国际商会《UCP600》的开证要求。

银行通常将信用证申请书与开证担保书合并在同一张纸上，正面为信用证申请书内容，反面是申请人对开证行的声明和保证，经申请人和银行签字后方能生效。

二、开证行开立信用证

（一）开立信用证前的审查和检验

对进口商的开证申请，开证行为了降低信用证潜在的风险，应当严格把关，谨慎开立信用证。

（1）审查开证申请书与开证担保书。

（2）审查开证申请人的资信状况、申请人目前的经营状况、财务状况以及经济实力，申请人过去有无不良的信用记录等。

（3）查验进口开证应当提供的有效证件。各国对进口商品有不同的管理条例。我国规定，开证申请人在向开证行递交开证申请书的同时，应提供由开证申请人填写的贸易项下进口付汇核销单。另外，对实行进口配额管理或者特定产品进口管理的货物进口，申请人应当持进口许可证或者特定商品进口登记证明，对实行自动登记制的货物进口，申请人持相应的登记文件即可。

（4）落实开证保证金。开立信用证是开证行对开证申请人所作的付款保证。开证行为了防范开证申请人无力付款赎单的风险，要求不同的开证申请人提供某种形式的保证，或现金，或抵押品及质押品，或第三者出具担保书。现金保证即为保证金，可以以提交现款的形式，也可以通过存款账户扣存备付的形式。保证金可以高达开证金额的100%，也可能很低，甚至不要求交存保证金。保证金的多少与申请人的资信直接有关。各国银行对保证金的掌握并不一致，国外银行对于经常往来的客户一般会授予其一定的授信额度，申请人在额度内申请开证可以免交保证金，但超过额度则要交付保证金。

（二）开立信用证

开证行完成上述审查和检验后，向申请人收取开证手续费，依据《UCP600》开立信用证。开证行将所开立的信用证以电报或电传或航空邮递的形式送达所选定的通知行，由其代为通知或者转交受益人。

信用证的开证方式有信开(open by airmail)和电开(open by telecommunication)两种方式。信开是指开证行将信用证以航邮寄给通知行；电开是指开证行将信用证加注密押以电讯方式通知通知行，请其转交信用证。电开有全电(full cable)开证和简电(brief cable)开证两类。前者是指以电讯方式发出内容完整的信用证,是有效的信用证正本;后者是指电文内容不完整,只是包含信用证主要内容的信用证文本,一般作预先通知受益人用,不是有效的信用证文本,银行随后寄出的证实书(mail confirmation to follow)才是信用证有效文本。现在银行多用全电开证的方式开立信用证。

各国银行以信开方式开立的信用证。内容基本接近"516 格式";以全电方式开立信用证,多采用 Telex 或者 SWIFT,且 SWIFT 正逐步取代 Telex。

SWIFT 信用证是指根据国际商会所拟订的电报信用证格式,利用 SWIFT 系统所设计的格式化电文来传递信息的信用证。SWIFT 设计的信用证格式代号为 MT700 和 MT701。与信开信用证相比,SWIFT 信用证将保证条款省略,但加注密押,密押核对无误后,SWIFT 信用证才生效。一般 SWIFT 信用证均受《UCP600》约束,除非电文中特别注明。

SWIFT 信用证样本如附式 6-2 所示。

附式 6-2

APPLICATION HEADER:	SAKURA BANK, LTD. , TOKYO
FORM OF DOC. CREDIT40A:	IRREVOCABLE
DOC. CREDIT NUMBER 20:	××××××
DATE OF ISSUE 31 C:	110310
EXPIRY 31 D:	DATE 110410 PLACE IN THE COUNTER OF BENEFICIARY
APPLICANT 50:	SEZAM CORP 46-1, 1-CHOME, YOYOGI, SHIBUYA-KU, TOKYO, JAPAN
BENEFICIARY 59:	SHANGHAI RONGTAI TOYS CO. , LTD. NO. 165 WU CHAO ROAD, HONG QIAO, SHANGHAI, CHINA
AMOUNT 32 B:	CURRENCY USD50000
AVAILABLE WITH/BY 41 D:	ANY BANK BY NEGOTIATION
DRAFTS AT 42 C:	DRAFTS AT SIGHT
DRAWEE 42 A:	PNBPUS33PHL CORESTATES BANK N. A . PHILADELPHIA, PA
PARTIAL SHIPMENTS 43 P:	PARTIAL SHIPMENTS ARE NOT ALLOWED
TRANSSHIPMENT 43 T:	TRANSHIPMENT IS NOT ALLOWED
LOADING IN CHARGE 44 A:	SHANGHAI, CHINA
FOR TRANSPORT TO... 44 B:	YOKOHAMA, JAPAN
LATEST DATE OF SHIP. 44 C:	110331
DESCRIPT OF GOODS 45 A:	STUFFED TOYS TRADE TERM:CIF YOKOHAMA, JAPAN
ADDITIONAL COND. 47 A:	INSPECTION CERTIFICATE ISSUED BY SEZAM SHANGHAI OFFICE ARE REQUIRED. T. T. REIMBURSEMENT IS NOT ACCEPTABLE.

DETAILS OF CHARGES　71 B：　ALL BANKING CHARGES OUTSIDE JAPAN ARE FOR AC-
COUNT OF BENEFICIARY

PRESENTATION PERIOD　48：　DOCUMENTS MUST BE PRESENTED WITHIN 10 DAYS AF-
TER THE DATE OF SHIPMENT

CONFIRMATION　　　　49：　WITHOUT

REIMBURSEMENT BANK 53A：　PNBPUS33PHL

CORESTATES BANK N. A.

PHILADELPHIA,PA

INSTRUCTION　　　　78：

NEGOTIATING BANK SHOULD FORWARD THE DOCU-
MENTS DIRECT TO THE SAKURA BANK, LTD. , TOKYO
INT'L OPERATIONS CENTER C. P. O. BOX 766, TOKYO, JA-
PAN BY REGISTERED AIRMAIL IN ONE LOT.
IN REIMBURSEMENT NEGOTIATING BANK SHOULD
SEND THE BENEFICIARY'S DRAFT TO THE DRAWEE
BANK FOR OBTAINING THE PROCEEDS.

DOCUMENTS REQUIRED 46 B：

+ SIGNED COMMERCIAL INVOICE IN 3 COPIES.

+ FULL SET OF CLEAN ON BOARD OCEAN B/L MADE OUT
TO ORDER OF SHIPPER AND BLANK ENDORSED MARKED
'FREIGHT PREPAID' AND NOTIFY APPLICANT.

+ INSURANCE POLICY OR CERTIFICATE IN DUPLICATE EN-
DORSED IN BLANK FOR 110 PERCENT OF THE CIF INVOICE
VALUE.

INSURANCE MUST INCLUDE：

OCEAN MARINE CARGO CLAUSES（ALL RISKS）AND O-
CEAN MARINE CARGO WAR RISK CLAUSES OF THE
PEOPLE'S INSURANCE CO. OF CHINA.

CLAIMS PAYABLE IN JAPAN IN CURRENCY OF DRAFTS.

+ PACKING LIST IN 3 COPIES.

三、信用证的通知、转递、保兑及修改

（一）信用证的通知

如果信用证以电讯方式开立,开证行一般将电讯文件直接发送给通知行,由通知行核对密押无误后以信用证通知书（advice of L/C）的形式转告受益人。如果信用证以信件方式开立,开证行一般将信用证直接寄给通知行（转递行）,由其核对授权签字无误后转递给受益人,但有时亦会将信用证直接寄给受益人。由于受益人无法核对授权签字的真伪性,他还会将信用证交其往来银行或其他同开证行有代理关系的银行,以检验签字有效性。因此,这种以受益人为收件人直接寄送信用证的情况比较少见,开证行一般通过通知行（包括转递行）向受益人转交信用证。

（二）信用证的转递

被要求通知或转递信用证的银行没有义务一定要执行开证行的指示，但必须将拒绝通知或转递的情况及时通报开证行。如果通知行决定照办开证行的指示，首先必须将信用证的真伪性鉴定准确。过去有些银行（尤其是东南亚一带的银行）认为通知行的责任只是原样传递信用证，不需核对其签字或密押，其实这一观点有极大的潜在的危险，因为受益人无法检验信用证真伪性，而且他相信通知行传递给他的信用证应该是真实无误的，所以通知行不说明信用证的真伪性就是默认其真实性，如果恰好碰到伪造的信用证，受益人就会面临巨大损失。为了强化对受益人的保障，《UCP600》明文规定，除非银行不准备通知信用证，否则必须检验其真伪性。

通知行的手续费由谁支付，应根据信用证的规定。大部分信用证规定，开证行所在国家以外发生的银行费用，包括通知费，应由受益人支付，因此通知行应向受益人收取手续费。但若受益人拒付，通知行不能因此而扣留或拒绝通知信用证。因为按《UCP600》规定，发出指示者应对执行指示者的费用负最终付款之责，所以若受益人拒付通知费，通知行应向开证行收取。

（三）信用证的保兑

关于信用证的保兑，可能是因受益人对开证行资信不满意而引起，也可能是因开证行主动要求而引起，但无论在何种情况下，都只有开证行才有权指示另一银行对信用证加具保兑。收到保兑邀请的银行应根据开证行的资信、与本银行的关系等因素决定是否保兑。一旦作出保兑，就要对受益人承担与开证行完全一样的首要付款责任，而且不带有追索权。如果保兑行无法从开证行获得偿付，就会处于非常被动、不利的局面。因为保兑行与开证申请人并无合同关系，无法强制申请人付款赎单，因此保兑行只能处理单据及货物，或者作为开证行的债权人对其提出清偿要求。所以，银行一般只对与自己有良好业务关系的联行或代理行开立的信用证提供保兑。

（四）信用证的修改

受益人如对信用证条款不满意，可以通过申请人向开证行提出修改要求，申请人本人也可以主动提出修改要求。但不管由谁提议，在目前普遍使用不可撤销信用证情况下，每一项修改都须得到开证行、受益人以及保兑行（如有的话）的一致同意才能生效。如果开证行不同意修改信用证，就会拒绝发出修改书，但一经同意并发出修改书后，则受其约束。由于此时尚不清楚受益人是否会接受，开证行必须做好两种准备：若受益人接受，按修改后的信用证条款审单；若受益人拒绝，按信用证原来条款审单。另外，开证行还必须通过原通知行通知信用证的修改，否则应对由此产生的后果负责。

如果信用证得到了保兑，而保兑行并非通知行，则开证行还须将修改通报给保兑行。保兑行如果同意修改，就是将其保兑责任扩展到修改书，并像开证行一样，做好按原条款或修改后的新条款承担责任的准备。如果保兑行不同意修改，应立即通知开证行与受益人，则保兑行不受修改内容的约束；如果受益人想继续享受保兑的保障，就必须按原条款办理信用证业务。

四、受益人按信用证规定装运货物

受益人接到信用证通知书后,首先要对信用证进行审核,以确定来证与合同一致后再发货。如来证与合同不符,必须立即联系其贸易伙伴——申请人,按其要求修改信用证,尤其要对是否存在软条款谨慎分析。

受益人审核信用证的要点如下:

(1) 信用证是否是不可撤销的(除非合同规定,否则不可接受可撤销信用证)。

(2) 信用证的有效期限及到期地点(有效期应足够备货、发运和制单,到期地应在受益人所在地)。

(3) 信用证是否生效(信用证不生效,受益人不能装船出货)。

(4) 申请人、受益人名称和地址是否准确。

(5) 信用证金额是否准确、是否满足合同支付。

(6) 货物名称、数量、规格、质量要求是否与合同一致。

(7) 装运期限是否合理,是否可分批装运、转运,启运港、目的港是否与合同一致。

(8) 信用证规定的单据能否出具或能否取得。

(9) 贸易术语是否与合同一致。

(10) 是否根据《UCP600》开出。

(11) 通知行的身份,即通知行是否付款指定行、限制议付行、保兑行等。

(12) 对信用证特别条款的审核,尤其要注意是否存在"软条款"。

受益人在确定了信用证的适用性后,就可以根据信用证规定的方式,在信用证的装期内发货或交货。

五、受益人交单支款

受益人装运后取得了检验证书和货运单据、保险单据后,就要按信用证要求缮制发票、装箱单、产地证明、装船通知等单据。在备妥全部单据后,应立即到银行交单,并要保证所提交单据与信用证条款和条件相一致,否则银行将拒绝为其提供结算。除自由议付信用证外,受益人必须到信用证指定的银行交单,也可到保兑行或直接到开证行柜台交单。此外,必须掌握好交单日期。

(1) 要在到期日或到期日之前交单。

(2) 要在信用证规定的交单期内交单。

(3) 到期日的顺延。《UCP600》第 29 条规定:"如果信用证的到期日或最迟交单日适逢接受交单的银行非因第三十六条所述原因而歇业,则该到期日或最迟交单日可顺延到其重新开业的第一个银行工作日。"但银行必须声明该单据是根据《UCP600》第 29 条有关顺延规定接受的。

值得注意的是,最迟装运日不能顺延。也就是说,到期日或交单日可以顺延,最迟装运日不可顺延,否则银行拒绝接受超过最迟装运日签发的运输单据。

(4) 要在银行营业时间交单。《UCP600》第 33 条规定:"在营业时间外,银行无接受单据的义务。"也就是说,若超过对外营业时间,银行无义务接受单据,受益人不得抗议。

国际商会专列此条是为了防止银行在下班后接单而可能造成的纠纷。

六、指定银行付款、承兑或议付

信用证项下的支付可以是付款、议付或者承兑。与之相对应，所指定银行可以是付款行、议付行或者承兑行。

受益人若向指定保兑行或者付款行交单，后者则需审单，单证相符后，就对受益人付款。该银行付款后不具有对受益人的追索权。

受益人向议付行交单，无论是信用证指定的议付行还是受益人自己确定的议付行，受益人得到的只是凭单据抵押的银行融资或垫款，即称作议付。议付行对受益人的垫款是有追索权的，开证行若拒付，议付行就可向受益人追索。

受益人向指定的承兑行交单，承兑行承兑后将已获承兑的汇票退还受益人。开证行一般会指定自己或者出口地某银行作承兑行。汇票到期，承兑行进行无追索权付款，但是为了保证受益人利益，不管谁承兑，开证行都承担到期付款的责任。

七、指定银行向开证行或偿付行索偿

根据信用证要求，若开证行未指定其他银行偿付，则所指定银行可以将单据一次或分次寄开证行并同时向开证行索偿。若信用证规定向第三国银行索偿，即指定偿付行，则所指定银行应一方面把单据寄给开证行，另一方面直接向偿付行索偿。

八、开证行或偿付行提供偿付

开证行接到议付行、保兑行等指定银行寄来的单据后，应立即审核单据，并在合理的时间内（从收到单据的翌日起算 5 个工作日）作出付款或提出拒付。开证行的义务是审核单据，并凭表面与信用证条款相符的单据付款，审核单据的原则和要点与议付行相同。但如果开证行发现不符点，而且是实质性的，根据《UCP600》的规定，开证行可以拒绝接受单据，也可以自行决定征求申请人意见，但必须在 5 日内作出决定。

如果信用证规定由偿付行对寄单行作偿付，则开证行应事先向该偿付行发出偿付指示或授权说明信用证号码、开证日期以及信用证金额，并说明偿付行费用由开证行支付还是向索偿行收取。若规定费用向索偿行收取，但偿付行未能收到这笔费用，则开证行仍有责任作补偿；若偿付行未能在索偿行第一次索偿时立即进行偿付，开证行仍须对索偿行连本带息地进行偿付，除非此时开证行提出单据有不符点而决定拒付。

九、开证行向开证申请人发出单到及付款通知

开证行对议付行、保兑行等指定银行付款之后，应立即向申请人发出单到及付款通知，要求申请人在核验单据，确认无误后，将全部票款及有关费用一并向开证行付清并赎回单据。

十、开证行申请人向开证行付款赎单

申请人在接到开证行的赎单通知后，必须立即到开证行付款赎单。申请人在赎单之

前有权审查单据,如果发现不符点,可以提出拒付,但拒付理由一定是单单之间或单证之间表面不符的问题,而不是就单据的真实性、有效性提出拒付。实务中有时尽管存在不符点,如果不符点是非实质性的,申请人也愿接受单据,只要接受单据,就不能是有条件的,而且必须在合理时间付款。

申请人付款后,开证行收回垫付款项便将信用证项下的单据交给申请人,开证行不再受开证申请书的约束,一笔信用证业务到此结束。

第五节　信用证的种类

信用证的种类很多,国际上常见的信用证是以其用途、性质、付款期限、流通方式、可否转让等角度分类。以下介绍一些常见的信用证种类。

一、按信用证项下的汇票是否附有单据划分

(一) 光票信用证

光票信用证是指仅凭汇票而不随附商业单据付款的信用证。

光票信用证主要用于旅游、使领馆经费和个人消费等非贸易结算。光票信用证的使用早于跟单信用证。这种信用证只能由指定银行兑付,不如旅行支票方便,支付手续也不如旅行支票和信用卡严密,已基本被旅行支票和信用卡取代。

光票信用证在贸易上可以起到预先支取货款的作用,或者用于结算贸易从属费用。国际贸易结算中的预支信用证可以算作光票信用证。

(二) 跟单信用证

跟单信用证是指凭跟单汇票或仅凭规定的单据付款的信用证。这里的单据主要是指代表货物所有权或证明货物已装运的货运单据。

国际贸易结算中使用的信用证绝大部分是跟单信用证,受益人应提交的单据一般在信用证中有明确规定。跟单信用证的核心是单据,银行通过掌握货权单据来控制货权,通过转移货权单据转移货权,根据单据提供信贷,保证付款,促进国际贸易的发展。以下所介绍的各类信用证都是跟单信用证。

二、按信用证性质划分

(一) 可撤销信用证

可撤销信用证(revocable L/C)是指开证行可以不经过受益人同意,也不必事先通知受益人,在付款、承兑或议付以前,随时修改信用证内容或撤销的信用证。

可撤销信用证的开立,给予买方最大的灵活性,因为它可以随时修改、撤回或注销,不经受益人同意,甚至不必事先通知受益人,直到它被开证行指定可使用信用证的银行付款时为止。可撤销跟单信用证包含对受益人的风险,因为信用证可以随时修改或注销,当货物在运输中和交单前或单据虽已交来,却在付款以前,或者如为延期付款信用证,在接受单据承担延期付款责任以前,该证已经修改注销,卖方将面临向买方索取付款

的问题。

可撤销信用证平时极少使用。因此,《UCP600》取消了可撤销信用证。

(二) 不可撤销信用证

不可撤销信用证(irrevocable L/C)是指未经开证行、保兑行(如有的话)和受益人的明确同意,该证即不能修改,也不能撤销的信用证,这就是不可撤销信用证的本质,即信用证的不可撤销性。

不可撤销信用证如需修改/撤销必须获得开证行、保兑行(如有的话)和受益人的明确同意,修改书才能生效。由于不可撤销信用证代表了开证行的确定付款承诺,因此,对受益人来说无疑要比可撤销信用证安全得多。尤其是当开证行在申请人的授意下发出不利于受益人的修改时,受益人完全可以坚持采用原信用证条款,并通过合格单据迫使开证行承担责任。因为未经受益人同意的任何修改都是没有效力的,不能对受益人构成约束。同样,如果保兑行同意修改,并将其保兑责任扩展到修改书上,但受益人不同意修改,则受益人仍有权凭提示符合原信用证规定的单据要求保兑行承担责任;反之,若保兑行拒绝修改,而受益人接受,则受益人只能向开证行或其指定银行提示符合修改后的信用证规定的单据,若向保兑行提示则会因单证不符而遭拒付。在这种情况下,保兑行的责任实际上已被解除了,因为受益人不能再提交满足保兑行要求(即原信用证要求)的单据了。

专栏 6-1

《UCP600》规定信用证都是不可撤销的

按照《UCP600》第 3 条规定,信用证都是不可撤销的,即便信用证上未明确注明其不可撤销性。从而结束了半个多世纪以来对信用证形式的规定:可撤销的或不可撤销的。取消可撤销信用证形式,一方面加大了开证行的付款责任,另一方面增强了受益人对信用证的信任度。这也符合实务中信用证不可撤销性的普遍做法。

信用证的不可撤销性及付款责任的确定性,有效保障了受益人的权益,充分体现了银行信用的优势特征,推进了国际贸易的安全、有效开展。

三、根据信用证是否得到保兑划分

根据信用证有无开证行以外的其他银行加以保证兑付,信用证可分为保兑信用证和不保兑信用证。

(一) 保兑信用证

保兑信用证(confirmed credit)是指根据开证行的授权或要求,另一家银行(保兑行)对不可撤销信用证加以保兑的信用证。只要信用证规定的单据在到期日那天或以前提交至保兑行或指定银行,并与信用证条款和条件相符,则保兑行须付款、承兑汇票,或议付。

不可撤销保兑的信用证给予受益人双重的付款承诺。因为信用证规定的单据交到保兑行或其他指定银行,且符合信用证条款,构成在开证行确定付款承诺以外的保兑行的确定付款承诺。这种承诺,在程度上和文义上(除议付信用证项下构成保兑行无追索权的"议付"承诺代替开证行的"付款"承诺外)与开证行的承诺完全相同。

保兑行与指定银行若是分离的两家银行时,指定银行应向保兑行寄单索偿,让保兑行履行其承诺,然后再由保兑行向开证行清算。倘若绕过保兑行直接向开证行寄单索汇,则保兑行对于该证不负任何责任。

通常受益人会考虑到信用的分级和开证行的资信状况,如果开证行被认为是第一流银行,就不存在信用证被另一家银行保兑的问题。然而,当信用证被一家较小的银行开证,或开证行所在国家有政治、经济风险时,受益人需要通过申请人请求开证行授权一家位于进口国家以外的银行加以保兑。有时开证行觉得自己资信不够,不等受益人提出要求,在信用证中主动授权通知行加具保兑。

加具保兑的银行通常在信用证上批注或者加盖"我行保兑"的字样,常见的措辞有:
"This credit is confirmed by us." "We hereby added our confirmation."
另一银行被授权加具保兑,但它无意照办时,它应将此事毫无延迟地通知开证行。

对于信用证的修改,保兑行应将其保兑延伸至修改书并应自其通知修改书时起受到该修改书的约束。如果保兑行选择将修改书通知受益人而不延伸其保兑,该行应将此事毫不延迟地通知开证行和受益人。

(二)不保兑信用证

不保兑信用证(unconfirmed L/C)是泛指一般的只有开证行的付款承诺,而没有开证行以外的其他银行以其自身信誉加具付款承诺的所有信用证。由于可撤销信用证的银行付款承诺不够确定,而保兑信用证也只是在特殊情况下才予以使用,所以在实务中使用最多的是无保兑的不可撤销信用证。通知行在通知信用证时一般加注下列条款:
"This is merely an advice of credit issued by the above mentioned bank which conveys no engagement on the part of this bank."

四、根据信用证的支用方式划分

根据信用证的支用方式,可以分为即期付款信用证、延期付款信用证、承兑信用证和议付信用证。

(一)即期付款信用证

即期付款信用证(sight payment L/C)也称即期信用证,它是指以即期付款方式为兑现方式的信用证,其指定付款行(开证行或代付行)在收到受益人提交的符合信用证条款的跟单汇票或不带汇票的单据后,当即向受益人履行付款义务。这类信用证中有类似下列条款:"This credit is available with advising bank by sight payment against the documents detailed herein."

即期付款信用证可以要汇票(即期汇票),也可以不要汇票(欧洲大陆银行开立的信用证通常不要汇票,这是因为欧洲大陆国家要征收汇票印花税,所以当地进口商为降低结算成本常会要求银行开立不要汇票的信用证），其指定付款行可以是开证行自己，也可以是出口地的代付行。在即期付款信用证项下，如果有代付行的话，开证行在收到代付行寄来的符合信用证条款的单据后，必须立即履行其偿付责任；开证行向申请人提示单据时，后者也应当立即付款赎单。

即期付款信用证如果以开证行为付款行，则其交单地点和交单到期日均是开证行所在地。这种即期付款信用证对于受益人是较为不利的，一方面，无论受益人是直接向开证行交单还是委托出口地银行代理向开证行交单，都必须确保所有单据能在信用证规定期限内到达开证行，对于单据在邮递过程中发生延误或遗失的风险将由受益人承担，开证行概不负责；另一方面，这种信用证从寄单到获得开证行付款有一个时间差，而且还难以在出口地直接得到资金融通。

即期付款信用证如果以出口地银行为付款行（代付行），则其交单地点和交单到期日均是当地代付行所在地。这种即期付款信用证对于受益人较为有利，因为在正常情况下它不再存在前述的国际寄单风险和付款时间差（可以立即在当地得到付款），当然它仍有被代付行拒绝付款的风险，但因此而造成的寄单延误或遗失受益人将可免责，开证行仍负有付款责任，只是由此而造成延误收汇亦将是一种潜在的可能损失。

（二）延期付款信用证

延期付款信用证（deferred payment L/C）也称迟期付款信用证，是指开证行在信用证中规定货物装运后若干天付款或交单后若干天付款的信用证。为了减少印花税支出，这类信用证一般不要求受益人开立汇票，常见下列类似条款："This credit is available with advising bank by deferred payment at 30 days after the date of bill of lading against the documents detailed herein."

在延期付款信用证项下，指定付款行（开证行或代付行）在收到符合信用证条款的不带汇票的单据后，于约定的付款到期日才向受益人履行付款义务。其指定付款行可以是开证行自己，也可以是出口地的代付行。如果有代付行的话，开证行在收到代付行寄来的符合信用证条款的单据后，必须于付款到期时履行其付款责任；开证行在向申请人交单时，后者须提交单据收据或信托收据，并按期向开证行付款。

延期付款信用证如果以开证行为付款行，则其交单地点和交单到期日均是开证行所在地，受益人将面临国际寄单风险，以及延期付款的资金负担，并缺乏相关的融资手段。延期付款信用证如果以出口地银行为付款行，则其交单地点和交单到期日均是当地代付行所在地，受益人虽然不再有国际寄单风险，但又将面临代付行可能在付款到期时拒绝付款的风险（比如遇到开证行破产或其他原因，代付行可能拒绝付款，如果后者并未事先作付款承诺的话），以及延期付款的资金负担，并同样缺乏相关的融资手段。对于这种延期付款信用证，受益人可事先要求代付行对信用证予以保兑，在由代付行加保之后再发运货物和向其交单，以避免代付行到期拒付的风险。

（三）承兑信用证

承兑信用证（acceptance L/C）是指以要汇票的远期或假远期付款方式为兑现方式的信用证，其指定付款行（开证行或代付行）在收到符合信用证条款的跟单汇票后，先予办理汇票承兑手续，后于约定的付款到期日再向持票人履行汇票付款义务。该类信用证一般有下列条款："This credit is available with issuing bank by acceptance against beneficiary's draft at 30 days sight drawn upon issuing bank and the documents detailed herein."

承兑信用证一定要汇票，而且是远期汇票，其指定付款行可以是开证行自己，也可以是出口地的代付行。在承兑信用证项下，如果有代付行的话，开证行在收到代付行寄来的符合信用证条款的单据后，必须于付款到期时履行其付款责任；开证行在向申请人交单时，后者也须提交单据收据或信托收据，并按期向开证行付款。

承兑信用证有卖方远期和买方远期两种不同性质的信用证。

（1）卖方远期信用证（seller's usance L/C）。这是真正以远期付款方式兑现方式的承兑信用证，又称真远期信用证。受益人在向付款行交单后，可取得经过后者承兑的远期汇票，可以自己持有或将承兑汇票转让他人以融通资金（即在贴现市场上贴现，此时出口商须承担贴现息及其有关费用），而申请人则凭质押书和单据收据或信托收据向开证行取得单据，并按期向开证行付款（如果有指定代付行的话，则开证行还须按期向代付行付款），最后，信用证付款行作为汇票承兑人在付款到期日再向汇票持票人履行其付款义务。

卖方远期信用证多以出口地银行为付款行（代付行），其交单地点和交单到期日均是当地代付行所在地，这是由于其受益人通常想要及时取得代付行承兑过的汇票，以便于在当地作融资贴现。当然，它的受益人是有着代付行拒绝承兑的风险的，由此而造成延误承兑及融资贴现将是一种潜在的可能损失。但跟以出口地银行为付款行的延期付款信用证相比，承兑信用证的有利之处是，一旦出口地代付行承兑了汇票，它也就作出了到期付款的承诺，该代付行在付款到期时拒绝付款的可能性就很小了，并且受益人还可以随时根据需要将这种高资信的银行承兑汇票作融资贴现，因而，承兑信用证一旦得到了代付行承兑，就与延期付款信用证得到了代付行加保一样具有了代付行的付款保证，并且前者比后者更利于融资。

（2）买方远期信用证（buyer's usance L/C）。这是以假远期付款方式为兑现方式的承兑信用证，所以国内俗称其为假远期信用证。这种承兑信用证上一般加列有"买方远期条款（buyer's usance clause）"，规定卖方出具以开证行为付款人的远期汇票，买方承担汇票承兑费、贴现息等费用，向卖方即期付款。例如："Draft at 90 days drawn on Issuing Bank. We are authorized to pay the face amount of your draft upon presentation, discount charges being for account of buyer, therefore such drafts must be left with us for discount."因此卖方（即信用证受益人）在向开证行交单后可即时得到买方付款，买方（即信用证申请人）凭其与开证行之间的承兑信用额度协议取得承兑汇票，即刻在贴现市场上贴现用于作即时付款，然后买方再凭质押书和单据收据或信托收据向开证行取得单据，并按期向开证行付款，最后，开证行作为汇票承兑人在付款到期日再向汇票持票人履行其付款义务。

买方远期信用证一般以开证行作为指定付款银行，其交单地点和交单到期日均是开证行所在地，这是因为其申请人需要即时取得开证行承兑过的汇票，才能立即在当地作融资贴现，以便其即时向受益人付款。应当注意的是，买方远期信用证中买方（即信用证申请人）对卖方（即信用证受益人）作出的即期付款承诺只是一种买方的商业信用，而并非银行的承诺，银行对于承兑信用证的承诺，不论它是卖方远期还是买方远期，都只是在收到符合信用证条款的跟单汇票后立即承兑汇票并按期履行汇票付款义务,但开证行在买方远期信用证项下为买方承兑汇票,却也为买方提供了融通资金的便利。买方远期信用证项下的汇票实质上可视为一种特殊的融资汇票。

(四)议付信用证

议付信用证(negotiation L/C)是指以即期议付方式为兑现方式的信用证,其指定议付行在收到符合信用证条款的跟单汇票或不带汇票的单据后,当即向受益人履行议付义务。议付信用证一般要汇票。《UCP600》规定,议付信用证项下的汇票一般亦不应当以申请人为付款人,否则银行应将此汇票视为附加单据。汇票可以是即期汇票(或无汇票),也可以是远期汇票,其指定议付行可以是限定某一家出口地银行,也可以是不加限定的任何出口地银行。在带有以银行为付款人汇票(或无汇票)的议付信用证项下,开证行在接到指定议付行寄来符合信用证条款的单据后,对即期汇票(或无汇票),须即期予以偿付;对于远期汇票的情况,开证行须立即承兑汇票并于汇票到期日再偿付汇票;开证行在向申请人交单时,如果是即期汇票(或无汇票),则申请人须立即付款,如果是远期汇票,则申请人须提交单据收据或信托收据,并按期向开证行付款。

议付信用证按其是否限定议付银行可分为自由/公开议付信用证和限制议付信用证两类。

(1)自由/公开议付信用证(freely/open negotiable L/C)。这是授权出口地任何一家银行皆可议付的议付信用证,其交单地点和交单到期日均是出口地。这种信用证对于受益人来说非常方便,他可以就近向任何一家银行去作议付。这类信用证中常见下列条款:"This credit is available with any bank by negotiation."

(2)限制议付信用证(restricted negotiable L/C)。这是限定出口地某一家银行议付的议付信用证,其交单地点和交单到期日均是指定议付行所在地。开证行开立这种信用证是为了把业务控制在自己的海外分行或代理行范围内,这样既可以减轻风险,又利于议付业务的"肥水"不外流。这类信用证一般加注下列条款:"This credit is available with advising bank by negotiation."

上述四种信用证的综合比较,见表6-1。

表6-1　即期付款信用证、延期付款信用证、承兑信用证、议付信用证的比较

	即期付款信用证		延期付款信用证		承兑信用证		议付信用证
是否需要汇票	要或不要		不要		一定要		一般要
汇票期限	即期		—		远期		即期或远期
指定兑现银行	代付行	开证行	代付行	开证行	代付行	开证行	议付行
指定兑现银行的兑现责任	可以不予付款	必须付款	可以不予付款	必须付款	可以不予承兑	必须承兑	可以不予议付
兑现方式	即期付款		延期付款		即期承兑远期付款		即期议付
追索权	无		无		无		有

五、可转让信用证

可转让信用证(transferable credit)是指信用证的受益人可以要求指定的转让行(即被授权付款、承兑或议付的银行,统称转让行)将信用证的权利(即装运货物、交单取款的权利)部分或全部地转让给第三者的信用证。若是自由议付信用证,则开证行应在信用证中明确指定一家转让行。

开证行必须在信用证中注明"可转让(transferable)",信用证方可转让。如果开证行在信用证中仅出现诸如"可分割(divisible)""可分拆(fractionable)""可让渡(assignable)""可转移(transmissible)"等词语,根据《UCP600》,银行应将其视为不可转让。信用证转让后,原受益人就是第一受益人,受让信用证权利者就是第二受益人。

在国际贸易中,中间商和代理商的存在是可转让信用证产生的直接原因。经营出口商品的中间商或代理商,手中并无货物,只是利用其国际交往关系向国外进口商出售商品。中间商与国外进口商成交后,再向实际供货商购进货物,赚取其中的买卖差价。因此中间商通常要求国外进口商开立可转让信用证,将信用证权利转让给实际供货商。在可转让信用证项下,进口商就是开证申请人,中间商为第一受益人,信用证的转让由第一受益人向转让行申请,实际供货商为第二受益人,转让费用也由第一受益人负担。

可转让信用证只能转让一次;如果信用证允许分批装运,第一受益人可以将原信用证分成若干部分,分别转让给两个或多个第二受益人,只要转让的总金额不超过原信用证金额,则仍看成是一次转让。任何第二受益人都无权再将自己得到的部分转让给第三受益人。但若出于各种原因,将部分转回给第一受益人则是允许的,此时第一受益人可以将转回的部分在原信用证有效期内再转给另一第二受益人。

可转让信用证的业务程序见图6-2。

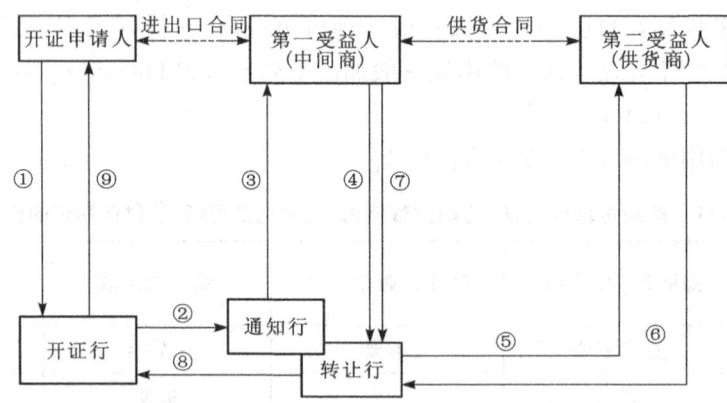

图6-2 可转让信用证业务流程图

图6-2具体说明如下:

① 进口商向银行申请开立可转让信用证。

② 开证行开出可转让信用证并发送给通知行。

③ 通知行向第一受益人通知可转让信用证。

④ 第一受益人向信用证指定的转让行(可能就是通知行)发出转让指示。

转让指示应写明每个第二受益人的名称、地址、所得金额及出运量，还应说明第一受益人是否保留了不允许转让行把开证行发来的修改书通知给第二受益人的权利，如果转让行同意按所定条件转让，就必须将第一受益人保留上述权利的事实明确通知给第二受益人。但是在转让时，转让行只能按照可转让信用证中规定的条款转让，而某些项目可以作相应的变动。变动内容包括：

第一，开证申请人。若有必要，第一受益人可以将自己作为转让后的信用证上的开证申请人，这样可以避免让第二受益人知道真正的买主，避免进口商与实际供货商拉直关系。

第二，受益人。以实际供货商作为转让后的信用证的受益人。

第三，信用证金额与单价。转让后的信用证的金额与货物单价可以减少或降低，其差额就是中间商赚取的差价。

第四，装运期与有效期。转让后的信用证中装运期与有效期一般提前，交单期也缩短，这是为了在第二受益人交单后，第一受益人有充裕的时间替换发票等。

第五，投保比例。转让后的信用证中规定的投保比例一定高于原信用证，因为转让后的信用证中的货物单价以及总额比原信用证少，只有提高投保比例，才能使保险金额达到原信用证的要求。

⑤ 转让行向第二受益人转让信用证。

如果转让行同意第一受益人的转让指示，在收取了转让费用后，会缮打一份新的信用证，内容已按第一受益人指示作了适当修正，然后将新的信用证直接通知第二受益人，或者通过供货商所在地的银行通知第二受益人。

⑥ 第二受益人交单支款。

第二受益人收到转让的信用证后，首先仍应审核其条款是否与供货合同相符，是否带有无法接受的条款。有些转让行在信用证中明确表示不承担付款责任，要待开证行付款之后才将相应款项划交第二受益人。这对第二受益人很不利，因为他无法保证第一受益人一定会采取必要措施使最终向开证行提示的全套单据符合原证要求，因此这一业务就变得同托收一样缺乏确定性。因此第二受益人应确保信用证条款可靠、可行。

如果第二受益人收到转让行转来的修改书，他可以独立地决定是否接受。尤其是在有多个第二受益人时，一项修改可能被部分第二受益人接受而被其余第二受益人拒绝。但这无关紧要，因为接受者按修改后的条款办理，拒绝者按原条款办理，只要各自做到单证相符，每个人都有收款保障。

⑦ 转让行通知第一受益人更换单据。

转让行凭合格单据对第二受益人付款或议付后，立即通知第一受益人更换单据。第一受益人应按原证金额和单价开立新的发票（和汇票），在原证规定的交单期内到转让行替换第二受益人提供的发票（和汇票），如果两张发票之间有差额，第一受益人可以立即从转让行获得该项差额的支付。如果第一受益人未能在转让行首次通知后就及时办理单据更换，则转让行有权将第二受益人提交的单据（包括第二受益人的发票和汇票）寄开证行索偿，并不再对第一受益人负责。为了避免这个问题，有时第一受益人在转让信用证时就把经过适当签字的空白发票（和汇票）交存于转让行，授权转让行在需要更换单据时代填发票（和汇票），以避免出现遗漏。

⑧ 转让行将第一受益人提供的发票（和汇票）和第二受益人准备的其他单据寄往开证行索偿。

⑨ 开证行审单无误后对转让行作偿付，并通知申请人办理付款赎单。

六、背对背信用证

（一）背对背信用证的概念

背对背信用证（back to back credit）是指某一信用证的受益人以该证为保证，要求一家银行开立以实际供货商为受益人的信用证。

背对背信用证产生的背景与可转让信用证相似,通常因为出口商只是中间商或代理商。由于进口商所开立的信用证是不可转让的,因此作为受益人的中间商,就会以该证作保证,要求该证的通知行或其他银行在该证的基础上开立一张以本地或第三国的实际供货商为受益人的新证。这张新证被附在原始信用证的背面,故被称作背对背信用证,也称为对背信用证。由于对背信用证是在原证的基础上开立的,所以又称从属信用证(subsidiary credit)。中间商申请开立对背信用证,可以以原证项下收到的货款来支付对背信用证开证行垫付的资金,从而无需向实际供货商直接支付货款。

（二）背对背信用证的业务程序

背对背信用证的开立建立在原证的基础上,因此其条款与原证基本相同,但略有变动,变动具体表现在以下几个方面:

（1）开证申请人。背对背信用证的开证申请人是原证的受益人。

（2）受益人。背对背信用证以实际供货商作为受益人,不同于原证项下的受益人即中间商。

（3）开证行。对背信用证的开证行一般是原证的通知行或者其他出口地银行,而原证的开证行是进口地银行。

（4）信用证金额与单价。背对背信用证的金额、单价减少或降低。

（5）装运期与有效期。背对背信用证的装运期、有效期缩短。因为中间商常常为了避免进口商与实际供货商拉直关系而不得不要求实际供货商先发货给自己,然后自己再按照原证要求重新发货。

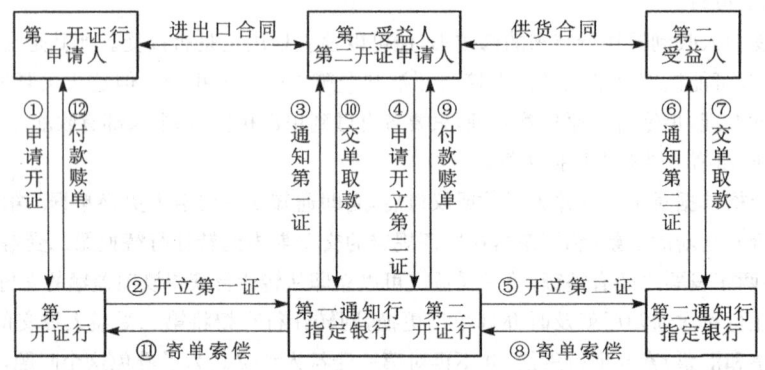

图 6-3　背对背信用证运作程序

（三）背对背信用证与可转让信用证的区别

背对背信用证与可转让信用证都产生于中间贸易,且都是中间商利用信用证方式进行融资的手段,但是两者的性质是不同的。具体表现在以下几个方面:

（1）可转让信用证业务中只有一份信用证,只有一个开证行同时对第一和第二受益人承担责任。背对背信用证业务中有两份信用证,有两个开证行分别对各自信用证中的受益人承担责任。

（2）可转让信用证的开立是申请人的意旨，经开证行同意，并在信用证中加列"transferable"字样。背对背信用证的开立，并非原证申请人和开证行的意旨，而是受益人的意旨，因此原证申请人和开证行与背对背信用证无关。

（3）可转让信用证对供货商的保障往往不够充分，可能因中间商不予配合而使供货商丧失开证行的确定承诺的保障。背对背信用证对供货商的保障比较充分，而且独立于第一证。只要供货商提供符合第二证要求的单据，就可以凭第二开证行的承诺获得支付。

（4）可转让信用证的转让行可能不承担付款责任，它只要严格遵守信用证规定及第一受益人的转让指示转让信用证，便没有什么风险。开立背对背信用证的银行是该证的开证行，承担的风险相对要大些。

七、对开信用证

对开信用证（reciprocal credit）是主要用于易货贸易、补偿贸易以及来料加工等贸易活动中的一种支付方式。在这些贸易活动中，双方都因担心对方只享受权利不履行相应的义务而要求对方开立信用证，第一张信用证的受益人就是第二张信用证的申请人，第一张信用证的通知行往往是第二证的开证行，反之亦然。如 A 与 B 之间发生补偿贸易，A 申请开立以 B 为受益人的信用证，同时 B 申请开立以 A 为受益人的信用证，后开的信用证，即第二证，称为回头证，与先开的信用证即第一证金额大致相等。同时，信用证中一般加列下列条款："This is a reciprocal credit against ××Bank Credit No. ××favoring ××covering shipment of ××."

对开信用证一般规定生效条款，主要有两种不同的生效方式。

1. 同时生效

第一证开立后暂不生效，待对方开来回头证，经受益人接受后，再通知对方银行生效，即两证同时生效。该信用证条款中通常注明："This credit shall not be available unless and until the reciprocal credit is established by ××Bank in favor of ×× for a sum of ×× covering shipment from ×× to ××. This reciprocal credit in effect shall advise by telex from ××Bank to Beneficiary."

2. 分别生效

各证开立后立即生效。第一证开立后不以回头证的开立和接受为条件而是立即生效；回头证另开，或者，第一证受益人交单议付时，附一担保书，保证在若干时间内开立以第一证申请人为受益人的回头证。但是，在分别生效的条件下，第一证的申请人存在风险。

在补偿贸易以及来料加工活动中，进口机器设备、原料等一般是远期付款方式，而出口成品往往要求即期付款。在采用对开信用证结算方式时，可列明分别生效条款，例如：

"This credit is available by draft drawn on us at 180 days after bill of lading date. Payment will be effected by us on maturity of the draft against the above mentioned documents and our receipt of the credit opener's advice stating that a reciprocal credit in favor of applicant issued by ××Bank for account of beneficiary available by sight draft has been received by and found acceptable to them. "

对开信用证在一定程度上可以起到防范风险的作用。

八、预支信用证

预支信用证(anticipatory credit)允许出口商在发货交单前支取部分或全部货款,或允许受益人在收到信用证后,可立即签发光票取款的信用证。

申请开立预支信用证的进口商,要求开证行在信用证中加列预支条款:"Beneficiary may draw in advance under this credit by his sight draft for amount up to 100% of the credit amount accompanied by his undertaking to the effect of shipment within the validity of this credit and to provide documents in terms of the credit. "

为醒目起见,预支条款往往用红色打印,所以预支信用证又称红条款信用证(red clause credit),预支条款通常包括以下几方面内容:

(1) 允许受益人预支的最高额度,即开证行授权垫付的金额。

(2) 规定受益人必须向预支银行交单收款,预支行从中扣除预支款及利息。

(3) 如在信用证有效期内受益人未能交单,预支行可向开证行索偿,开证行保证立即偿还预支行垫款本息及各项费用。

预支信用证业务中,开证行授权通知行或保兑行在受益人交单前支付款项,付款在前,发货在后。而且受益人取款是凭光票,而不是凭货运单据,相当于贷款。预支银行按信用证规定应受益人请求预支款项后,往往要求受益人把正本信用证留下,以控制受益人向该行交单。待受益人交单时,银行从货款金额中扣除已预支的款项和利息,受益人获得货款的净额。如果受益人预支了款项却不发货交单,预支行可以要求开证行偿付。开证行偿付后再向开证申请人追索。预支信用证实际上是进口商利用开证行的信用对出口商提供的融资。

进口商一般只在下述三种情况下才申请开立预支信用证:

(1) 某些货物市场紧缺,出口商利用进口商迫切要货的心理,用预付款作为交货的条件。

(2) 进口商利用出口商缺乏资金的困难进行压价。

(3) 贸易习惯。如过去美国代理商到中国收购毛皮,澳大利亚、新西兰及南非等国的羊毛贸易,就有使用预支信用证的做法。

专栏 6-2

预支信用证与打包贷款的区别

预支信用证与信用证下的打包贷款均系出口地银行向出口商提供的资金融通,但两者有所不同。

预支信用证是开证行在信用证中授权出口地银行向出口商预支全部或部分信用证金额的款项,故出口地银行对出口商的贸易融资与进口商和开证行有密切联系。若出口商届时不能出运货物及交单议付,出口地银行可向开证行提出还款要求,开证行应立即偿还其垫款本息。

> 而打包贷款是由出口商自行凭正本信用证向出口地银行预借一定数量的资金，用于收购货物、仓储及包装出运，其借款行为与进口商及开证行无关。故贷款银行须自行承担信贷风险。
>
> 因此以信用证作抵押而叙做的打包贷款，实际上无异于无抵押信用贷款。银行应严格审核贷款条件，在贷款归还之前，应与客户保持密切联系，了解其出口业务进展，督促其及时发货交单，以确保按期归还贷款。

九、循环信用证

循环信用证（revolving credit）是指信用证的部分或全部金额被使用以后可以回复到原金额再被利用的信用证。与一般信用证相比，它多一个循环条款，例如："The amount of this letter of credit USD 100 000 is revolving on a monthly basis for the first time in ××, for the last time in ×× maximum amount payable under this credit USD800 000."

进出口双方若订立长期销售合约，需要均衡地分批装运货物时，为了节省开证手续费和保证金，进口商可以申请开立循环信用证。信用证通常以时间或金额为循环基础，据此循环信用证分为按时间循环信用证与按金额循环信用证。

1. 按时间循环信用证

按时间循环信用证是指受益人在一定时间内可支取信用证规定的金额，支取后，在下次一定时间内仍可支取的信用证。

按时间循环信用证根据每期信用证余额处理方式的不同，有不可积累循环信用证（non-cumulative revolving credit）和可积累循环信用证（cumulative revolving credit）。不可积累是指受益人在规定循环期限内可支取的信用证金额有余额，该余额不可转移到下一期使用。如循环信用证中有下列条款："The amount of this credit is revolving on a monthly non-cumulative basis for six times commending May 18, 20××."

可积累是指受益人上一期未使用完的信用证金额可以转移到下一期使用。

2. 按金额循环信用证

按金额循环信用证是指在信用证金额议付后，仍恢复到原金额，可以再次支取，直到用完规定的总金额。如信用证条款规定："The amount of this credit USD 100 000, revolving 5 times to maximum USD 600 000."

按金额循环信用证，在信用证金额用完后恢复至原金额使用时，具体的恢复方式有以下三种：

（1）自动恢复循环。它是指受益人按照规定支取信用证金额后，不需要等待开证行通知，信用证金额自动恢复到原金额，即信用证金额用完后自动恢复。条款的具体内容如下：

"The amount of this credit USD100 000 shall be renewable automatically twice after date of payment, thus making an aggregate amount of USD300 000."

（2）半自动恢复循环。它是指受益人按规定支取信用证金额后在一定时间内开证行未提出中止循环的通知,信用证自动恢复至原金额。条款的具体内容如下:"Should the issuing bank not advise stopping renewal within 7 days after each negotiation, the unused balance of this credit shall be increased to the original amount on the 8th day after each negotiation."

(3) 非自动恢复循环。它是指受益人每次支取信用证金额后,需等待开证行的通知,只有在收到开证行的通知后信用证才可恢复至原金额,以供再次支取。条款的具体内容如下:"The amount of this credit shall be renewable after each negotiation only upon receipt of issuing bank's notice stating that the credit might be renewable."

第六节　信用证方式下的风险与防范

与汇款与托收相比,信用证结算方式对分处两国的互不熟悉的进出口双方有着不可比拟的优势。但是,这并不表明信用证是一种万无一失的结算方式。信用证方式下买卖双方和有关银行仍会面临一些风险,对此各方应做好相应的风险防范工作。

一、信用证结算方式下的风险

(一) 信用证方式下出口商面临的风险

1. 开证银行风险

开证银行风险主要是指信用证开证行因破产或丧失偿付能力而对信用证受益人构成的风险。信用证虽然是一种银行信用,但只是资信好的银行才具备这种可靠作用。出口商能否从开证行处顺利取得货款,是基于一定的假设条件的,即开证银行实力雄厚,经营稳健,具有良好的信用,当交单行向其索偿信用证下货款时,开证行具有足够的偿付能力。但事实上,在西方国家遭受政治、经济、金融危机的情况下,开证行破产的风险却是始终存在的。并非所有的银行都那么可靠稳健,即使是一些久负盛名的大银行有时也不例外。所以出口商及其当地银行在与国外银行或其分支机构开展信用证业务往来时,不能忽视开证行风险的存在。

2. 假冒信用证

假冒信用证是指国外不法商人自行或与开证行勾结伪造和发出的信用证。假冒来证一般有以下几个特点:

(1) 无密押电开信用证。

(2) 电开证使用第三家银行密押,而第三家银行的确认电文没有加押。

(3) 信开信用证的签字无从核对。

(4) 信开信用证随附印鉴式样,而该鉴样也是假冒的。

(5) 开证银行行名、地点不明。

(6) 单据要求寄往第三家银行。而第三家收单行是不存在的。

(7) 信用证金额较大,有效期短等。

3. 软条款信用证

所谓软条款信用证(L/C with soft terms,或称 soft clause L/C)目前学术上和法律

上并无统一的严格定义,一般是指信用证表面上要式完备,但是规定了一些难以遵从的限制性条款,或者规定了一些含糊不清、责任不明的条款。这种信用证可随时因开证行或开证申请人单方面的行为而解除,成为一种可撤销的"陷阱"信用证,或者说,是一种名义上不可撤销,实际上可撤销的信用证。

软条款信用证中的"软条款"常见的有以下几种形式:

(1)信用证暂不生效,需待开证人申领到进口许可证或获得外汇管理局签发的授权书后通知生效,或待货样经开证人确认后再由开证行通知信用证生效。实践中一旦行情发生不利变化,开证人往往不发通知。即使有时开证行在信用证有效期内作出指示,也常因为有效期临近,导致延迟装运或其他不符点产生,给开证行拒付提供了把柄。

(2)船公司、船名、目的港、启运港、装船日期须待开证人通知或须征得开证人同意,开证行将以修改书的形式另行通知。如申请人不对该信用证修改,受益人则无法出运货物,而申请人则可以根据市场及其经营状况,灵活处理。如规定:"This credit is non-operative unless the name of arriving vessel has been approved by applicant and to be advised by L/C opening bank in form of an L/C amendment to beneficiary."

(3)规定必须在货物抵达目的地后经买方检验后方予付款。这项规定,使信用证项下银行的付款保证无从谈起,实质上把信用证结算变成了托收业务中的远期承兑交单,出口风险陡增。

(4)规定某些单据必须由指定人签署方能议付。例如规定由指定人(常由开证申请人指定)签发商检单。或者规定由第三方公正机关出具检验证书,但需由申请人指定代表在该证书上会签。这样实际上把不可撤销信用证变成了可撤销信用证,且在实践中即使开证申请人出具了商检单,仍随时可以商检单上申请人指定代表签章与其在开证行预留的样本不符为由拒付货款。如规定:"Inspection certificate issued by China Commodities Inspection Bureau Counter signed and endorsed by applicant whose authority and signature must be in conformity with the record held in issuing bank."

(5)无明确的保证付款条款,或明确表示开证行付款以进口商承兑出口商汇票为前提。这样,实际上已经将信用证业务中银行信用转变为商业信用。

(6)要求提供不易获得的单据。如违反运输常规,要求提供装在舱内的集装箱提单等。

(7)设置表面上不难办到而实际上很难办到甚至根本办不到的条款,这样,出口商难以取得合格单据,从而开证行保留随时可拒付的权利。例如,在海运提单中规定将内陆城市确立为装运港。

4. 可转让信用证

近年来,随着国际贸易的不断发展,在我国的进出口业务中,可转让信用证的利用也逐渐增多。但信用证转让,其转让内容仅仅是发货权的转让,还是在发货权转让的同时,对该信用证项下的货款支取权也同时予以转让呢?《UCP600》第38条规定,可转让信用证是受益人有权要求被委托付款或承兑的银行或可以议付的任何银行使信用证全部或部分有效于一个或数个第三者使用的信用证,依据此条款,当银行同意办理信用证转让时,第二受益人就享有了向银行请求付款的权利,并且这种权利是独立于第一受益人的行为而存在的。这就说明,通过可转让信用证的转让,应能使第二受益人得到银行在该信用证项下的付款保障,其转让内容应是后者。

但是,从目前实务来看,由于转让行往往在转让书中声称"其对第二受益人不承担任何责任,仅在从原开证行处收到货款时才交给第二受益人"(Without any engagement whatever on our part, we are instructed by the first beneficiary to transfer this irrevocable L/C to you⋯⋯ Payment to be effected subject to final payment from L/C issuing bank),即转让行对第二受益人的付款完全依赖于原证的付款保证,这就使严格履行了交货义务的第二受益人的货款回收失去了银行信用保障。在这里,第二受益人接受转让的仅是发货的义务,而没有向银行支取货款的权利,这种只尽义务而无权利的行为对第二受益人是不公平的,同时也给第二受益人带来很大的风险:

第一,收款无保障。

首先,第二受益人难以做到"单证一致"。因为第一受益人为了自身的利益,一般可转让信用证中加列"Transferor retains the right to refuse to allow us to advise amendments to the transferee"(转让人保留拒绝允许转让银行将修改通知受让人的权利)。这样,当原证被修改时第二受益人可能并不知晓,也就不能做到"单证一致"。另外,由于中间商需要足够时间替换第二受益人有关单据,往往把第二受益人的交单时间、有效期规定得过短,交单期、有效期限定在第一受益人所在地,让第二受益人难以做到,使单据出现不符点,从而成为第一受益人(中间商)收到款而不付、退付的借口。

其次,第二受益人即使提供了符合信用证规定的单据,也不一定能及时收到货款。如果第一受益人收到第二受益人的单据后,未能及时以自身单据替换第二受益人单据,或者虽替换单据,但所提交的单据有不符点,从而遭开证行拒付,同样会使第二受益人的货款回收失去信用保障。

最后,有些信用证规定了分期装运中每一期的装运时间,而且任何一期未装运则该期及以后各期均告失效。那么除了被安排第一期装运的第二受益人以外,其余各期的第二受益人即使提供合格单据,也难保因前面某期未装运而面临信用证无法使用的困境。这一切都增加了使用可转让信用证的风险。

第二,钱货两空增加的风险。

在转让信用证下,第一受益人是未垫付资金,不装运货物的中间商,但货物(物权提单)和货款都需经中间商之手。如中间商信誉不佳、作风不良,供货方(第二受益人)容易面临钱货两空的风险。

5. 风险条款信用证

(1)正本提单径寄开证申请人的条款。如信用证中规定:"Beneficiary's signed certificate certifying that they have sent 1/3 original B/L to Applicant by counter service directly after shipment is required. A copy of courier receipt is also required."通常有这类条款的信用证申请人所在国与受益人所在国地理位置比较近,因此运程比较短,会出现货比单早到的现象。而开证行在信用证中规定了这样的条款就方便了开证申请人,使其能先行提货,待单据到了再向开证行清偿货款。

受益人接受一个附带这样条款的信用证,收汇风险很大,因为把正本提单寄到申请人,实质是把信用证的银行信用转为商业信用。首先在单据有瑕疵遭开证行拒付时,开证行是不负有退回全套单据(含已给申请人的1/3正本提单)给议付行责任的,因此在这种情况下,受益人要自己向申请人或其指定人追回所寄正本提单。其次,提单是一种物权凭证,具有请示交付货物的权利,而且一张信用证中若有几张正本提单,则任何一张其法律地位都是一样的,一张提取之后,其余正本均告失效,这样若受益人把正本提单直寄给申请人,申请人就可不必到银行付款赎单而直接凭这张提单提货后逃之夭夭,使受益人蒙受损失。

(2) 信用证限制运输船只、船龄或航行航线条款。如"certificate from shipping company certifying that the said vessel is less than 15 years of age."在货物运输方面,有关运输的船只、船龄和航行航线往往很难确定,这通常应由船公司根据所承载货物的性质、种类、数量和规格等条件做出适当的选择。一旦对船龄加以限制,就给受益人配船设置了一定的障碍,甚至会错失良机,影响货物的及时出运。

(3) 含承运货物收据,航空运单及邮包收据条款。承运货物收据(cargo receipt)是指货运承揽业者接受货物所签发的货物收据,其本身并无自有的运输工具。与提单所不同的是,它并不是由真正运送人签发和认可的,不能凭以提货。而航空运单(airway bill)和邮包收据(post receipt)虽是由货物真正的承运人所签发,但此两种形式下的提货并不以交出运单和收据为条件,而是凭承运人的到货通知和收据上所记载的收货人的签字就可提货。所以在这三种情况下,装货后,出口商虽然掌握着运输单据,但都对货物失去了控制。因为这三种单据均不是物权凭证。

6. 因单单不一致、单证不一致遭银行拒付的风险

《UCP600》规定,收受单据应遵守"严格相符"和纯单据交易的原则,因此若出口商未能严格遵照信用证条款或无法遵照条款办理,造成单证不符,哪怕是一个小小的不符点都会遭到银行的拒付,使得信用证结算方式失去银行信用保证。

7. 进口商信用不佳形成的风险

进口商在市场行情变化、价格暴跌或经营不善的情况下,对单据的非实质性不符进行百般的挑剔,拖延付款直至拒绝收货付款,这就形成了出口商的收汇风险。

(二) 信用证方式下进口商面临的风险

1. 出口商伪造,预借单据,骗取信用证项下款项

根据《UCP600》规定,银行是凭相符单据付款而不过问货物或事实。这就是说如果出口商不根据事实,不根据实际货物而伪造或预借单据,甚至制作根本没有货物的假单据,但只要能做到单证相符,开证行就必须无条件付款,而要达到这个目的,对于一个有经验的出口商来说并不是很困难的事。虽然这时进口商可以从合同角度向出口商索赔及诉讼,但跨国诉讼往往很难解决,而且出口商得款后逃之夭夭不知去向,或出口商已资不抵债使诉讼得不偿失。

伪造单据、预借单据诈骗案集中发生在提单这一方面。伪造提单有两种情况:一是以根本不存在的所谓某某船公司的名义签发提单;二是指不法分子冒充船公司的名义签发提单。预借提单,是指托运人通过某种非法方式要求船公司借出已装船的提单。这两种形式的利用提单进行的诈骗案的要害就是不装船,却出具已装船,符合信用证要求的

提单,连同其他单据寄至开证行要求付款。其方法是很原始的,却屡屡得手。

2. 出口商无履约能力带来的风险

在出口商无履约能力的情况下,进口商即使如期开出信用证,也无法收到出口商的货物,这对进口商而言也是一种风险,因为进口商将由此而蒙受开证费用的损失和进口商品市场机会的损失等。

(三) 信用证下银行面临的风险

1. 开证行面临的风险

开立信用证后,若进口商破产,开证行对出口商的单据仍需照样兑付,若进口商拒绝赎单,开证行就承担无法向买方追回货款之风险。

2. 议付行面临的风险

对于议付行而言,若接受了无追索权汇票并对卖方议付后,一旦这种汇票遭开证行拒付,议付行将无权向卖方行使追索权。

在办理可转让信用证业务中,对于第二受益人所在地的议付行来说,由于它向转让行交单,不可直接向开证行交单,因而往往不能获得及时地偿付,实际上等于信用证项下的托收(跟证托收),因此它承担了较大的风险。

二、信用证结算风险的防范措施

产生信用证结算风险的原因是各方面的,如何正确处理这些风险呢?我们认为应以预防为主,通过采取各种措施将风险降低到最小的程度,以保障贸易的顺利进行。

(一) 信用证项下出口结算风险的防范措施

对于出口商及其当地银行(通知行、议付行)来说,它们所关心的是在信用证方式下如何保障出口货物与出口收汇的安全,因此务必做到以下几点。

1. 选择资信好的银行作为开证行

开证行资信的好坏直接关系到出口商的利益。由于资信良好的开证银行不会过于偏袒开证申请人利益,会尽量避免开立一些有严重缺陷的信用证,因此出口商防范"开证银行风险"最可靠的办法是尽量选择资信好,偿付能力强,与我方银行有代理关系的银行作为开证行,尤其是对那些政治、经济局势不稳,外汇管理较严的国家开来的信用证,更应谨慎从事。

开证银行的资信评估主要集中在以下几个方面:资产规模的大小及在权威机构(如伦敦每年出版的银行家年鉴)公布的银行排名榜中名次;贷款损失的宽容量是否充足;银行的资本是否充足;该开证银行的股票表现;该银行的资产组合情况。

在综合评估的基础上,出口地银行可根据业务往来的需要对国外银行进行授信,对超过该确定授信额度的来证不予接受,以控制风险。

除此之外,还可以根据具体情况采取不同的措施来防范开证银行风险:

(1) 要求开证银行邀请某一家银行对该信用证进行保兑。

(2) 挑选一家理想可靠的出口地银行以求在必要时能及时为出口商提供有效帮助,该银行应是一家有能力提供全面国际业务服务的银行。

（3）由偿付行确认在开证行破产或倒闭时，将对议付行进行偿付。

（4）有信用证规定可分批的情况下，分批出运以分散风险。

（5）要求加入电索条款。

2. 慎重签约

由于 L/C 是以合同为基础的文件，因此在签订出口合同时，合同中的付款条件必须明确、具体、完善，以保障受益人利益。

（1）为防止在订立合同后进口商故意拖延开证或找种种借口拒不开证，使出口商蒙受损失；为避免进口商在临近装运期时才开证，使出口商措手不及，及为能有充分时间进行准备并在必要时修改 L/C，合同中应具体规定信用证的开到时间。

（2）合同中应规定信用证种类，如"可转让信用证""保兑信用证"。

（3）对信用证有效期限及到期地点应有规定。

（4）在合同中应规定拒绝接受预付质保金、履约金等条件，一切费用均应在收回货款时扣除。

此外，如远期 L/C 的贴现息，手续费及货物的装卸费；各种其他费用应由进口商承担的，也就在合同中列明，以免日后发生纠纷。

3. 认真、仔细地审核信用证

由于信用证是一个与买卖合同相分离的独立文件，买卖双方的权责都以信用证为准，因此出口商在接到国外来证后，必须仔细审核，但可能由于经验不足有时不知如何审证，这就需要求助于当地所在银行（通知行）的帮助。虽然根据《UCP600》规定，"银行对传递过程中所发生的迟误，残缺或其他差错概不负责"。但作为通知行的我国外汇银行，应本着银贸一家、一致对外的原则积极配合出口商审核信用证，发挥外汇银行的优势。当发现疑点和不符点时，应积极查询，及时修改更正，以保障出口收汇安全。

银行和出口商对信用证的审核，既有各自的侧重点，也有相互交叉。对于银行来说，接到信用证后主要审核信用证的可靠性与有效性。从受益人（出口商）角度看，在接到信用证后，必须仔细审核信用证中的有关条款，对于其中风险性大的或者无法做到的条款应引起足够的重视并加以有效的防范措施，以减少风险，避免损失。

（1）识别信用证中是否含有"软条款"。软条款信用证非常不利于受益人，因此必须加以识别和防范。如信用证中规定："信用证暂不生效，运输船名需得申请人的同意，并由开证行以修改书的形式通知受益人。"针对这种情况，受益人应随即与开证申请人协商，请示申请人同意在来证中加入如下条款："The beneficiary will charter for shipment if an amendment of this credit advising name of carrying vessel is not received before 7 days of the shipping date of the credit and all charges for account of applicant."

若申请人有心要货，这条款应可接受；但若申请人拒不接受，则说明申请人无交易的诚意并有欺诈的险恶用心。

（2）审核来证是否是可转让信用证。诚然，对于我出口方作为转让信用证的第二受益人来说，做转让信用证有较大的风险，但在转口贸易盛行的今天，我们不能因为有风险就放弃不做。那么就应该采取适当方式，趋利避害，防范其风险：

第一，如果中间商因种种原因强调要开立转让信用证时，我出口方作为第二受益人可请我方银行对转让行、中间商的资信、经营作风进行调查，如经营作风良好，信誉优良，可大胆接受；反之则需谨慎考虑，必要时可放弃，以防止中间商与银行相互串通，对出口商进行诈骗。

第二，可要求中间商开立背对背信用证。我方作为背对背信用证的受益人，只要做到"单证一致"即可得到新的开证行的付款保证，而不必像转让信用证下须待原开证行审单付款。

第三，如能直接向银行议付货款，最好直接向银行议付，若不能做到，则应在寄交单据之后，随时注意中间商议付情况，以便在必要时及时向银行提出清偿要求。

第四，要求转让行对可转让信用证加具保兑。在某些情况下中间商不同意开立背对背信用证，这时可考虑要求转让行加具保兑。假如转让行能在转让信用证中像普通信用证的开证行那样明确付款承诺，那第二受益人就不必担心开证行拒付单据，可以在单证一致、单单一致基础上向转让行索汇，无形中将转让信用证的付款责任简化为普通信用证，但又不失转让信用证的优点，可谓是两全其美。

第五，对于有些转让信用证，其开证行和转让行是联行关系，不可能要求转让行对其加具保兑，在这种情况下，受益人应对大额可转让信用证分批装运，每批出口货物金额控制在一定范围内，然后视收汇情况，决定以后装运计划，减少收汇风险。

（3）审核来证中是否具有风险性条款。对于风险条款信用证，应在发货前与进口商商洽，及时修改或者提出拒绝，以绝后患。

4. 严格按信用证规定交单

在货物出运后，出口商应按信用证的要求，完整、正确、及时地缮制各种单据。完整，即单据的种类、份数要完全符合信用证规定；正确，即单据的内容必须与 L/C 规定一致；及时，就是出口商必须在信用证规定的有效限期内交单，过了有效期，信用证就失效，银行不再承担付款责任。只有做到以上几点，才能保证单证一致，单单一致，有利于安全收汇。

出口商缮制完单据后应即时送交当地银行（议付行）进行审核。如在审核过程中发现不符点而又无法更正时，出口商应立即同进口商联系，或补制新单据，或请其接受不符点，授权银行付款，如不能获其确认，就不要将提单寄进口商，而将整套单据交银行改为 D/P 方式收款。

（二）信用证项下进口结算风险的防范措施

对于进口商及其当地银行（开证行）来说，它们关心的是如何利用信用证付款方式，保障进口货物与进口付汇的安全，具体来说，应处理好以下几方面的问题。

1. 谨慎合理地制定开证条款

外贸公司作为进口方，在开立进口信用证时一般要依据与国外出口商签订的贸易合同规定的条款，但在实际业务处理上，又可在信用证中加列一些不违背合同基本规定的若干条款，而究竟开列哪些条款则必须做周密的考虑和权衡。一般来说，出口商资信越好，信用证条件就可适当放宽；反之，信用证条件就应当规定得严格些。

例如，为了防止出口商制造假单据或以坏货、次货充好货，可在信用证中规定要求可信赖的检验机构或公证机构出具质量检验证明，如 SGS 检验证书，证明所交货物的品质、数量、包装都符合买卖合同规定,甚至还可规定具体的检验标准和条件;为了防止出口商短装货物,可规定要求可信赖的检验机构出具数量和重量检验证明,同时为防止出口商在检验后调包,还可规定检验证书必须表明检验是在装船时进行的;为了证实对方出口货物确已获得其出口国政府机构许可,可在信用证中要求对方在有关单证上加注许可证号码或出具许可证副本。总之,外贸公司在开立信用证时一定要把限制国外出口商作弊而有利于维护我进口方利益的条件单据化、具体化,这样,就能最大限度地限制国外不法商人不轨行为而保障我方的合理利益。当然,在订立具体的信用证条款过程中,也不能过于苛刻和复杂。例如,对货物的详尽描述并不能增强信用证结算的保护程度,有时反而会造成银行处理单据过繁而延误结算时间,因此,必须结合信用证结算的实际需要和各方面的可能来拟订信用证有关条款。

2. 正确处理单据

接到国外转来的全套进口单据,开证行应会同外贸公司,认真审核单据,保证审单质量。其中,尤其必须注意应确保所交提单的真实性,识别不法商人利用假提单诈骗货款。

我们在处理提单上应该注意:

(1)为防止出口商提交假提单,可规定装运港的船公司在货物装运后应立即致电开证行,告知信用证号码、提单号码及装船日期,出口商在议付时需提交船公司签署的电报副本,同时对于交来的装船通知、提供的副本单据也要辨别真伪。

(2)为防止出口商所交货物有缺陷,而又以提供保函的方式要求船公司出具清洁提单,进口商可要求出口商须提交船公司出具的证明其未凭出口商的保函签发清洁提单的证明书。

(3)对有关船只有疑问可以委托船公司或银行协助查询船只行踪。

综上所述,对于信用证结算方式中存在的各种风险可以采取不同的防范措施,但其中有两点是可以共同采纳的。

第一,加强对国外客户资信状况的调查,慎重选择交易对象。

这是防范风险最关键的一环。由于信用证毕竟只是一种结算工具,真正的交易还是在签约双方之间进行,从上面所说的种种风险中我们可以发现,很多诈骗案件的发生都是由于国外客户资信不佳或者我们对他们还不很了解便贸然进行交易所造成的,因此,客户的信誉、资金、经营作风的优劣直接关系到能否按信用证规定的条款诚实地履行义务,是保障国际贸易得以顺利进行的主要条件。

第二,加强进出口商与银行间的联系,将风险避免于发货或付款之前。

在信用证结算方式下,我国外汇指定银行起着重要作用。外汇银行具备长期从事国际结算的职员,具有丰富的识别假冒和伪造单据的经验,能为进出口商提供满意的结算服务,并为其解决疑难问题提供咨询。因此加强银贸间的配合与协作,能保障我方应有的权益不受损害,也是避免信用证结算风险的一项有效措施。

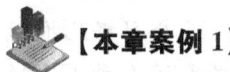【本章案例1】

出口商不熟悉信用证规则遭银行拒付案

我国某公司向日本出口一批服装,合同规定5月装运。之后日本银行开来的信用证将装运期定在 5 月 31 日前。但我方因备货仓促无法在 5 月装运,要求日商将装运期延至 6 月 15 日前装运。日商来电称,同意修改合同的装运期。但信用证未作相应修改。我出口公司于 6 月 10 日将货物装运,15 日持全套单据向指定银行办理议付,但被银行以单证不符为由拒绝议付。试问议付行的做法合理吗?

分析与点评

议付行做法合理。根据《UCP600》第 4 条的相关规定,信用证独立于贸易合同,是一份独立、完整的自足文件。银行只对信用证负责,对贸易合同没有审查和监督执行的义务。贸易合同的修改、变更甚至失效都丝毫不影响信用证的效力。为避免议付行的拒付,出口商应采取的正确做法是,在货物出运前要求进口商指示开证行修改信用证,使信用证中有关装运的条款与修改后的合同内容相符。出口商只有在收到开证行的修改书后方能发货,这样才能保障自己的利益。

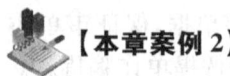**【本章案例 2】**

出口公司利用信用证规则成功收取货款案

20××年 4 月 11 日,内地某公司(以下称为 JS 公司)与香港 GT 公司达成一份出口合同:4950 dz of 45×45/110×70 T/C yarn-dyed shirt with long sleeve(涤棉长袖衬衫),5% more or less are allowed,单价 USD 28.20/dz CFR Hongkong,总金额 USD 139 590.00,8 月底之前装运,付款方式为 100% irrevocable L/C to be available by 30 days after date of B/L(不可撤销的提单日后 30 天远期信用证付款)。经 JS 公司催促,JS 公司于 5 月底收到由意大利商业银行那不勒斯分行开来的远期信用证,信用证开证申请人为意大利的 CIBM SRL,并将目的港改为意大利的那不勒斯港,最迟装运期 8 月 30 日,同时指定承运人为 Marvelous International Container Lines(以下简称 MICL 公司),信用证有效期为 9 月 15 日,在中国议付有效。

JS 公司收到信用证后,没有对信用证提出异议,并立即组织生产。由于生产衬衫的色织面料约定由香港 GT 公司指定的北京 GH 色织厂提供,而此后北京 GH 色织厂未能按照 JS 公司的要求及时供应生产所需面料,并且数量也短缺,导致 JS 公司没有赶上信用证规定的 8 月 30 日的最迟装运期限。为此香港 GT 公司出具了一份保函给 JS 公司,保证买方在收到单据后会及时付款赎单。JS 公司凭此保函于 9 月 12 日通过信用证指定的 MICL 公司装运了 4 700 打衬衫(总货款为 USD 132 540.00),并取得了海运提单,提单日期为 9 月 12 日。9 月 14 日,JS 公司备齐信用证所要求的全套单据递交议付行。不久便收到意大利商业银行那不勒斯分行的拒付通知,理由是单证不符:①数量短缺;②提单日超过了信用证的最迟装运期。此后 JS 公司多次与香港 GT 公司和意大利的 CIBM SRL 联系,但两者都毫无音讯。

10 月 19 日,开证行来函要求撤销信用证,JS 公司立即表示不同意撤证。11 月 1 日,JS 公司收到 CIBM SRL 的传真,声称货物质量有问题,要求降价 20%。JS 公司据此推断 CIBM SRL 已经提货,接着便从 MICL 海运公司处得到证实。而且据承运人称 CIBM SRL 是凭正本提单提取的货物。因此 JS 公司立即通过议付行要求意大利商业银行那不勒斯分行退单。此后还多次去电催促退单事宜。

11月15日，意大利商业银行那不勒斯分行声称其早已将信用证项下的全套正本和副本单据寄给了JS公司的议付行，但议付行仅收到了一套副本单据。

JS公司了解到意大利商业银行在上海开设了办事处，并立即与该办事处的负责人交涉，严正指出作为在国际银行界有一定地位的意大利商业银行，擅自放单给买方是一种严重违反《UCP600》及国际惯例的行为，希望意大利商业银行尽快妥善处理这一事件，否则JS公司将会采取进一步的法律行动，以维护自身的合法权益。

12月2日，意大利CIBM SRL公司总经理主动要求来华与JS公司协商解决这一贸易纠纷。12月5日，JS公司组成3人谈判小组赴上海与意商谈判。在确认了CIBM SRL是从银行取得正本提单提货的事实后，谈判过程显得比较简单。谈判中对方以短量和货物质量有问题为由要求降价，JS公司未予理睬。12月10日，JS公司收到CIBM SRL公司汇来的全部货款。

分析与点评

本案中JS公司在此笔业务中利用信用证的规则成功地追回了全部货款，这一经验值得借鉴。JS公司在遭拒付后与有关方面联系以协商解决此事时，有关当事人都避而不理。正当JS公司一筹莫展之时，收货人CIBM SRL公司一封提出货物质量有问题并要求降价20％的传真使之露出了马脚，因JS公司由此推断收货人很可能已经提取了货物。接着JS公司便与承运人核实货物下落，证实了JS公司的推断，而且是从开证行取得的正本提单。

根据《UCP600》的相关规定，开证行如果决定拒收单据，则应在自收到单据次日起的7个银行工作日内通知议付行，该通知还必须叙明银行凭以拒收单据的所有不符点，并还必须说明银行是否留存单据听候处理。言下之意，开证行无权自行处理单据。照此规定，本案中的意大利商业银行那不勒斯分行（以下称开证行）通知JS公司拒付的事由后就应妥善保存好全套单据，听从受益人的指示。

既然JS公司已确定了是开证行擅自将单据放给收货人，就立即通过议付行要求开证行退单。事实上开证行根本就无单可退，也就迫使开证行将收货人推出来解决这一纠纷。银行的生命在于信誉，此时的开证行再也不会冒风险与收货人串通一气。正是抓住了开证行这一擅自放单的把柄，使得本来在履约过程中也有一定失误的JS公司寸步不让，将货款如数追回。

JS在前期履约过程中主要有两点失误：一是在信用证改变了目的港后未能及时提出异议，因为目的港从香港改成了意大利的那不勒斯港，至少买方的运费成本增加了许多；二是当面料供应不及时时，造成装运数量短缺并错过信用证规定的装运期。这时，信用证受益人并没有要求客户修改信用证，而是轻信了对方的担保函。这是出口公司在这案例中应该吸取的教训。如果本案中开证行并没有擅自放单，那么受益人的那套表面上不符合信用证规定的单必将遭到开证行的拒付，而此后果只能由受益人自己承担。

本 章 小 结

1. 信用证是银行根据进口商的申请和指示，向出口商开立的承诺在一定期限内凭规定的单据支付一定金额的书面文件,是一种建立在银行信用基础上的结算方式。为了减少信用证业务的纠纷,国际商会颁发了《跟单信用证统一惯例》用以规范信用证业务。

2. 信用证具有保证出口商安全收款、进口商安全收货以及银行为进出口商提供资金融通等作用。信用证具有三方面的特点,即开证行承担第一性付款责任、信用证是自足文件,不依附于贸易合同而独立存在、信用证业务是一种纯粹的单据业务。信用证的这些特点,使之成为贸易结算领域最重要最常用的结算方式。

3. 信用证有很多当事人,包括开证申请人、开证行、受益人、通知行、指定银行(议付行、承兑行、付款行)、保兑行以及偿付行。各当事人依据《跟单信用证统一惯例》享有权利并承担义务。

4. 信用证的业务程序主要包括:申请开证、开证行开证、通知信用证、受益人交单、指定银行付款或承兑或议讨、寄单索汇、开证行偿付、申请人付款和开证行交单等环节。

5. 信用证的内容包括:关于信用证本身的条款;关于汇票的项目;关于单据的项目;关于货物的描述;关于运输的项目;开证行保证条款;开证行对指定银行的指示条款等。

6. 信用证的种类很多,可以按不同的方式加以分类:按信用证性质划分为可撤销信用证不可撤销信用证;按是否有另一家银行加以保兑划分为保兑信用证不保兑信用证;按信用证的兑现方式划分为即期付款信用证、延期付款信用证、承兑信用证和议付信用证;此外还有允许出口商在发货交单前支取部分或全部货款的预支信用证;受益人可将信用证的权利转让给他人的可转让信用证;信用证的受益人以自己为申请人以该证为保证,要求一家银行以开证行身份开立的以实际供货人为受益人的背对背信用证;在补偿贸易或易货贸易中,由两国不同的开证行相互以对方申请人为受益人开立两份信用证,即对开信用证;信用证金额被使用之后能恢复原金额再被利用的循环信用证。

7. 进出口商及有关银行在信用证结算业务中可能面临各种风险。出口商可能面临开证行风险、假冒信用证风险、软条款和风险条款信用证等风险;进口商可能面临出口商伪造单据骗取货款的风险;开证行则可能面临对受益人的合格单据作出付款后,申请人破产、无力偿付的风险。针对这些风险,各有关当事人应采取各种预防措施,以达到有效规避风险的目的。

重 要 概 念

信用证 开证申请人 受益人 保兑行 偿付行 付款行 不可撤销信用证 延期付款信用证 买方远期信用证 循环信用证 可转让信用证 背对背信用证 议付 假冒信用证 软条款信用证 风险条款 陷阱条款

复习思考题

1. 跟单信用证具有哪些特点和作用?
2. 信用证业务有哪些基本当事人?他们各自有何权利和义务?
3. 修改不可撤销信用证应注意哪些业务要点?

4．简述信用证业务的一般流程。

5．出口商使用保兑信用证有何利弊？

6．假远期信用证与即期信用证有何区别？

7．在可转让信用证业务中，转让行在转让信用证应注意些什么？

8．简述可转让信用证与背对背信用证的区别。

9．信用证方式下，银行对进出口商的融资方式分别有哪些？

10．进出口商在信用证项下可能面临的风险有哪些？应如何有效地规避这些风险？

11．信用证业务中银行是否可能面临风险？为什么？

12．如何识别信用证中的软条款或陷阱条款？

第七章

国际结算的其他方式——银行保函与备用信用证

银行保函和备用信用证不是某种结算方式,而是为承担交易风险的一方提供信用保障的某种手段。在汇款和托收结算方式中,交易的某一方将承担风险,为了避免这种风险,我们可以在此类带有风险的结算方式中,特别是分期付款和延期付款的交易中,配合使用银行保函和备用信用证。

实际上,在任何经济交易中,承担风险的一方都可以使用银行保函和备用信用证来规避风险。银行保函与备用信用证之所以作为国际结算课程中的一个内容,是因为它们经常被应用于结算风险的保障上。

第一节 银 行 保 函

在国际性经济交易(贸易、借贷、租赁、投资等)中,由于交易双方往往分处于不同的国家和地区,致使交易具有复杂性和风险性,因此交易当事人常常不满足于对方在合同中作出的有关承诺,而是进一步要求由第三方对合同的履行及其他有关事项提供额外的保证,这就产生了对跨国担保业务的需求。由于商业银行的资信与实力能被交易的各方当事人所认可和接受,因此成为跨国担保业务的积极参与者。

一、银行保函的含义、性质与作用

(一)银行保函的含义

银行保函(banker's letter of guarantee)是指银行应交易或合约关系中的一方即申请人的要求,向另一方即受益人出具的书面保证文件。银行以自身的信用向受益人保证,只要他履行了合约中规定的义务,就可获得相应的款项,或保证申请人履行合约中规定的义务,若其违约,受益人即可获得赔偿。因此保函必须具有一定金额、一定期限以及担保行承担的某种支付责任或经济赔偿的承诺。出具保函的第三者即担保人可以是商业银行、保险公司、担保公司或其他金融机构,也可以是商业团体等。其中凡属商业银行出具的保函叫做银行保函或银行保证书。银行保函的主要作用是以银行信用为手段来保护受益人的经济利益,促使交易活动顺利进行。由于银行保函代表了银行信用且灵活性强,而被广泛运用于国际结算的众多领域中,诸如贸易支付、工程承包、租金支付、资金借贷等。

(二)银行保函的性质

保函的性质,取决于保函与基础业务合同的关系。一般来说,可分为独立性保函和从属性保函两种。

1. 独立性保函

独立性保函(independent guarantee)是指根据基础合同开出的,但不依附于基础合同而存在的具有独立法律效力的担保文件。在独立性保函下,银行承担第一性的付款责任,或称独立的偿付责任,即当受益人在保函项下合理索赔时,担保行就必须付款,而不管委托人是否同意付款,也无须调查合同履行的事实。也就是说,担保行承担的偿付责任独立于委托人在基础合同项下的责任。在实务中,独立性保函被广泛采用。从受益人角度来说,为了确保自身的权益不致因基础合同纠纷而遭受损失,而要求银行开立独立性保函;从银行方面来说,也不愿被卷入复杂纠纷中去,影响自己的信誉,由此导致保函以独立性担保为主。

2. 从属性保函

从属性保函(accessory guarantee)是基础业务合同的一个附属性契约,其法律效力随合同的存在而存在。在从属性保函下,银行承担第二性的付款责任,或称从属的偿付责任,即担保行的偿付责任从属于或依赖于委托人在基础业务合同下的责任。委托人违约时,应由其本人首先承担责任,只有当委托人无力承担责任时,担保行才负责赔偿。而且,如果委托人依法或依合同对受益人享有抗辩权,则担保行可以同样用来对抗受益人的索赔。

在实务中,委托人一般申请开立第二性的从属性保函;受益人则愿意接受第一性的独立性保函;担保行也同样欢迎独立性保函,即自己能判断是否赔付的保函。在国际结算中担保行负第一付款责任的独立性保函的使用越来越广泛。这种独立性保函又称见索即付银行保函。它遵循国际商会《见索即付保函统一规则》(Uniform Rules for Demand Guarantee,URDG)。根据该规则,见索即付银行保函无论其如何命名或描述,意指银行、保险公司或其他组织或个人(担保人)以书面形式出具并凭提交符合保函条款的索赔书(demand for payment)或保函规定的其他单据付款的保函、担保或其他付款承诺。

不过,独立性保函的"独立性"也有局限性,即如果有确凿证据证明受益人有欺诈行为(如明知委托人已完全履行了基础合同项下的义务仍提出索赔),则受益人无权得到赔付。

(三) 银行保函的作用

银行保函作为经济交易的备用书面担保凭证,其主要作用是以银行信用为手段来保护受益人的经济利益,促使交易活动顺利进行。具体表现如下。

1. 作为合同价款支付的保证作用

银行保函用来保证合同项下的付款责任方按期向另一方支付合同价款;保证合同价款与所交易的货物、劳务、技术等的交换;保证借贷资金及利息的偿还。这是保函的一个重要职能,也是保函能够成为一种国际结算方式的基本原因。

2. 合同违约时,作为对受害方补偿的工具或对违约方的惩罚手段

在一般的经济合同中,虽已规定了当事人各方的权利和义务,具有一定的约束力,当一方违约不履行义务时,另一方可要求其赔偿经济损失,但这种约束仅限于商业信用,即取决于交易对方的信誉,保障不够有力。尤其在复杂、繁琐的国际业务中,由于双方当事

人身处异地,互不了解、互不信任,往往需要银行信用介入,由银行担保一方履约,取得对方信任,以促成交易的实现。因此,银行保函使交易各方履行义务得到了双重信用保障,其性质是一种备用的银行信用。

二、银行保函的有关当事人及其权利和义务

银行保函的当事人也可分为必不可少的基本当事人和其他可能的派生当事人两大类。

(一) 银行保函的基本当事人

任何银行保函都必不可少的基本当事人有三个,委托人/申请人、担保行和受益人。

1. 委托人/申请人

委托人/申请人(principal/applicant)是指向银行提出申请,要求银行开立保函的某一经济交易(或经济关系)中的当事人。委托人是基础合同中负有责任或义务的一方当事人,通过保函的形式向另一方当事人巩固其在基础合同中作出的承诺。委托人在保函项下主要负有以下责任和义务:

(1) 如果发生保函项下的支付/赔偿,应立即偿还担保行的所有支付/赔偿。

(2) 负担保函项下的手续费、利息及所有其他费用。

(3) 如担保行认为需要,须为之提供反担保人或者是一定押金或质押品。

2. 担保行

担保行(guarantor bank)是指根据委托人的申请,向受益人开立保函的银行。其责任是保证委托人履行基础合同的义务,并在委托人违约时,根据受益人提交的符合保函规定的索赔文件,向受益人作出赔付。其在保函项下主要有以下权利和义务:

(1) 有权要求申请人提供反担保人或者是一定押金或质押品,也有权拒绝做担保。

(2) 一旦接受担保申请,则应按保函申请书的要求开立保函。

(3) 保函一旦开出,就必须按照保函承诺的条件受理受益人的索偿/索赔。

(4) 在处理受益人的索偿/索赔时,必须认真审核其是否符合保函的有效期规定和金额规定(担保行的支付/赔偿责任仅限于保函规定的金额以内)。如果保函规定有单据要求的话,还须认真审核受益人所提交的单据是否在表面上符合保函的规定以及单据之间是否保持一致。对于从属性保函,还必须取得其基础合约履行情况的规定凭证。但一般来说,担保行对于受益人所提示单据的真伪或法律效力不负责任,对于第三者行为所造成的寄单延误、损失或差错等也不负责任。

(5) 如果发生保函项下的支付/赔偿,担保行有权向委托人/反担保人索偿,若委托人不能在规定时间内偿还索偿款项,则担保行有权处置其押金或质押品,并有权进一步追索不足抵偿部分。

(6) 有权根据担保金额和风险的大小向委托人收取手续费,并有权向委托人收取保函项下的利息及所有其他费用。

3. 受益人

受益人(beneficiary)是指接受银行保函,并有权按保函规定的条款向担保行提出索偿/索赔的既定经济交易(或经济关系)中的当事人。受益人是基础合同中与委托人相对

的当事人。如在进口合同中,若卖方交货并允许买方延期支付,则延期付款保函的委托人是买方,受益人是卖方;如为租赁合同,则承租人是租赁保函的委托人,出租人是受益人。受益人在保函项下主要有以下权利和义务:

(1) 有权按保函条款的规定向担保行提出索偿/索赔。

(2) 只能在保函的有效期限(保函的有效期限一般是针对担保行所在地而言,这点应特别予以注意)和规定金额内提出索偿/索赔。

(3) 如果保函规定有索偿/索赔时所须提供的单据,甚至基础合同的履约情况凭证,则在索偿/索赔时必须按要求予以提供。

(二) 银行保函的派生当事人

保函项下有时会派生出一些其他当事人,一般有通知行、保兑行、反担保行。

1. 转递行

转递行(transmitting bank)又称通知行(advising bank),是指受担保行之托,代为转递保函给受益人的银行,一般是受益人所在地的银行。他在保函项下主要有以下权利和义务:

(1) 负责核验和确认保函表面上的真实性。

(2) 按担保人的指示及时将保函转递给受益人。

(3) 若因故无法及时将保函转递给受益人,则应及时将此情况通报给担保人。

(4) 有权按保函的规定向受益人/担保行收取通知费。

一般来说,转递行对于保函内容的正确与否,及其在邮递过程中的延误、损毁或遗失等均不负责任。

2. 保兑行

如果担保银行的资信、实力较差,或所在国家外汇紧缺,或政治经济局势动荡,受益人因担心担保行的清偿能力而拒绝接受,则受益人有两种选择:一种是由国际性大银行或本国银行对原保函加具保兑;另一种是要求本国银行另开保函。在第一种方式下,如果另一家银行接受担保行的要求对保函加具了保兑,则成为保兑行(confirming bank)。保兑行与担保行对受益人共同承担连带和单独的责任。如果委托人违约,受益人可以向两家银行中的任何一家提出索赔要求,因此是一份保函、两个担保人。如果受益人选用第二种方式,则会出现反担保行这一当事人。

3. 转开行

转开行(reissuing bank)是指凭反担保函中担保人的反担保指示,并按其要求向受益人开出保函的银行。它一般是受益人所在地银行。为避免混淆,一般将出具反担保函的国外担保人称为反担保人。转开行有权拒绝反担保人要其转开保函的要求,并及时通知反担保人,以便反担保人选择其他的转开行。转开行的责任是应及时按反担保人的要求向受益人开出保函。保函一经开出,转开行就成为担保人,承担起担保人的责任,在保函规定的付款条件成立时保证履行赔付责任。转开行赔付后,有权凭反担保函向反担保人索偿。

4. 反担保行

反担保行(counter guarantor)又称指示方(instructing party),是指接受委托人的申

请,向担保行开立反担保函,指示后者开立保函,并以自身名义承诺将及时足额地补偿担保行在保函项下对受益人的所有支付/赔偿及其他费用的另外一家有经济业务往来的银行。其在反担保函项下有以下权利和义务:

(1) 有权要求申请人提供一定押金或质押品,也有权拒绝作反担保。

(2) 一旦开出反担保函,就有义务按其承诺的条款受理担保行的索偿。

(3) 在处理担保行的索偿时,必须认真审核其是否符合反担保函的有效期规定(一般来说,反担保函规定的受益人索偿/索赔有效期应是针对担保行所在地而言)和金额规定(反担保行的支付责任仅限于反担保函规定的金额以内),如果反担保函规定有单据要求的话,还须认真审核担保行所提交的单据是否在表面上符合反担保函的规定以及单据之间是否保持一致。

(4) 如果发生反担保函项下的赔偿,则有权向委托人追偿,若委托人不能在规定时间内偿还应付款项,则有权处置其押金或质押品,并有权进一步追索不足抵偿部分。

(5) 有权不直接受理保函项下受益人提出的任何索偿/索赔要求。

三、银行保函的国际规则

随着银行保函在国际性经济交易中使用的日益广泛,各国关于保函业务的习惯差异与立法冲突也日益成为引起各类纠纷与争议的导火线。为了协调各国、各地区的做法,明确保函的性质和保函各当事人的责任,规范保函的格式,从而确保保函的普遍可接受性与理解、操作上的一致性,以适应并推动保函在国际结算中的应用,有必要制定一些关于保函业务的、国际通行的基本规则。因此,1978 年国际商会与联合国国际贸易法委员会(United Nations Commission on International Trade Law, UNCITRAL)组织了大批专家,共同制定了《合约保函统一规则》(Uniform Rules for Contract Guarantees, URCG),编号为国际商会第 325 号出版物。根据该规则,国际商会于 1982 年出版了《合约保函标准格式》(即国际商会第 406 号出版物"Model Forms for Issuing Contract Guarantees No. 406")。

但是,《合约保函统一规则》(以下简称 URCG)并未被各国金融界与工商界所普遍接受,未能达到统一保函业务的目的。URCG 未明确担保的法律属性问题,而只是片面强调了保函各方当事人之间利益均衡的观点,因而不符合当前实际业务中受益人一方出于其在国际经济交易中的优势地位而要求完全保障其权益不受侵害的愿望,不能解决银行担保业务中实际存在的一系列问题,自然难以得到世界各国银行界的认可。其缺点主要有:①URCG 适应面较窄,仅规定了投标保函、履约保函及还款保函三种,三者都是针对投标。对于商品供应、工程承包、租赁、信贷、维修等其他业务中使用的保函并不适用。②URCG 回避对保函的性质作规定,试图涵盖从属性与独立性两类保函,但因两者之间不可调和的差异,使得 URCG 对国际间实际的保函业务指导意义不大。③URCG 规定受益人索赔时必须提供或在合理时间内补交证明委托人违约的文件,如法院判决或仲裁庭决议等。这样,复杂的程序会影响索赔效率,从而损害受益人的正当权益;另外,也使得担保行极易卷入基础合同的纠纷或争议中,导致银行信誉下降,进而丧失参与保函业务的积极性。④URCG 条款过于笼统,对于实务中出现的反担保,包含转让、费用、担保与反担保的关系等许多问题均未涉及,因而不能适应现代保函业务的需要。

因为存在上述缺陷,所以 URCG 最终未能成为规范保函实践的指导文件。另外,随着独立性保函的普遍使用,银行保函业务的发展呈现出单据化、信用证化的趋势,为了保护银行的正当权益,国际商会在联合国贸易法委员会的支持下,邀请大批专家重新起草和拟订了新的统一规则,并经多次讨论、修正,几易其稿,终于在 1992 年制定出更接近于当前国际担保实务规范的《见索即付保函统一规则》(Uniform Rules for Demand Guarantee, Publication 458),即编号第 458 号出版物,简称 URDG。

但由于 URDG458 的条款过于笼统,缺乏可操作性,为此国际商会于 2007 年 4 月决定对其进行修订。修订工作历时两年半,其间在全球范围内进行了四次大规模的意见征集,五易其稿,最终形成了《2010 年见索即付保函统一规则》(URDG758)。URDG758 于 2010 年 7 月 1 日起生效,这是继 UCP600 后国际商会通过的又一重要国际惯例,必将对保函实务操作发挥重要指导意义。

URDG758 全文共 35 条。为使规定更准确、规则更全面、权责更平衡、设计更创新,URDG758 在诸多方面对 URDG458 作出了重大修改和补充,并体现在相关的具体条款中,如表 7-1 所示。

表 7-1　《2010 年见索即付保函统一规则》的修订特点与主要变化

修订特点	规定更准确;规则更全面;权责更平衡;设计更创新
修订过程中的争论焦点	非单据化的定义;担保人自身记录的范围;金额的缩减;到期事件;见索即付保函国际标准实务;不完整交单;单据审核的时限;展期或付款;担保人是否需要在付款前通知指示人;"敞口"保函的有效期;不可抗力
新增的条款	第二条"定义";第三条"解释";第七条"非单据条件";第十条"保函及其修改的通知";第十一条"修改";第十七条"部分索赔和多次索赔";索赔金额";第十八条"索赔的相互独立性";第二十一条"付款的货币";第二十四条"不相符索赔、放弃及通知"
修改的事项	适用范围;保函应具备的内容;违约声明书的内容;交单的形式;审单标准与时限;展期与付款;保函的终止;不可抗力的影响;保函转让予款项让渡等

四、银行保函的内容

保函的格式(form of guarantee)即保函的文字条款,它体现着保函项下担保人所承担的责任和义务以及责任范围的大小,不同的格式反映着担保人在每一担保类别项下不同的风险程度和不同的赔付或付款承诺。根据《见索即付保函统一规则》的要求,银行保函的内容归纳起来主要有以下几个方面。

(一) 各方当事人的名称和地址

保函应写明各方当事人尤其是担保行的完整名称和详细地址,因为《见索即付保函统一规则》明确规定"担保书受担保人营业所在国的法律约束,如果担保人有几个营业地,则受担保人签发担保书的那个营业地所在国的法律约束",而各国法律差异很大,因此,明确当事人各方尤其是担保人的全称和地址,不仅可以保证保函的完整、真实,而且对于明确保函地有关法律问题以及各方当事人的权利、义务,处理纠纷都十分重要。

(二)要求开立保函的基础合同

保函的开立是为了担保委托人在基础合同项下履行其债务,而不同交易中委托人的债务是不同的。因此,保函须注明其起源的基础交易,包括基础合同的事由、编号、签订日期及当事人等。但是此项注明只是陈述一项事实而已,并不表示保函依附于该基础交易,事实上尽管保函应注明所担保的基础合同,但在性质和担保人责任方面完全独立于基础合同。

(三)保函的编号、开立日期以及保函的种类

为便于管理和查询,银行通常要对保函进行编号。注明保函开立的日期有利于确定担保银行的责任。对于不同性质和用途的保函,必须注明其种类,如投标保函、付款保函等。

(四)保函的金额及货币名称

在跟单信用证交易中,信用证金额可以是一个最高限额,也可以是一个确定金额。但在保函业务中,担保人的赔付金额往往取决于委托人违约对受益人造成的损失程度。因为无法在开立保函时就规定确定的金额,所以保函金额都是规定为一个最高金额(maximum amount)。该金额是担保人承担责任的最高限额,也是受益人在保函项下的最高权益。如果受益人因委托人违约而实际受到的损失超过保函的金额,则受益人可以从担保人处获得最高金额赔偿,不足部分再凭基础合同向委托人索赔。此外,该金额也是担保人计收担保费用的依据。

(五)保函的有效期

保函的有效期(validity),即自生效日至到期日的期限,包括保函生效日期和失效日期(expiry date)两方面的内容。根据保函的不同用途和避免无理索赔的需要,保函有着不同的生效办法,如投标保函一般自开立之日起生效,而预付款保函则自申请人收到款项之日起生效,以避免在申请人收到预付款之前被无理索赔的风险。有些保函并不注明到期日,而是注明有效期为自生效日起若干月或若干年,若无特别说明,有效期即从开立日起算,至相应年月的同一日期截止。但是大多数保函会明确规定一个日历日期为到期日,保函将从这一天起失效,因此成为失效日期。保函也可以规定失效事件(expiry event),即以规定事件的发生之日为失效日,如以施工完毕、验收合格、交货结束等事件为到期事件。但需要注意,此类到期事件的发生必须以适当的单据(如完工证明、验收合格证书、交货收据等)加以证明,而且以此类单据向担保行提交之日为保函的到期日。即使保函规定了到期事件,但为了避免此类事件不发生而使担保责任无限制延续,保函仍须规定到期日,并以两者之中先到之日为失效日期。

保函的到期日是受益人提出索赔的截止期限。由于保函只能在担保行使用,受益人必须确保索赔单据或文件在保函失效之前送达担保行,如果延迟送达,担保行可以拒绝受理,因为保函此时已经失效。如果索赔单据或文件因邮寄过程中的延误而在保函失效后送达担保行,或者虽及时送达但担保行正因不可抗力事件而中断营业,而复业之时保函已失效,则担保行仍可以拒绝受理索赔,因为银行对上述事件及其后果不负责任。

另外,纵然保函明确规定了到期日期及/或到期事件,如果保函被退还给担保人,则保函自动注销。如果保函的最高金额因付款及/或减额而全部用完,或者受益人出具了解除担保人责任的书面申明后,无论保函及其修改是否被退回,保函均因注销而失效。

(六) 索偿条件

根据《见索即付保函统一规则》,银行保函所列的要求付款的条款均应是单据化条款,否则担保银行无法仅凭单据决定是否支付。如果保函中出现非单据化条件,则银行应将其忽略。担保银行在处理保函索赔时,认为索赔条件不必与事实相联系,但必须由受益人在有效期内提交保函规定的单据或书面文件,证明申请人违约,且申请人提不出相反证据时,即可认定所规定的付款条件已经具备,索赔有效;至于受益人提交来的文件或单据的形式、完整性、准确性、真实性、伪造及法律效力等,担保行一概不予负责。

(七) 减额条款

保函可明确规定,在某一特定日期或在向担保人提示保函规定的某种单据后,保函金额可以减少某一特定金额或可事先决定的金额。例如,履约保函可以规定,当承包工程完成一定进度后,凭项目监督工程师的进度证明,保函的最高金额可以降至某一金额。又如,还款保函可以规定,随着交货的分批进行,凭委托人的发货证明(如提单副本)可以按比例地扣减保函金额。当保函金额按约定方式扣减至零时,保函即自动失效。

(八) 其他条款

包括与保函有关的保兑、修改、撤销及仲裁等内容。

URDG758 项下见索即付保函格式如附式 7-1 所示。

附式 7-1　　　　　　　　　URDG758 项下见索即付保函格式

Form of Demand Guarantee under URDG758

To:

Date:

Type of GUARANTEE:

Guarantee No. :

The Guarantor:

The Applicant:

The Beneficiary:

The Underlying Relationship:

Guarantee amount and currency:

Any Document required in support of the demand for payment, apparent from the supporting statement that is explicitly required from text below:

Language of any required documents:

Form of presentation:
Place of presentation:
Expiry:
The party liable for the payment of any charge:

As a guarantor, we hereby irrevocably undertake to pay the Beneficiary any amount up to the Guarantee Amount upon presentation of Beneficiary's complying demand, in the form of presentation indicated above, supported by such other documents as may be listed above and in any event by the Beneficiary's statement, whether in the demand itself or in a separate signed document accompanying or identifying the demand, including in what respect the Applicant is in breach of its obligations under the Underlying Relationship.

Any demand under this guarantee must be received by us on or before Expiry at the Place of presentation.

This guarantee is subject to the Uniform Rules for Demand Guarantees(URDG)2010 revision, ICC Publication No. 758.

_____

Signature(s)

五、银行保函的业务程序

一笔保函从开立到业务结束大体需经过以下几个环节。

(一)申请人申请开具保函

保函的出具和产生源于商业合约的要求和商业交易本身的需要。由于交易双方彼此间互不了解和互不信任,常常导致交易当事人企求通过引入银行信用来充当交易中介的需求,因此,作为交易某一方的当事人就会向其所在地的往来银行提出开立保函的申请。

保函申请人要求银行出具保函,一般应履行以下手续:填写开立保函申请书,或与担保行签订委托担保协议;提交一定的保证金或以其他形式的反担保作为抵押;提供有关的业务参考文件(如标书、合同、有关的契约、协议等),以使银行对拟担保的交易或项目本身作出审查,并据此作出是否接受该申请及收取抵押比例大小的决定。同时也便于银行对所开立保函的格式及相关内容进行审查。

保函申请书与信用证项下的开证申请书一样,是申请人与担保行之间代表了一定的法律义务和责任划分的书面文件。因此,银行在应申请人之委托开立保函之前,一般均要申请人缮制一定格式的申请书或与申请人签订一份委托担保协议,用以明确担保行与申请人各自所应承担的责任,明确各自的权利和义务,并以此作为各自间的某种契约和约定。担保行凭此约定,享有在保函项下发生索赔时和赔付行为后向申请人进行追索的权利,以及在出具保函后收取各项费用的权利,并依照申请书或委托担保协议及其附件中所要求的条件和条款来签发保函。

一份保函申请书,通常应包括以下方面的内容:保函申请人名称及地址、电话、电传及业务联系人等;保函受益人名称及地址;有关的合同号、标号或项目名称等;合同总金额;保函金额、种类、效期等;保函的开立方式;保函签发手段(电开或信开)。申请人希望选用的转交、转开保函或加保的国外银行名称及地址;申请人对担保人所作出的承诺;担保行和申请人各自的权利和义务,以及担保行可能的免责条款;申请人希望采用的保函格式(通常作为保函申请书的附件人);申请人的有效签章,等等。

申请人在缮制保函申请书时,一般应注意以下几方面的问题:①仔细阅读合同中的有关条款,根据合同的具体要求,填写申请书,核算保函的金额大小以及有效期长短,做到准确无误,一丝不苟。②根据合同或标书的具体规定以及国外受益人所在国的传统习惯及法律要求,并结合费用因素,选择对自己最为有利且能为受益人所接受的开立方式。③在保函的开立方式确定后,还要对诸如转递行、保兑行、转开行这些国外受托银行进行严格遴选。

(二) 担保行签发保函

保函,作为银行的一种或有负债,担保银行在其项下承担了一种付款的或有责任,面临着发生支付的可能性。因此,尽管凭借其与申请人事先所签订的委托协议或申请人提交的保函申请书,担保行可以向申请人或其反担保人进行追偿,然而,出于保护自身利益的考虑,在签发保函之前,作为担保人的银行都必然会对申请人的资信情况、财务状况、反担保措施以及与担保相关的合约内容作出详尽的审查。

1. 银行要对担保品和反担保措施进行审查

保函是银行提供的一种付款保证,构成银行或有负债,担保的最终责任和风险落在申请人身上,一旦保函发生赔付,担保行对申请人享有追偿权。

但是,假如申请人届时因资金短缺而无力偿付,甚至经营失败发生破产,那么银行自身权益将受到损害。为此,银行在出具保函前须根据保函本身的风险大小、效期长短、受益人所在国别的不同及项目的具体情况,要求申请人提供不同比例的担保物品(collateral)或寻求其他反担保。这是银行办理保函业务的重要环节之一。在日常业务中,银行可以接受的反担保和担保品一般有:由其他银行或金融机构,有资金实力的商业团体、企业、公司或其他经济实体出具的反担保函;申请人自己或他人的不动产抵押(mortgage)或动产质押(hypothecation);申请人在担保行的账户头寸以及担保行给予申请人的授信额度抵押等。

2. 对项目可行性进行评估以及对效益进行审查

项目的评估和效益的审查,不仅对客户有利,也与担保银行的切身利益息息相关。

担保行应严格审查项目的盈利性和经济效益的好坏、预期利润和收入多寡，综合考虑可能影响项目实施过程中资金取得的各种因素，评判风险大小，作出决断。此外，还须将资金的取得时间与保函项下的付款时间衔接起来，以便尽可能避免担保行届时将不得不以自有资金为客户进行垫付的可能。显然，这项工作与对担保品和反担保措施的审查一样，也是以保护银行的自身利益，保证银行的资金安全，保证银行在一旦发生索赔时能有足够的资金支付，能及时得到补偿为最终目的的。

3. 对保函申请书及委托担保协议进行审查

对申请书及委托担保协议的审核，主要是从以下两个方面来进行的。

（1）结合有关合同、协议及标书的要求，审核申请书或委托担保协议有关内容的填写是否正确。比如，申请人和受益人的名称、保函的金额、效期、保函的开立方式、代理行的选择、项目名称、保函类别等是否符合有关合同、协议或标书的规定，填写是否妥当。审查过程中一旦发现问题，银行应立即与申请人联系，及时作出更改，并要求其在更改处签章认可，作为日后解决争执时的凭据。

（2）结合保函格式的内容与保函的条款来审查保函申请书及担保委托协议中责任的划分是否合理、是否明确，申请人所作出的偿付承诺是否肯定和清楚，是否与担保行对外签发的保函所承担的义务相吻合，等等。

4. 对保函格式、条款、内容进行审核

保函格式体现了保函项下银行所承担的职责和义务以及责任范围的大小。不同的格式反映着担保行在每一类保函项下不同的风险程度和不同的赔付承诺。担保行通过保函的文字阐述，明确自己的赔付条件，并以此来约束自己的行为。因此，对保函格式的审查乃是银行保函业务诸多程序中最为关键的一个环节。

保函的审查要围绕保函的基本要素逐项进行，看保函内容是否完备，是否与合同要求相一致。同时还要注意保函的文字是否流畅、通顺，用词是否妥当，条款的含义是否清楚、明确，剔除可能因歧义而会产生不同理解的表述，避免出现上下文自相矛盾的情况。

在上述各项审查结束且审查结果令人满意的情况下，银行即会按照申请人的要求对外开出保函或反担保并将其发往国外同业，请其代为通知或转开保函。

（三）保函项下的索赔和理赔

担保行在保函项下承担的赔付责任具有或然性，当委托人履行了基础合同项下的义务，受益人就不会向担保行索赔。因此这一环节并非是每一份保函所必经的环节。只有在委托人违约的情况下才会发生受益人的索赔和担保行的理赔。根据保函开立的方式，保函项下的索赔有下列三种形式。

1. 受益人凭保函进行索赔

如果委托人在履行基础合同义务时违约，受益人就可以提出索赔。受益人必须准备好保函所规定的索赔文件或单据，并在保函失效前送达担保行。如果受益人向保兑行索赔，则保兑行赔偿后可以获得受益人的索赔文件或单据，然后凭此再向担保人索偿。受益人在索赔时可以仅提出赔偿要求，也可以提出"赔偿或展期"（compensation or extension）的要求。如果是后一种要求，则担保人应将付款时间推迟至一个合理的日期，以便委托人与受益人就展期达成协议。如果在上述规定时间内未达成展期协议或委托人未发出展期通知,则担保人仍须对受益人合理的索赔要求给予支付。但是,即使委托人同意展期,若担保人或反担保人不同意,则展期无效,担保人仍应承担付款的责任。

2. 担保人根据反担保协议向反担保人索赔

担保人在收到受益人的合格索赔要求时,在存在反担保协议的情况下,应毫不延迟地通知反担保人;在没有反担保协议时,应直接通知委托人。担保人在对受益人作出赔款后,应将受益人提交的单据或文件,以及担保人出具的说明已收到合格索赔要求的书面声明毫不延迟地转交给反担保人,并根据反担保协议从反担保人处获得足额补偿。

3. 反担保人向委托人索赔

反担保人收到担保人的通知后,应立即转告委托人,由其准备赔款资金。当反担保人在反担保失效前收到担保人寄来的其本人的书面声明及受益人提供的索赔文件或单据时,应在合理时间内根据反担保的要求进行审核。若审核中发现不符点,可以立即通知担保人拒付,并留存单据及文件听候处置;若审核无误,则反担保人应立即作出赔付,并从委托人处获得相应的金额。

(四) 保函的撤销

一般来说,保函一经到期,即应失效,此后担保行将不再对任何可能发生的索赔负责,保函即可注销。根据《见索即付保函统一规则》,独立担保的效力并不依附于基础合同本身,因此合同的失效并不意味着与此相关的保函的自动失效,只要保函尚未到期,担保将继续存在。保函的到期注销,一是要求受益人在合同完结后立即将保函正本退回;二是由受益人签署文件,明确放弃保函项下的一切权利,凭此担保行方能有权办理保函的撤销。此外,保函项下担保余额的全部支付也将意味着保函的完结,担保行也可据此办理撤销手续。

随着保函的撤销,担保行的担保职责即告解除,至此,保函业务随之宣告结束。

六、银行保函的种类

在国际性经济交易中,基础合同交易纷繁多样,保函的种类因此而很多。虽然银行在保函项下的责任基本相似,但因所担保的基础交易不同,银行责任的具体内容也不尽相同。

(一) 出口类保函

出口类保函是指银行应出口方(或工程承包方)的申请,向进口方(或工程业主)开立的,保证前者履行贸易合同或招投标合同的某项义务的各种信用保函。出口类保函主要有以下四种。

1. 投标保函

投标保函(tender guarantee/bid bond)又称投标保证书或投标担保。它是银行根据投标人(保函申请人)的要求向招标方(保函受益人)开立的一种书面保证文件,以保证投标人在投标有效期内不撤回投标或修改原报价,中标后保证与招标方签订合同,在招标方规定的期限内提交履约保函。否则,担保行按保函的金额向招标方赔偿。

投标保函的担保金额一般为合同金额的 1%～5%(具体比例视招标文件规定而定),

但有时投标人为防止过早暴露标底，往往会要求银行开出略高于投标金额比例的保函。投标保函自开出之日起生效，其有效期至开标日后几天为止。若投标人中标，则保函效期自动延长至投标人与招标人签订合同并提交规定的履约保函为止。若投标人落选，也没有违约事件，则招标人将退还投标保函，以供银行注销并解除担保责任。

2. 履约保函

履约保函（performance guarantee）是银行应委托人的请求，向受益人开立的保证委托人履行某项合同项下义务的书面保证文件，保证委托人忠实地履行商品或劳务合同，按时、按质、按量地交运货物或完成所承包的工程。如果发生委托人违反合同的情况，银行将根据受益人的要求向受益人赔偿保函规定的金额。履约保函多用于供货或承包工程项下，即中标人与招标人、进出口双方签订供应货物或承包工程合同时所要提供的担保。

履约保函金额因基础交易性质的不同而有所不同。出口履约保函金额一般为合同金额的 10% 左右，而工程承包履约保函金额则为基础合同金额的 10%～25%。履约保函的有效期取决于交货期或施工期的长短，一般以合同生效日为保函生效日。但有时出口商为了保护自己的利益，可以规定在收到进口商开立的合格信用证时保函才生效。失效日一般为合同履行之日或其后的若干天。

3. 预付款保函

预付款保函（advance payment guarantee）也称为还款保函（repayment guarantee），在买卖合同下还可以称为定金保函（down payment guarantee），是指银行应卖方或承包方的委托向买方或业主开立的，旨在保证若委托人未能按合同规定发货或提供劳务时，由银行退还受益人预付的全部或部分款项的书面保证文件。

在大额交易中，买主或业主方经常需要在合约签订后的一定时间内向供货方或劳务承包方支付一笔相当于合同价款一定比例的预付款（通常为 10%～25%），以供卖方或承包商备货或购买有关物资之用，同时也可以确保买方或业主购买已签约的商品或劳务，避免卖方或承包商垫付前期的有关费用。但这一预付款会因对方违约而受损。为避免这种情况的发生，买方与业主要求对方提供银行保函。

保函的有效期也取决于交货期或施工期的长短。在交货或施工完毕时，预付款全部转化为委托人的营业收入，保函项下已无款可还，这时预付款保函就自动失效，而一般不会像履约保函那样延长到把质量或维修的担保期也包括在内。但是预付款保函的生效一般不是自开立之日起，而是待委托人收到受益人应支付的足额预付款项时才生效，这也避免了受益人未付定金却可凭预付款保函进行索赔的情况发生，保障了委托人的权益。一般预付款保函都规定要有减额条款，即规定随交货情况或工程进度的进展而"自动地、按比例地"进行扣减，直至扣减至款额为零时，保函则告自动失效。

4. 质量/维修保函

质量/维修保函（quality/maintenance guarantee）基本上是一样的。不同的是，质量保函多用于商品买卖交易中，而维修保函多用于劳务承包工程中。

在商品买卖，比如机械设备交易中，买方为了确保商品的质量，常会要求卖方提供质量保函，保证如果出口的货物质量不符合合同规定，又不更换或维修时，担保银行负责赔偿。在劳务承包工程中，工程业主为了保证工程的质量，常会要求承包方提供银行担保，保证在质量不符合合同规定，承包方又不维修时，担保行负责向工程业主赔付。

质量/维修保函的金额一般规定为合同金额的 5%～10%，有效期从开出到合同规定的维修期满再加 3～15 天的索偿期。

（二）进口类保函

进口类保函是指银行应贸易进口方或工程业主的申请，向出口方或工程承包方开立的，保证后者将履行合同的义务，否则银行将向前者赔付的信用保函或结算保函。进口类保函主要有以下四种。

1. 付款保函

付款保函（payment guarantee）又称进口保函。在大型资本货物交易中，进口方委托银行向出口方开出一份书面保证文件，保证在出口方交货后，并经买方检验与合同相符后，进口方一定付款，否则，就由担保行在付款保函项下代为支付。付款保函与其他信用担保的不同之处在于它是对合同价款的支付保证，而不是一般的违约赔偿金的支付承诺。

一般情况下，买方或业主申请开立付款保函时，不需要提前将款项存入担保银行，只有当受益人索赔时，才向担保银行拨付资金对外支付。但在有些情况下，委托人可能提前将足额合同款项交担保银行封存，指定出口商或承包商为账户受益人，可以凭有关单据从该账户支款。这种特殊的付款保函成为封存货款银行保付书（blocked funds attestation）。

付款保函的保函金额即合同金额，若委托人已经支付了一定比例的定金，则应为扣除定金后的未付金额。付款保函规定有减额条款，保函金额随着委托人的每次支付而自动扣减，待金额扣减到零时，即委托人履行了付款责任，付款保函也告失效。保函有效期按合同规定的付清价款日期再加 15 天。

2. 延期付款保函

进口方在进口大型成套设备中，多采用延期付款方式。根据买卖双方签订的合同，进口方预付出口方一定比例（如货款的 5%）的定金，出口方交来货运单据时再支付一小部分（如货款的 10%），其余部分（货款的 85%）由出口方开出以进口方为付款人的远期汇票若干张，由进口方在合同规定的期限内分次等额付款。如果进口方不能付款，担保行要代为付款，这种保函，称为延期付款保函（deferred payment guarantee）。进口大型成套设备之所以要采取这种保函方式，是因为出口方不仅要负责供货，还应负责安装调试，并有一段保修期。而这些责任在信用证下是无法反映的，进口方为了使出口方更好地履行职责，多采用延期付款保函方式。

延期付款保函的金额为定金外的全部货款（如上述 95% 的货款金额），保函有效期是按保函规定的最后一期付清货款及利息的日期再加 15 天。

3. 租赁保函

租赁是指出租人根据租赁合同，将租赁财产出租给承租人使用，承租人以支付租金为代价得以在租赁期间使用租赁财产的一种交易方式。租赁保函（leasing guarantee）是指银行应承租人的请求，向出租人开具的书面担保，保证承租人一定按租赁合同规定交付租金,否则,担保行代为交付的书面保证文件。

保函金额为承租人应付租金加上相应利息,保函有效期通常按租赁合同规定之全部租金付清日再加 15 天。租赁保函的担保人的责任将随每笔租金的支付而等额递减。

4. 保留金保函

保留金保函也称滞留金保函。在大型设备进出口业务以及国际承包工程中,买方在支付货款或工程款时,一般要保留一定比例的款项,待进口设备安装调试验收合格或工程完工交验后,再支付给出口方或工程承包方。这部分金额称保留金或滞留金。承包方或供货方为减少资金积压和避免资金风险,通常会要求买主或业主提供保留金保函(retention money guarantee),保证在规定时间内不会出现设备或工程质量问题或保证一旦在发生那些可以使委托人向受益人索赔的事由时,自己将如数退还该笔留置金,否则卖方或承包商可以向担保银行索赔。

保留金保函的金额一般为合同总价的 5%～10%,有效期是合同规定的索赔期满再加 3～15 天索偿期。

(三) 其他类保函

银行保函除以上几种外,根据实际业务的多样化,保函还有许多种,比较常见的有以下几种。

1. 借款保函

在国际间借贷业务中,贷款方在向借款人提供一定金额的贷款前,往往会要求借款人提供一份由银行出具的书面保证文件,即借款保函(loan guarantee),保证如借款人未按借贷协议规定按时偿还借款并付给利息,将由担保行来负责履行还本付息的义务。

保函有效期为借贷协议规定的还清借款并付给利息之日再加 15 天。借款保函的金额为借款金额加利息,但保函应规定随着借款人的每次还本付息,或随着担保行的每次赔付,保函金额应自动地予以扣减,当扣减至零时,保函即告失效。

2. 透支保函

透支保函(overdraft guarantee)是借款保函的外延,是以账户透支形式来达到融资目的的资金借贷方式。一般来说,承包公司在外国施工,为了得到当地银行资金融通,常会申请开立透支账户,由当地银行在一定期限提供一定的透支限度。在开立透支账户时,须提供本国银行担保,向当地账户行保证,如果该公司未按透支合约规定及时向该行补足所欠透支金额,担保行代其补足。保函金额为透支合约规定的透支限额,保函有效期一般为结束透支账户日再加 15 天。

3. 关税保函

在国际承包工程或国际展览、展销等活动中,须将施工机械或展品搬运至工程所在国或举办展览国,所在国的海关要对机械或展品征收一笔关税,作为押金,待工程完工或展览会结束将施工机械或展品撤出所在国时,海关再将这笔税金退还。承包商或展览团为了避免垫付这笔税金,一般会要求本国银行向工程或展览会所在国海关出具担保即关税保函(customs guarantee),保证承包方在工程完毕后或展览活动结束后,一定将施工机械或参展商品运回本国,否则,担保行将支付这笔税金。

保函金额即外国海关规定的税金金额,保函有效期为合同规定施工机械或展品等撤离该国之日再加 15 天。

4. 保释金保函

装运货物的运输工具,由于运输公司责任造成货物短缺、残损,使货主遭受损失,或因碰撞事故造成货主或他人损失,在确定赔偿责任前,被出事当地法院扣留,须交纳保释金才予以放行时,可由运输公司向当地法庭提供银行担保,保证如运输公司不按法庭判决赔偿货主或受损方所受损失,担保行就代其赔偿,当地法庭即以此银行担保代替保释金,放行所扣留之运输工具,这种担保函即为保释金保函(bail bond)。

保函金额视可能赔偿金额大小,由当地法庭决定,保函有效期一般至法庭裁决日后若干天。

5. 提单保函

在国际贸易中,有时会发生货物早于单据到达进口地或单据在邮寄过程中遗失等情况,进口商为能及时提货,以避免货物压仓变质、减少港口仓储费用以及不误销售时机,而向承运人或其代理人提供的保函即提单保函(B/L guarantee)。银行担保当承运人不凭提单而向进口商发货后,进口商一旦收到或找到提单,将立即交给承运人赎回保函,如果进口商违约及/或因此而给承运人造成损失,则由担保行给予承运人保函规定金额内赔偿的一种信用保函。

七、银行保函和跟单信用证的区别

银行保函和跟单信用证在本质上十分相似,它们都是银行向受益人开出的有条件的支付承诺;是独立于基础合约的法律文件;银行的付款条件仅仅是受益人提交规定的单据,且银行对单据的真伪和有效性不承担责任。但在具体业务中,银行保函和信用证有许多不同之处,简述如下。

(一)适用范围

信用证只能用于凭单付款的货物贸易项下,为进口方向出口方作付款保证;银行保函可用于任何类型经济交易合同中,为契约的一方向另一方保证当其不履行某项契约义务时承担赔偿责任。

(二)付款责任

信用证一经开出,受益人凭单首先向开证行请求付款,开证行必须按信用证规定履行责任;保函开出后,担保行并非必须付款,首先应由申请人履行有关的合同义务,若申请人已履行了义务,则担保行不须付款,若申请人未能履行义务,受益人才向担保行提出索赔请求,担保行按保函规定履行赔偿责任。

(三)所需单据

信用证要求受益人提交的单据是包括运输单据在内的商业单据;保函要求受益人提交的单据是受益人出具的申请人违约声明或相关证明。

(四)融资作用

信用证受益人可以通过议付、贴现和打包贷款等形式实现融资;保函受益人不能利用保函从第三方取得融资,有关单据也不能议付。

（五）开立依据

信用证可以是银行应客户要求而开立，也可以银行自行开立；但保函必须应客户请求而开立，担保人不能自行开立。

（六）风险担保

开证行有权要求申请人支付保证金，并在付款时掌握代表货物所有权的单据，以此作为开证行为申请人支付货款的风险担保；担保行有权要求委托人支付保证金或提交反担保，作为其承担赔偿责任的风险担保。如果保证金不足，担保行在赔付后可能遭受委托人无力偿还的风险。

（七）适用法律

《跟单信用证统一惯例》没有规定信用证业务的适用法律，一旦当事人之间发生超出《跟单信用证统一惯例》调整范围的纠纷，如何依法解决较为复杂；《见索即付保函统一规则》规定，担保人或指示方业务所在地的法律，适用于保函项下的纠纷，明确声明根据《见索即付保函统一规则》开立的保函受有关国家法律的管辖。

八、银行保函业务的风险与防范

（一）银行保函业务的风险

银行保函是担保银行的或有负债，对开立银行来说是高收益高风险的业务。商业银行经营保函业务，可以增加非利息收入，提高银行的盈利水平，增加银行的资金流量，扩大银行客户资源，促进金融产品销售，密切银企关系，促进银行业务规模扩大，提高市场占有率，具有良好的综合效益，但同时银行也要承担一定的风险。

1. 申请人违约的风险

保函是以相应的基础合同为背景而签发的，它担保的是申请人对基础合同的履约行为，所以，申请人对于基础合同的履行情况很大程度上决定着保函的风险。申请人违约的情况下申请人缺少资金、破产、倒闭等均不能构成担保银行逃避责任的理由。在商业银行信用证业务中开证行即使不收足开证保证金，但手中持有单据，是物权凭证，如果得不到开证申请人的偿付可以持有货物处理权作为有效补偿。而银行保函的开立行却无法借助货物作为申请人的偿付保护。此外，申请人发生违约情况通常会极力阻扰担保银行的对外承付，编造各种理由否认自己的违约行为，这就容易使担保银行卷入商务贸易纠纷中，影响声誉。

2. 受益人不合理的索赔风险

签发保函的担保银行可能会遭受受益人不合理索赔的风险。根据保函的独立性，保函不受基础合同关系的影响，担保银行的责任是保证在收到受益人递交的符合保函条款规定的索赔书及有关的单据后，向受益人支付一定的赔付金额。而在实际业务中，受益人往往只接受见索即付保函，尤其是融资性保函索赔条款一般是无条件的，在受益人不公正追索的情况下，银行只能按条款偿付，否则将在国际上陷入被动的境地。

3. 反担保人的信用风险

银行在出具保函前，一般要求申请人提供足额的反担保，主要方式有保证金、抵押、质押或由第三方出具反担保函等。这样,银行向外赔付后,若申请人无力偿还,反担保人必须对银行进行补偿。若反担保人经营状况不佳导致资金偿还能力低,或反担保人不守信用推脱责任,就使担保银行面临信用风险。在采取抵押(质押)作为反担保措施时,如果抵押品(或质押品)价值下降,或抵押品(或质押品)手续不全,未按规定登记办理,或出现重复抵押,都有可能造成银行按保函规定向受益人赔付后无法得到补偿而遭受损失的风险。

4. 代理行风险

代理行风险主要表现在转开信用证业务项下,作为转开行,受国外代理行的委托转开保函,较之受国内客户委托开立保函的风险要大。原因在于国内客户在申请开立保函时往往必须提供现金、额度或其他形式的抵押物品,而国外代理行仅凭其信用承诺,而且银行同国内客户同处一地,而与反担保行相距甚远。因此反担保行的资信好坏十分重要。

5. 操作风险

保函业务作为银行的中间业务和表外业务,由于缺乏严格的会计核算程序、完善的会计凭证进行制约,也不受资金的约束,所以其操作风险相对较大。作为经营保函业务的担保银行,随时存在由于内部管理不严,风险防范机制不健全和业务操作程序不规范而引起的风险,如银行内部人员未经授权或超越权限开立银行保函,不认真审查保函相关情况和内容就开立银行保函等,这都将导致银行内部操作风险,威胁银行的安全。

6. 其他风险

有关国家的政治稳定程度降低,经济政策连续性遭到破坏,对外开放程度下降,外汇管制加强,国家法律法规变化等,也会对保函申请人、受益人和反担保人带来一定的影响,从而构成担保银行的国家风险、政策风险和法律风险;同时,担保银行如果不熟悉本国对外担保的有关法律、法规和政策,盲目出具担保,也会给自己带来不必要的风险;此外,涉外保函业务还具有因汇率变动而导致损失的汇率风险。

(二)银行保函业务风险的防范

保函业务存在着高风险,因此在受理保函业务时应持慎重态度,对保函业务进行有效的风险防范。

1. 对申请人进行全面的资信调查与审查

银行在出具保函之前,要对保函申请人进行全面的调查和审查,看其是否为独立的法人,是否具备签约的条件,有无偿还能力,资金来源是否可靠,能否提供有效的反担保措施,提供的有关合约内容和条款是否符合国家政策法规,申请出具保函的项目是否符合有关规定。要着重了解申请人的财务状况、人员素质、管理水平、行业业绩及经营业绩等,在此基础上,综合评价申请人的资信状况及履约能力,决定是否出具保函。同时,要对相关的基础合同进行审查,因此基础合同是否严谨合理,直接影响到申请人能否履约,从而关系到担保银行在保函项下承担的责任与风险。担保银行要对合同中不利或不合理之处提出建议,堵住漏洞,防患于未然。

2. 要求申请人提供可靠的反担保措施

为防范风险,银行出具保函时要求申请人必须提供反担保措施。若由第三者出具反担保函,银行要进行严格审查,反担保人必须是有偿还能力的经济实体,具有法人地位,经济实力强,经营状态好,其累计反担保金额不得超过自有资本;反担保函要明确规定反担保人的责任和义务,其中的付款条件和责任不应低于银行对外担保的条件和责任,反担保函的效力不因反担保人的机构或人事变化而受到影响;若采用物权抵押,要求抵押物必须是归抵押人所有或所有人授权其经营管理并同意抵押的财产,要避免同一财产重复抵押;抵押物要通过资产评估机构进行估价,政府债券、银行存单等可按票面金额作价,而变现能力较差的其他财产应根据其磨损程度、市场价格及其变动趋势、抵押期限长短等情况进行作价,抵押物作价以后再合理地确定担保金额。

3. 实行按风险定价并收取保证金

按照收益与风险相对称、高风险高收益的原则,出具保函的银行可按照保函业务中被担保客户的信用等级与风险大小收取佣金,对于信用等级相对较低、风险较大的客户收取较高的佣金,以弥补风险损失。此外,出具保函的银行还可以要求申请人交存充足的保证金,保证金比例的高低,也可依据被担保客户的信用等级与风险大小,区别不同的保函种类、期限长短以及不同项目情况,分别规定高低不同比例的保证金,它既可防范保函业务经营风险,又可使银行获得一定的信贷资金来源。

4. 对保函条款进行全面的审查

银行开立的保函在形式上和内容上都必须符合规范,措辞必须严谨,防止受益人利用保函中模棱两可的表述,进行不公正索赔,使自己处于不利境地。对于索赔条件,银行应当注意将事实条件转化成单据化条件,将无条件的见索即付转换成有条件的凭单付款。银行应根据保函性质对保函的内容和条款进行重点审核。此外,如果客户要求银行开立可转让保函,银行在一般情况下不宜受理,因为可转让保函的索赔随意性较大,担保行承担着很大的风险。

5. 对受益人进行全面的资信调查与审查

签发保函的担保银行可能会遭受受益人不合理索赔的风险,因此对受益人进行全面的资信调查与审查是十分必要的。由于保函受益人地处国外,对其资信的调查和所在国情况的了解,除依靠平时积累资料、收集信息外,还可通过本行的海外联行、代理行或国际知名的咨询与评级机构或商会等民间组织来进行,争取获得多方协助,以防不法商人进行不合理索赔,骗取赔偿金。

6. 对保函担保项目进行认真调查和评估

为防范风险,银行必须对保函担保项目进行认真调查与评估。保函担保的建设项目的投资方向必须符合国家产业政策,且经济效益良好,有广阔的发展前景。银行要具体调查了解项目的立项批准情况、资金到位情况等,确保项目合法、效益良好、资金及时到位、及时开工,能按时建成投产,使申请人能够按时收回资金。

第二节 备用信用证

一、备用信用证的概念

备用信用证(standby letter of credit)或称担保信用证(guarantee L/C)是一种信用

证,意指由银行应申请人的请求或以自身的名义向受益人出具的、保证在委托人对某项基础合同违约时,凭规定的单据向受益人支付一定数额款项的书面凭证。

备用信用证起源于19世纪中叶的美国。当时,美国法律不容许商业银行开立保函,银行为了满足其客户的要求,便创立了这种属于保函性质的信用证,《跟单信用证统一惯例》也认可它作为信用证的一种形式。从某种意义上来说,备用信用证与保函的作用是一致的。

按备用信用证规定,在其有效期内,以及一定金额范围内,如果开证申请人违约,或未能按约定支付款项时,则受益人可以根据备用信用证规定,开具汇票,连同说明申请开证人未能履约付款情况的声明书,提交开证行要求付款,以补偿损失。但如果申请开证人已履约付款,则该证便不起作用,所以叫备用信用证,备用信用证是具有信用证形式和内容的保函。

美国联邦储备银行管理委员会给备用信用证下的定义是:不论其名称或描述如何,备用信用证是一种信用证或类似安排,代表开证行对受益人的一项义务:

(1) 偿还开证申请人的借款或预付款。

(2) 支付由申请人所承担的债务。

(3) 因申请人未履行其义务而付款。

从以上定义可以看出,备用信用证只在申请人违约时才使用,起巩固、补充作用,其实质是一种银行保函。与跟单信用证一样,备用信用证独立于销售合同或其他基础合同之外,即使信用证中含有与该合同相关的内容,银行也与该合同无关,并不受其约束。

二、备用信用证的特点

备用信用证的付款保证是在申请人不履约时才由开证行付款,它既可为进口方或债务人应有的付款、还款责任作结算保证,也可为出口方或债权人应有的收款权利作结算保证,因此它具有保函性质;同时,它又被明确为信用证,只不过不同于普通的信用证,它是"备用的"。所以备用信用证是一种具有保函性质和作用的信用证。

三、国际商会《国际备用信用证惯例》(ISP98)

自UCP实施以来,备用信用证的使用一直适用《跟单信用证统一惯例》。尽管备用信用证与跟单信用证有许多相似之处,但两者在实际操作中毕竟有许多不同之处。因为UCP并非专门为备用信用证而制定的,这就导致了有别于一般跟单信用证的备用信用证的特点在UCP中得不到体现,从而使许多问题无从解决。因此,制定一部专门适用于备用信用证的国际统一规则势在必行。

1998年在美国国际金融服务协会、美国国际银行法律与惯例协会和国际商会银行技术与实务委员会的共同努力下,国际商会以第590号出版物(ICC590)颁布了《国际备用信用证惯例》(International Standby Practices, ISP98),并于1999年1月1日起实施,从此国际上有了专门规范备用信用证的统一惯例。

四、备用信用证与跟单信用证的关系

备用信用证与跟单信用证都是以银行信用为基础,用于补充商业信用的不足而又独立于交易合同的自足性契约。但两者又有以下不同之处。

1. 付款责任不同

在跟单信用证业务中,开证行的付款责任是第一性的,只要受益人提示信用证中规定的单据,开证行就必须立即付款,而不管此时申请人是否或能否付款;其支付在正常情况下是必然发生的。备用信用证实质上是一种银行保函,开证行一般处于次要债务人的地位,即只有在申请人违约时才承担付款责任;其支付有时具有或然性。

2. 单据作用不同

跟单信用证一般都要凭符合信用证规定的代表物权的单据付款,而备用信用证则要凭受益人证明申请人违约的声明书或单据付款。

3. 适用范围不同

跟单信用证一般只适用于进出口商品贸易结算,而备用信用证则可用于诸多经济活动中的履约担保,其用途与银行保函几乎相同,运用十分广泛。

五、备用信用证与银行保函的关系

如前所述,备用信用证是具有信用证形式与内容的保函,因此两者之间既有联系又有区别。

(一) 备用信用证与银行保函的相同点

(1) 备用信用证与银行保函都是银行根据申请人的要求向受益人出具的书面保证文件。

(2) 备用信用证与银行保函开立的目的都是为了防止申请人违约,都是以银行信用弥补商业信用的不足。

(3) 备用信用证与银行保函所涉及的当事人基本相同,主要当事人包括申请人、受益人和担保行(开证行)。

(4) 备用信用证与银行保函都具有独立性。两者虽然都依据申请人与受益人订立的基础合同开立,但一旦开立,则都独立于基础合同,无论该性质是否在备用信用证和保函中作了特别声明。

(5) 备用信用证与银行保函的业务中,银行付款或赔付的条件都是单据而非货物,除非银行事先发现受益人有明显的欺诈行为。银行在受益人提交了符合备用信用证或保函规定的索赔文件后就必须履行赔付义务。

(二) 备用信用证与保函的不同点

(1) 适用国际惯例不同。备用信用证适用的是《国际备用信用证惯例》(ISP98)的全部条款和《跟单信用证统一惯例》(UCP600)的部分条款,而银行保函则遵循国际商会第758号出版物《见索即付保函统一规则》。

(2) 银行付款责任不同。备用信用证的开证行承担第一性付款责任;而保函的担保行既可承担第一性付款责任,也可承担第二性付款责任。

(3) 付款依据不同。备用信用证一般要求受益人在索赔时提交汇票及表明申请人未能履约的书面声明或证明;而银行保函一般不要求受益人提交汇票,仅凭受益人提交的书面索偿声明或证明即付款。

（4）付款金额不同。备用信用证项下一般付款金额为规定支付的金额；而银行保函项下付款金额为合同价款或履约赔偿金或退款等。

通常，美国银行在开具备用信用证时非常谨慎，开出的备用信用证多半是备而不用的。但是，随着国际贸易的日益发展和扩大，备用信用证非常受欢迎且各国相继效仿。由于它既方便又节省费用，所以一直沿用至今。在实际业务中，备用信用证有逐渐增多的趋势。

【本章案例 1】

银行对受益人作出赔付是依据保函条款还是委托人的意见？

×银行开立了以 B 为受益人的保函，随后 B 提出索赔要求。×银行由于不能确定该索赔要求是否各方面都符合保函条款，在付款前征询其客户 A 的意见。A 正在国外度假，两周后×银行才与 A 取得联系。A 认为 B 的索赔要求不符合保函条款，便通知银行拒绝付款。请问：×银行的做法是否正确？

分析与点评

X 银行的做法不正确。根据 URDG 规定，担保银行应享有合理的时间审核保函项下的索赔并决定付款或拒绝该索赔。同时，担保人如决定拒绝索赔，应立即就此以电讯，如不能则以其他快捷的方式通知受益人。该保函项下提交的任何单据应代为保管等候受益人处理。本案中，付款还是拒绝索赔的决定应由担保行×做出，而不是其客户 A。任何拒付必须在合理时间内通知受益人，并且只能依据×银行自己对单据的审核。

【本章案例 2】

申请人因保函条款不严谨导致损失案

内地 A 公司通过在香港的代理，参与香港 B 公司（以下称保函受益人）的招标，并随后获得中标通知书，于是由内地某银行（以下称担保行）出具履约保函。担保行审核了有关材料后建议保函申请人联系保函受益人进行以下修改：

第一，原标书规定的保函金额为合同货价的 20%，比例过高，建议降至 10% 以下。

第二，原标书、合同中允许分批装运，故建议保函中应当加列保函金额随申请人已经履约情况按照比例递减条款。

第三，原标书规定中标方接到中标通知书以后就出具银行保函，同时与买方签署合同，卖方根据合同开立即期付款信用证。担保行建议与保函受益人联系争取先签合同，在收到该受益人开来信用证以后，再申请出具信用证项下的履约保函。

但后来买方（保函受益人）先于保函的开立和买卖合同的签订开来了信用证。保函申请人一再要求担保行按照买方要求开立履约保函。之后，卖方按照合同正常出货。接到保函申请人的有关说明后，担保行致电对方银行，要求确认保函失效并解除担保行责任。但随后担保行就接到对方银行的致电：保函受益人已经递交正式函件，声明保函申请人违约，并要求赔付全部保函金额，该行要求担保行偿付，已经开始计息。

经了解得知,保函申请人的第二批货物到港晚了两天,为保函受益人提供了索赔的理由。为了挽回信誉,担保行不得不赔付保函金额,并最终向保函申请人追索。

分析与点评

履约保函是指担保行应委托人(卖方或劳务承包方)的申请,向受益人(买方或业主)开立的保证文件,保证委托人忠实地履行商品或劳务合同,按时、按质、按量地交运货物或完成所承包的工程。由于履约保函所适用的基础交易不同,因此保函金额占基础合同总金额的比例也不同。出口履约保函金额通常占合同总价的10%左右,而工程承包履约保函则占合同总价的10%~25%。本案则属出口履约保函。为了保护委托人自身的利益,履约保函可规定在收到进口商开立的合格的信用证时生效。故担保行提出的三项建议都是为了保护委托人的权益。可委托人对此没有引起足够的重视,最终给自己带来损失。

这起案例给我们留下的教训主要有:

(1)出口商或劳务承包商在选择投标时,应详细了解标书中的条款,做好心理准备。对于一些不利、甚至非常苛刻的条款多加注意,因为投标这种方式,决定卖方无法参与技术文件、履约保函等的制订过程。

(2)履约保函的金额不宜过高,一般应在10%左右,如果过高,显然会助长买方的信用风险。

(3)保函中应当加列减额条款,即在某一特定日期或在向担保人提交保函规定的某种单据后,保函金额可以减少某一特定金额或可事先确定的金额。本案履约保函中可规定保函金额随申请人(卖方)的分批交货,凭交货证明即运输单据按照比例递减条款。否则稍有违约就会带来巨大损失。

(4)本案中称保函申请人的第二批货物到港晚了两天,不知合同、信用证和银行保函中是如何规定交货时间的:是实际交货,将货物置于买方实际控制之下;还是象征性交货,以运输单据的签发日作为卖方交货义务的完成? 显然,后一种交货方式对卖方有利。

本 章 小 结

1. 银行保函是银行应某项基础交易合同一方当事人的申请,以其自身的信用向该项合同的另一方当事人为担保该项合同项下的某种责任或义务的履行而作出的一种具有一定金额、一定期限、承担一定支付/赔偿责任的书面保证文件。担保行在保函项下的赔付具有或然性,只有在委托人违约的情况下才会向受益人作出不超过保函金额的赔付。保函是银行利用其良好的信用促进贸易发展和便利贸易结算的一种重要工具。它既可用作信用工具,也可用作结算工具,作为一种独立的支付手段。

2. 担保行在保函项下的责任可以是第一性的,也可以是第二性的。这主要取决于保函与基础合同的关系。如果保函从属于基础合同,则担保行的责任为第二性的,这类保函称为从属性保函;如果保函独立于基础合同,则担保行的责任为第一性的,这类保函称为独立性保函,在目前国际性保函业务中较为常用。为此,国际商会制定了《见索即付银行保函统一规则》,得到了国际工商界、银行界及司法界的认可,成为一个日益普及的统一规则,对保函业务具有明确、统一的指导意义。

3. 银行保函的格式不尽相同,但其内容一般包括有关当事人名址、基础合同情况、最高金额、有效期、付款条件、减额条款等。银行保函为受益人避险,实际上是将风险转移到银行。银行必须通过适当的方法来有效地规避这些风险,常用方法是收取抵押、质押或反担保,另外,银行对保函条款的拟订也须慎加斟酌,确保担保行在保函项下的责任与委托人在基础合同中的责任相一致。

4. 银行保函使用范围日趋广泛,它不像普通的跟单信用证那样,只局限于国际结算的领域,而是广泛出现在各类交易中。如投标保函、履约保函、预付金退还保函、质量保函等出口保函和付款保函、租赁保函、补偿贸易保函、加工装配贸易保函等进口保函,发挥了重要的保证作用。但是,各类银行保函的共同之处就是由开立保函的银行就委托人对某一基础合同的未尽义务承担赔偿责任。

5. 备用信用证是具有保函功能的信用证,但备用信用证与跟单商业信用证、银行保函在许多方面存在不同点。

重 要 概 念

银行保函 见索即付保函 转开行 反担保人 间接保函 投标保函 履约保函
留置金保函 租赁保函 透支保函

复 习 思 考 题

1. 简述银行保函的当事人及其权责。
2. 银行保函的主要内容有哪些?
3. 试比较银行保函与备用信用证的异同点。
4. 备用信用证与一般跟单信用证的主要区别是什么?
5. A 与 B 签订了一份建筑合同,应 A 的要求,G 银行开出以 B 为受益人的保函。保函规定:"如果 A 未能履行上述合同项下的契约责任,我行保证赔付你方之损失,最高金额不超过 1 000 万美元。"请问,这份保函属于《2010 见索即付保函统一规则》的适用范围吗? 为什么?

第八章

国际贸易结算中的商业单据

在国际贸易结算业务中,商业单据是指国际贸易和国际结算中直接反映货物特征及说明交易情况的一系列证明文件或商业凭证。国际贸易结算业务主要表现为单据的买卖。单据的制作必须符合"正确、完整"等要求。本章将着重介绍基本商业单据——商业发票、运输单据、保险单据的概念、作用、缮制及其审核要点,并简要介绍其他发票、包装单据、检验证书、产地证明书等附属单据。

第一节　商业单据概述

单据是贯穿国际结算业务的主线,借助单据可以达到清偿客户之间债权债务关系的目的。单据作为支付凭证,来源于出口商或其他债权人,其提供的单据是否符合规定,直接关系到出口收汇的安全,因而在实务操作中单据有着举足轻重的作用。按单据的表现形态,通常分为金融单据和商业单据两部分。金融单据主要是指流通票据,在此主要指汇票。汇票等金融单据已在本书前面章节论述,在此不再赘述。

商业单据通常指出口货运单据,但是在国际贸易实务中,商业单据的内涵包括所有的出口单据、证书,甚至票据中的汇票也被归为商业单据的范畴。

一、商业单据的作用

在国际贸易中,不论采取什么结算方式,都会发生单据的交接。国际商会制定的《跟单信用证统一惯例》第 600 号文件(简称《UCP600》)中有近一半的条款都是有关单据的,单据的重要性由此可见一斑。单据主要在如下四个方面具有重要作用。

(一) 单据可以代表货物的物权

单据中的货运单据往往代表着货物的物权,货运单据的转移也就意味着物权发生了变化。在国际结算业务中,卖方交付单据代表交付了货物,买方取得单据代表收到了货物。这样,通过单据的转移就达到了货物转移的目的,同时也使货物的转移合法化。

(二) 单据是一种履约的证明

从法律意义上来讲,单据是卖方用来表示已经履行了合约义务的证明。单据中有详细的货物描述及卖方履约情况的相关证明,出口商只有在履行了合同义务后,才能取得相应的证据或单据。例如出口商只有在办理了出口手续后,才能取得出口地海关放行的证明;只有在货物交承运人后才能取得运输单据;办理了投保手续才能取得保险单等。

（三）单据是收付款的依据

在信用证业务中，开证行凭以付款的唯一条件是"单证相符"，受益人只要提交了与信用证规定一致的单据，即可取得货款。在汇款（如交单付现）、托收等非信用证结算方式中，进口商履行付款义务，一般应在收到货物或单据后，在规定时间内支付货款。至于货款支付的数量、时间、币种等均以汇票、发票等为依据。

（四）单据是取得融资的手段

由于单据能代表持有者对货物的权利，它对办理融资的银行而言，相当于一定的抵押物，可降低承担的风险，因此，受益人还可凭相符的单据轻而易举地从银行取得各种融资。

此外，单据还是进口商提货、进出口商报关、纳税的重要凭证。

二、商业单据的种类

国际结算中的单据种类繁多，按其作用的不同，可分为两大类：基本商业单据和附属商业单据。

1. 基本商业单据

基本商业单据（basic commercial documents）是指国际贸易结算中必要的最基本的商业单据，通常有基本商业发票、基本运输单据和基本保险单据。

2. 附属商业单据

附属商业单据（additional commercial documents）是指基本商业单据以外的，而又是进口商要求/进口国官方要求出口商在结算中特别提供的其他商业单据。通常分为两大类，一类是进口商要求的说明货物情况等的单据（如装箱单或尺码单或重量/体积证书、检验证及附属性商业发票等）；另一类是进口国官方要求的报关单据（如海关发票、领事发票、产地证、检疫证、出口许可证及船公司证明等）。

另外，在基本商业单据和附属商业单据之外，还有一些不需要出口商在结算中提供的非基本商业单据，例如先期签订的托运单、代办托运人签发的运输单据、代办保险人签发的暂保单等。

第二节　商　业　发　票

广义的发票（invoice）是国际贸易中出口商向进口商/进口国政府开立的各种关于交易商品的价目及必要说明的书面清单的统称，它分为商业发票（狭义发票）和非商业发票两大类。

商业发票（commercial invoice）是指国际贸易中出口商向进口商开立的各种关于交易商品的价目及履约说明的书面清单的统称；非商业发票（un-commercial invoice）则是指国际贸易中进口国政府要求出口商提供的关于交易商品的一些特别格式的发票。在出口商提交的各种单据中，发票起着重要的作用，尤其是商业发票，它是全部单据中的核心单据。

根据交易的需要,发票可以分为多种类型,包括商业发票、形式发票、样品发票、海关发票、领事发票等,其中,商业发票使用得最多。

一、商业发票的作用

(一) 交易证明

在整套单据中,正式发票是出口商自己出具的详细说明发货及履约情况的书面凭证,是最重要的履约证明。发票上的内容应当符合贸易合同的要求并具有真实性,使得"单约一致",并且进口商能够真正"见单如见货"。

(二) 记账凭证

商业发票中载明了货物的单价、数量以及金额,有些发票中还详细列明了价格构成,包括运保费、佣金、折扣等,因此可以为进出口双方的会计工作提供详细的信息,属于会计处理中的原始凭证。

(三) 核心单据

由于商业发票能较全面地证明交易事项,它也成了出口商制作整套货运单据的核心。其他单据,例如运输单据、保险单据、商检单据等只能反映交易某一方面的细节,不能反映交易的全貌。因此,这些单据在制作时应以发票为中心,在货物名称、内容描述等方面应参照发票记载,如果不使用完全一致的表述,也至少应使用不与发票相矛盾的概括性描述。只有这样才能保证全套单据互相联系、协调一致。

(四) 报关征税依据

世界上大多数国家的海关是以正式发票中的货物、价格和产地等记载来确定税率和税额的。

(五) 代替汇票

欧洲大陆一些国家使用汇票时,国家要依法征收较高的印花税。在与这些国家进行贸易时,常常为合理避税而不使用汇票,这时可用正式发票来代替汇票作为货款支付凭证。

除上述作用外,商业发票还常用于投保、商检、托运、理赔、签证等环节,因而用途广泛。

二、商业发票的基本内容

正式发票的格式并不固定,不同国家的不同企业各有自己的格式,发票的内容则更是随贸易内容的不同而各不相同,但其所包含的基本内容(项目)却是大同小异。一般来说,可以将正式发票分为首文、正文和结文三个组成部分。

(一) 首文

首文(Heading)主要是指发票应说明的一些基本情况,如发票的名称、发票的开立人和抬头人的名称及地点、发票和合同的号码、发票的出票日期、地点、运输方式、装运地点和目的地及信用证号码等内容。主要如下:

（1）"发票"字样。通常是用"invoice（发票）"字样，个别也有用"commercial invoice（发票）"字样的，一般是事先印就在空白发票上的。

（2）发票开立人的名称与地址。即出口商（贸易合同卖方）的名称与地址，一般也是事先印就在空白发票上的，有时还带有该出口商的电传、电挂、电话号码甚至 E-mail 地址。但要注意，在信用证项下的发票，除非信用证另有规定，这一名称与地址必须与信用证受益人的严格一致。

（3）发票号码与开立日期。出口商对于自己开立的每一份发票都应有一个特别编号和开立日期，以便检索，可以即时填写（发票号码也可以事先印制在发票上）。在信用证项下的发票，允许其开立日期早于信用证的开证日期，但不允许其开立日期迟于信用证的有效期。

（4）发票抬头人的名称与地址。即进口商（贸易合同买方）的名称与地址，可根据具体的贸易合同即时填写。在信用证项下的发票，除非信用证另有规定，这一名称与地址必须与信用证申请人的严格一致。

（5）有关贸易合同的号码。在买卖双方各有编号的情况下，应将双方编号分别注明，以便核对，这也需要即时填写。

（6）有关信用证的号码、开证日期和开证行。在信用证项下的发票，必须根据具体的信用证即时填写此项内容。非信用证项下的发票上可以无此项内容或无须填写此项内容。

（7）装运基本情况。包括运输方式、船名、装运港和卸货港等记载。如涉及转运，则应加注转运地。所有这些都应与提单保持一致。

（二）本文

本文（Body）主要是指发票应说明的有关所售货物的数量、价格等情况，如货物的唛头及号码、货物的数量及描述、货物的单价及总额等内容，须根据具体情况即时填写，主要如下：

1. **货物的唛头与货号**

货物的唛头（mark）与货号（numbers），即货物的"装运标志（shipping mark）"与装运编号。如系散装货而无唛头，则应填写"N/M"（即 no marks 的简写）。

2. **货物描述**

货物描述，即有关货名、品质、规格等。在信用证项下的发票，这一记载必须与信用证上的记载严格一致，做到一字不差。而其他单据上对货物的描述则可以只记载其统称（general terms），但也不得与发票和信用证上的相应记载发生矛盾。

3. **货物的数量**

在信用证项下的发票，除非信用证另有规定，则以度量衡单位来计量的货物，允许其发票上记载的数量比信用证有 5% 的增减，而以个体或包装等件数单位来计量的货物，不允许其发票上记载的数量比信用证有任何增减；但如果信用证上的货物数量记载有"about（大约）""circa（大约）"或其他类似词语，则无论以何种计量单位来计量的货物，均允许其发票上记载的数量比信用证有 10% 的增减。另外，如果信用证规定有不允许分批装运条款时，发票上记载的货物数量必须同一批发运。

4. 货物的包装与重量

当装运的货物经过包装时,发票上还应记载包装的性质(如箱、袋、桶等)和包装货物的毛、净重;装运的货物未经过包装时,发票上可以无此项内容或不填写此项内容。但是,信用证项下的发票,其包装记载必须符合信用证上对包装的要求。

5. 货物的单价与总金额

此栏目中主要应有以下几项内容:

(1) 价格条件。比如,"CIF SYDNEY""FOB SHANGHAI"等。

(2) 货物单价。在信用证项下的发票,除非信用证另有规定。则发票上记载的货物单价必须与信用证严格一致;如果信用证上的货物单价记载有"about(大约)""circa(大约)"或其他类似词语,则允许其发票上记载的单价比信用证有 10% 的增减。

(3) 发票金额。在信用证项下的发票,其发票金额一般不得超过信用证规定的金额,因为除非信用证另有规定,信用证的指定兑现银行可以拒绝接受其金额超过信用证允许金额的发票。

(4) 佣金或折扣。如果贸易合同规定有"明佣(commission)"或"明扣(discount)",则发票上应予以记载;如果没有明佣和明扣,则发票上就无须此项记载了(即便有暗佣或暗扣,亦是不应记载的)。在信用证项下的发票,还应注意此项记载必须符合信用证的要求。佣金(无论明佣还是暗佣)及暗扣跟明扣相比在性质上是有区别的,前者被视为货价或收入的一个组成部分,而后者则不是,比如,在计算保险费或税金时,是要事先从发票金额中扣除明扣的,而佣金和暗扣则不能扣除。

此外对于信用证项下的发票来说,如果信用证要求分别列出运费、保险费和 FOB 价的话,亦应在发票上分别加以记载。

(三) 结文

结文(complementary clause)主要是指卖方的名称及卖方有权签字人的签字/签章,有时还包括卖方出具的证明或声明等内容。

在信用证项下的商业发票,除非信用证另有规定,一般可以不签字/签章;但若信用证要求发票签字/签章的话,则签字/签章人必须是信用证的受益人。对于正本发票必须加注"正本"字样。另外,如果信用证规定了发票份数,则应足够,不得短少。

商业发票的样例见本章附录单据样例 8-1。

第三节 运 输 单 据

运输单据(transport documents)一般是指货物承运人或其代理人签发的证明货物已收妥待运或已经付运的单据。运输单据一方面证明货物已交给签发单据的承运人办理装运或已经装运,另一方面证明运输合同的存在,因为只有在签订运输合同后承运人才会收货、签发单据。因此,运输单据是货物运输业务中最重要的证明文件,也是国际结算中最重要的单据之一。

运输单据按运输方式的不同,分为海洋运输单据,空运单据,铁路、公路、内河运输单据,邮包收据或专递、多式运输单据等。

一、海洋运输单据

(一) 海运提单

1. 海运提单的概念

海运提单(marine bill of lading 或 ocean bill of lading),简称提单(bill of lading,B/L)。根据《中华人民共和国海商法》,它是指用以证明海上货物运输合同和货物已经由承运人接收或装船,以及承运人保证据以交付货物的单证。简单地说,海运提单是承运人在收到货物或货物装船后签发给托运人的,约定将该项货物运往目的地交与提单持有人的物权凭证。国际上约束海运提单的《汉堡规则》对提单的定义是:"提单是指证明海上运输合同和货物由承运人接管或装载以及承运人保证凭以交付货物的单据。"

2. 海运提单的作用

从海运提单的定义中,可以看出提单具有如下三个方面的主要作用:

(1) 作为承运人收到托运货物的书面收据。海运承运人或其代理人收到货物或将货物装上船舶后,即签发提单,以证明已收到或接管提单所列货物。

(2) 作为运输合同的证明。如果承运人与托运人之间订有运输合同,提单往往是运输合同成立的证明。如果双方没有其他约定,那么,提单就会被视为双方之间的运输合同。正因为如此,提单是承运人与托运人处理双方在运输中的权利和义务问题的主要依据。

(3) 作为货物所有权证书。提单代表货物所有权。收货人或提单合法持有人,有权凭提单向承运人提取货物。通过提单的转让可以实现货物所有权的转让。按西方法律,承运人可以不凭提单发货,但若提货人并非真实货主,承运人须负责任;相反,若承运人凭提单善意交货,即使收货人不是真实货主,承运人也无责任。由于提单是物权凭证,所以在国际市场上,提单可以在载货船舶抵达目的港交货之前办理转让或凭以向银行办理抵押贷款,即提单具有可转让性,交付提单与交付货物所有权具有同等效力。

此外,提单还可作为收取运费的证明,以及在运输过程中起到办理货物的装卸、托运和交付等方面的作用。若货物运输途中出险,货主向船公司或保险公司索赔时,提单还是索赔的依据之一。

3. 海运提单的关系人

提单的关系人很多,主要包括:承运人、托运人、收货人、被通知人等,如果提单被转让,又出现受让人、持有人等提单关系人。

(1) 承运人(carrier)。承运人是指与托运人签订运输合同的关系人,也称船方。承运人对按时、安全地将货物运至指定目的港负责。所以,如货物在运送过程中发生损坏与灭失,应由承运人负责。其主要权利是要求托运人或收货人按约定支付运费。如果运费被拖欠,则承运人可行使留置权,直至货物变卖,使自己的运费及有关费用得到清偿。承运人不一定是拥有运输工具、实际执行货物运输的实际运输人,它可能是船舶的所有人即船东,也可能是租船人。

(2) 托运人(shipper/ consignor)。托运人是与承运人签订运输合同的关系人,也称货方。在一般情况下,托运人即是发货人,它有权指定收货人及其他运输事项。在实务中,买方有时也会要求将自己作为托运人。这是因为,此时的买方往往是转卖货物的中间商。中间商通过将自己显示为托运人,可以有效地保护自己的商业秘密。

（3）收货人(consignee)。收货人是在目的港凭提单向承运人提取货物的关系人,通常是买方。在提单的收货人一栏,凭发货人的指示,可以作成记名式、不记名式和指示式三种抬头。

（4）被通知人(notify party)。提单上的被通知人是承运人为了方便货主在目的港提货而通知的关系人。在提单的被通知人一栏中,它可以是收货人(买方),也可以是买方指定人。在没有规定时,此栏也可以空白。

（5）持单人(holder)。持单人是指经过正当手续持有提单并且可以凭提单领取货物的人。

4. 海运提单的内容

海运提单由各船公司自行设计制作,其内容虽不完全相同,但提单的主要条款基本一致。从总体上讲,海运提单的内容包括正面内容和背面条款两大部分。

1）提单的正面内容

海运提单的正面一般记载的是运输货物的状况以及有关当事人的情况。

（1）当事人名称和地址。在提单的当事人中,承运人与托运人的名称地址必须明确写出。如果是记名收货人,则名称地址都应写明,而被通知人可空白不填;如果是指定人作收货人,则被通知人名称地址必须写明。

（2）货物的描述。货物的描述包括:①货物的品名、规格、性质等。托运人必须如实反映这些信息,承运人对此不负责任。但是,如果托运人故意隐瞒或描述错误,并因此而使承运人受到损失或产生费用,则托运人应负赔偿之责。②运输标志与号码。托运人应负责在货物外包装上印制清晰、准确、易于识别的标志与号码。③货物的数量、重量及体积。数量应与标志中的件数相吻合,重量应标明毛重、皮重、净重等。这些信息一般由托运人提供,但承运人可以自由决定是否进行核实。④货物的包装及表面状况。承运人可以对此作出检查,如果不符合良好标准,则应作出相应的批注。

（3）船名、航次及开航日期。这是提单上不可缺少的一项重要内容,其意义不只是提供船名、航次等表面信息,更重要的是为托运人或收货人进一步了解承运船舶的具体状况提供极有用的线索。

（4）有关港口的名称。提单必须明确写明装货港与卸货港的名称,如果允许转运,并已安排了转运,则需标明转运港名称。此外,在采用集装箱运输时,承运人可能在不同于装货港的地点收到货物,则应注明接受监管地,如果另有不同于卸货港的最终目的地,则同样应标明。

（5）签发日期与地点。一般情况下提单是在托运的货物全部装上承载船舶后签发,因此若无相反的批注或注明,提单的签发日应视为装船完毕之日,这对于事先标明或印就"已装船"("on board")字样的提单更是如此。但是,有些提单是在承运人收到货物时签发的,而货物尚未装船,只是收妥待运,则该提单的签发日期只是承运人对货物接受监管的日期,真正的装船日期需另外批注说明。装船批注应包括装船日期、船名,以及承运人或其代理人的签字或盖章。提单签发地点应是装货地或承运人接受监管地。

（6）运费。运费是承运人运送货物收取的报酬。承运人可以不写明具体金额，而只写"应按契约规定的条件照付"或"运费预付"或"货到目的地支付"等字样。

（7）正本提单份数。正本提单一般一式多份。因此提单应标明正本的份数。

（8）契约文字。提单正面一般都印有契约文字，其内容大致有4点：①装船条款。它说明承运人收到货物，已装在船上。②内容不知悉条款。它说明承运人只对货物的表面状况进行核实，而对包装物内的数量、品质、重量等概不负责。③签署条款。它说明签发正本提单一式几张，凭其中一张提货后其余均失效。之所以签发多份，是为了防止一份提单在转递过程中可能遗失而发生无法提货的困难。承运人为防止货物关系人一物二卖进行诈骗，在提单上明确规定：仅凭一份完成交货责任后，其余无效。如果有两个以上的提单持有人同时向承运人或其代理公司要求提取同一批货物时，他们应当将这批货物暂时扣留不交，依法确定谁是提货权利人，然后再进行交货。④承认接受条款。它说明只要托运人接受了提单就意味着接受了提单上的一切记载，包括提单的背面条款。

（9）承运人或其代理人或船长或其代理人签字。

2）提单的背面条款

提单背面印定的条款，规定了承运人和托运人之间、承运人和收货人及提单持有人之间的权利和义务，主要有下述几点：

（1）首要条款。这项条款主要说明提单的法律依据，如发生有关货物运输的法律纠纷，应按何国法律解决，由何国法院审理。

（2）承运人责任条款。该条款说明承运人从装船开始到卸船为止，对货物承担什么责任。归纳起来，承运人的责任就是适航和适货。适航就是承运人在船舶开航前和开航时，应使船舶处于适航状态，做到装配合理、人员得当，从而保证船舶顺利航行。适货就是承运人应使船舶的货船及其他载货处能适宜和安全地接收载运和保管货物。如承运人对上述规定尽职尽责，谨慎处理，但仍未能防止损害发生，则承运人可不负责任，但承运人应对其已谨慎处理的事实提供详细的证明。对于因海上风险、政治风险以及其他意外事故而造成的货物灭失或损害，承运人可以免责。

（3）运费条款。该条款包含下述事项：运费和其他费用应在承运人收到货物时即视为由承运人实现的收入，因此不得减扣和退回；如果系运费到付，则运费及其他费用应在目的港交货前结清；为准确计费，承运人有权对托运货物进行检查，以便核实货物的重量、体积、价值或性质。

（4）留置权条款。该条款规定，在运费及其他费用以及共同海损分摊额未付清之前，承运人对货物及有关单据享有留置权。如果货方未能支付这些费用，则承运人可以不经事先通知，处理货物以弥补上述所欠费用，如所得款项仍不足支付上述欠款，则承运人仍有权要求货方赔偿差额。

（5）转运条款。该条款规定承运人如有需要，可以将货物用其他船只替换原定船只运送货物，或者在中途安排转船运输，或安排其他运输方式完成运输任务。上述安排产生的费用由承运人支付，但风险由货方承担，而且承运人只对在由其管理的船舶承运期间内发生的事项承担责任。

（6）赔偿条款。货物到达时如遭受损坏，而其损坏明显的，收货人应立即向承运人提出书面通知；如不明显，应在提货后 3 天内发出书面通知。关于货物灭失或损坏赔偿的要求，应自交货之日起 1 年内提出，否则承运人可解除责任。承运人的赔偿金额应以发票金额外加运费和保费为基础来计算，但承运人可以规定每件货物的赔偿限额。如有部分货损，则根据该申报金额按比例赔偿。

提单背面还列有其他各种条款，如对特殊商品（舱面货、植物和鲜活货，冷藏货，危险品和违禁品等）特别规定的条款，以及有关碰撞、共同海损、货主所付分摊损失的条款。

提单的样例见本章附录单据样例 8-2。

5. 海运提单的种类

海运提单可以从不同的角度进行分类。

（1）根据货物是否已装船，分为已装船提单和备运提单。

已装船提单（on board B/L）是指货物装船完毕后由承运人签发的提单，提单签发的日期为装船后的日期。提单必须写明装货的船名，由于它是货物在装上船后才签发的，因此到达目的港的时间比较确定，进口方多要求提供此提单。

实务中信用证都要求受益人提供已装船提单，银行也大多只接受已装船提单。使用已装船提单对托运人、收货人和银行均有利。

备运提单（received for shipment B/L）是承运人签发的已收到货等待装船的提单。托运人只要在合同规定的交货期内将货交给承运人即完成交货义务。无需保证货物一定装上船。银行一般不接受这种提单。

（2）根据提单上对货物外表状况有无不良批注，分为清洁提单和不清洁提单。

清洁提单（clean B/L）是指货物在装船时，承运人没有发现货物受损或包装不良，在提单上没有任何不良文字或批注的提单。

不清洁提单（unclean B/L, foul B/L）是指货物在装船时，承运人发现货物或包装有缺陷并加以批注的提单。如"两箱包装破损"等。

（3）根据提单收货人抬头不同或是否可流通，分为记名提单、不记名提单和指示提单。

记名提单（straight B/L）又称"收货人抬头提单"，是指提单上填写特定收货人名称，非提单特定收货人不能持单提货，记名提单不能转让。

不记名提单（bearer B/L）又称空白提单（open B/L）或来人提单，指提单收货人栏内没有指明任何收货人，仅填"Bearer"字样。此类提单不需要背书即可转让，风险较大，在贸易实务中很少使用。

指示提单（order B/L）是指提单收货人栏内填写"凭指示"（to order）或"凭发货人指示"（to order of shipper）字样的提单，在发货人背书转让之前，物权归属发货人，但经过背书可以转让。背书可分为空白背书和记名背书。目前在国际贸易业务中以"凭指示"并经空白背书的提单居多，称为"空白抬头、空白背书"提单。

（4）根据运输方式不同，可分为直达提单、转船提单和联运提单。

直达提单（direct B/L）是指货物装船后，承运人保证货船直驶目的港而中途不再转船所签发的提单。对于合同或信用证规定直运的，必须使用直达提单。

转船提单（transshipment B/L）是指货物装上船后，中途需经换船再驶往目的港所签发的提单,一般需注明"在某港"转船字样。

联运提单(through B/L)是指货物需经两种或两种以上运输方式才能抵达目的地,而由第一程承运人签发的,包括运输全程并能在目的港凭此提货的提单。

(5)根据承运人经营方式的不同,可分为班轮提单和租船提单。

班轮提单(liner B/L)是指由班轮公司承运货物后所签发给托运人的提单。

租船提单(charter party B/L)是指货物以租船方式运送并根据租船合约签发的提单。《跟单信用证统一惯例》(UCP600)规定银行不接受租船提单,除非信用证规定可以接受。租船提单上须注明"以租船合约为准"字样,无须指明承运人名称,但须有船长或船东或其代理人的签署,并在所有其他方面符合信用证规定。

(6)根据提单签发日与交单日关系的不同,可分为正常提单、过期提单、倒签提单和预借提单。

正常提单(current B/L,或 fresh B/L)是指在货物运达目的港之前已交给收货人的提单,收货人可以有时间准备接货,或转售提单。

过期提单(stale B/L)是指迟于提单签发日后 21 天才交到银行的提单,或者银行预计按正常邮程该提单将在货物到港后才能送到收货人手中的提单。

倒签提单(anti-dated B/L)是指承运人或其代理人应托运人的要求,在货物装船以后,以早于该批货物实际装船完毕的日期作为签发日期所签发的已装船提单。这是承运人向出口商提供的一种通融做法,只要交单日期不超过信用证的规定,银行即可接受。

预借提单(advanced B/L)又称无货提单,是承运人应托运人要求,在货物尚未装船或装船尚未完毕的情况下预先签发的"货已装船"提单,托运人可以藉此在信用证有效期结束前交单结汇。这种提单同倒签提单一样隐瞒了货物装船的真相,属于不合法提单,具有欺骗性质,因而承运人可能遭受收货人起诉索赔的风险。

(7)根据提单形式完整性的不同,可分为全式提单和简式提单。

全式提单(long form B/L)是指在其背面详细记载船方与货方的权利、责任及豁免事项的提单,因其详细罗列了繁琐的运输条款,故又称为繁式提单。此类提单在海运业务中使用较为广泛。

简式提单(short form B/L)是指仅保留正面必要项目而无背面详细运输条款的提单,多用于租船运输业务中。

(二)海运单

海运单(sea waybill, ocean waybill)是证明海上运输合同和货物由承运人接管或装船,以及承运人保证据以将货物交付给单据所载明的收货人的一种不可流通的单据,因此又称"不可转让海运单"(non-negotiable sea waybill)。

海运单不是物权凭证,故而不可转让。收货人不能凭海运单提货,而是凭到货通知提货。因此,海运单收货人一栏应填写实际收货人的名称和地址,以利货物到达目的港后通知收货人提货。近年来,欧洲、北美和某些远东、中东地区的贸易界越来越倾向于使用不可转让的海运单,主要是因为海运单能方便进口商及时提货,简化手续,节省费用,还可以在一定程度上减少以假单据进行诈骗的现象。另外,由于 EDI 技术在国际贸易中的广泛使用,不可转让海运单更适用于电子数据交换信息。1990 年国际海事委员会曾通过《1990年国际海事委员会海运单统一规则》,该规则适用于不使用可转让提单的运输合同,适用于全部海运的运输合同和含有海运的多式联运合同。

二、航空运单

航空运单(airway bill)是航空运输货物的主要单据,它是航空承运人与托运人之间缔结的运输合同,也是承运人或其代理人接收货物的收据,但不是货物所有权的凭证。货物运到目的地后,收货人凭承运人的到货通知提取货物。

1. 航空运单的属性与作用

航空运单一律为记名抬头,并非物权凭证,具有不可转让性。其作用如下(包括运单正本和副本):

(1)空运合同。航空运单上有托运人和承运人或其代理人双方的签字,具有空运合同的作用。

(2)货物收据。其正本运单的第三联(由承运人或其代理人在接收货物后签字)交托运人持有,兼有货物收据的作用。

(3)运费账单。其正本运单的第一联(由托运人签字后)交承运人或其代理人留存,兼有运费收取凭据的作用。

(4)验收货物的依据。其正本运单的第二联(由托运人和承运人或其代理人双方签字后)须交收货人作为提货通知,兼有验收货物的依据的作用。

(5)报关凭证。其副本运单之一须交进口国海关,具有报关凭证的作用。

2. 航空运单的主要内容

航空运单的背面印有运输条款,此处不予详述。正面内容主要包括:承运人、托运人、收货人以及承运人之代理人的名称地址;运单号;开立日期与地点;起运机场与目的地机场;航班号及飞机日期;运费及其他费用的金额与支付情况;托运货物的品名、件数、重量、体积等;有关当事人签字;正本份数及编号;等等。根据《UCP600》对航空运单的规定,下列事项需要作特别说明:

(1)发运日期(date of dispatch)。在一般情况下,空运单据的签发日应视为货物的装运日,但若信用证要求一个实际的发运日,则应以明确批注表明该实际发运日,在此类批注中记载的日期应视为装运日。然而,在印有"For Carrier Use Only"(承运人专用)或类似文字的专栏内填写的航班号和日期,不应视为关于发运日期的有效批注,故需另行注明。

(2)承运人或其代理人签字(signature of carrier or agent)。承运人名称必须在空运单据上出现,当其自己签名时应表明其承运人身份,若由代理人签字,则代理人的名称和身份必须写明,并应注明被代理的承运人的名称及其身份。

(3)转运(transshipment)。转运(或在此处称转机),是指在从出发机场到目的机场的货运过程中,货物从一飞机卸下再装上另一飞机的行为。在长途空运中,由于天气异常或飞机故障的影响,常常会出现换机的现象,因此《UCP600》规定,即使信用证禁止转运,只要同一空运单据包括全程运输,银行可以接受表明将要或可能转运的空运单据。

(4)全套正本(full set of originals)。由于托运人只能取得全套正本中的一份正本空运单据,因此即使信用证要求提交"全套正本",托运人也只需提交自己手中那一份正本即可,如果要求一式若干份,则除了提交该份正本以外,其余可用复印本代替。

三、铁路运单

铁路运输和其他运输方式相比,具有运量大、速度快、运输准确性和连续性强,受气候自然条件影响小,安全可靠,运输成本相对低廉等优点,在国际货运中的地位仅次于海运。

1. 国际铁路货物运输

国际铁路业务集中在欧亚大陆,经营业务分为两片。一片是由《国际铁路货物联运协定》(简称《国际货协》)参加国组成,包括波兰、匈牙利、保加利亚、罗马尼亚、蒙古、朝鲜、越南、中国等国。另一片由《国际铁路货物运输公约》(简称《国际货约》)参加国组成,成员国有法国、德国、比利时、卢森堡、荷兰、意大利、英国、丹麦、西班牙、葡萄牙、希腊、挪威、瑞典、芬兰、瑞士、奥地利、南斯拉夫、土耳其等国。《国际货协》和《国际货约》都规定片内可办理同一运单的联运,即把货物发往片内任何一个车站,只需在发货站办理一次手续。由于不同片的接壤国家之间双边协定的订立,所以可以办理跨片联运,但在货物出片时需要再办理一次手续。

2. 铁路运单

我国国际铁路运输中使用的是《国际货协》统一的铁路运单(railway bill)。铁路运单一式二份,正本随货同行直至目的地交收货人作提货通知,副本交托运人作为收据。在托收或信用证方式下,托运人凭副本运单收款。在货物到达目的地前,只要托运人仍持有副本提单,就可指示承运人停运,或将货物运给另一收货人。铁路运单由发运站加日戳签发,它只是运输合约和货物收据,而不是物权凭证。铁路运单一律作记名抬头,货物到达目的地后承运人就通知该指定人提货。

3. 承运货物收据

承运货物收据(cargo receipt,"C/R")是以运输行身份签发的运输单据,它既是承运人的货物收据,又是承运人与托运人的运输契约。例如,中国内地对港澳地区陆运出口的货物,由中国对外贸易运输公司承运,并签发承运货物收据给托运人,供结汇用。承运货物收据性质上相当于海运提单或国际联运运单副本,代表货权,是收货人提货凭证,属有价证券。签发单位要对货物全程运输负责。

四、邮包收据

我国虽不是万国邮政联盟(universal postal union)的成员,但是我国与世界上大多数国家有双边的邮政协定,因此,我国邮局也受理国际包裹邮寄业务的委托。

邮包收据(postal parcel receipt)是邮局承认收到包裹并负责邮至目的地交收货人的证明。邮包收据不是物权凭证,不能凭以提货和背书转让。因此,邮包收据也作成记名抬头。

《UCP600》规定,银行接受邮政收据、专递和快递机构的运输收据,但这些收据必须显示邮费已付或预付。同时,邮戳日期即作为装运日期,邮戳日期不能晚于装运日期。

将商品、包裹交付邮局就算完成了交货任务，邮包收据即可交出口地有关银行议付。

五、多式联运单据

多式联运（multi-modal transport）是指至少有两种不同运输方式的运输，即至少包括海运、空运、公路、铁路、内河运输中的两种。同一运输方式、不同运输工具的联运（如海海联运、空空联运等）不能视为多式联运。多式联运单据下的承运人对运输全程负责，从一收到货物开始直至货物到达最终目的地为止。即便信用证不允许转运，银行也将接受多式联运单据，因为多种运输方式必然要将货物从一种运输方式的运输工具卸下，再装上另一种运输方式的运输工具，不可避免地将发生转运，所以，只要单据包括全程，则将被银行及有关各方接受。多式联运单据收货人如果为不记名的，则为可转让单据；若为记名的，则为不可转让单据。

多式联运单据与联运提单（through B/L）在概念上有许多相似之处，尤其双方都具有"联合运输"的性质。但是两者有着显著的区别。

1. 适用的运输方式不同

如前所述，联运提单仅限于由海运与其他运输方式联合运输时使用。联运可以是相同运输方式的联运，如海海联运，也可以是海运与其他运输方式的联运，如海陆联运、海空联运等。而多式联运单据比联运提单适用的运输方式要多。它既可以适用于由海运和其他运输方式所组成的联合运输，也可以适用于不包括海运在内，仅由其他不同方式所组成的联合运输，如陆空联合运输等。所以，多式联运单据在适用范围上，包含了联运提单所适用的运输方式。

2. 单据签发人所承担的责任不同

联运提单是由第一程承运人或其代理人签发的包括全程运输在内的提单，但仅对自身运输段负责。货物从第一程运输工具转装到第二程运输工具时，提单签发人即处于托运人的代理地位，并不代表第二程承运人向托运人负责。多式联运单据的签发人必须对全程运输负责，而不论它实际承担运输的是哪一段。

3. 单据的性质和作用不同

联运提单是海运提单的一种，它具有海运提单的所有三个作用，即作为货物收据、运输合同的证明和物权凭证。所以联运提单可以背书转让，属于可转让单据性质。而多式联运单据虽也具有货物收据和运输合同证明的作用，但却不一定是物权凭证。只有当多式联运单据的抬头为不记名式或指示式时，它才可以转让并成为物权凭证；它的抬头是指定的收货人时，就不是物权凭证了。因此，多式联运单据不具有确定的可转让单据性质。

第四节　保　险　单　据

出口货物运输保险是对外贸易中不可缺少的一环。在运输过程中，货物常因自然灾害或意外事故而遭受损失。货主为了在蒙受损失后取得经济补偿，往往会在货物出运前及时向保险公司投保。保险公司接受投保后，签发投保凭证——保险单据，承担保险责任范围内的经济补偿责任。

货物运输保险可以分为海上货运保险、航空货运保险、陆上货运保险、邮包运输保险等。由于海运是最重要、最常见的国际货物运输方式，所以海上货运保险发源最早，保险条款和双方的权利和义务都较明确，其他各种运输险的条款多以海运险为蓝本，海上运输保险在各种保险中占主要地位(海上运输保险单以下简称为保险单)。

一、保险单的含义与作用

保险单(insurance policy)是保险人(insurer 或 assurer)在收取保险费后向被保险人(insured 或 assured)签发的对其承保的书面证明。它具体规定了保险人与被保险人的权利与义务。

作为一种书面证明或文件，保险单主要有两方面作用。

1. 保险单是保险合同证明

保险单是保险人与被保险人签订的保险契约，它是保险人在接受被保险人的"投保单"或"投保申请书"后签署的承诺文件，是合格的保险合同证明。虽然按保险业的惯例，只要保险人在投保单或投保申请书上签了字，保险合同关系就告成立，但根据法律规定，投保单并不具有合同证明文件的效力。因此，在办理保险时，保险人必须签发保险单。

2. 保险单是赔偿的证明

保险单是一种补偿性合同或证明文件，在保险标的物出险时，被保险人有权根据保险合同即保险单要求赔偿，保险单是赔偿权的证明文件。如果被保险人的索赔符合保险单的规定。那么保险人应在保险单规定的范围内进行赔偿。可见，保险单是索赔和理赔的根据。

二、海运货物保险的保障范围

(一) 保障的风险

海上货物运输承保的风险分为海上风险和外来风险。

海上风险(perils of the sea)又称海难，是指货物与船舶在海上运输中或附随海上运输中所发生的风险。它包括自然灾害和意外事故。自然灾害(natural calamity)是指不以人们意志为转移的自然界变异而产生的破坏力量所造成的灾害。海运保险仅指恶劣气候、雷电、海啸、地震、洪水等人力不可抗拒的灾害。意外事故(fortuitous accidents)是指由于外来的、偶然的和不可预料的原因所造成的事故。海运保险所指的意外事故不同于一般事故，专指船舶搁浅、触礁、沉没、火灾、爆炸、碰撞、失踪或其他类似的事故。

外来风险(extraneous risks)是指由于海上风险以外的其他外来原因所引起的风险，它包括一般外来风险和特殊外来风险。一般外来风险通常是指偷窃、破碎、雨淋、短量、受潮、受热、渗漏、玷污、串味、钩损、锈损等一般外来原因引起的风险。特殊外来风险通常是指战争、敌对行为、罢工等特殊外来原因引起的风险。

(二) 保障的损失

被保险货物在海洋运输中遇到风险而受到的损失称为海上损失，简称海损(average)。按照海运保险业务的习惯做法,海损也应包括与海运相连接的陆上或内河运输所发生的损失。海上损失按照损失的程度可分为全部损失和部分损失。

全部损失(total loss)简称全损,是指被保险货物遭受全部损失。全损又可分为实际全损和推定全损。实际全损(actual total loss)是指被保险货物完全灭失、完全变质或货物不可能归还被保险人。如货物沉入海中,食品经海水浸泡变质,船舶失踪等。推定全损(constructive total loss)是指被保险货物受损后,实际全损已不可避免,或者为避免实际全损所需支付的费用与继续将货物运抵目的地的费用之和超过保险价值。

部分损失(partial loss)是指不属于实际全损和推定全损的损失,即没有达到全部损失程度的损失。部分损失可分为共同海损和单独海损。共同海损(general average)是指在海运途中,载货船舶遇到了危及船、货的共同危险,船方为了维护船、货的共同安全或使航程继续完成,有意识地、合理地采取某些措施而作出特殊牺牲或支付的特殊费用。共同海损应该由各受益方(船方、货方和运费收入方)根据最后获救价值的多少按比例进行分摊。单独海损(particular average)是指除共同海损之外的部分损失,这种损失只涉及某一方的利益,只能由受损方自身承担。单独海损与共同海损的主要区别为:①造成的原因不同。单独海损是承保风险所直接导致的损失,而共同的海损,则是由于采取人为的故意的措施所导致的损失。②承担的责任不同。单独海损的损失由受损方自行承担,而共同海损的损失则由各受益方按受益大小的比例共同分摊。

(三)保障的费用

海洋运输中所遇的风险还会造成费用的损失。通常是指为营救被保险货物而支付的费用。这种费用,保险人也给予赔偿。它可分为施救费用和救助费用。

施救费用(sue and labor expenses)是指当被保险货物遭遇保险责任范围内的灾害事故时,被保险人或他的代理人、雇佣人员和保险单受让人等为防止损失的扩大而采取抢救措施所支出的费用。

救助费用(salvage charges)是指被保险货物遭遇保险责任范围内的灾害事故时,由保险人和被保险人以外的第三者采取救助行动而向其支付的费用。

三、海运货物保险承保的险别

由于海上灾害和意外事故种类繁多,货物遭受损失的原因和程度也各有不同,因此,保险人或保险公司将导致货物受损的风险予以归纳和分类,以供投保人选择。海运保险承保的险别可以分为两大类:基本险和附加险。

(一)基本险

基本险是保险人对承保标的所承担的最基本的保险责任,可分为三种:平安险、水渍险和一切险。

(1)平安险(free from particular average,FPA)是保险人责任范围最小的一种基本险,在国际保险市场上也称为"单独海损不赔险"。平安险所承保的损失是由自然灾害或意外事故所造成的全损和共同海损分摊额,对于非共同海损的部分损失,原则上不予保障。但是,PICC平安险条款规定,由于运输工具的意外事故造成的部分损失,或者运输工具发生了意外事故,在此前后货物因自然灾害受到的部分损失,或者在装卸或转运时,由于整件货物落水而造成的部分损失,也属于平安保障范围。

(2)水渍险(with particular average,WPA,WA)也称为"单独海损赔偿险",其责任范围略大于平安险,承保由于自然灾害或意外事故造成的各种程度的损失以及共同海损分摊额,也就是在平安险的基础上再将原本不保障的单独海损也加入承保范围。

(3)一切险(all risks,AR)是保险人责任范围最大的一种基本险,承保因自然灾害、意外事故以及一般外来因素所造成的各种损失。由于一般外来因素造成的损失可以由一般附加险承保,因此,一切险是水渍险加一般附加险的总和,在投保一切险之后无需再加保一般附加险。但是,一切险并非承保一切风险造成的损失,除了特别外来因素造成的损失不属于保障范围外,由于货方的过失或故意行为,以及货物在运输过程中自然、正常的消耗或损耗所造成的损失也不属于一切险的保障范围,同时,由于市场行情变化而使货物价值下跌的损失也不属于保障范围。

(二)附加险

附加险是被保险货物在运输途中由于外来原因所致的损失。一般是在货物投保平安险或水渍险后,由于货物、包装或运输的特点,需要保险人扩大承保范围而加保的险别。常见的附加险有:

(1)偷窃、提货不着险(risk of theft,pilferage and non-delivery,TPND)。偷窃是指因偷窃行为而使货物受到的损失;提货不着是指因整件货物遗失、误卸而使被保险人受到的损失,被保险人应提供提货不着的证明,才能向保险人要求赔偿。

(2)渗漏险(risk of leakage)。渗漏是指因容器损坏而引起流体或液体渗漏所造成的损失,或用液体贮藏的货物因液体渗漏而引起货物腐败所造成的损失。

(3)碰撞破碎险(risk of clash and breakage)。碰撞、破碎是指易碎货物因震动、碰撞、受压破碎而造成的损失。

(4)钩损险(risk of hook damage)。钩损是指货物在搬运时因遭到吊钩的钩碰所引起的损坏,以及对货物包装进行修补或调换所支出的费用。

(5)淡水雨淋险(risk of fresh water and/or rain damage,FWRD)。水渍险只对货物因海水而造成的损失负责。淡水和雨淋而致货物受损,应包括在本险范围内。

(6)短量险(risk of shortage)。短量是指散装货物的重量短缺或包装货物因外包装破碎而引起货物重量短缺或散失的损失。

(7)混杂玷污险(risk of intermixture and contamination)。混杂玷污是指货物因混杂玷污而发生的损失。

(8)串味险(risk of taint of odour)。该险针对的是食用品、中药材、化妆品、原料等货物因受其他货物的影响,发生串味而引起的损失。

(9)受潮受热险(risk of sweat and heating)。该险针对的是货物因气温突然变化,或因船上通气设备失灵,致使船舱内水汽凝结或发热而造成的损失。

(10)锈损险(risk of rust)。该险针对的是因货物与海水接触生锈而发生的损失,但因货物本身的性质或瑕疵所致的锈损不在其内。

(11)包装破裂险(risk of breakage of package)。该险的理赔范围包括因搬运货物装卸不慎使包装破裂而造成的货物损失，以及为继续运输安全的需要，对包装进行修补、调换而支付的费用。

除上述 11 种附加险外，还有一些特殊附加险，它们不是由于商品的性质，而是根据特殊环境的需要而投保的附加险，如战争险（war risk）和罢工险（strike risk）、交货不到险（failure to delivery risk）、进口关税险（import duty risk）、舱面险（on deck risk）、拒收险（rejection risk）、黄曲霉素险（aflatoxin risk）等。

四、海上货运保险承保责任起讫

海运货物保险责任的起讫主要是遵循"仓至仓"条款，也就是保险责任自被保险货物运离保险单所载明的起讫地仓库或储存所开始，到该货物抵达保险单所载明的目的地收货人的最后仓库或储存所或被保险人用作分配、分派或非正常运输的其他储存所为止。假如货物迟迟不抵达保险所载明的目的地收货人的仓库或储存所，则以被保险货物在最后卸货港全部卸离海轮后 60 天为止。如在上述 60 天内被保险货物需转至非保险单所载明的目的地时，则以该项货物开始转运时终止。

五、海上货运保险的基本当事人

（一）保险人

保险人是收取保费并按照保险合约的规定对损失负赔偿责任的人。为了保障被保险人的利益，几乎所有国家都制定了管理保险人的法律，保险人必须是经过国家有关部门审查合格而可以经营保险业务的人，包括法人和自然人。因为保险赔偿不一定会发生，所以保险合同对于保险人来说仅代表一种或有负债。

（二）投保人

投保人也称要保人。他是与保险人签订契约并缴纳保险费的当事人。投保人必须具备订约能力，必须对保险标的物有保险利益，必须按最大诚信原则对保险内容如实陈述。如果违反上述基本要求，则保险合同无效。

（三）被保险人

被保险人是受保险合约保障的当事人，即有权按照保险契约向保险人取得赔款的人。在货运保险中，被保险人往往与投保人是同一人。被保险人应在货物运抵目的地后及时提货，若发现货损货差，应及时申请检验或向有关当事人索取相应证明；若货物遇险，被保险人应采取合理的抢救、防损措施；若发现保险单载明的货物、船名、航程有误或航程变更，被保险人应及时通知保险人；在索赔时被保险人应向保险人提供正本保险单、货运提单、发票、检验报告、货损货差证明、索赔清单等文件。如果被保险人未履行上述义务或没有尽到保险单规定的其他责任，从而影响到保险人的利益，这时，保险人对有关损失可不予补偿。

六、保险单的基本内容

保险单记载和印定的内容包括正面和背面两部分，正面是有关保险人、被保险货物、

保险险别等情况的记载,背面是印定条款。正面的主要内容有:

(1) 保险人名称。它应该是承保的保险公司,而不能是保险经纪人或代理人。

(2) 被保险人名称。在信用证有明确规定的情况下,应按信用证规定办;在 CIF 价格条件下,一般为卖方及信用证的受益人,然后由受益人作成空白背书。

(3) 保险金额。除非信用证另有规定,否则保险单据所用货币必须与信用证规定一致;保险单据标明的最低投保金额应该是货物的 CIF 价格或 CIP 价格的金额加 10%,如果不能确定 CIF 或 CIP 价格,则银行接受的投保金额最低为信用证要求付款、承兑或议付金额的 110%;或发票毛值的 110%,两者之中取金额较大者为最低投保金额。

(4) 货物运输的唛头、货物的项目、包装及数量,均应与发票一致。

(5) 运输工具名称、开航日期、航线起讫地点,均应与提单一致。开航日期前一般应加"on or about"字样。对于"on or about"的含义,《UCP600》规定,银行应将其解释为于所述日期前后各 5 天内装运,起讫日期均应包括在内。若船至目的港卸货后,还需转运内陆城市,则应在目的港后加注"and thence to…"(转运至某地)字样。若需中途转船,则应在目的港名称后加注"with transshipment"(转船)字样。

(6) 承保险别。险别内容必须与信用证有关条款保持一致,填写秩序为先主险,其次一般附加险、特别附加险。

(7) 检验代理。保险单据上列明保险人在目的港的代理检验人,以便当货物受损、被保险人索赔时能及时就近查勘,分析原因与受损程度,以确定赔偿责任。

(8) 赔款偿付地点。赔款偿付地点应符合信用证规定,一般为保险单所载明的目的港,即在进口国境内。

(9) 签发日期。签发日期即保险人责任的起算点,保险单据的签发日期不应晚于提单签发日期,否则银行将不予接受。

(10) 保险人签字。一般都由保险人或其代表签字或以其他方式证实。但是,英国保险法允许保险公司在出具海运保险单据时用盖章代替签名。

由于保险单是被保险人进行索赔的主要依据,所以缮制保险单一定要十分慎重,尽量做到不涂改,如实在需要更改,要加盖校对章。

保险单样例见本章附录单据样例 8-3。

七、保险单据的种类

(一) 保险单

保险单(insurance policy)在实务中俗称"大保单",它是保险人与被保险人之间建立保险契约关系的正式凭证,其内容主要有被保险人名称、保险货物名称、数量及标志、载货船名、保险金额等,保险单的背面印有保险合同条款,对保险人与被保险人各自的权利、义务作了详尽规定。

(二) 保险凭证

保险凭证(insurance certificate)俗称"小保单",又称保险证明。它是简式保单,具有与保险单相同的效力。其正面所印内容和保险单相同,背面不载有保险条款。凡保险凭证上未列明的条款内容,均以同类保险单上所载明的正式条款为准。它不是一个完整、独立的文件。它投保手续简便,但我国目前一般不接受此种保单。根据《UCP600》规定,除非信用证另有规定,银行应予以接受。如信用证规定出具此种保险凭证,以保险单代之是允许的。

(三) 承保证明

承保证明(combined insurance certificate,risk note)是一种比保险凭证更简化的单据。它只在出口商的商业发票上以加盖印戳方式注明承保金额、险别、保险期限、保险编号、保险和理赔代理人名称及地点等事项,而不另出具单独的保险单,又称为"联合凭证"。

(四) 暂保单

暂保单(cover note)这是一种非正式的、临时性的保险单,常用于以 CFR 或 CPT 方式成交的交易中,是被保险人投保时不了解货物装载船名及启航日期、保险人向其出具表示接受投保并承诺保险责任的临时文件。投保人获知货物装载情况后,应立即通知保险人,再换取正式保险单,暂保单在规定期内具有正式保险单的效力。

(五) 预约保单

预约保单(open policy)是保险人和被保险人就承保标的物的保险范围、险别、费率及赔偿处理等条款所预约签订的长期性保险合同,一般不规定总保险金额,但通常有每次出运货物的最高保险金额限制。在合同规定范围内的货物一经启运,保险人即承担规定的保险责任。被保险人应于货物发运后立即将有关货物名称、数量、价值、装运船舶、起讫港口、启运日期等通知保险公司。如有必要,保险公司可凭此出具保险凭证交被保险人作结算之用。

预约保单多用于进口业务,进口商与保险公司签订预约保单可防止因漏保或迟保造成的损失,也简化了逐笔投保的手续。

如系出口业务,则保险公司在接到被保险人装运通知后,需另行出具预约保单项下的保险证明或声明,供出口商作为结算凭证。《UCP600》规定,"银行将接受预约保单项下的保险证明或保险声明"以取代通常的保险单。当然,即使在预约保单情况下,出口方仍可使用保险单作为结算凭证。

(六) 总括保险单

总括保险单(blanket policy)又称闭口保险单或概保单,是保险人对被保险人承保一定时期内多批货物运输的保险单据。各批货物启运时,被保险人无须逐笔向保险人发出装运通知,也不需要每批计算保险费。保单内只规定货物的总名称、大约总金额、险别和船舶起讫港。如货物遭损需保险公司赔偿时,只在总保险金额中扣除每次赔偿款额,总保险金额扣净后,保险公司就不再承担保险责任。采用总括保险单可以简化保险手续,节约时间。

(七) 流动保险单

流动保险单(floating policy)又称统保保险单,是规定被保险人在不超过总保险金额情况下，可以连续分批装运货物的保险单。保险单上只规定保险总金额、航行区域及装货船只等保险总条件。每批装运货物的具体情况在出运后分批申报，保险人则将该批货物的价值从总保险金额中扣减，直至总保险金额用完。

(八) 保险声明

预约保险单项下的货物一经确定装船，要求被保险人立即以保险声明(insurance declaration)的形式，将该批货物的名称、数量、保险金额、船名、起讫港口、航次、开航日期等通知保险人，银行可将保险声明当做一项单据予以接受。

(九) 批单

保险人出具保险单后，被保险人要求修改保险单内容，此时保险人并不收回已签发的保险单，仅按被保险人要求修改的内容出具批单(endorsement)。批单应粘贴在保险单上并加盖骑缝章，保险人和被保险人的权利义务按修改后的内容规定，是保险单不可分割的一部分。

第五节　附属单据

附属单据(additional documents)是国际贸易中出口商所提供的除基本单据以外的单据。这类单据主要有两个方面的用途：一是为了满足进口地当局的一些特殊的法令和规定，如海关发票、产地证明书和卫生证明等；二是为了满足进口商对于货物质量的要求及其他方面的一些要求，如检验证书、装箱单等。附属单据大致可分为除商业发票外的其他发票、包装单据、商检单据、原产地证明书、进出口许可证和其他附属单据等。

一、其他发票

出口商出具的发票一般以商业发票形式出现，但有时也会遇到其他类型的发票，主要有形式发票、样品发票、海关发票和领事发票等。

(一) 形式发票

形式发票(proforma invoice)通常是由出口商在发货之前出具，然后寄给进口商以利于其申请外汇或申领进口许可证的一种发票，又称预开发票。一般在预付、寄售和投标等贸易中使用。

(二) 证实发票

证实发票(certified invoice)是根据信用证要求，在发票上加注一个声明，证实该发票的真实性。对于发票上列明的货物和产地，特别是货价部分须经卖方以个人名义签名予以证实。证实发票需要证实以下某项内容：①货物符合某合同或形式发票。②货物是或不是某特定国家所产。③买方要求卖方在发票上加注的其内容真实的证明。一般证实文句为"We thereby certify the contents of this invoice true and correct"，即发票的内容是真实和正确的，并将"错误当查"划去。有的证实发票具有一定的格式，在向进口当局提供时可以作为货物清关时课征较低关税或免税时必需的证明。

（三）样品发票

样品发票（sample invoice）是出口商在向进口商发送样品后出具的一种发票。它有利于进口商进口样品时向进口国海关等机构申请减税或免税。不同于商业发票，其目的是说明出口商自己所推销的商品的品质、规格、价格，以方便客户了解商品的价值和费用、向市场推销、报关取样。

（四）海关发票

海关发票（customs invoice）是进口国海关制作的，由国外出口人填写，进口人凭以报关的一种固定格式的发票，用以证明进口货物价格，为进口国海关提供统计依据和货物估价完税依据，并核定有无倾销倾向。

（五）领事发票

领事发票（consular invoice）是由进口国驻出口国领事认证或出具的发票。领事发票可替代进口许可证，成为出口商必须提供的单据，也可替代产地证书，以便对不同产地的产品实行差别关税。

由于海关发票和领事发票带有浓烈的贸易保护色彩，与当今各国倡导的自由贸易极不相称，因此在实际业务中已很少使用。

（六）厂商发票

厂商发票（manufacturer's invoice）是厂商出具的以本国货币计算价格，用来证明出口国国内市场的出厂价格的发票。来证要求提供厂商发票，主要目的是用以核查出口交易中是否存在倾销，以便确定是否要征收反倾销税。

（七）银行发票

在交易比较复杂时，有时信用证内对货物名称、规格、包装等的规定要比合同简单，为使单证相符，出口商按信用证的要求缮制一份简略的发票交银行议付，这种发票就叫银行发票（banker's invoice），而将内容详尽、与合同要求一致的发票径寄进口商。

（八）联合发票

联合发票（combined invoice）是指将其他某种单据的内容或几种单据的内容都反映在其中的商业发票。也就是说，联合发票不仅具有商业发票的作用，而且还代替了它所联合的其他单据，如保险单、重量单、装箱单、产地证等。由于联合发票只能在信用证允许的范围内使用，因此，在国际贸易实务中，联合发票较少使用。

二、包装单据

包装单据（packing documents）是指一切记载或描述商品包装情况及数量等的单据，是商业发票的补充单据，也是需要提交的一项重要单据。

（一）包装单据的作用

除散装货物外，包装单是必不可少的文件。进口地海关验货，公证行检验，进口商校对货物时，都是以包装单据结合商业发票作为依据，用以了解商品包装及数量的具体内容。

(二) 包装单据的种类

根据不同商品及不同客户的要求，包装单据有不同的种类，主要的有两种。

1. 装箱单

装箱单(packing list/ packing slip)是包装单据中最常见的一种，一般都详细列明货物包装即每个包装单位内的详细内容，如每件货物的规格、花色、样式等。因此，装箱单也被称为内容明细表。

装箱单的内容一般包括：发票号码和合同号，日期，唛头和号码，品名，规格，包装单位，每件包装单位的毛重、净重、尺码，总合计件数、重量和尺码，目的地、船名，进口商或收货人的姓名、地址等。

在装箱单填制和审核时，应注意：装箱单的内容必须与货物实际包装相符，与发票、提单等相应项目要一致；装箱单上的日期不得早于发票日期。

装箱单样例见本章附录单据样例8-4。

2. 重量单

重量单(weight list/ weight note)是用以说明每个包装单位中重量情况的单据。重量单也是重要的附属单据。

重量单的签发人可以是出口商、商品检验机构、公证行、重量鉴定人等。其中，商品检验机构出具的重量单即是重量检验证明书(weight certificate)，作用是证明装货重量与合同相符。

实务中，经常把重量单和装箱单合并为装箱/重量单(packing/weight list)，以简化单据。此外，包装单据还包括尺码单(measurement list)、装箱明细单(packing details)、磅码单(weight memo)和花色搭配单(assortment list)等。

三、检验证明书

(一) 检验证明书概念

检验证明书(inspection certificate)是指为了适应进口方的需要或进口国海关的需要或进出口国国家法规的需要，由政府商检机构或公证行或制造厂商等对商品进行检验后出具的关于商品品质、规格、重量、数量、包装、检疫等各方面或其他某方面鉴定的书面证明文件。

(二) 检验证明书的主要作用

1. 作为证明履约、交货接收的有效证件

货物经过长途运输后难免会出现质量变化或数量短缺、包装破损等情况，从而引起进口商的争议。出口商为了免责，必须提供权威机构签发的检验证书，证明其已履行合格交货任务。

2. 作为验收报关的有效凭证

许多国家为维护本国及消费者利益，通常规定某些商品必须进行强制性检验，如食品等。进口商必须出示出口地检验机构签发的证明商品合格或符合国家进口标准的检验证书才能报关验收，否则禁止进口。

3. 作为结算货款的依据

许多产品的定价取决于商品的等级,或某些主要成分的含量。因此,进出口合同中订有价格与金额的增减条款,以适应不同的检验结果。在进出口实务中,一般都根据检验证书中标明的产品等级和主要成分含量,确定合适价格并计算出货值。

4. 作为索赔、仲裁、诉讼的佐证文件

货物在运达进口地后一般都需进行检验,以确定收货时的质量、数量、状况等,这样做既便于进口商转售,又可以在发现问题时提起争议。根据检验结果,明确责任归属,提出赔偿要求。如需进行仲裁或诉讼,也必须提供商检证书作为对货物缺陷、残损等事实的说明。

(三) 检验证明书的种类

根据证明内容或检验方式的不同,检验证明书主要分为如下一些种类。

1. 品质检验证明书

品质检验证明书(inspection certificate of quality)亦称质量检验证书,是检验机构证明进出口商品品质、规格、等级、成分、性能等的书面证明。

2. 重量或数量检验证明书

重量或数量检验证明书(inspection certificate of weight or quantity)是检验机构证明出口商品的重量或数量的文件。

3. 兽医检验证明书

兽医检验证明书(veterinary inspection certificate)是由主任兽医签发的证明进出口动物产品经过检疫合格的检验证书。

4. 卫生检验证明书

卫生检验证明书(sanitary inspection certificate)亦称健康机构证书,是检验机构对出口的动物产品、食品等经过卫生检验或检疫合格后出具的证书。

5. 消毒检验证明书

消毒检验证明书(inspection certificate of disinfection or sterilization)是证明出口动物产品、人发产品等已经过消毒处理的检验证书。

6. 熏蒸证明书

熏蒸证明书(inspection certificate of fumigation)是证明出口粮食、农作物等商品以及包装用木材和植物性填充物等已经熏蒸灭虫的证书。

7. 包装检验证明书

包装检验证明书(inspection certificate of packing)是证明进出口商品包装情况的证书。

8. 残损检验证明书

残损检验证明书(inspection certificate of damage or damaged cargo)是证明进出口商品的残损情况的证书,简称验残证书。

此外,还有植物检疫证明书、温度检验证书、衡量证明书、船舱检验证明书、集装箱检验证明书、价值证明书、生丝品级及公量检验证明书、分析检验证明书等。

出具检验证书的机构,应是买卖双方以外的第三方。很多国家都有专业的商品检验和鉴定机构,接受委托进行商品检验与公证鉴定工作。这些机构有的是国家设立的官方机构,如我国的中国商品检验局,有的是由私人或同业公会、协会等开设的公证行,如美国的劳合公证行和瑞士的日内瓦通用鉴定公司。

四、产地证明书

产地证明书(certificate of origin)是由政府或公证机构或出口厂商出具的证明货物生产地的证书。

产地证明书根据签发人的不同,大致可分为三种类型:政府授权机构签发的产地证明书,商会签发的产地证明书,以及出口厂商签发的产地证明书。在我国,政府授权机构签发主要是指中国进出口商品检验检疫局和商务部对外贸易司,而商会是指中国国际贸易促进委员会。

产地证明书的主要作用有:①通过证明货物的原产地来享受进口国的优惠税率。因为进口国海关往往会针对来自不同国家或地区的商品执行不同税率的差别待遇政策。②通过证明货物的原产地来符合进口配额的要求。因为有些国家往往按出口国分别设定不同的配额限制,所以要求进口商报关时必须提供产地证以便进行统计。

目前常用的原产地证明书为普惠制产地证。

普惠制是普遍优惠制(generalized system of preference,GSP)的简称,是给惠国对受惠国给予单方面关税优惠的一种制度。普惠制产地证有国际统一的固定专用格式,称为格式A(Form A),其尺寸、版面、图案、用纸等都有严格规定。在我国,唯一的授权签发普惠制的机构是各地的进出口商品检验检疫局。

普遍优惠制成立于1968年3月召开的第二届联合国贸易与发展大会,是发达国家给予发展中国家制成品与半制成品(包括某些初级产品)普遍的、非歧视的、非互惠的一种关税优惠制度。但是从发展中国家向发达国家输出的商品必须符合原产地规则的要求才能享受普惠制待遇,这一规则包括原产地标准、直接运输规则和书面证明三项内容。原产地标准(origin criterion)专门确定货物的产地,并据以将产品分为两大类:一类是全部使用受惠国的原料、零部件生产的完全原产品,可以享受GSP待遇;另一类是一部分或全部进口材料或零部件生产的产品,这些进口成分必须在生产过程中达到实质性改造,各给惠国对这类产品所采用的标准不尽相同。直接运输规则(rules of direct consignment)是指要求受惠国产品直接输往给惠国,如途经他国也可以,但应存放于海关关栈,不能投入当地市场销售或交付当地使用。书面证明(documentary evidence)是指必须持有GSP产地证以及证明符合直接运输规则的文件。

产地证明书样例见本章附录单据样例8-5。

五、其他附属单据

其他附属单据是根据合同及信用证有关条款规定而提供的。为保证收汇安全,这些单据必须注意保持本身的完整性以及与其他单据的一致性。常见的主要有如下几种。

(一) 出口许可证

出口许可证(export license)是国家批准某些商品出口的证明文件。

出口许可证所填制的内容必须与报关单一致,不能有相互矛盾的地方。出口许可证所允许出口的数量,在实际出运时,不能超出。同时,出口许可证的任何更改,都要经过原发证机关办理,任何涂改和伪报,都要追究责任。

(二) 受益人声明

受益人声明(beneficiary's statement)是信用证结算方式下,出口商按信用证的规定出具的说明其已履行某种义务或办理某项工作的声明。实务中常见的有:

(1) 关于商品品质的声明。例如,声明商品属于一流品质(quality of first class)等。

(2) 关于商品包装的声明。例如,包装未使用木材的声明(We declare that no wooden packing has been used in packing of goods.)。

(3) 关于商品原产地的声明。例如,声明出口货物原产地为中国(We declare that the goods are of Chinese origin.)。

(4) 关于已发装船通知、已寄样品或已寄副本单据的声明。例如,有些信用证规定出口商装船后寄一套副本单据给开证申请人并出具已寄出副本单据的证明(We certify that we have airmailed one set of non-negotiable documents to the applicant)。

受益人声明可以是一份单独的文件,也可以与商业发票合并,在商业发票上加注声明即可。

(三) 有关运输方面的证明

为遵守政府规定或根据信用证的要求,出口商有时还要提供一些有关运输方面的证明。例如,装船通知,船籍及航程证明,船龄证明,船级证明以及班轮公会船只证明等。

1. 装船通知

装船通知(shipping advice)也称装运通知,是出口商在装运前预先通知进口商装船情况或装运后告知进口商货物已装船的书面文件。装船通知主要是为了方便进口商做好接货准备,例如,进行投保,预定仓库,办理进口许可证手续,办理外汇手续等。装船通知的内容主要包括:装运港、目的港、买方名称或买方指定的保险公司名称、装船的具体时间、装载船名和航次、转运港及预计抵达目的港的日期等。

2. 船籍及航程证明

例如,阿拉伯国家的来证中要求不得使用以色列籍的船舶且航程不得经过以色列转运。此证明一般由船代理或船公司出具。

3. 船龄证明

有些地区的信用证,因保险费率问题,规定装载船舶的船龄不得超过 15 年,受益人必须要求船公司或船代理出具装载船舶的船龄证明。

此外,根据信用证及进口商的不同需要,其他附属单据还包括运费账单、保险通知书、保费收据等。

在实际业务中,虽然附属单据处于次要位置,但这并不意味着我们可以加以轻视。我们对所有的单据都应该认真缮制,细致审单。事实上,任何细小的不符点都有可能对安全收汇造成不可弥补的损失。

第六节 单 据 审 核

单据的审核是一项技术性较强的工作,对审单人员的责任心亦有较高要求。对于单据的审核,可以是出口商在交单以前的自我审核,也可以指交单给银行后银行通过对单据的审核以查明是否有不符点。在上述两种情况下审单都应以信用证要求与信用证管理为依据。对于银行来说,更应关注单据的表面状况,而不能以有关事实来影响对单据合格性的判断,单据的审核对象包括整套单据,如信用证项下的汇票、发票、提单、保险单以及其他单据。

一、审单方法

首先将信用证和单据按图示排列,防止漏审,按顺序整理好单证后即可开始审单。如图 8-1 所示。

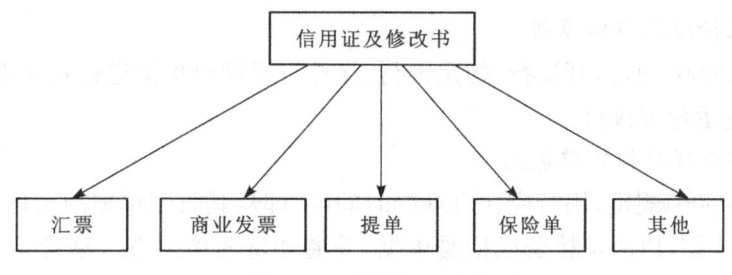

图 8-1 单据审核顺序

(一) 横审

(1) 信用证如有修改,首先查看受益人对于修改通知书确无书面表示拒绝接受,然后以修改条款核对有关单据,若是符合修改条款,表明受益人接受修改。

(2) 将信用证从头到尾地阅读一遍,每涉及一种单据,立即核对此单据,以达到单证一致。

(3) 阅读信用证文句,并与单据核对,发现不符点立刻记录在审单记录表上。

(4) 未被审核的单据一般是受益人交来的信用证未规定的单据,应退还受益人。

(二) 纵审

(1) 以发票为中心,与其他单据挨个核对,先将被核对的单据全部阅读一遍,将涉及发票的相同资料核对,看是否一致。

(2) 将提单与保险单核对。

(3) 纵审的目的是要达到单单一致。

(4) 经过横审和纵审,没有发现不符点或不符点已经改妥,即可确定单据全部相符。

二、单据审核的基本原则

在信用证业务中,单据贯穿整个交易的主线,各方当事人处理、提交、交易的是单据,而不是货物。银行履行付款职责的前提是出口商提交符合信用证规定的单据,进口商审单以决定对开证行的付款。因此,单据审核是一项重要的内容。

信用证项下单据审核的基本原则如下。

1. 遵循单证表面相符的原则

在《UCP500》中,单证相符是指"单证相符、单单相符"。《UCP600》扩大了单证相符的内容,将单据与信用证相符的要求细化为"单内相符、单单相符、单证相符",强调要与单据本身的数据、信用证条款、适用的惯例条款以及国际标准银行实务相符合。对"相符"的明确界定,可以减少实务中对单据不符点的争议。

2. 合理小心地审单原则

要求银行合理小心地审核单据是否表面上符合信用证条款的规定。此原则可理解为一个具有国际结算专业知识的普通审单人员工作中应做到注意和谨慎。

3. 银行审核单据化条件原则

银行只接受单据化的指示,只审核明确的单据,对"非单据性条件"则不予理会。"非单据性条件"是指信用证含有某些条件而未列明需提交与之相符的单据。

4. 坚持银行独立审单原则

根据《UCP600》规定,开证行、指定银行、保兑行必须对单据进行独立审核,确定交单不符时,可拒绝承付或议付。

5. 坚持在合理时间审单原则

根据《UCP600》规定,银行应在合理的时间内,即从其收到单据的次日算起5个银行工作日内审核单据,以决定接受或拒受单据,并通知寄送单据方。享受5个审单工作日的银行可以是信用证的保兑行、议付行、承兑行和付款行,而单据的转递行、寄单行则不能,应从速寄单。

三、单据审核的基本要点

(一) 汇票的审核要点

(1)注意汇票的出票条款要与信用证一致。

(2)注意汇票出票日期不得迟于信用证的有效期。

(3)注意汇票作成正确的付款人,不应以申请人作为汇票付款人。

(4)注意收款人的名称要与信用证一致。

(5)确保汇票期限就是信用证所要求的。

(6)注意汇票金额不超过信用证可以使用的金额;汇票金额与发票金额一致;大小写金额保持一致。

(7)注意汇票签字及/或出票人名称与受益人名称一致。

(8)如果需要背书,确保汇票被正确地背书,且没有限制性背书。

(二) 商业发票的审核要点

由于商业发票是全部单据中的中心单据,所以对它的审核要特别详尽:

(1)注意发票的首部必须印有"Invoice"或"Commercial Invoice"字样。

(2)要注意发票签发人(出口商)名称、地址要与信用证规定一字不差。即使信用证规定的是错误的,在没有改证的前提下,只能将错就错,严格按信用证规定缮制。

（3）要注意审查发票的抬头人。在信用证项下,发票的抬头人必须缮制成信用证的开证申请人。

（4）要注意唛头与信用证规定相符,并注意与其他单据保持一致。

（5）对货物的描述必须与信用证完全一致。它包括品名、规格、款号、颜色等。一般可照信用证原文照抄,切忌标新立异以免画蛇添足。

（6）数量、单价、金额必须符合信用证的规定。尤其注意对《UCP600》关于信用证金额、数量和单价的增减幅度条款的理解。发票中的数量、单价和金额必须是准确的数字,而不得冠以"大约"（about）或类似的文字。此外,在审核出运数量、金额时,还要注意信用证是否允许分批装运,分运条款是否有具体的要求和规定（如必须分两批或三批,每批装运多少等）。

（7）佣金、折扣的扣除。如果合同中有支付佣金或折扣的规定而信用证金额为全额且未在价格条款中显示含佣或折扣的问题时,在发票中也不应显示佣金或折扣的内容,以避免造成单证不符而影响收汇。其应得佣金或折扣可以在货款收妥后另行汇付。

（8）包装、重量、尺码等必须准确无误。

（9）注意是否按信用证的规定在发票中注明了特殊的说明文字,该文字本身是否符合信用证及其他单据的要求。

（10）要注意发票是否需要签章,如有手签要求,是否手签。

（11）核对发票份数是否与信用证要求一致。

（三）海运提单的审核要点

在审核海运提单时,审核的要点及常见的与信用证要求不符的情况主要有如下几点:

（1）注意提单的名称要符合信用证要求。例如,信用证规定不可接受"Combined Bill of Lading",但正巧该提单的格式就是印刷为"Combined Bill of Lading",这种情况就很容易造成与信用证不符。此时,应联系船公司出具其他印刷字样的提单或更改提单名称并加盖校正章。

（2）托运人要按信用证规定填写。即使信用证规定的托运人中有明显的拼写错误,提单的缮制也应将错就错,并与其他单据保持一致,否则即为不符。托运人也可要求开证人修改信用证以避免造成不符。

（3）确保收货人的填写与信用证规定严格相符。例如,信用证规定"Consigned to ×× Company",就不得填写为"Consigned to Order of ×× Company"。

（4）提单的货物描述要与信用证规定相符。提单上的货物名称必须和信用证保持一致,也必须与其他单据保持一致,否则,即视为不符点。

（5）确保提交的提单是清洁提单。不清洁提单的提交被视为严重的不符点,很容易造成拒付。所以要尽量避免不清洁提单的出现。

（6）确保装货港、卸货港和目的地的填写与信用证规定一致。

（7）按信用证要求向银行提交规定的正本提单份数。如信用证规定提交全套正本提单,就应该根据提单上正本提单份数栏中所列数字全部提交给银行。若规定"2/3 Sets of

Original Bill of Lading Must Be Presented."。在这种情况下,全套正本提单应是三份,受益人向银行提交的正本提单只需要两份。剩余的一份提单往往是由受益人直接寄给进口商,也可能是进口商委托受益人暂时保存备用,以免其余两份提单在交付银行议付过程中出现丢失、损毁的情况。

(8) 按信用证规定证明运费已付及支付金额。信用证对提单运费栏的批注一般作出规定。提单上必须按照信用证规定注字标明,例如,如信用证规定提单注明"Freight Paid",就不应该想当然地按常规缮制为"Freight Prepaid",尽管两者含义完全相同。此外,《UCP600》中规定:运输单据上如出现"运费可预付"或"运费应预付"类似的词语,不能视为运费付讫的证明,将不予接受。

(9) 若信用证规定提交已装船提单,则应确保提单有已装船批注。除非信用证另有规定,银行只接受已装船提单。所以受益人提交的提单上必须注明"已装船"(shipped on board)字样。但值得注意的是,仅有"已装船"字样是不够的,还应列明装船日期并经承运人签章。

(10) 确保提单装运日不迟于信用证规定。

(11) 确保提交提单不过期。在信用证条件下,提交过期提单也是重要的不符点。缮制单据及审单时应特别注意避免。

(12) 按信用证规定签章或背书。《UCP600》中对于签章的规定比较严格,它规定:承运人或船长的任何签字或证实,必须表明"承运人"或"船长"的身份。代理人代表承运人或船长签字或证实时,也必须表明所代表的委托人的名称和身份,即注明代理人是代表承运人或船长签字或经证实的。所以,银行对于"as agent for the carrier named above"的代理人签章是不接受的。此外,如提单的收货人栏填写的是"to order"和"to order of shipper",托运人必须在提单上背书后交单,背书方法按照信用证要求办理,如空白背书或记名背书等。

(13) 确保唛头、件数、包装、毛重与体积和其他单据一致。根据信用证单单相符的原则,海运提单上的唛头、件数、包装、毛重与体积等均不得与其他单据相矛盾,否则即为不符。

(14) 应该注意根据国际惯例和《UCP600》的规定,哪些提单、哪些情况下银行可以接受。例如,如需要以第三者作为提单的托运人,银行仍然可以接受,尽管一般提单的托运人都是信用证的受益人。又如,只要信用证不禁止通过集装箱运输,那么集装箱提单是可以接受的。

(四)保险单据的审核要点

(1) 注意根据信用证要求交来保险单/保险凭证。

(2) 注意提交全套保险单据。

(3) 注意保险单据是由保险公司或保险商或他们的代理人签发的。

(4) 注意保单签发日期最迟应在已装船或已发运或接受监管之日。

(5) 注意货物投保金额要符合信用证要求。

(6) 除非信用证另有规定,注意保险单据必须使用与信用证相同的货币出具。

(7) 注意货物描述与商业发票的货物描述保持一致。

（8）注意承保的商品是从指定装运港口或接受监管点到卸货港口或交货点。

（9）注意已经投保了信用证指定的险别，并已明确表示出来。

（10）注意唛头和号码等要与运输单据相符。

（11）注意如果被保险人名称不是保兑行、开证行或买方，应有适当的背书。

（12）注意保险单据表面的其他资料，要与其他单据一致。

（13）如果单据记载有任何更改，注意应被适当地证实。

（五）检验证明书的审核要点

虽然检验证明书因它们本身所需要证明的内容不同而有所区别，但对检验证明书还是有着普遍的审核标准：

（1）注意单据名称必须符合信用证的规定。

（2）确保保证"货证相符"。

（3）确保检验证明书的签发机构与信用证条款相符。

（4）检验证明书上的日期应不得迟于提单日期，但也不应距离装运日期过早。

（5）注意检验证明书是否需要有权签字人签字。

（六）产地证明书的审核要点

（1）按信用证要求确保产地证明书已被签字、公证人证实、合法化、签证等。

（2）注意产地证明书上面货物的名称、品质、数量及价格等记载应与商业发票或其他有关单据一致。

（3）确保产地证明书由出口地的法定机构签发。

（4）注意产地证明书上载明的产地国家应符合信用证的要求。

（七）装箱单、重量单的审核要点

装箱单、重量单的提供目的是为了证实装运货物的详细内容，包括毛重、净重、规格、品种等。这些单据必须与商业发票一致，且不应与提单的内容有出入。

（八）其他杂项单据的审核要点

《UCP600》中有规定：当要求提供运输单据、保险单据和商业发票以外的单据时，信用证中应规定该单据的出单人及其措辞或内容。如信用证对此未作规定，只要所提交单据的内容与提交的其他规定单据不矛盾，银行将接受此类单据。

四、银行对不符点的处理

相关银行在收到单据后应该立即审单，从收到单据翌日起的 5 天内通知有关当事人是否接受单据。如果信用证业务中的银行发现单据中有不符点，通常会采取以下的处理方式：

（1）受益人一方的指定银行或保兑行一般会指出不符点，并将单据返还受益人。如果不符点是由于受益人在制单过程中明显粗心造成的，如打印、拼写错误等，受益人可以修改或替换单据。

（2）指定银行继续邮寄带有不符点的单据给开证行，提醒对方有关的不符点，并通知开证行其已经保留地做了付款或议付，即对这些不符点的付款已经获得了卖方的赔偿保证。如果开证行决定拒收这些单据,必须以电讯的方式通知寄单方,时间不得迟于从收到单据翌日起的第5个工作日的下班时间。

(3) 指定银行在受益人的请求下要求开证行授权付款、承兑或议付。

(4) 如果不符点不是致命性的,指定行会令受益人开具保证书,保证在向开证行提交单据遭拒付时偿还已付款项,然后履行自己的义务,即付款、承兑或议付,并将单据继续邮寄给开证行,但不明确指出不符点。

(5) 指定银行继续邮寄带有不符点的单据给开证行,而不履行自己付款、承兑或议付的义务。实际上,这种做法是将跟单信用证下的付款变成了托收项下的付款,因此应以《跟单托收统一规则》(URC522)为行为的准则。

(6) 如果开证行认为不符点对交易不是致命性的,一般会征求买方放弃不符点,但是这一切必须在5个银行工作日内完成。

(7) 银行收到单据发现不符点后,拒绝接受单据。

如果指定银行、承兑行或开证行拒绝带有不符点的单据,也就是拒绝履行其在信用证下的义务,必须做到:

(1) 以电讯方式或其他的快捷方式将拒绝的决定通知从其收到单据的一方当事人,不得迟于从收到单据翌日起的第5个银行工作日;否则,它没有权利拒绝履行自己的义务。

(2) 一次指出所有引起拒付的不符点。

(3) 声明保留单据等候提示者的指示,或者径直将单据返还提示者。

在通常情况下,对于不符点导致的拒付问题,如果不存在欺诈行为,买卖双方完全可以通过协商妥善解决,如放弃不符点、降价、改为托收方式等。

【本章案例】

受益人单据制作不当致损案

N进出口公司对美国A公司出口商品一批。4月29日收到买方通过当地一银行开来的信用证,信用证单据条款中规定:"duplicate/photocopy of original certificate of China origin GSP Form A issued by competent authority."(由官方机构出具的GSP产地证正本一式两份或正本影印件。)

该公司根据信用证特殊条款中的要求,将GSP正本(original)径寄客户,副本(copy)随附其他单据和汇票一起交银行议付。开证行收到单据后于5月15日来电,提出单证不符,电文如下:"Copy of GSP Form A submitted I/O duplicate/photocopy of original."(GSP副本代替了正本一式两份/正本影印件。)

N进出口公司接到开证行拒付通知后,即对信用证条款和公司所提供的单据进行了研究,认为所交单据没有错误,并于5月21日向开证行提出如下反驳意见:

(1) 你L/C规定GSP产地证的"duplicate"交银行议付,"original"(正本)寄交客户,这不符合实际操作的要求。因一套GSP产地证均为一正两副(original and copy),商检局不出具"duplicate"字样的产地证。

(2) L/C规定提供duplicate/photocopy of original certificate of China origin GSP

Form A。根据《UCP600》规定："如 L/C 要求多份单据，诸如'正副两份''一式两份''两份'等，可以提交一份正本，其余份数以副本单据来满足，但单据本身有显示者除外。"我方提供副本产地证并未违反国际惯例和 L/C 的规定。

根据以上情况，我们认为单证相符，你应按时付款。

5 月 22 日开证行又来电提出："你方单据已有 copy 字样的显示，UCP600 的相关条款不适用于此，我方仍不接受此单据。copy 与 duplicate/photocopy 是有区别的。因此，单据仍在我行暂行保管。请速告处理意见。"

N 进出口公司业务员对单据和往来电报反复研究，与客户反复磋商。由于该商品正值滞销时期，加之产品质量欠佳，谈判艰难。最终同意客户少付 1900 美元而结案。

分析与点评

熟练地掌握《UCP600》条文和认真审证对信用证项下的制单结汇工作是至关重要的。从本案来看，商品滞销，国际市场商品价格下跌是客户拒付的根本原因。但 N 公司在审证和制单中确有不少疏漏之处。

(1) L/C 规定 duplicate/photocopy of original，这里强调正本 GSP 两份或将正本 GSP 影印一份，这段话与 GSP Form A in duplicate 是有区别的。后者意指 GSP 产地证一式两份。按《UCP600》条款的规定，当信用证要求单据"一式两份"，而未具体规定正本份数时，方可提交一份正本，其他份数用副本单据来满足。由此可见，N 公司以有"copy"（副本）字样的单据来替代注有"original"（正本）字样的单据是明显的单证不符。

(2) N 公司没有理解"duplicate"的含义。该公司在 5 月 21 日的反驳电中提出：GSP 产地证均为一正两副，我商检局不提供注有"duplicate"字样的产地证。"duplicate"译为复制的或两份（可为一正一副），但"duplicate"本身并不等于"copy"（副本），我商检局固然不能提供注有"duplicate"字样的产地证，但也绝非意味着我方可用注有"copy"字样的产地证代替"duplicate of original（正本一式两份）"。

(3) N 公司未能正确理解《UCP600》的相关条款内容：除非信用证中另有规定，银行将接受注有副本字样或未标明正本字样的单据作为副本单据。在本案中，开证行开出的 L/C 中已明文规定产地证正本一式两份，因而此条款对我方已不适用。我方不能以未注明正本字样的产地证，更不可以注有"copy"字样的产地证办理议付。

在本案中，业务员在收到 L/C 后，应认真审核，如果不能取得 GSP 产地证正本两份，则应速请客户修改信用证，或是在从商检局取得一正两副产地证后，将注有正本字样的产地证复印一份，而后将复印件和副本交银行议付便可。

本 章 小 结

1. 国际债权债务关系的了结是借助单据来完成的，单据是贯穿国际结算业务的主线。单据是一种履约的证明，它可以代表货物的物权进行转移，也是付款的依据。单据的制作应该遵循单证一致、单单一致、单货一致的原则。单据的制作必须符合"正确、完整、及时、简洁"的要求。

2. 商业发票是国际贸易结算中不可或缺的基本单据，它是卖方开立的凭以向买方索取货款的价目清单,是装运货物的总说明。发票全面反映了有关交易的详细内容,是各种单据的中心单据,具有多方面的重要作用。

3. 运输单据是指货物承运人或其代理人签发的证明货物已收受待运或已经付运的单据。运输单据一方面反映了同货物运输有关的各种关系人的责任与权益;另一方面又通常代表着运输中的货物,是货物的物权凭证。因此,运输单据是货物运输业务中最重要的单据,也是国际结算中最重要的单据之一。运输单据按运输方式的不同,分为海运单据、空运单据、公路、铁路、内河运输单据、邮包收据或专递、多式运输单据等。在各类运输单据中,海运提单是最重要、最常用的单据。海运提单就是指货物承运人或其代理人(轮船公司或其代理人)签发的证明货物已经收到或已经装载船上,并约定将该项货物运往目的地交与指定收货人的物权凭证。因它可用作物权凭证,所以大多数海运提单都是可转让的。

4. 保险单据是保险公司在接到货主投保后签发的保险凭证。此项凭证是保险人与被保险人之间订立的保险合同,在被保险货物受到保险凭证责任范围内的损失时,它是被保险人索赔和保险人理赔的主要依据。由于保险单据属于有价证券,所以可以通过背书转让。

5. 附属单据是出口商所提供的除基本单据以外的单据。它主要是用来满足进口地当局的一些特殊的法令和规定,或用来满足进口商对于货物质量的要求及其他方面的一些要求。附属单据大致可分为除商业发票外的其他发票、包装单据、商检单据、原产地证明书、进出口许可证和其他附属单据等。是否需要这些单据,主要取决于买方的需要及有关当局的规定。

6. 单据的审核是国际贸易结算业务的一项重要环节。本章介绍了单据审核的工作方法与基本原则,并介绍了有关单据的审核要点。

重要概念

商业发票　形式发票　运输单据　海运提单　保险单　装箱单　重量单　原产地证明书　基本单据　附属单据　航空运单　预约保单

复习思考题

1. 什么是商业发票?其作用有哪些?
2. 海运提单有何属性和作用?海运提单的基本当事人各有什么权利和义务?实务中最常用的是哪些种类的提单?
3. 在国际贸易中,检验证明书具有什么作用?其主要类型有哪些?
4. 运输保险单据有哪些种类?它们在国际贸易结算中的运用如何?
5. 商业单据审核的基本原则是什么?在审核各类单据时应注意些什么?

附录

单据样例 8-1　　　　　　　　商 业 发 票

ISSUER GREAT WALL TRADING CO., LTD. RM201, HUASHENG BUILDING, NINGBO, P. R CHINA	商业发票 COMMERCIAL INVOICE		
TO F. T. C. CO. AKEKSANTERINK AUTO P. O. BOX 9, FINLAND	NO. GW2005M06-2		DATE 22 MAY, 2005
TRANSPORT DETAILS FROM NINGBO TO HELSINKI BY SEA PARTIAL SHIPMENT: NOT ALLOWED	S/C NO. GW2005M06		L/C NO. LRT9802457
TRANSHIPMENT: ALLOWED SHIPPMENT AT THE LATEST MAY 30, 2005	TERMS OF PAYMENT L/C AT SIGHT		

Marks and Numbers	Number and kind of package Description of goods	Quantity	Unit Price	Amount
ROYAL 05AR225031 JEDDAH C/N: 1-UP	P. P INJECTION CASES ZL0322+BC05 230SETS ZL0319+BC01 230SETS DETALS AS PER SALES CONTRACT GW2005M06 DATED APR.22,2005 CIF HESINKI			
	ZL0322+BC05 ZL0319+BC01	230CTNS 230CTNS	USD42.00 USD41.00	USD9660.00 USD9430.00
	TOTAL:	460CTNS	USD83.00	USD19090.00

SAY TOTAL:　　NINTEEN THOUSAND AND NINTY ONLY

THE NAME AND ADDRESS OF THE MANUFACTURER: GREAT WALL TRADING CO., LTD.

SIGNATURE: GREAT WALL TRADING CO., LTD.

RM201, HUASHENG BUILDING, NINGBO, P. R CHINA

SIGNED COMMERCIAL INVOICE 1 ORIGINAL AND 5 COPIES

单据样例 8-2　　　　　　　　提单 BILL OF LADING

1. Shipper Insert Name, Address and Phone GREAT WALL TRADING CO., LTD. RM201, HUASHENG BUILDING, NINGBO, P. R CHINA	B/L No. CSC020867

中远集装箱运输有限公司
COSCO CONTAINER LINES

TLX: 33057 COSCO CN
FAX: +86(021) 6545 8984

ORIGINAL
Port-to-Port or Combined Transport

BILL OF LADING

2. Consignee Insert Name, Address and Phone
TO ORDER

RECEIVED in external apparent good order and condition except as other-Wise noted. The total number of packages or unites stuffed in the container, The description of the goods and the weights shown in this Bill of Lading are Furnished by the Merchants, and which the carrier has no reasonable means Of checking and is not a part of this Bill of Lading contract. The carrier has Issued the number of Bills of Lading stated below, all of this tenor and date, One of the original Bills of Lading must be surrendered and endorsed or signed against the delivery of the shipment and whereupon any other original Bills of Lading shall be void. The Merchants agree to be bound by the terms And conditions of this Bill of Lading as if each had personally signed this Bill of Lading. SEE clause 4 on the back of this Bill of Lading (Terms continued on the back Hereof, please read carefully). *Applicable Only When Document Used as a Combined Transport Bill of Lading.

3. Notify Party Insert Name, Address and Phone
(It is agreed that no responsibility shall attsch to the Carrier or his agents for failure to notify)

F. T. C. CO.
AKEKSANTERINK AUTO P. O. BOX 9, FINLAND

4. Combined Transport * Pre - carriage by	5. Combined Transport* Place of Receipt
6. Ocean Vessel Voy. No. YANGFNA V.009W	7. Port of Loading NINGBO
8. Port of Discharge HELSINKI	9. Combined Transport * Place of Delivery

Marks & Nos. Container / Seal No.	No. of Containers or Packages	Description of Goods (If Dangerous Goods, See Clause 20)	Gross Weight Kgs	Measurement
ROYAL 05AR225031 JEDDAH C/N: 1-UP	CBHU 0611758/ 25783 CY/CY PACKED IN 460CTNS	P. P INJECTION CASES ZL0322+BC05 230SETSZL0319+BC01 230SETS DETALS AS PER SALES CONTRACT GW2005M06 DATED APR.22,2005CIF HESINKI L/C NO. LRT9802457 DATE. APRIL 28, 2005 CY/CY CONTAINER NO. *********		
	460CTNS	ZL0322+BC05 ZL0319+BC01	4255 KGS 4255 KGS 8510 KGS	34 M³ 34 M³ 68 M³
TOTAL		FREIGHT PREPAID		
		Description of Contents for Shipper's Use Only (Not part of This B/L Contract)		

10. Total Number of containers and/or packages (in words)
　　Subject to Clause 7 Limitation

11. Freight & Charges Declared Value Charge	Revenue Tons	Rate	Per	Prepaid V	Collect

Ex. Rate:	Prepaid at CHINA	Payable at	Place and date of issue MAY 25, 2005 .NINGBO, P. R CHINA
	Total Prepaid	No. of Original B(s)/L THREE	Signed for the Carrier, COSCO CONTAINER LINES ANDYLVKING

LADEN ON BOARD THE VESSEL
DATE MAY 25, 2005　BY COSCO CONTAINER LINES
ENDORSED IN BLANK ON THE BACK

单据样例 8-3

保　险　单

中国人民保险公司

The People's Insurance Company of China

货物运输保险单
CARGO TRANSPORTATION INSURANCE POLICY

发票号（INVOICE NO.）　GW2005M06-2	保单号次	
合同号（CONTRACT NO.）　GW2005M06	POLICY NO.　＊ ＊ ＊ ＊ ＊ ＊	
信用证号（L/C NO.）　LRT9802457		

TO THE ORDER OF GREAT WALL TRADING CO. ,LTD.

被保险人：　RM201,HUASHENG BUILDING,NINGBO,P. R CHINA
INSURED：

中国人民保险公司（以下简称本公司）根据被保险人的要求，由被保险人向本公司缴付约定的保险费，按照本保险单承保险别和背面所载条款与下列特款承保下述货物运输保险，特立本保险单。

THIS POLICY OF INSURANCE WITNESSES THAT THE PEOPLE'S INSURANCE COMPANY OF CHINA (HEREINAFTER CALLED "THE COMPANY") AT THE REQUEST OF THE INSURED AND IN CONSIDERATION OF THE AGREED PREMIUM PAID TO THE COMPANY BY THE INSURED, UNDERTAKES TO INSURE THE UNDERMENTIONED GOODS IN TRANSPORTATION SUBJECT TO THE CONDITIONS OF THIS OF THIS POLICY AS PER THE CLAUSES PRINTED OVERLEAF AND OTHER SPECIAL CLAUSES ATTACHED HEREON.

标　记 MARKS&.NOS	包装及数量 QUANTITY	保险货物项目 DESCRIPTION OF GOODS	保险金额 AMOUNT INSURED
ROYAL 05AR225031 JEDDAH C/N:1-UP	ZL0322＋BC05 230CTNS ZL0319＋BC01 230CTNS TOTAL	P. P INJECTION CASES ZL0322＋BC05 230SETS ZL0319＋BC01 230SETS DETALS AS PER SALES CONTRACT GW2005M06 DATED APR. 22,2005 　　　　　　　　　ZL0322＋BC05 　　　　　　　　　ZL0319＋BC01	 USD 10 626. 00 USD 10 373. 00 US $ 20 999. 00

总保险金额
TOTAL AMOUNT INSURED：SAY TWENTY THOUSAND NINE HUNDRED AND NINTYNINE ONLY

保费：　　　　　　　启运日期
PERMIUM：AS ARRANGED　DATE OF COMMENCEMENT：MAY 25, 2005　PER CONVEYANCE：YANGFNA V. 009W
自　　　　　　　经　　　　　　　至
FROM：NINGBO　　　　VIA ＊ ＊ ＊ ＊　　　TO HELSINKI

承保险别：
CONDITIONS：COVERING ALL RISKS AND WAR RISKS

所保货物，如发生保险单项下可能引起索赔的损失或损坏，应立即通知本公司下述代理人查勘。如有索赔，应向本公司提交保单正本（本保险单共有＿＿份正本）及有关文件。如一份正本已用于索赔，其余正本自动失效。

IN THE EVENT OF LOSS OR DAMAGE WITCH MAY RESULT IN A CLAIM UNDER THIS POLICY, IMMEDIATE NOTICE MUST BE GIVEN TO THE COMPANY'S AGENT AS MENTIONED HEREUNDER. CLAIMS, IF ANY, ONE OF THE ORIGINAL POLICY WHICH HAS BEEN ISSUED IN ＿＿ ORIGINAL(S) TOGETHER WITH THE RELEVANT DOCUMENTS SHALL BE SURRENDERED TO THE COMPANY. IF ONE OF THE ORIGINAL POLICY HAS BEEN ACCOMPLISHED. THE OTHERS TO BE VOID.

赔款偿付地点　　　　　　　　　　　中国人民保险公司
CLAIM PAYABLE AT　IN HELSINKI　　　The People's Insurance Company of China

　　　　　　　　　　　　　　　　　ANDYLVKING

出单日期
ISSUING DATE　MAY 25, 2005　　　　Authorized Signature ＊ ＊ ＊

单据样例 8-4 　　　　　　　　装　箱　单

Marks and Numbers	Number and kind of package Description of goods	Quantity	Package	G.W	N.W	Meas.
ISSUER SHANGHAI HERO IMP&EXP CORP. ROOM 4413,47,JIANG NING RD. SHANGHAI,CHINA	装箱单 PACKING LIST					

TO AL ABRA HOME APPLIANCES TRADING EST P.O.BOX 21352 DUBAI, UAE	INVOICE NO. 96RE232		DATE 5—JAN—2005			

Marks and Numbers	Number and kind of package Description of goods	Quantity	Package	G.W	N.W	Meas.
AL ABRA/DUBAI/ TEL:266632	PORTABLE TYPERWRITER, 　　　　ART.NO.TP200 　　　　ART.NO.TP900 ALLOTHERDETAILS ASPERINDENT　　NO. SSTE96/429/CN　—　100F SALEM SAUD TEADING　EST， NDUBAI　UAE　AND BENEFICIARY'S S/C NO. 96GSS　——　003　AND INVOICETO CERTIFY　THE SAME 　　　TP200 　　　TP200	 1160 SETS 1200 SETS	 CTNS CTNS	 21 KG 22 KG	 23 KG 24 KG	 60*40*40 CM 60*40*40 CM
TOTAL:		2360 SETS		43 KG	47 KG	

SAY TOTAL:　　SAY EIGHTY THOUSANDS AND THREE HUNDREDS EIGHTEEN AND FOUR POING ONLY

THE NAME AND ADDRESS OF THE MANUFACTURER:SHANGHAI HERO CO.,LTD.

　　　　　　　　SIGNATURE: SHANGHAI HERO IMP&EXP CORP.
　　　　　　　　　　　ROOM 4413,47,JIANG NING RD.
　　　　　　　　　　　　　　SHANGHAI, CHINA

　　　　　　　　　　SIGNITURE:ANDYLVKING

单据样例 8-5 原 产 地 证

1. Exporter GREAT WALL TRADING CO. ,LTD. RM201,HUASHENG BUILDING, NINGBO,P. R CHINA	Certificate No. CERTIFICATE OF ORIGIN OF THE PEOPLE'S REPUBLIC OF CHINA
2. Consignee F. T. C. CO. AKEKSANTERINK AUTO P. O. BOX 9,FINLAND	
3. Means of transport and route FROM NINGBO,P. R CHINA TO HELSINKI BY SEA	5. For certifying authority use only
4. Country / region of destination HELSINKI	

6. Marks and numbers ROYAL 05AR225031 JEDDAH C/N:1-UP	7. Number and kind of packages; description of goods P. P INJECTION CASES ZL0322+BC05 230SETS ZL0319+BC01 230SETS DETALS AS PER SALES CONTRACT GW2005M06 DATED APR. 22,2005 CIF HESINKI	8. H. S. Code 230CTNS 230CTNS	9. Quantity 230CTNS 230CTNS	10. Number and date of Invoices GW2005M06-2 MAY 22,2005

11. Declaration by the exporter The undersigned hereby declares that the above details and statements are correct, that all the goods were produced in China and that they comply with the Rules of Origin of the People's Republic of China. GREAT WALL TRADING CO. ,LTD. RM201,HUASHENG BUILDING,NINGBO,P. R CHINA NINGBO CHINA ,MAY 20,2005	12. Certification It is hereby certified that the declaration by the exporter is correct. ANDYLVKING
Place and date, signature and stamp of authorized signatory	
	Place and date, signature and stamp of certifying authority

单据样例 8-6   **BILL OF EXCHANGE**
            汇 票

BILL OF EXCHANGE

No. ****

For USD15272

  (amount in figure)   (place and date of issue)

At AT SIGHT   sight of this FIRST Bill of exchange (SECOND being unpaid)

pay to TO THE ORDER OF BANK OF CHINA , NINGBO BRANCH   or order the sum of

FIFTEEN THOUSAND TWO HUNDRED AND SEVENTY TWO ONLY

 (amount in words)

Value received US$15272   of ROYAL

for

    (quantity)   (name of commodity)

Drawn under METITA BANK LTD. , FINLAND

L/C No. LRT9802457   dated APRIL 28, 2005

To: METITA BANK LTD. , FINLAND.   For and on behalf of
                GREAT WALL TRADING CO. , LTD.
                RM201, HUASHENG BUILDING, NINGBO, P. R CHINA

                (Signature)
                ANDYLVKING

第九章

国际贸易结算中的融资业务

在国际结算业务中,银行往往会向有资格的客户提供融资服务,这类服务与国际结算过程密切相关。国际结算中的贸易融资业务有两种形式:一是银行向客户直接提供资金融通;二是银行为客户提供信用保证,以使客户能从贸易对方或第三方取得融资。因此国际结算中的贸易融资是指贸易项下的各种融资手段,可以简单分为出口贸易融资、进口贸易融资和买断业务。

第一节 出口贸易结算中的融资业务

对出口商来说,并不是在任何时候都能有足够的资金来经营其出口业务,特别是在货物数量多、金额大的情况下,这时就需要某种形式的资金融通。出口商可以采用的融资方式主要有打包放款、出口押汇、票据贴现、出口信用保险下的融资、保理业务、福费廷等,本节主要介绍打包放款、出口押汇、票据贴现、出口商业发票贴现等融资方式,出口信用保险下的融资、保理业务和福费廷业务将在第十一章中介绍。

一、打包放款

(一)打包放款的含义和作用

打包放款(packing loan)是出口地银行给出口商提供的,以出口商的正在打包待运的出口货物及正本信用证为抵押的,用于打包放款申请书上规定用途的专用贷款,主要用于对生产或收购商品开支及其他从属费用的资金的融通。一般融资比例不超过信用证额的 90%。发货后,客户将信用证项下的出口单据提交银行议付,将所得款项偿还银行贷款。信用证本身只是一个有条件的银行信用保证,如果条件全部得到满足,打包放款的款项可以偿还。如果由于某种原因,客户未能满足信用证的全部条件和要求,或客户根本未能履约,那么就无法使开证行付款承诺得到实现。因此,单纯依靠买方开来的信用证作为抵押而叙做的打包放款,实质上是一种无抵押信用放款,银行必须谨慎办理该项业务。

贷款期限的计算,一般自借款启用之日到销货款结汇日止,以国外进口商开出的信用证有效期或外销合同所规定的结汇方式的收汇期为限,原则上最长不超过 6 个月。出口商往往也用出口押汇所获得的资金来归还打包放款。货款到期而货物不能装运出口的,经银行同意后,可以办理展期手续。对逾期部分,银行按规定要收取利息。

已承做打包放款的信用证项下的单据必须向承办行交单议付,在办理出口押汇或收妥结汇时,承办行自动从押汇或结汇金额中扣除打包放款的本金、利息和其他的费用。借款人也可在押汇或结汇前主动归还打包放款的本金和利息,但须提前3个营业日通知承办行。

为了保证安全及时地收回贷放的资金,在贷款期间,贷款银行应与客户保持密切的联系,了解掌握业务的进展和有关合同的执行情况,督促客户及时发货交单,用所得款归还银行贷款。如信用证过期后仍未能提交单据,银行应根据贷款协议的有关规定,要求客户立即归还全部贷款本息。

打包贷款资金仅限于有关信用证项下出口商品的备货材料的生产和出运,不得挪为他用。否则,承办行对挪用的金额向借款人加收罚息,并对贷款限期回收。

打包放款的主要作用是企业(即信用证项下的受益人),在收到国外开来的信用证后,能较容易地向银行申请短期融资,解决企业因生产或收购商品及其他从属费用而造成的资金不足问题。

(二)打包放款的业务流程

出口企业将信用证正本交银行——银行审核信用证后办理打包放款——出口企业收到国外货款后归还打包贷款本金及其利息。

企业办理打包放款业务时,应向打包放款的银行提交下列材料:

(1)企业第一次在该银行办理贷款等授信业务,打包放款业务时,必须提供基础资料:企业的营业执照副本、税务登记证(国税或地税均可)、企业组织机构代码证、进出口业务许可证、中国人民银行出具的企业的贷款卡。

(2)填写并提交银行提供的"打包贷款申请书"。

(3)交纳保证金(如需),落实担保单位(如需),抵押(如需),质押(如需)。

(4)签订贷款合同。

(5)签订其他需要的协议。

(三)办理打包放款业务需要注意的问题

1. 对于企业

为了顺利地得到银行的打包贷款,企业除了需要向银行提交银行要求的有关资料外,还必须注意以下几方面的问题:

(1)自身信誉良好,在该银行没有不良记录。

(2)关注信用证条款。若信用证在打包贷款时已经过最迟装船期、有效期,或信用证已经使用没有足够的余额,开证行所在国为政治、经济不稳定的国家,信用证载有软条款、不利条款,付款期限超过一年等,均不能轻易地从银行取得打包贷款。

(3)企业为转让信用证项下的第二受益人时,也不能轻易地从银行取得打包贷款。

2. 对于银行

由于打包贷款的抵押物是信用证,而信用证对于开证行是一种"或有负债",对受益人是一种"或有资产",信用证本身仅仅是一个有条件的银行信用保证,如果条件得到满足,这种信用保证才能起作用,即信用证项下的打包贷款才有可靠的还款来源。若由于种种原因,企业作为受益人没有满足信用证的全部条件和要求,或未能履约,那么就无法使开证行付款承诺得以实现,在这种情况下,信用证则形同废纸。因此,单纯依靠信用证作为抵押而叙做的打包贷款,实质上是一种无抵押的信用贷款,银行必须十分谨慎办理,为保证安全及时收回贷出的资金,银行通常应注意以下几方面:

(1)审核企业的基础材料,了解企业的资信情况、经营情况等。

(2)认真审核信用证条款,对于已经过最迟装船期、有效期,或已经使用没有足够的余额的信用证,原则上不能叙做打包贷款;对于开证行所在国为政治、经济不稳定的国家,信用证载有软条款、不利条款的情况,应谨慎办理打包贷款或降低贷款金额比例。

(3)对于为信用证第二受益人的企业,从严控制其打包贷款。

(4)打包贷款期限原则上不超过 360 天。

(5)严格贷后管理,在贷款期间,贷款银行应与该企业保持密切联系,了解企业合同执行情况、生产或收购的情况,监控打包贷款资金使用情况,督促企业及时发货、交单议付,督促企业在回收贷款后,及时归还打包贷款的本金及利息。

二、出口押汇

出口押汇(outward documentary bills purchased)也称议付,指出口地银行给出口商提供的,以后者的装船提单及汇票的转让或抵押为条件的,用于偿还前期贷款的专用货款。对于出口商来说通过出口押汇可以在发货后及时收回货款,加速资金周转。如果进口商或者汇票付款人拒付货款,押汇银行可向出口商追索。对于议付行来说,这种融资风险较小,收款比较有保障,但如出口商未能做到单证严格相符,则会失去开证银行的信用保障。

出口押汇又分为有证出口押汇和无证出口押汇两种类型。

(一)有证出口押汇

1. 有证出口押汇的含义和作用

有证出口押汇,即出口信用证押汇(negotiation under documentary credit),是指出口商作为押汇的申请人,向银行申请押汇时,必须持有海外银行开立并经承办出口议付银行审核同意接受的不可撤销的有效信用证。其融资比例通常为信用证金额的100%,但由于银行一般采用预扣利息的方式,即银行在全额的本金内扣除预计利息及各种手续费后的余额贷给受益人,因此,受益人实际所得不足100%。押汇利息的计算公式为:

$$押汇利息 = 信用证金额×押汇利率×押汇天数/360$$

有证出口押汇的主要作用是企业作为信用证项下的收益人出口交单后,能向银行申请短期融资,在国外货款到达之前提前从银行得到垫款,以加速资金周转,方便了出口商的资金运筹。押汇与其他融资方式相比,具有手续简便(无需担保、质押、保证金等)快捷的特点。

2. 有证出口押汇的流程

信用证的受益人根据信用证制单、交出口地银行审单——出口地银行办理押汇并在扣除费用、利息后入公司账——银行收到国外贷记报单后自动扣划以归还企业的押汇款。

押汇行在对要求押汇的出口商交来的汇票和全部单据进行审核并同意受理后,即向出口商付款。同时在信用证上注明受理金额后,把信用证退给出口商。押汇行向出口商支付信用证项下单据的金额时,必须先搞清楚手续费是由开证行承担,还是由出口商承担,如果由出口商负担,押汇行应从单据金额中扣除手续费后,将余额付给出口商。

押汇款项付讫后,押汇行应填制"押汇收款委托书",连同汇票和全部货运单据,一并寄送国外开证行收取押汇款项,或寄送国外代理行委托其代收。对押汇行来说,押汇款项划付并贷记押汇银行账户后,一笔押汇业务便告结束。

3. 办理有证出口押汇业务需要注意的问题

(1) 对于出口方受益人:

提供的货运单据必须严格符合有关的信用证条款,做到单证一致,单单一致。

远期信用证项下的出口押汇,必须有开证行(或保兑行)的承兑或确认。

议付信用证通常不能办理押汇。

政治、经济不稳定国家开立的未经保兑的信用证、转让信用证和有不符点的单据不易从出口地银行获得押汇融资。

出口地银行押汇有追索权,若信用证付款行未能按时付款,不论何种原因,出口受益人必须归还银行的押汇融资款项。

有证出口押汇期限一般不超过180天。

(2) 对于出口地的押汇银行:

有证出口押汇是出口地银行在受益人发货装运后办理的融资,相对于打包放款等融资方式,风险相对较小,但仍应注意:

严格审查出口受益人的资信情况。

了解开证行的信誉及所在国家的政治、经济情况。

认真审核信用证条款,确认其是否符合国际惯例。

根据"单证一致,单单一致"的原则,严格审核单据。

对远期信用证项下的出口押汇,必须要有开证行或保兑行承兑或确认付款日的函件。

注意对物权的控制。海运提单能代表无权,但出口地银行对于如空运单、陆运单、邮政收据等不能代表物权的非海运提单下的押汇须谨慎办理。

押汇期限一般不超过180天。

(二) 无证出口押汇

1. 无证出口押汇的含义和作用

无证出口押汇,即托收出口押汇(collection bill purchased)是指银行根据出口商的资信的情况,买入D/P托收项下的有关单据,委托银行代向进口商收取货款的同时,要求托收行先预支部分或全部货款,待托收款项收妥后归还银行贷款的一种融资方式。一般而言,银行最多向出口商提供相当于汇票票面金额80%的资金融通,对D/A托收,银行一般都拒做押汇,因为不能掌握货权,风险太大。

无证出口押汇的主要作用与有证出口押汇的作用类似,出口方收款人在装运货物并向出口地银行提交有关的单据后,能向出口地银行(即托收行)申请短期融资,在国外货款到达之前提前从银行得到垫款，方便了资金周转。相对于其他融资方式，手续简单、融资速度快。

无证出口押汇与有证出口押汇的根本区别在于后者有开证行的付款保证，属银行信用；而前者没有银行信用保证，付款与否完全取决于进口商，属商业信用，而且，与有证出口押汇相比，无证出口押汇的收汇风险更大，所以除押汇期限要适当延长之外，押汇汇率一般也要稍高于有证出口押汇。当实际收汇时间超过押汇期限时，托收银行有权向出口商追收差额押汇利息。当托收款项变为呆账或坏账长时间不能收回时，托收银行有权向出口商索回垫款及由此产生的利息。

2. 无证出口押汇的业务流程

出口方收款人根据贸易合同在装运后制单、交出口地银行（即托收行）审单——出口地银行办理押汇并扣除费用、利息后入公司账——银行收到国外贷记报单后自动扣划并归还企业的押汇款。

商业银行承做的无证出口押汇与有证出口押汇在具体的操作程序上不尽相同，但因无证押汇包含在有证出口押汇之中，所以在此不再赘述。

3. 办理无证出口押汇需要注意的问题

（1）对于出口方收款人：

必须了解进口方付款人的资信情况。若进口方不能按时付款，那么出口方作为出口押汇的债务人不能免除还款责任。

选择 D/P 托收交易从银行获得押汇。

选择资信良好的国外代收行，收汇风险减小，较易从银行获得出口押汇融资，可能的话，可以选择出口地银行在国外的分支行作为代收行。

（2）对于出口地银行：

应了解出口收款人的资信及履约能力。

要了解进口付款人的资信状况。

要注意了解出口方的托收交单方式和有关货物的行情。

可以适当增加相应的风险防范措施。

（三）有证出口押汇和无证出口押汇的区别

两者的根本区别在于有证出口押汇有开证行（或保兑行）的付款保证，属于银行信用；而无证出口押汇属于商业信用，收汇风险大。银行为控制风险，通常根据出口方收款人的资信、还款能力等对出口商核定相应的授信额度，仅仅在额度内叙做无证托收押汇。

三、透支

透支（overdraft）是指企业在经营活动中，由于难以预见的临时资金需要，要求在其活期存款账户中给予透支额度的一种短期信贷方式，通常也称为活存透支。客户对透支应支付利息，并须随时偿还。透支时提供抵押品的称"往来抵押透支"，如借款人不能按期归还银行的贷款，银行有权要求获得或处理抵押品，或利用保函向担保人索赔，因此业务风险较小。无抵押品的称"往来透支"，相对来讲信贷资金风险较大。由于国内银行的贷款对象主要是国有企业，所以贷款方式也主要以后者为主。但国外银行对此一般控制严格,所占业务比重较小。

透支合同的有效期最长不超过 1 年,透支额度视企业经营和资金情况依最低限度核定,每次允许连续透支的期限最长不超过 10 天,企业必须在规定的期限内存入资金,企业存入款项后自动归还透支款,活存透支的利率比一般的流动资金贷款利率稍高一些。虽然透支在本质上也是一种放款,但是与放款又有区别,因为透支契约一旦签订,客户即可在透支的额度内自由动用,即时清偿。放款则不同,借款客户必须在规定期限内偿还,如想提前偿还,必须在贷款协议中有明确规定,否则不能提前偿还。由于企业透支等同于银行发放一笔贷款,且在透支合同生效期及透支额度内随时可以发生透支,银行事先难以匡算头寸,对银行自身资金往来会产生一定影响,因此对透支户应从严审批掌握,一般不批新的透支合同。

在透支的融资方式中,客户只有在实际发生资金需求时才进行透支,并开始承担透支利息,而且正常经营中的销售收入又可以自动冲减透支余额,因此可以有效地避免因闲置资金而给客户增加的利息负担,对客户更有吸引力;但对银行而言,却是不利的,因此,银行的透支利率要高于贷款利率。

四、贴现

(一) 贴现的含义和作用

贴现(discount)指出口地银行按一定贴现率扣除贴现息之后的净额受让出口商持有的远期汇票。一般来说,银行只贴现经过高资信银行承兑的远期汇票,并且其贴现息利率的高低也与汇票承兑人资信的高低有关(汇票承兑人的资信越高/低,贴现率越低/高)。

我国票据贴现的主要机构是商业银行,相对于银行的其他业务而言,票据贴现业务具有独特的优势:一是以票据贴现发放的贷款,可以根据银行的资金状况,随时通过转贴现或再贴现的渠道收回,操作灵活,变现能力强,具有较强流动性;二是票据的承兑银行由于掌握企业保证金,在票据到期日可以原条件兑付,与传统的信贷业务相比,票据贴现具有更加可靠的安全性;三是贴现银行无论是赚取贴现利息,还是通过转贴现或再贴现赚取利差,都是在短期内最现实的利润增长点,具有明显的收益性。

对于出口商而言,利用票据贴现来获得融资,有以下优点:一是融资手段简便;二是可立即取得票款,加快资金周转,缓解资金压力;三是可为进口商提供远期付款的融资便利,扩大贸易机会。

(二) 票据贴现的业务流程

出口商要求叙做贴现时,应向银行提出书面申请。银行审查同意后,按规定的贴现率和融资期限对已承兑的远期票据叙做贴现,将扣除贴现息后的票款付给出口商。

银行持汇票到期时,用收回的货款冲销垫款。如发生付款人迟付现象,贴现银行有权向出口商追回迟付的利息;如发生拒付,贴现银行有权向出口商追索垫款及迟付的利息。

(三) 办理票据贴现的条件

商业汇票的收款人或被背书人需要资金时,可持未到期的商业承兑汇票或银行承兑汇票并填写贴现凭证,向其开户银行申请贴现。贴现银行需要资金时,可持未到期的承兑汇票向其他银行转贴现,也可以向中央银行申请再贴现。

汇票的持有人向银行办理贴现业务须具备以下条件:

(1) 申请票据贴现的单位必须是具有法人资格或实行独立核算、在银行开立基本账户并依法从事经营活动的经济单位。

(2) 贴现申请人应具有良好的经营状况,具有到期还款能力。

(3) 贴现申请人持有的票据必须真实,票面填写完整,签字有效,凭证在有效期内,背书连续完整。

(4) 贴现申请人在提出票据贴现的同时,应出示贴现票据项下的商品交易合同原件,并提供复印件或其他能够证明票据合法性的凭证,同时还应提供能够证明票据项下商品交易确已履行的凭证,如发货单、运输单、提单、增值税发票等复印件。

(四) 办理票据贴现应注意的问题

(1) 票据的信誉。银行承兑汇票信誉高于商业承兑汇票信誉。

(2) 票据的风险。L/C 的远期汇票风险低于 D/A 和 D/P 项下的远期汇票风险。

(3) 要注意各国票据法的不同之处,如持票人享有的权利方面的差异。

(4) 票据本身的质量。加保兑的票据最可靠。如票据为不可流通或限制流通,则不容易被再贴现,影响票据的流通性。

五、买入票据

买入票据是指托收银行在光票托收款项收妥前,把票据的金额扣除贴现和费用后,将净额付给委托人的一种融资业务。

由于光票托收不一定有贸易背景,难以掌握,银行融资风险较跟单托收更大,因此,在实际业务中极少有银行办理此项业务。

银行在买入票据时,应注意以下几方面:

(1) 客户的资信要可靠,有偿还能力。

(2) 票据在有效期内,背书手续清楚。

(3) 票据上没有限制流通的文字,如 NOT NEGOTIABLE, NOT TRANSFERA-BLE A/C PAYEE ONLY 等。

(4) 要核对出票行印鉴,防止假票。

(5) 对金额较大者,事先以电讯方式查询证实。

六、出口商业发票贴现

(一) 出口商业发票贴现的含义和作用

出口商业发票贴现(discount against export commercial invoice)是在"货到付款"结算方式(俗称"后 T/T")项下,出口地银行以出口商的出口商业发票作为抵押进行融资的业务。它是我国在 21 世纪初才新兴的一种出口融资业务,是从保理业务的融资功能中演变而来的。其融资比例通常为 100%,使用与其他押汇相同的"预收利息法",即银行在全额的本金内扣除预收利息及各种手续费后,将余额贷款给出口方收款人。因此,出口商收到的金额不足100%,还款的来源在正常情况下为收汇款。在企业不能正常从国外收回货款的情况下,企业应偿还贴现的本金及利息,或允许银行主动从其账户扣划贴现的金额及补收有关费用。银行办理贴现有时不收贴现手续费,其利息计算方法如下:

$$贴现利息 = 本金 \times 融资年利率 \times 贴现天数 /360$$

贴现天数通常是办理贴现日到预计收汇日或发票的到期日的天数加30天。

出口商业发票贴现的主要作用是在"货到付款"结算方式项下,出口方收款人在装运货物并向出口地银行提交有关的单据后,能向出口地银行申请短期融资,在国外货款到达之前提前从银行得到垫款,方便了资金周转。与其他融资方式相比,具有手续简单、融资速度快的特点。

(二)出口商业发票贴现的业务流程

申请人逐笔填写并提交银行格式化的《出口商业发票贴现额度申请书》、《出口商业发票贴现申请书》;在银行同意后,申请人(出口方收款人)根据贸易合同在装运后将有关材料交出口地银行;出口地银行办理贴现并在扣除费用、利息后入公司账;银行收到国外借记报单后自动扣划并归还贴现款。

出口方收款人办理出口商业发票贴现业务时,应向出口地的贴现银行提交下列材料:

(1)若受益人第一次在出口地银行办理押汇、贴现等授信业务,必须提交基础资料:企业营业执照副本、税务登记证(国税或地税均可)、企业组织机构代码证、进出口业务许可证、中国人民银行出具的企业的贷款卡。

(2)逐笔填写并提交银行格式化的《出口商业发票贴现额度申请书》、《出口商业发票贴现申请书》。

(3)向出口地银行提交出口贸易合同复印件、商业发票(除非出口商有异议,发票上须载有转让条款)、运输单据副本及其他相关单据。

(4)出口方收款人与出口地贴现银行签订《出口商业发票贴现协议》。

(三)办理出口商业发票贴现需要注意的问题

1. 对于出口方收款人

(1)了解进口方收款人的资信情况。在货款不能正常收回时,出口方收款人作为商业发票贴现项下的债务人仍然不能免除还款责任。

(2)了解进口方付款人所在国的政治、经济及外汇管制情况。

2. 对于出口地贴现银行

(1)了解出口方收款人的资信及履约能力。

(2)了解进口方付款人的资信。

(3)了解出口货物的行情。

(4)适当考虑增加其他安全措施。

(5)商业发票最好载有债权转让条款。

(6)加强贴现后的管理。

3．业务受理范围

（1）原则上仅适用于以承兑交单（D/A）或赊销（O/A）为付款方式的业务。

（2）付款期限原则上不超过 90 天，最长不超过 180 天的国际货物买卖。

（3）在中行办理出口商业发票贴现的出口商应为已纳入中行统一授信管理的客户，为出口商核定的出口商业发票贴现额度应纳入中行为客户核定的授信额度内。

（4）出口商业发票贴现业务必须有真实的贸易背景，符合国家有关结售汇和国际收支申报的规定。

出口商业发票贴现申请书样式如附式 9-1 所示。

附式 9-1   **出口商业发票贴现申请书**

致：中国银行　　　　分行

根据贵我双方于　　年　　月　　日签署的第　　号《出口商业发票贴现协议书》，我司现请求贵行贴现附表所列商业发票下我司出口销售所产生的合格应收账款。贵行已贴现的应收账款项下的所有权益将全部转让给贵行。

我司郑重声明：

1．在《拟贴现发票细节表》中列明的所有项目记载正确。

2．在有关发票到期日后三十日内，贵行仍未收到债务人的付款，请将该笔应收账款重新转入我司，贵行有权从我司开在贵行的账户中扣款或采取其他方法强行收款。（我司的账号为：

　　　　　　　　）

公司

（签字盖章）

年　　月　　日

拟贴现发票细节表

发票号	合同/订单号	发票日	债务人	到期日	金额

合计金额：

以下部分由银行填写审批意见：

出口商业发票贴现额度申请书样式如附式 9-2 所示。

附式 9-2   **出口商业发票贴现额度申请书**

致:中国银行_____分行

为开拓业务,开发市场,加速资金融通,我司拟在下述公司出口的信用销售中采用贵行提供的出口商业发票贴现业务,有关销售细节见下表:

进口商名称	货物名称	赊销天数	预计年交易额	备注

为此,我司特向贵行申请出口商业发票贴现额度(币种)_____(金额)_____,请贵行予以审查批准。

公司

(签字盖章)

年 月 日

七、无抵押贷款

无抵押贷款是出口地银行给得到国外订单的生产厂商提供的无抵押的用于安排出口商品生产的专用贷款。这种贷款,既可以允许支票账户透支的方式来办理(此时又称之为透支信贷),也可以开立特种账户的方式来办理。

银行向出口商提供的无抵押贷款方式是多种多样的,主要有:银行向出口商提供垫款,提供承兑信用额,开立保证书和应收账代理垫款业务等方式。

第二节　进口贸易结算中的融资业务

进口商可以利用出口商提供的信贷,也可以利用银行提供的信贷进行贸易融资,前者如赊销、承兑交单,后者如进口开证额度、进口押汇、信托收据、提货担保等。

一、进口开证额度

进口开证额度(limit for issuing L/C)是指开证行为帮助进口商融通资金而对一些资信较好、有一定清偿能力的进口商,根据其提供的质押品和担保情况,核定的一个相应的开证额度。进口商在每次申请开证时可获得免收或减收开证保证金的优惠。

开证行对外开立信用证后就形成了一笔或有负债,只要出口商提交的单据满足信用证的规定和要求,开证行就要承担第一性的付款责任。由于开证行代进口商承担了有条件的付款责任,因此银行在受理进口商的开证申请时,均把开立信用证视为一种授信业务,没有开证额度的进口商申请开证时要收取 100％的保证金。通常开证额度有以下两种。

（一）普通信用证额度

普通信用证额度（general L/C limit）是指开证行在确定进口开证申请人的开证额度后，申请人采用"余额控制"的方法，可循环使用。开证行根据客户的资信变化和业务需求变化随时可以作必要的调整。

（二）一次性开证额度

一次性开证额度（one time L/C limit）是指为开证申请人一个或几个贸易合同核定的一次性开证额度，不能循环使用。这通常是在客户的经营情况有较大的变化时使用。如果某开证申请人达成了一笔大额进口贸易，普通的开证额度不够使用，或普通额度的大量占用会影响其正常经营，开证行可根据其资信状况和抵押品的情况核定一次性开证额度，供此笔贸易合同项下使用。

二、进口押汇

进口押汇（import bill advance）是指进口贸易中，买方在单据到付款行时，以货物或其他资产作抵押，由银行先行对外付汇，进口商在货到并售出后，再偿还银行贷款，这实际上是银行给进口商的一种融资形式。根据所使用的结算工具的不同分为进口信用证押汇和进口托收押汇两种。

（一）进口信用证押汇

1. 进口信用证押汇的含义和作用

进口信用证押汇是开证行对作为开证申请人的进口商所提供的一种资金融通，是对进口信用证项下的跟单汇票所作的一种短期放款。当开证行收到信用证项下全套单据，审单相符后，进口商应立即付款赎单，但若因资金周转关系，无法在开证行付款前付款赎单，可以该信用证项下代表货权的单据为质押，由银行先行代为对外付款，这便是进口信用证押汇。进口押汇的融资比例通常为国外来单金额的 100％。押汇到期后进口商偿还押汇本金和利息，银行采用后收利息的方法。进口信用证押汇银行一般不收押汇手续费，利息计算公式为：

$$押汇利息 ＝ 本金 \times 融资年利率 \times 押汇天数 /360$$

进口押汇的主要作用是信用证项下的开证申请人在进口开证后，以代表货权的单据为质押，获得银行的短期融资，用于进口付汇，加速资金周转。相对于普通贷款，具有手续简便，融资速度快的特点。

2. 进口信用证押汇的业务流程

信用证项下的单据到达开证行后，开证申请人向开证行提出进口押汇的申请并签订协议；开证行办理进口押汇并对外付款、开证申请人取得进口单据；押汇到期后开证申请人归还押汇款并支付押汇利息。

3. 办理进口押汇业务需要注意的问题

（1）对于进口开证申请人：

进口押汇款仅限于履行押汇信用证项下的对外支付,专款专用。

进口押汇是短期融资,期限一般不超过90天。

进口押汇须逐笔申请,逐笔使用。

押汇比例、押汇期限等需根据实际情况与银行商定。

(2)对于开证行:

由于开证申请人的经营利润是进口押汇还款的唯一来源,必须了解其经营能力和资信状况。

了解进口货物的市场行情,更好地确定放款押汇的条件。

为降低放款押汇的风险,可要求开证申请人增加第三方担保、房产抵押、有价证券抵押等安全措施。

注意押汇后的管理,必要时监控开证申请人进口货物的货款回笼情况,并采取适当措施,减少损失。

(二)进口托收押汇

进口托收押汇是代收银行向进口商提供的短期资金融通,使进口商能够凭信托收据在付款前提前取得单证,凭以提货、报关、存仓、保险和销售。由于风险较大,一般适用于以付款交单(D/P)为结算方式的进口托收业务。

进口托收押汇业务与进口信用证押汇业务的运作和相关注意事项均类似,当进口地银行(代收行)收到出口地银行(托收行)寄送来的单据后,代收行可根据进口商的申请,与进口商签订信托收据和进口押汇协议,先行对外垫付,同时交单给进口商。如果进口代收业务较大,代收行可根据进口商的资信情况和抵押品情况核定一个押汇额度,周转使用。

三、提货担保

(一)提货担保的含义和作用

提货担保(delivery against bank guarantee)是指当信用证或跟单托收下的货物早于运输单据抵达港口时,银行向进口商出具的用于进口商向船公司办理提货手续的,代替提单先行提货的书面担保。提货担保是银行进口保函的一种,在实务中使用较广泛。

提货担保的主要作用是货物到港后,收货人可及时提货,而不必等到运输单据到达后再提货,省去了货物到港后收货人未及时提货而可能产生的滞港费等额外费用,也避免了可能产生的损失。

(二)提货担保的业务流程

办理提货担保的业务流程一般为:在货物先于单据到达港口的情况下,进口商向银行提出办理提货担保的申请;银行根据具体情况有条件地办理提货担保;进口商收到运输单据后立即向船公司换回提货担保。

进口商办理提货担保应向银行提交的材料:

(1)提交银行格式化的提货担保申请书。

(2)提交与银行签订的信托收据。

（3）提供与本次提货担保申请有关的副本发票、副本提单，出示货物到港通知。

（三）办理提货担保业务应注意的问题

1. 对于进口商

提货担保业务通常仅限于海运的、信用证项下的商品进口业务。

在收到单据后，无论单据与信用证是否相符，均须保证立即承兑或付款。

在收到单据后，应立即以提单向船公司换回提货担保书并退还银行，否则会影响进口商的授信额度和信誉。

银行因出具提货担保而遭受任何损失，进口商负有赔偿责任。

2. 对于银行

必须了解进口商的信誉和经营状况。如有需要，可根据具体情况确定是否需要补充保证金，增加第三方担保、抵押，或其他风险防范措施。

确认交易货物，核对如货物名称、总值、起运港和目的港等。

督促进口商在国外来单后立即换回提货担保，并归还给银行。

3. 船公司要求提货担保具备的条件

提货担保书形式以船公司/承运人或银行抬头预先印制，并且表明它是提货担保以及承诺"不出示提单的交货"。

进口商和开证行都可以签署赔偿担保。如果提货担保书直接由银行出具，只包含银行签名，承诺：①担保由此产生的损失或损害一律由银行向船公司/承运人赔偿并保证他们不受损失；②对任何针对船公司/承运人的诉讼而进行的抗辩提供资金；③对由于货物产生的任何运费和/或共同海损或费用索要时立即支付。

要求进口商一经收到正本提单马上提交，担保书不能带有限制责任赔偿条款和不能列有到期日。出具人承担不可撤销的赔偿责任。

提货担保申请书和提货担保书样式如附式 9-3、附式 9-4 所示。

附式 9-3　　　　　　　　　提货担保申请书

APPLICATION TO LETTER OF GUARANTEE
FOR THE RELEASE OF GOODS

TO：_____（ISSUING BANK）

DEAR SIRS：

　　WE ENCLOSE HEREWITH FOR COUNTERSIGNING THE LETTER OF GUARANTEE ADDRESSED TO _____ CALLING FOR THE FOLLOWING CARGOS SHIPPED FROM PER S. S. _____.

L/C NO. _____

B/L NO. _____

COMMODITY VALUE：_____

MARKS：

THE BILLS OF LADING OF THESE CARGOS HAVE NOT ARRIVED.

IN CONSIDERATION OF YOUR COUNTERSIGNING THIS LETTER OF GUARANTEE, WE HEREBY AGREE TO HOLD YOU HARMLESS FOR ALL CONSEQUENCES THAT MAY ARISE FROM YOU SO DOING. WE FURTHER AGREE THAT ON RECEIPT OF THE ORIGINAL BILLS OF LADING FOR THE ABOVE SHIPMENT WE WILL DELIVER THE SAID LETTER OF GUARANTEE TO YOU FOR CANCELLATION, OR YOU MAY DELIVER THE ORIGINAL BILLS OF LADING TO THE DIRECT TO THE STEAMSHIP COMPANY ON OUR BEHALF TO RELEASE YOUR LETTER OF GAURANTEE MEANWHILE YOU ARE AUTHORIZERD TO PAY UNCONDITIONALLY THE ABOVE MENTIONED AMOUNT AND/OR RELEASE ANY OTHER GAURANTEE, IF ANY.

YOUR TRUTHFULLY

(NAME OF APPLICANT)

附式 9-4　　　　　　　　　　提货担保书

BANK AGREEMENT FOR THE RELEASE OF GOODS
IN LIEU OF ORIGINAL NEGOTIABLE BILL OF LADING

DATE: _____

TO: _____ (SHIPPING COMPANY)
GENTLLEMAN:
RE: S/S. _____ VOYAGE NO. : _____
PORT OF LOADING:
PORT OF DISCHARGE: _____
BILL OF LADING NO. : _____ DATED: _____
DESCRIPTION OF GOODS: _____
CONTAINER / SEAL NO. : _____
ESTIMATED VALUE: _____ (OPTION FOR BANKING PURPOSED ONLY)

AS THE ORIGINAL BILL OF LADING IS UNAVALABLE, UPON PAYMENT OF ALL FREIGHT AND CHARGES, PLEASE DELIVER THE ABOVE MENTIONED GOODS.

TO: _____

FOR ACCOUNT OF

IN CONSIDERATION OF YOUR RELEASING THE AFOREMENTIONED GOODS TO THE ABOVE, WE UNDERTAKE TO INDEMNITY AND HOLD HARMLESS YOU AND/OR THE ABOVE CARRIER, ITS OWNERS, CHARTERS, MASTERS AND AGENTS WITH RESPECT TO ANY CLAIMS, DAMAGES, COSTS AND EXPENSES OF ANY NATURE WHATSOEVER AND TO REIMBURSE YOU FOR CARGO VALUE AND ANY ADDITIONAL CLAIM, DEMAGES, COSTS AND EXPRESS IN CONNECTION THEREWITH.

WE FURTHER UNDERTAKE TO DELIVER TO YOU OR TO ARRANGE FOR OUR CUSTOMER TO DELIVER TO YOU, UPON RECEIPT OF THE ORIGINAL BILL OF LADING PROPERLY ENDORSED, AND UPON DELIVERY TO YOU, THIS UNDERTAKING SHALL HAVE NO EFFECT. MEANWHILE PLEASE RETURN THIS INDEMNITY TO US ACCORDINGLY.

FOR _____ (ISSUING BANK)

SIGNATURE

四、信托收据

(一) 信托收据的概念

信托收据(trust receipt,T/R)是进口商以信托方式向银行借出全套商业单据时出具的,同意将自己货物的所有权转让给银行的书面担保文件。信托收据下银行是信托人,代表委托人掌握物权;进口商是受托人,代表信托人处理单据。

凭信托收据,进口商可以立即取得单据,及时办理报关和提货,减少码头仓储费,避免或减少不能及时提货所遭受的损失。在银行向进口商交单时,进口商应首先向银行提交信托收据,一旦进口商违约拒付,银行可以信托收据为依据诉诸法律。

因此在理论上,信托收据是进口商与开证行或代收行之间关于物权处理的一种契约,是将货物抵押给银行的确认书,银行可以凭此办理融资业务。

在进口结算中,信托收据除了用于信用证方式,还可用于托收方式。在远期付款交单条件下,进口商承兑汇票后,未付款前是拿不到货运单据的,而可以凭信托收据向银行预借单据提货,并于汇票到期日付清货款。

信托收据的内容通常应包括:确认代表货物所有权的单据和实际货物的处理和销售;银行随时注销这一收据并收回货物的权利;进口商破产清盘时银行凭信托收据优先处理债权等。另外,还需注明每笔业务的船名、货名、唛头、金额、签署日期等。信托收据具体样式如附式 9-5 所示。

附式 9-5　　　　　　　　　　**信托收据**

TRUST RECEIPT

TO：_____　　　　　　　　　Date：_____

Received from the Said Bank a full set of shipping documents evidencing the merchandise having an invoice value of _____ say _____ as follows：

MARKS AND NUMBERS	QUANTITY	DESCRIPTION OF MERCHANDISE	STEAMER

And in consideration of such delivery in trust, the undersigned hereby undertakes to land, pay customs duty and/or other charges of expense, store, hold and sell and deliver to purchasers the merchandise specified herein, and to receive the proceeds as Trustee for the said Band, and the undersigned promises and agree not to sell the said merchandise or any part thereof on credit, but only for cash and for a total amount not less than the invoice value specified above unless otherwise authorized by the said Bank in writing.
The undersigned also undertakes to _____

The undersigned further acknowledges assents and agrees that in the event the whole or any part of the merchandise specified herein is sold or delivered to a purchaser or purchasers any proceeds derived from such sale or delivery shall be considered the property of the said Bank and the undersigned hereby grants to the said Bank full authority to collect such proceeds directly from the purchaser of purchasers without reference to the undersigned.
The guarantor, as another undersigned, guarantee to the Said Bank the faith and proper fulfillment of the terms and conditions of this Trust Receipt.
Guaranteed by：　　　　　　　　　Signed by：

_____　　　　　　　　　_____

_____　　　　　　　　　_____

（二）信托收据的业务流程

（1）进口商在付款或承兑前向银行开出信托收据，申请借单。必须明确信托收据的期限、申请人的责任、还款方式和责任以及违约处理等，并注明船名、货名、唛头、金额、签署日期等。

（2）进口商以银行受托人的身份办理提货、报关、存仓、保险等手续，货物出售，即将货款存入银行。

（3）进口商在汇票到期后向银行偿付票款，收回汇票，赎回信托收据。

（三）银行应注意的问题

在实际业务中，银行仅凭一纸信托收据将物权单据给予进口商，并授权进口商处理货物，如果进口商资信欠佳，银行要承担大的风险。因此，银行在办理信托收据业务时应注意：

（1）认真审查进口商的资信，根据进口商信誉、抵押物的情况，核准授信额度，并在核定的授信额度内办理此项业务。

（2）借出单据后应加强对货物存仓、保险、销售、收款等环节的监督，以降低风险。

（3）熟悉当地法律法规，维护自身权益。尽管通常信托人在被信托人破产清算时对货物或货款有优先权，但不同国家对此有不同做法。

五、汇出汇款融资业务

（一）汇出汇款项下融资业务的含义及主要作用

汇出汇款项下融资，是指在货到付款结算方式下，汇出行（进口地银行）根据进口方申请，并凭其提供的有效凭证及商业单据先行对外支付，从而向进口方提供的一种短期资金融通。它也是 21 世纪初才兴起的一种融资业务新品，由于开发晚、风险较大，目前开展此项业务的银行还是较少的。进口方申请融资的资格、条件、手续等信用风险控制方面，与普通流动资金贷款相同；汇出汇款项下融资（贷款）的比例、收取利息的方法、利息计算公式、还款的来源类似进口信用证押汇。

汇出汇款项下融资的主要作用是在货到付款结算方式下，进口人可获得汇出行的短期融资，用于汇出汇款，加速资金周转。

（二）汇出汇款项下融资业务流程

进口方备妥汇出汇款所需要的各种单据并交汇出行；进口方向汇出行（进口地银行）提出办理汇出汇款项下融资业务的申请并签订有关协议；进口地银行办理汇出汇款项下融资并直接对外汇款；融资到期后进口方归还本金并支付利息。

进口方办理汇出汇款项下融资业务时，应向汇出行（进口地银行）提交下列材料：银行格式化的汇出汇款项下融资申请书、购汇／用汇申请书、副本商业发票、副本提单、副本进口贸易合同、正本货物进口报关单、进口批文（如需）、与汇出行签订的汇出汇款项下融资合同以及外管需要提供的其他单据或文件等。

（三）办理汇出汇款项下融资业务应注意的问题

1. 对于进口方（汇出款项的企业）

办理汇出汇款项下的融资业务须符合外管局"货到付款"购汇／用汇资格、条件等有关管理规定。

融资款项只能用于直接对外付款,不能结汇(兑换)成人民币使用。

汇出汇款项下融资期限原则上不超过 90 天。

2. 对于办理融资业务的汇出行(进口地银行)

了解进口方的经营能力和资信情况,因为汇出汇款项下融资还款的唯一来源为进口方的经营利润。

了解进口方的贸易背景。原则上银行仅对贸易项下的汇出汇款办理融资,对非贸易、资本项下的汇出汇款不予办理融资。

了解进口货物的市场行情。对于其变现能力较强的畅销进口品,可适当放宽押汇条件;反之,应从严控制。

汇出汇款项下融资业务应占用该企业(进口方)的流动资金贷款额度,对于银行没有进行评级并核定流动资金贷款额度的企业,原则上不办理该项融资。

实行严格的贷后监控管理。由于汇出汇款项下融资的还款来源单一,风险加大,必要时考虑要求汇款人增加第三方担保、房产抵押、有价证券的质押等安全措施。

 【本章案例 1】

出口押汇案例

江苏胥城纺织品进出口公司为苏州本地的中小贸易公司,注册资本 300 万元,年营业额超过了 5 亿元人民币。公司常年向美国出口毛纺产品,经营能力较强,信誉状况良好。公司属于典型的外贸公司,自有资本很少,通常在组织货物出口后一段时间才能收到回款,而公司订单较多,在连续组织出口后,流动资金经常出现紧张情况,因此一般选择银行办理押汇。

出口押汇风险相对较小,属于各家银行都大力鼓励发展的业务。银行在其中营销该业务要突出金融服务方案的设计能力。某银行经过分析认为,江苏胥城纺织品进出口公司此类出口一向较为频繁,该公司履约记录良好。为了竞争此项业务,设计如下方案。在押汇总额度内,提供 50% 的出口押汇,提供 50% 的银行承兑汇票,通过融资组合降低客户的融资成本。江苏胥城纺织品进出口公司感到非常新奇,以前各家银行都是拼命竞争优惠的押汇利率、费率,而该银行提出了非常新颖的融资组合,由于票据的利率较贷款低一半左右,因此,融资组合的综合成本极低,该公司表示非常欢迎该种设计。

江苏胥城纺织品进出口公司是某国有商业银行南京分行的重点客户,2005 年 6 月在按美国××银行开来的金额为 200 万美元,期限为提单后 90 天付款的远期信用证出运货物后,公司将全套单据提交给某国有商业银行南京分行,申请办理出口押汇业务。某国有商业银行南京分行将单据寄往美国××银行后,美国××银行向银行开来承兑电,承诺到期付汇。某国有商业银行南京分行与客户协商以人民币押汇(免除客户的汇率风险,但是银行需要做好掉期交易),在扣除自贴现日至预计收汇日间利息及有关银行费用后,总计押汇额度 1 400 万元人民币,提供 700 万元人民币贷款,700 万元银行承兑汇票额度支付给出口商。进口信用证到期,某国有商业银行南京分行将汇票提交开证行托收,收到信用证项下款项后,归还银行押汇融资后,尚有一些余款,某国有商业银行南京分行划入江苏胥城纺织品进出口公司账户。

通过信用证出口议付,银行支持了江苏胥城纺织品进出口公司的业务。

分析与点评

出口押汇业务属于非常传统的国际业务,竞争的手段无外乎融资成本的降低,以前很多银行都在利率上打得头破血流。在传统的业务品种中加入一些现代流行的创新品种,往往会取得非常好的营销效果。如在融资组合中不再是单一的流动资金贷款融资,而可以改成银行承兑汇票、保贴的商业承兑汇票、透支账户等,可以降低企业的资金使用成本。

 【本章案例 2】

关于进口押汇的纠纷

20××年 4 月 7 日,原告工商银行深圳分行福田支行根据被告三佳公司的申请,开出编号为 LC44608947028 不可撤销即期跟单信用证,开证金额为港币 2 110 290 元。信用证项下进口货物价值港币 2 110 290 元。信用证开出后,香港国华银行于同年 4 月 10 日向原告发出进口到单通知书及信用证项下进口货物有关单证,要求原告支付信用证项下金额。原告遂于同年 4 月 16 日向三佳公司发出进口付款通知书,要求三佳公司审核后确认是否承兑,三佳公司于 4 月 17 日向原告表示同意付款。此前,三佳公司曾于 4 月 15 日向原告提出申请,表明对原告开出的即期信用证项下进口牛皮,因进口后分批排产,收汇期要 3 个月,特向原告申请进口押汇,金额为港币 1 899 261 元。4 月 18 日,原告支付了信用证项下款,同时,原告将信用证项下进口货物有关单证交予被告三佳公司提货。同年 4 月 22 日及 4 月 30 日,被告三佳公司再次向原告申请要求对 LC44608990028 信用证金额押汇港币 1 899 261 元,期限 3 个月。

同年 5 月 8 日,另一被告深圳市物资公司向原告出具进口押汇额度担保承诺书,表示对原告为被告垫付的进口信用证项下押汇款项,愿承担连带担保责任。当天,原告和两被告签订一份进口押汇协议书,约定原告同意为被告三佳公司提供进口押汇额度港币 1 899 261 元额度的有效期 1 年。被告物资公司对被告三佳公司的还款承担连带保证责任,保证期间为押汇期限届满之日起 2 年,原告对进口押汇信用证项下货物享有质权,如三佳公司到期不能偿还原告债务,原告有权依法处分该批货物。签合同时,原告和被告三佳公司未知被告物资公司有关原告已将信用证项下进口货物的单证交予被告三佳公司提货的事宜。合同签订后,原告即于当天向被告三佳公司出具一份借款借据,借据载明借款人为三佳公司,金额为港币 1 899 261 元,借款用途为信用证项下押汇,到期日为同年 8 月 8 日。三佳公司在借据上盖章确认。此后,被告三佳公司用信用证项下进口货物进行加工生产,并出口销售。原告在此过程中,未对该货物进行有效监管。还款期限届满后,被告三佳公司未偿还原告的借款。同年 9 月 9 日,原告向两被告发出催告函,要求其尽快还款。同年 9 月 2 日,被告三佳公司向原告偿还押汇款港币 593 261 元,余款未还。同年 12 月 12 日,原告将被告三佳公司尚欠押汇款港币 1 300 600 元转入逾期贷款科目。以后,原告经追讨欠款未果,遂诉至法院。

以上事实,有信用证、付款通知书、押汇申请书、担保承诺书、押汇协议书、借据、汇转款凭证、催收函、庭审笔录等材料证实。

法院认为,原告和两被告签订的进口押汇协议书,合法有效,原、被告应切实履行各自义务。被告三佳公司未依约向原告还清押汇款,属违约行为,应承担偿还欠款及利息的责任,被告物资公司作为被告三佳公司的担保方,对被告三佳公司的债务,承担连带清偿责任。根据我国现行法律对"押汇"的解释,押汇行为是一种以货物抵押为特征的融资方式,本案中,原、被告签订的押汇协议也约定,原告对信用证项下的货物享有质权,因此,原告和被告三佳公司就 1 899 261 元港币的押汇款,已设立了物的担保关系。由于原告在被告三佳公司申请押汇之后,签订押汇协议之前,自愿将抵押物的有关单证交回被告三佳公司处理,签订协议后,又未对该批货物尽到监管义务,致使失去对抵押物的控制,原告对此应承担责任。应视为原告已放弃了物的担保,被告物资公司在原告放弃权利的范围内免除保证责任。

因该信用证项下的进口货物的价值已超出被告物资公司保证范围,故被告物资公司可免除其保证责任。依照《中华人民共和国经济合同法》第六条、第二十九条第一款、《中华人民共和国民法通则》第一百零八条、《中华人民共和国担保法》第二十八条之规定,于次年 12 月 18 日判决如下:

一、被告三佳公司应在本判决生效之日起十日内偿还原告港币 1 306 000 元,并按人民银行规定同期流动资金贷款利率计,向被告支付利息(从 20××年 4 月 19 日计起至应还款之日止)。逾期则应加倍支付迟延履行期间的债务利息。

二、驳回原告对被告物资公司的诉讼请求。本案案件受理费人民币 18 512 元,由被告三佳公司承担(已由原告缴纳,被告三佳公司应付给原告)。如不服本判决,可在判决书送达之日起二十五日内,向本院提交上诉状及副本一式三份,并按规定预交上诉案件受理费,上诉于广东省深圳市中级人民法院。

分析与点评

银行界关于进口押汇的争论由来已久。因为日常实务上的需要,他们迫切需要确定的指引。不同的银行由于效法不同的实务标准,就往往导致在不同的银行之间在实务上有不同的操作和制度设计。例如中国银行关于进口押汇的业务规定效法香港的押汇实务。而其他银行可能效法其他国家的实务而有相互之间差异很大的做法。

因进口押汇操作不当而造成的银行损失有时候会很大。例如本案的深圳工商银行福田分行就将会因担保人解除担保责任,而开证申请人又没有支付能力而产生很大的损失。因此问题不单在开证申请人无法归还因对外兑付而产生的垫款,更大的问题在于银行因叙做进口押汇而无法使原先设定的担保得到落实。因为进口押汇的前提是开证申请人无法付款赎单所以才转做进口押汇,如果银行在开证时设定的担保无法落实,其法律后果对银行来说将是灾难性的。

但是银行界向来有一个一致的观点,即在进口押汇实务中如何进行制度设计以便在最大程度上保护银行的利益。但是银行界无法仅仅在银行实务的范围内解决这一问题,他们需要司法的明确指引。在进口押汇问题上,银行界迫切需要法院特别是最高法院给以法律上的明确指引。据说最高法院已经受理了数个关于进口押汇的上诉案件,估计不久将对这一问题作出澄清。

本 章 小 结

1. 进出口贸易融资是国际上商业银行常见的信贷业务,是银行为客户的进出口贸易活动提供短期融资便利。在现代商品经济中,通过加速资金流动融资,无论对于经营实体经济的企业,还是对于从事货币经营的商业银行,都是非常重要的和完全必要的。银行会根据客户的信用、开证行的资信、单据的质量等因素综合考虑后决定是否予以融资。

2. 出口贸易融资手段常见的有打包放款、出口信用证押汇、出口托收押汇、透支、贴现、买入票据、出口商业发票贴现等。

3. 进口贸易融资手段常见的有进口开证额度、进口信用证押汇、进口托收押汇、提货担保、信托收据、汇出汇款项下的融资等。

4. 出口企业可根据货物的装运情况、票据及单据的质量,向出口地银行申请装船前或装船后的融资。融资可以是可被追索的,也可以是不被追索的。当然,各种融资方式的成本是不一样的。

5. 进口企业可根据货物的运输、单据、资金周转等方面因素综合考虑后选择合适的融资方式。货物装运前的融资是开证额度,但前提是采用信用证结算。货物装运后,如货到目的港而单未到,进口商可以选择提货担保;货到目的港,而单据付款期限未到,可以申请凭信托收据借单;单据或合同付款期限已到,但无资金买单,可以申请进口信用证押汇、进口代收押汇和汇出汇款项下融资。

重 要 概 念

出口贸易融资　进口贸易融资　打包放款　出口信用证押汇　出口托收押汇　透支　贴现　买入票据　出口商业发票贴现　信托收据　汇出汇款项下融资　进口开证额度　进口信用证押汇　进口托收押汇　提货担保

复 习 思 考 题

1. 出口贸易融资的种类及相应要点是什么?
2. 进口贸易融资的种类及相应要点是什么?
3. 有证出口押汇和无证出口押汇有何不同?
4. 出口押汇与议付有何异同?
5. 进口押汇业务的一般步骤是什么?
6. 简述 D/P、T/R 应注意的事项。
7. 进口商如何运用信托收据?

第十章

与贸易结算有关的融资业务

在现代国际贸易中,出口商为了吸引客户和提高自身的竞争力,在货款的结算中越来越多地采用赊销、付款交单、承兑交单等非信用证方式。但是这些结算方式对出口商的风险是显而易见的。福费廷、国际保理和出口信用保险等业务则能有效地解决出口商的后顾之忧,从而为出口商开拓市场、扩大贸易规模起到积极的作用。

第一节　福费廷业务

福费廷(forfaiting)一词来源于法语的 a forfait,含义是"放弃权利"的意思。福费廷是一种以无追索权形式为出口商贴现远期票据的金融服务。

一、福费廷业务简介

(一)福费廷业务的含义

福费廷业务是一种新型的贸易结算融资工具,它通常是指由商业银行(包买商)从出口商那里无追索权地购买经进口商承兑的并由进口商所在地银行担保的远期汇票或本票,从而为出口商提供融资的一种贸易融资方式,这种贸易融资方式也称包买票据业务。

福费廷业务是一种与出口贸易密切相关的贸易融资业务,是国际化大银行长期以来叙做的基本贸易融资品种之一。福费廷业务中的远期票据产生于销售货物或提供技术服务的正当贸易,包括一般贸易和技术贸易,而不涉及军事产品。广义上的福费廷是指银行或其他机构无追索权地从债权人(出口商)那里买入由于商品或劳务的出口而产生的应收账款(或称未到期债权)。大多数情况下,这种债权是以汇票或本票的形式体现的。除非债务人(进口商)信誉卓著,通常这些汇票或本票是要经过银行保付或担保的。叙做福费廷业务,出口商放弃对所出售债权的一切权益;而叙做福费廷的银行也必须放弃对出口商所支付款项的追索权,只要出口商所出售的债权是合法有效的。

福费廷业务是一种有效的融资方式,无追索权的融资消除了出口商的国家风险、汇率风险、利率风险和信用风险;贷款贴现、赊卖变为立即收款,有利于企业融通资金,出口商将应收账款转为现金收入,使流动性较差的资产转变为流动性较强的资产,可以有效地改变财务状况,提高资金使用效率。

(二)福费廷业务与一般贴现业务的比较

从表面形式上看,福费廷业务与一般贴现业务极为相似,因为福费廷业务采用的也是贴现方法。但是两种业务仍有明显的区别：

（1）贴现业务凭的是主债务人的良好资信，一般不需要第三方担保；福费廷业务的主债务人是进口商，资信不一定很理想，因此包买商必定要求第三方担保以转移风险。

（2）贴现业务中贴入票据的贴现银行保留了对出售票据者的追索权，如果主债务人破产或违约，出售票据者仍需承担赔偿责任；福费廷业务中包买商对出口商无追索权，进口商或担保人违约或破产及其他风险均由包买商自行承担。

（3）贴现业务中使用的票据或债务凭证都是短期有价证券，而且绝大多数期限在6个月以内，因此贴现属短期融资业务；福费廷业务实质使用的汇票或本票的期限从半年到数年不等，通常是相隔半年到期一张，最长期限可达7年，全套票据平均期限在3年左右，因此福费廷业务属中长期融资业务。

（4）贴现业务中贴现的费用仅是贴现息；福费廷业务中除了贴现息，还可能涉及承担费、选择费、罚款（如出口商未能履行贸易合同，以致福费廷业务未能实现，包买商将向出口商收取罚款）。

二、福费廷的一般业务流程

从实质上讲，福费廷业务是一种债权贴现，出口商将远期应收账款卖给包买商，获得包买商即期付款。该业务主要涉及四方当事人，即出口商、进口商、包买商、担保行。福费廷业务主要流程如下。

（一）出口商询价

出口商为将融资成本合理计入货款中，可在与进口商签订合同前联系一家信誉较好的福费廷包买商，在具体介绍贸易背景后，要求包买商提供对该笔业务的福费廷融资报价。不同的包买商对不同国家的地区风险评估与掌握都不同，因此出口商可多找几个包买商同时询价。

（二）包买商报价

包买商依据出口商提供的基本资料和背景介绍，针对此笔业务的筹资成本、融资期限，在调查进口国的国家风险、银行信用等后，提出融资方案，对出口商报价。一般来说，报价内容包括：

（1）贴现利率。贴现率一般有两种报价方式，一是固定利率，二是浮动利率，由出口商自己选择。通常出口商喜欢固定利率，因为他们可在交易的开始就知道总的贴现成本。

贴现率的高低是根据进口国的综合风险系数、融资期限的长短、融资货币的筹资成本等决定的。贴现率通常以 LIBOR 加一个利差表示，LIBOR 反映了银行的筹资成本，利差反映银行所承担的风险和收益。

（2）宽限期。实务中，包买商的实际收款日会晚于票据到期日。因此，包买商在贴现付款计算净额时，往往会在实际贴现天数的基础上加一定的宽限期。

（3）承担费。由于包买商要保证一旦收到出口商提供的合格单据将立即支付贴现款项，因此包买商必须预先安排大额资金头寸。如果出口商因种种原因未能履行合同，包买商将蒙受资金损失，所以包买商要向出口商收取承担费。承担费一般以年利率表示，日期从福费廷协议签订日至贴现付款日止。

（4）选择费。选择费是指由出口商收到商业银行（包买商）报价日起至出口商向商业银行提出接受报价日止的日期乘以选择费率（通常选择费的费率为1‰～5‰）。

（三）双方签订融资协议

出口商如果接受包买商的报价，那么就须与包买商签订福费廷融资协议。其内容包括：项目概况及债务凭证；贴现金额、货币、期限；贴现率及承诺费率；有关当事人的责任义务；违约事件及其处理等。

（四）出口商履约

出口商根据进口商要求组织生产、装运货物。装船后出具汇票要求进口商承兑付款。进口商将已承兑的汇票交由进口地银行作票面担保后，交付给出口商。票面担保是指银行在票据上作出的为进口商无条件付款的承诺。出口商收到汇票后正确背书给包买商。出口商必须向包买商提供福费廷业务所需单据及文本。通常包括汇票、商业发票和提单的真实复印件。

（五）交单

出口商在银行承兑的远期汇票或本票上背书并注明"无追索权"字样后，正式连同其他的单据在承诺期内交贴现银行审核。一般须提交的单据有以下几种：本票或已承兑汇票等；提单副本；发票副本；合同副本；保函副本；出口商对其签字及文件真实性的证明；出口商债权转让函。

（六）审单及付款

银行在收到出口商提交的单据后须认真审核，尤其对出口商签字的真伪要核实。若该贴现银行是投资性贴现（即自留票据，到期后向进口方银行索偿），应事先得到进口方银行的付款承诺及进口国有关政府和法律的许可文件。然后，经审核单据无误后向出口商付款。

若该贴现银行是代理性贴现（即同时转贴给二级市场），则须事先与二级市场的有关银行达成默契。在收到出口商的全套单据后，再背书给下一手银行，并提供其他有关资料和证明，收到付款后再支付给出口商。

银行在贴现付款时，须按出口商的指示，将贴现款项汇到其指定的银行账户上。同时，向出口商提供一份贴现清单，列明贴现票据现值、贴现率、期限、承担费以及贴现后的净额。同时抄送进口方银行作为一份存档文件，以便在到期日索偿时参考。

（七）包买商向担保人追索付款

商业银行将到期票据向进口商提示付款不能实现时，可向担保银行提示付款。商业银行（包买商）经向进口商或担保银行提示，不能得到付款时，可向进口商或担保银行提出诉讼。如果由于不正当交易、无效票据、不合格担保等原因造成退票，商业银行（包买商）仍可考虑向出口商追索。

福费廷的一般业务流程如图10-1所示。

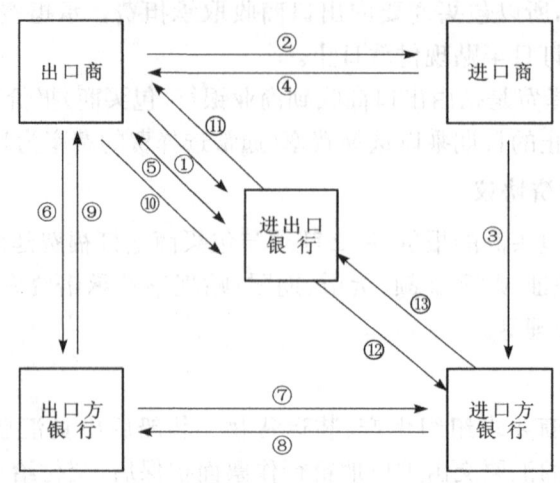

图 10-1 福费廷的一般业务流程

注：①福费廷咨询；②商务合同；③开证申请；④发货；⑤福费廷协议；
⑥交单议付；⑦请求承兑；⑧承兑汇票；⑨退回承兑汇票；
⑩提交福费廷所需单据；⑪付款；⑫到期索偿；⑬付款。

三、福费廷业务融资费用计算

福费廷是一项新型的贸易融资工具，融资比例通常为 100%，还款来源为出口项下的收汇款。出口受益人承担的费用因不同银行稍有差异，一般由利息、手续费和承诺费三部分构成，有的银行因同业竞争而免收手续费，承诺费在客户违约时收取，仅仅收取利息。

福费廷业务的利息计算方法与出口押汇相同：

$$\text{福费廷利息} = \text{本金} \times \text{利率（根据具体情况而定，高于押汇利率）} \times \text{天数（办理日至到期日 + 5 个工作日）}/360$$

因此，出口受益人办理福费廷业务后，实际进入账户的金额应为：

$$\text{实际入账金额} = \text{本金（汇票或发票金额）} - \text{利息} - \text{手续费} - \text{承诺费} - \text{出口议付本来应承担的费用（议付费、邮费等）} - \text{国外预扣款（通常为 USD300，在收汇后多退少补）}$$

承诺费是银行在承诺期内根据贴现的面值及向出口商承诺的融资天数计算出来的费用。承诺期是指从银行与进口商签订福费廷协议起至银行实现贴现付款日止的一段时间，承诺期不是事先固定的，但是一般不超过 6 个月。银行一旦承诺为出口商贴现票据，从签订福费廷协议起的任何一天，都有可能成为实际贴现付款日，所以银行要事先筹好资金，随时准备支付票款，如中途出口商因某种原因未能履约，银行就要蒙受一定的资金损失。因此，收取相应的承担费是合理的。

承诺费率一般为年利率 0.5%～2%。计算公式为：

$$\text{承诺费} = \text{票面值} \times \text{承诺费率} \times \text{承诺天数}/360$$

例如:贴现票据面值 USD 1 000 000,承诺费率为 1.5% 年利率,承诺期 90 天。则

$$承诺费 = USD\ 1\ 000\ 000 \times 0.015 \times 90/360 = USD\ 3\ 750$$

四、福费廷业务的当事人利弊分析

(一) 福费廷业务对出口企业的利弊分析

1. 福费廷业务对出口商的有利之处

第一,因为福费廷本质上是一种票据的买断,融资面对其无追索权决定了其具有风险转嫁的功能。所以,福费廷使出口商敢于与风险较高的国家做贸易。如我国的一些大型机械设备出口主要集中在发展中国家,而对发展中国家的出口中风险较大,这样,出口商不必承担与出口贸易有关的国家风险、商业信用风险及可能出现的不可抗力导致的风险等,正如前文所述,这些风险已经全部转嫁给福费廷融资商。

第二,对出口商来讲福费廷业务能有效消除利率风险、汇率变动风险,及资金的转移风险。融资商在福费廷合同签订时就已经算出一个贴现率,这个贴现率对于出口商来说,就是一个确定的固定利率,因此可以将融资成本计入合同价款,这样,福费廷合同一经签订,业务成本即可固定。另外,国际市场的汇率变动异常激烈,短期利率比长期利率容易预测且变动风险也小,所以也容易消除汇率风险和资金转移风险。

第三,福费廷融资商处理福费廷业务的程序比一般商业贷款要简化。从担保抵押手续看,商业银行进行出口押汇一般要求借款人提供第三方担保或财产抵押,手续繁多;而福费廷融资只需进口方提供银行担保或承兑票据。也不像商业贷款那样要办理公开登记等手续,因而办理手续简单。

第四,即期收汇,减少资金占压,增强资金流动性。另外,在某种程度上,也能减少资产管理和债券回收的工作和费用。同时,它也不影响企业的受信额度,还有利于改善其资产负债表。

第五,出口商提供延期付款便利,在竞争日益激烈的国外市场,这无疑对于增加出口产品的竞争力具有重要意义,从而更有利于开拓国际市场。从政策层面上说,为了扩大出口,国家外汇管理部门积极鼓励企业运用这个结算工具,出台有关规定,决定对"做福费廷业务的远期出口收汇,可以在银行买断单据后立即办理出口退税和出口收汇核销"。

2. 福费廷业务对出口商的不利之处

首先,福费廷适用于成套设备、船舶、工程机械等资本货物交易及其他大型项目交易,融资期限必须是中长期(一般 6 个月到 12 年),成交金额一般也比较大(10 万美元以上)并且不适合于我国占有很大优势的消费性货物,所以其业务限制较多。

其次,福费廷业务收费较高。据调查,做成一项福费廷业务,融资商收取的贴现费、手续费等一般占标的物价值的 10%~15%,因为这项成本最终也将要加到商品的价格中去,无疑就会抬高商品的价格,也会在一定程度上影响出口。

但以上这些问题并没有抑制国内出口面对福费廷业务的需要,改革开放以来,我国出口产品的结构虽然发生了很大变化,由原来的初级产品的出口,逐步向高技术、高附加值的制成品、资本性货物转变,但是在国际市场上的竞争力还是比较弱。因此,扩大成套

设备和各种大型机电等资本性货物的出口,对于优化我国出口结构具有重要作用。我国资本性货物出口的主要市场是发展中国家,而外汇短缺是发展中国家面临的普遍性问题,他们大部分都借助外资银行的帮助尝试了福费廷业务所带来的好处。近年来,国内银行也逐渐加强与外资银行合作,代理外资银行的福费廷业务,借助外资银行的福费廷专业机构开展了福费廷委托代理业务以及国家相关的政策支持,这也更好地为出口商利用这个融资工具铺开了广阔的道路。

(二)福费廷业务对进口商的利弊分析

1. 福费廷业务对进口商的有利之处

福费廷业务使得进口商可以获得贸易项下延期付款的便利,缓解了资金压力;不占用进口商的融资额度,保留了在进行其他业务时的融资便利;所需文件及担保简便易行。

2. 福费廷业务对进口商的不利之处

首先,进口商必须申请银行担保,因而长期占用银行对其授信额度的较大部分,并且要支付银行担保费用。

其次,由于福费廷业务的融资成本较高,出口商往往会抬高货价以转嫁费用,因而增加进口商的偿还负担。

最后,进口商承兑的汇票或其签发的本票是一种独立的不可撤销的付款凭证。包买商无追索权地从出口商处买入票据,放弃了对出口商的追索权,但作为正当持票人的包买商可以凭票据强制进口商或担保人付款,进口尚不能以贸易纠纷为由拒付或拖延付款。

(三)福费廷业务对于包买商的利弊分析

1. 福费廷业务对包买商的有利之处

包买商银行通过开展福费廷业务,扩大了业务品种;提高了融资效率,在不占用本身贷款规模的前提下,扩大了融资额度和范围;加强了与国外银行的交往,并有利于培养国际金融专业人才;可以随时在二级市场上出售所贴现的票据,安全性和流动性较好。

2. 福费廷业务对包买商的不利之处

鉴于"无追索条款"的限制,包买商承担的风险较大。包买商既要承担进口商及担保人的信用风险,还要承担进口商所在国家的政治风险和汇率风险。

五、福费廷业务需要注意的问题

(一)对于出口商(信用证项下的受益人)

(1)必须将远期信用证项下的单据交办理福费廷业务的出口地银行议付或处理,这是一般银行办理福费廷业务的前提条件,否则银行将拒绝受理福费廷业务的申请,即出口商准备在 A 银行办理福费廷业务,就不能将信用证项下的单据交由 B 银行议付或处理。

(2)开证行所在国政局、经济不稳定或开证行信誉欠佳等情况下,银行一般不愿做福费廷业务。

(3)"无追索权"是相对而言的,出口商欺诈或开证行因法院禁付令而未能履行信用证项下付款的情况下,福费廷业务申请人必须归还原融资款。

（4）承受比出口押汇较高的利息支出。

（二）对于办理福费廷业务的银行

（1）对出口商提供的资料进行合规性审核。

（2）信用证项下的单据必须交本行议付或处理,在他行议付或处理的单据不予办理福费廷业务。

（3）充分考虑信用证的开证行及所在国家、地区的风险,原则上不办理高风险国家、地区的福费廷业务。

（4）认真审核国外开证行或保兑行的承兑电报,对于开证申请人的承兑、未经加押或有权签字人签字的承兑或含义不明的承兑,不得办理福费廷业务。

（5）在出口地银行的"代理行管理系统"中,对开证行在出口地银行或其总行没有授信额度的,原则上不予办理福费廷业务。

（6）对于风险较高的国家或地区,为了避免风险,可考虑转卖,或邀请一家或数家银行对自己拟做的福费廷业务提供风险担保,即"风险参与"(risk participation)。由于风险参与银行是独立于进口开证行担保以外的,对任何信用风险和国家风险造成的票款迟付或拒付负有不可撤销的责任和无条件的赔付责任。对初级包买商来说,可通过风险参与银行获得开证行之外的第二重保障。

第二节　国际保理业务

国际保理业务(international factoring),又称保付代理业务,是指出口商以赊账、承兑交单等方式销售货物时,保理商买进出口商的应收账款,并向其提供资金融通、进口商资信评估、销售账户管理、信用风险担保、账款催收等一系列综合性金融服务方式。根据保理业务涉及保理商的情况,保理业务分为双保理模式和单保理模式。在欧洲和北美洲开展的国际保理业务中,大多数都采用双保理模式,而单保理模式则更多地被运用在国内保理业务中。

一、保理业务及国际保理

保理(factoring)业务英文原意为代理,在此解释为银行为客户承包代理收取货款。它是银行对出口商提供的一种短期融资工具。银行介入出口商与进口商之间,在赊销交易的背景下向出口商提供融资,以此换取向进口商收取货款的权利,银行从中收取服务费以获得利润。保理业务发展至今已是一项综合性的一揽子服务,包括向出口商提供进口商资信情况、买断出口商的应收账款、管理应收款并承担坏账损失。保理业务20世纪60年代起源于美国,而后很快在欧美、亚太地区推广开来。保理公司隶属于商业银行。目前世界上已有数百家保理公司,并设有国际保理业务协会(FCI)。凡自愿参加该组织的成员应自觉遵守该组织约定的国际惯例,办理业务并协调业务纠纷。目前我国的中国银行已全面开展保理业务。

国际保理业务是国际保付代理业务的简称,在我国又称为承购应收账款业务。它是指保理商（factor）从其客户（出口商）手中购进通常以发票表示的对债务人的应收账款，并负责信用销售控制、销售分户账户管理和债权回收业务。因此，它是一种短期的贸易融资方式，主要是为赊销方式而设计的一种综合性金融服务。

随着国际贸易的发展和扩大，保理行业及其业务也有了相应的发展。在保理业务的发展过程中，先后出现了几个规模较大的国际性保理业务组织，例如国际保理商联合会、海勒保理业务组织、国际保理连锁组织。其中规模最大的是国际保理商联合会。该会所有会员公司都按照该会统一的规则开展业务，包括标准的相互代理业务合同和统一的操作规范等。通过国际合作网络，各国保理公司广泛地开展相关国际贸易的信用担保、保理融资和追收账款等业务。

二、国际保理业务的基本当事人

（1）出口商（exporter）或称销售商（seller）或称供货商（supplier），它提供货物或劳务，出具发票，他的应收账款则由出口保理商叙做保理业务。

（2）进口商（importer）或称买方（buyer）或称债务人（debtor），它是对提供货物或劳务所产生的应收账款负有付款责任的当事人。

（3）出口保理商（export factor）是对出口商的应收账款叙做保理业务的当事人。

（4）进口保理商（import factor）或称代理保理商（correspondent factor），是同意代收由出口商出具发票表示的，并转让给保理商的应收账款，依照保理规则，对已承担信用风险的受让应收账款，有义务支付的当事人。

三、国际保理业务的服务内容

国际保理业务是一种新型的综合性的金融服务行业。它包括销售分户账管理、债款回收、信用销售控制、坏账担保和贸易融资。出口商可根据自己的实际情况，要求保理商提供该项业务的全部服务项目或部分服务项目。可见，该项业务具有较强的灵活性和适应性。

（一）销售分户账管理

由于保理公司通常是大的商业银行的附属机构，它拥有完善的账户管理制度、先进的管理技术和丰富的管理经验。同时，各大保理公司具有电子计算机及现代化办公设备，并与国外各种机构建立了计算机联网，能够提供高效的社会化服务。

保理公司收到出口商交来的销售发票后，在电脑中设立分户账，输入必要的信息及参考数据，如债务人、金额、支付方式、付款期限等，然后由电脑进行自动处理如记账、催收、清算、计息、收费、统计报表的打印等项工作。保理公司可根据出口商的要求，随时或定期提供各种数据和资料。

（二）债款回收

债款回收是一种专门的技术。一般出口商，甚至包括产品畅销、生意兴隆的卖方，也因缺乏这种回收债款的技术，常常导致营运资金周转不灵、应收账款不能及时收回、应付账款又不能按期偿还。而保理公司具有专业的收债技术和丰富的收债经验，懂得在什么时候该用何种方式对何种债务人收债。保理商一般都设有专门的部门处理法律事务,如产生争议和纠纷,可及时提供有效的律师服务。保理公司往往在签署保理协议之前就要先与出口商议定将来的收债方式、程序和最后手段,并且在征求出口商意见之前,一般不会擅自采取法律手段来解决债务问题,以维护出口商的长远利益。

(三) 信用销售控制

为避免和减少潜在风险,出口商必须了解和掌握客户资信变化情况,制定出切实可行的信用销售限额和采取必要的防范措施。但对一般中小企业来说,难于做到这一点。保理公司却以其优势,既可利用保理商联合会广泛的代理网络和官方及民间的商情咨询机构,又可利用其母银行广泛的分支机构和代理网络,通过现代化手段获取所需的最新动态资料。这就使保理公司能够随时掌握客户的资信变化情况,并对出口商的每个客户核定合理的信用销售额度,从而将坏账风险降低到最低限度。

(四) 坏账担保

出口商在信用销售额度之内的销售叫做已核准应收账款(approved receivable),超出额度部分的销售,叫做未核准应收账款(unapproved receivables)。保理公司对已核准应收账款提供百分之百的坏账担保。这就是说,只要出口商对其每个客户的销售控制在保理公司核定的信用销售额度之内,就能有效地消除因买方信用造成的坏账风险。由于出口商出售给保理公司的应收账款必须是正当的、毫无争议的债务求偿权,所以对产品质量、服务水平、交货期等引起贸易纠纷所造成的呆账和坏账,保理公司不负担赔偿之责。

(五) 贸易融资

保理业务最大优点在于保理公司可以提供无追索权贸易融资,而且手续简单,十分方便。既不像信用放款那样需要办理复杂的审批手续,也不像抵押放款那样需要办理抵押品的移交和过户手续。供应商在发货或提供技术服务后,将发票通知保理公司就可以立即获得不超过 80% 发票金额的无追索权预付款融资,基本解决了在途和信用销售的资金占用问题。

四、国际保理业务的分类

(一) 根据进出口商有无保理机构的不同进行分类

1. 单式保理

在国际贸易的进出口双方当事人中,只有进口商所在国有保理公司,出口商所在国没有保理机构。由进出口双方和进口保理公司组成的保理业务关系,称为单式保理。在单式保理中,通常由出口商向进口保理公司提出书面委托和保理额度申请。进口保理公司经过对进口商资信调研后,核定"买方信用额度",并与出口商签订保理协议。出口商在核定的"额度"内,根据销售合同按期发货,将有关货运单据直接寄交进口保理公司,由该公司负责管理和按时收取出口货款,同时根据申请亦可提供 100% 进口商信用风险担保。进口商于付款到期日将全部货款交付给进口保理公司,该公司收到货款,将扣除手续费后的净额汇交出口商。

2. 双式保理

在国际贸易的进出口双方当事人的所在国,分别设有出口保理公司和进口保理公司,由出口商委托出口保理公司,转托进口保理公司,联系进口商而组成的保理业务关系,称为双式保理。在双式保理下,通常由出口商先提出保理额度申请,委托出口保理公司联系进口保理公司。进口保理公司收到上述额度申请后,立即对进口商进行资信调研,根据调研结果,核定"买方信用额度",并通知出口保理公司转知出口商,凭以签订保理协议。出口商按照核定的"额定",根据销售合同按期发货,将有关货运单据提交出口保理公司,转寄进口保理公司。进口保理公司负责管理,按时收取出口货款,同时根据申请亦可提供100%进口商风险担保。进口商于付款到期日将全部货款交给进口保理公司,该公司收到货款并扣除手续费用后,将净额汇交出口保理公司转交出口商。

双式保理的好处是:

(1) 对出口商来说,由于保理公司在核定"买方信用额度"基础上,提供信用额度担保或融资便利,使出口风险明显降低,费用也相对节省,有利于出口贸易的开展。由于出口商对客户提供承兑交单或赊销等优惠的付款条件,有利于成交,增加了出口,有可能获得更多利润。

(2) 对进口商来说,由于保理公司在资信调研基础上,提供了信用额度担保,不需要领付保证金,就能得到货到付款的好处,既降低了进口风险,也节省了利息和费用。这样,进口商就有可能利用有限资金,扩大营业额,保证收到的货物与合同规定相吻合。

(二) 根据保理业务是否结合融资的不同进行分类

1. 融资保理

融资保理是指保理商根据出口商提供的货物买方的名称、地址和融资申请,经过对买方的资信调研,核定"买方信用额度",可以凭出口商提交的货运单据,给予出口商按发票金额60%~80%的融资便利。在货款到期时,保理公司从收买的货款中扣还融资金额的本息和手续费用后,将其余货款汇交出口商。

2. 非融资保理

非融资保理是指保理商接受出口商委托,通过对进口商资信调研,核定"买方信用额度"。出口商发货后承担对应收货款的管理;亦可根据出口商申请,提供按100%发票金额的买方信用担保,但不提供预付货款的融资便利。

3. 有追索权保理

有追索权的保理是指根据保理协议的规定,保理商不负责为客户核定信用额度和提供坏账担保,仅提供包括融资在内的其他服务。如债务人因清偿能力不足而形成呆账、坏账时,保理商有权向供应商追索。

4. 无追索权保理

无追索权保理是指保理商根据保理协议规定,对出口商所提供的客户名单进行资信调查,并为每个客户核定相应的信用额度。出口商在有关信用额度内的销售,保理商对这部分应收账款的收购没有追索权。由于债务人资信问题所造成的呆账、坏账损失由保理商承担。

(三) 根据债权转让是否通知债务人进行分类

1. 公开保理

公开保理是指出口商在债权转让之后,必须以书面形式将保理商的参与通知债务人,并指示债务人于货款到期日直接向保理商支付货款的保理方式。

2．隐蔽保理

隐蔽保理是指出口商与保理商之间的债权转让行为不需要通知债务人,货款到期时,债务人将款项付给出口商,再由出口商将货款交付保理商的保理方式。

(四)根据保理业务具体操作方法的不同进行分类

1．批量保理和逐笔保理

批量保理是指保理公司同出口商签订保理协议。明确规定货物批量保理总额和销售次数。保理公司可向出口商分别提供同一批货物项下分若干次销售的保理服务。逐笔保理是指在保理总协议管辖下,出口商在每笔出口业务成交后,根据销售合同与保理公司签订分协议,保理公司根据总、分保理协议规定,逐笔提供保理服务。

2．单一保理和背对背保理

单一保理是指根据一宗保理协议项下提供的保理服务。背对背保理是指一项进出口交易中包含两个保理协议:一个是国际保理协议,另一个为国内保理协议。这种情况常见于以中间商出现的国际贸易中,这里的进口商同时又具有中间商的双重身份。从进口商身份说,通过保理公司同出口商签订的是国际保理协议;从中间商身份说,通过保理公司与物资需求方签订的是国内保理协议。进口保理公司就是根据国内保理协议和对中间商的资信调研,核定"买方信用额度",通知出口保理公司转告出口商的。在这种情况下,出口保理公司同出口商签订的国际保理协议是一种背对背的保理方式。

3．直接保理和间接保理

直接保理是指进口商根据保理协议,于到期日将货款直接付给进口保理公司,再由该公司将货款汇交出口保理公司转交出口商。间接保理是指进口商根据保理协议,于到期日将货款汇交出口商,不经过保理公司收转。

五、国际保理业务的运作机理

(一)国际保理协议的主要条款

1．有效期限

保理协议自签字之日起有效期通常为1年,如有需要,可于次年转期。否则,协议逾期后将自动失效,但在有效期内发生的未了业务继续按原协议规定办理,直到全部办理完毕为止。

2．收购应收账款

销售商同意并保证按照保理协议的有关规定,将协议生效时已存在的和协议有效期内发生的,通过向国内外客户提供服务或出售商品而产生的所有合格应收账款出售给保理商,并使其不受留置权和抵押权的影响。销售商对其附属机构、控股公司、母公司和集团成员的销售属不合格应收账款,保理商不予收购。

对所出售的应收账款,销售商的发票上必须载有经保理商认可的转让过户文句。该文句可用印刷、盖章和贴标签的方式加注,但要注意不能遗漏。

3. 核准与未核准应收账款

在保理有效期内,销售商可以随时向保理商申请核准出售商品或提供服务而产生的应收账款,保理商则以书面通知该应收账款核准与否。销售商也可随时要求保理商为自己的客户核定一个信用销售额度,但必须如实提供所掌握的有关该客户的资信情况。保理商以书面通知核准的应收账款和信用销售额度内的应收账款均叫做已核准应收账款。对已核准应收账款(又称买方的已核准债务),保理商可以提供无追索权融资和坏账担保。对未核准的或超出信用销售额废的应收账款(又称未核准应收账款或买方的未核准债务),保理商仅提供有追索权融资,并不承担坏账风险。

由于销售商出售的应收账款均被认为是产生于已经或将会被买方所接受的销售货物或服务中,所以如果买方对此提出异议、抱怨或索赔,均被推定为是发生了贸易纠纷,保理商将立即转告销售商去处理解决。如纠纷未能在合理时间内得到解决,保理商有权主动冲账,该类冲账将显示在每月的对账单上。如有异议,销售商应于收到对账单后30天内通知保理商。对发生贸易纠纷的应收账款,不论其是否在信用额度之内,均为不合格应收账款,保理商有权主动冲账,并不承担坏账风险。

4. 收购价款的计算与支付

保理商收购应收账款的金额是做了下列扣除的。首先,销售商根据正常的贸易条件给予客户的回扣、佣金和折让。其次,根据保理协议计算出的贴现费用。贴现率通常为现行的透支利率。再次,根据应收账款总额计算出的保理商的管理费用。费率幅度从0.75%至3%不等,根据服务项目和业务量大小而定,通常不超过2%。

在保理协议签订后,保理商通常为销售商开立贴现和往来两个账户。

贴现账户用来记录提供融资的情况。保理商对销售商的所有预付款融资及其管理费、贴现费均借记该账,所有收回的货款贷记该账。该账户的借方余额代表着保理商收付款的差额,也即提供预付款融资的余额。贴现费就是根据该账户的每日余额按照协议规定的贴现率计算出来的。但销售商不必负担因客户倒闭而形成的坏账的贴息。在获悉某个客户破产倒闭的同时,该客户名下的所有已核准应收账款会被立即贷记贴现账户,作为已收回款项对待,损失由保理商承担。

往来账户用来记录保理商和销售商双方之间的一切经济往来。销售商出售给保理商的所有应收账款均记入贷方,保理商对销售商支付的所有收购价款及管理费和贴现费均记入借方,该账户的贷方余额代表保理商尚欠销售商的收购价款。

5. 债权转让及履约保证

销售商必须应保理商的要求并按协议规定将应收账款的债权转让给保理商,并将这种非抵押性质的转让以书面形式通知债务人。保理商作为销售商的代理,可以其名义实施这种转让和通知。当通过销售货物产生的债权发生转移时,销售商拥有的其他相关权益也被认为随之转移,如所有权、留置权、停运权、再出售权等。销售商承认、接受并保证始终严格遵守保理协议的所有条件和规定。除此之外,还要对下列事项进行担保。一是所有出售的应收账款均产生于正当交易。二是销售商已全部履行了有关合同项下的责任和义务。三是提供的货物及服务已被或将被客户接受,并不会发生争议及贸易纠纷。四是客户不是销售商的附属机构、控股公司或集团成员。

6. 限制条款

一是未经保理商以书面形式认可同意,销售商不得以任何方式将应收账款抵押给第三者。如在协议签订时已存在对应收账款的某种抵押,应保理商的要求,销售商必须负责解除这种抵押。二是签订保理协议后,销售商不得再与任何第三者签订类似的协议。三是未经保理商以书面形式认可同意,保理协议也不得转让。

7. 协议的立即终止

如果销售商违反了保理协议的规定,或申请自动清盘,或被迫清盘,或被债权人指定的接管人接收了资产,或其全部或部分资产因法律诉讼而遭扣押时,均被认为是发生了违约行为。这时保理商有权立即终止协议,但仍保留其所有的正当权益,并可以用主动借记的方式将未付应收账款再转让给销售商。

(二) 国际保理业务流程

国际保理业务的运作机理如图 10-2 所示。

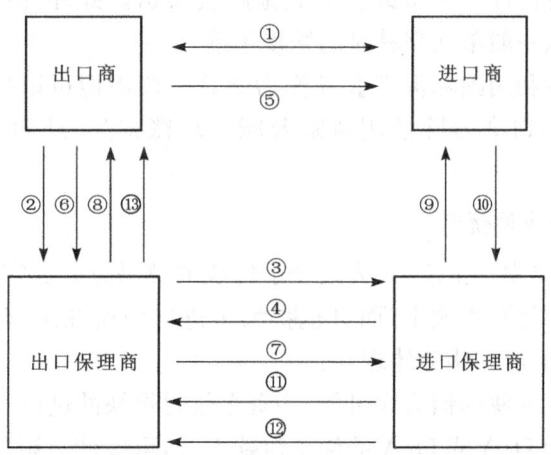

图 10-2　国际保理业务的运作机理

注:①出口商寻找有合作前途的进口商;②出口商向出口保理商提出保理的需求并要求为进口商核准信用额度;③出口保理商要求进口保理商对进口商进行信用评估;④如进口商信用良好,进口保理商将为其核准信用额度;⑤如果进口商同意购买出口商的商品或服务,出口商开始供货,并将附有转让条款的发票寄送进口商;⑥进口商将发票副本交出口保理商;⑦出口保理商通知进口保理商的有关发票详情;⑧出口商有融资需求,出口保理商付给出口商不超过发票金额的 80% 的融资款;⑨进口保理商在发票到期日前若干天开始向进口商催收;⑩进口商于发票到期日向进口保理商付款;⑪进口保理商将款项付出口保理商;⑫如果进口商在发票到期日 90 天后仍未付款,进口保理商做担保付款;⑬出口保理商扣除融资本息(如有)及费用,将余额付给出口商。

六、国际保理业务的应用优势

国际保理业务作为一种贸易结算手段和金融服务,主要应用优势体现在以下方面。

(一) 对出口商的应用优势

第一,国际保理业务使出口商很容易获得有关进口商的资信情况,有助于克服出口商在交易中的信息障碍。

第二,由于国际保理业务对于新的或现有的客户提供更有竞争力、更有利的 O/A(赊销)、D/A(承兑交单)或 D/P(付款交单)付款条件,增加了交易成功的机会,从而大大拓展海外市场,扩大了出口贸易份额。

第三,国际保理业务可以为客户提供买方信用担保,即在国际贸易中,进口商的财务风险转由保理商来承担,使出口商可以得到 100％的收汇保障。通过这种方式可以使出口商在保理商所核准的信用额度内消除由于买方拒付货款或破产倒闭等原因造成的账款无法回收的风险。

第四,在对外贸易中,出口商对进口商的买方资信调查、账务管理和追收账款等项目的处理都由保理公司负责完成,减轻了出口商的业务负担,同时也降低了出口商的管理成本。

第五,由于出口商能及时甚至提前收汇,也就间接避免了国际贸易中普遍存在的外汇汇率变动风险。

第六,出口商利用保理业务进行融资,与贷款融资方式相比,可减少资产负债表中的负债,有利于企业的有价证券上市或扩展其他融资渠道。此外,由于国际保理业务办理手续简便,不可以免除一般单项交易时的繁琐手续。

总之,由于出口商利用国际保理业务作为结算手段不但可以扩大出口份额、降低业务成本,还可以帮助出口商排除信用风险及减少坏账损失,从而大大增加出口商的利润额。

(二) 对进口商的应用优势

国际保理业务的出现和推广,大大改变了传统的贸易方式。它不仅方便了进口商的对外贸易交往,降低贸易费用成本,而且也扩大了进口商所在国家和地区的进口贸易规模。具体到国际保理的应用优势体现在:

第一,国际保理业务使赊销成为可能,为资金暂时短缺的进口商增加了贸易机会。

第二,进口商利用 D/A 或 O/A 的优惠付款方式,可以使有限的资金得到充分应用,加速资金周转,以有限的资本,购进更多货物,增强了购买力,扩大了营业额。

第三,进口商可以凭借公司的信誉和良好的财务状况获得进口保理商提供的买方信贷,且无须抵押,不必寻找担保行,也无需开立信用证,大大简化了进口手续,还省去大笔的担保费用或开立信用证的保证金。

第四,进口商收到单据即可以提货,简化了购买手续,节省了时间。这种简易的购货方式使进口商不用批量进货,既可以减少库存积压,又可以及时购进适销商品。因此,进口商使用国际保理业务,不仅可以加快资金周转还可以增加货物流动,使其生意更发达,利润更丰厚。

(三) 对保理商的应用优势

对保理商尤其是银行来说,最大的好处是通过开展国际保理业务,可以增加金融服务品种,开辟新的利润来源。银行具有最完善的账务管理制度与最广泛的客户群体,由银行承办保理业务的应用优势表现在:

第一,可以充分利用其庞大的银行服务网络,随时掌握购货方的资信情况。

第二,利用银行在账务管理、债务清偿中的技术与经验,能很好地完成资金管理工作。

第三，利用银行现代化的计算机系统、银行结算体系，可以使出口商及时回收资金。

第四，保理业务的开展还可以使银行扩大中间业务收益，增加经济效益。根据国际惯例，开展国际保理业务的利润相当于传统结算业务收入的 10 倍，利润相当可观。

第五，国际保理业务所提供的资金融通，是介于信用放款与抵押放款之间的融资行为，这种融资方式本身的技术特点就起到了优化银行信贷资产结构的作用。

因此，国际保理业务作为优先服务于卖方且有益于各方的竞争工具，已越来越为买卖双方及保理商所认识和采纳。

七、办理保理业务应注意的问题

(一) 对于出口商(供货商)

(1) 了解进口商的信誉和进口国的政治、经济局势及保理商在该国的网络。

(2) 选择合适的贸易方式。一般来说，信用证项下业务不需要再做保理业务。

(3) 必须在额度内发货。

(4) 是否有追索权。

(5) 须承担较高的费用。

(6) 纠纷自理。不管出口方是否同意进口方的观点，一旦发生贸易纠纷，保理商对核定的应收账款项下发生的贸易纠纷涉及金额，视为未核准的应收账款，不负责担保赔偿。

(7) 付款有时较迟。

(二) 对于出口保理商(出口地银行)

(1) 了解出口商的情况(信誉、贸易背景、产品销售情况等)，以防风险。

(2) 了解进口商的信誉情况，提高保理业务的成功率。

(3) 加强保理项下的货款催收工作。

(4) 正确对待贸易纠纷。

(三) 贸易纠纷问题的处理

(1) 保理商承担的是进口商的信用风险，而非基础交易风险。

(2) 出口商应在销售合同中加入货物质量认证条款，以避免进口商借货物质量问题拒付。

(3) 进口保理商对纠纷的处理是积极和谨慎的，不必过于担心纠纷问题。

八、国际保理和福费廷的比较分析

由于保理和福费廷业务中都有某一中间机构对出口商票据及其债权无追索权地贴现买断，使出口商及早获取货款、转移风险，同时又使出口商不预垫款项、获取货物，对进出口双方都能起到一种融资作用，因而两种业务有许多相似之处，两种业务的实质都是出口商为获取融资而对出口债权的卖断，但在具体运作及业务特点上有所不同。

(一) 使用的业务背景不同

一般来说，国际保理适用于以赊销为主的非信用证项下的小批量、小金额、期限短的贸易结算，它所解决的是有信誉但资金薄弱的中小企业融资问题，出口以消费品为主，融资期限通常不超过 6 个月,融资金额不大,具有零售性质。

福费廷业务则适用于包括远期信用证在内的延期付款贸易,它所满足的是大型出口企业的融资需要,出口以资本品为主,批量和金额较大,一般为 50 万～100 万美元,付款期限较长,一般为 6 个月至 5 年甚至 10 年,因而是一种批发性融资业务。

(二)业务的范围不同

保理业务中保理商向出口商提供的不仅仅是票据的购买与融资,还包括进口商资信评估、销售账户管理、信用风险担保、账款催收、代制单证等一系列综合金融服务,其核心优势就在于出口商在贸易合同订立前就开始控制风险,贸易后实现账务管理与企业脱离,降低企业营运成本。

大型出口企业自身拥有较强的信息能力,着重考虑的是巨额货款的及早回收与风险规避,所以,福费廷的业务范围比较狭窄,对出口商仅提供中长期贸易融资。

(三)业务的费用不同

在国际保理中,由于保理商既提供融资又提供劳务,相应的费用有:①保理佣金,如资信调研费、账户管理费、进口商风险评估费等,一般是发票金额的 0.1%～0.4%;②融资收益,自保理商买断债权至收回账款为止的融资利息,一般比市场利率低 2%～2.5%。

福费廷业务由于金额大、手续复杂,其费用形式也较多,包括:①按市场利率收取的融资利息;②福费廷商对出口商账款的管理费;③从出口商确认接受福费廷业务至福费廷商购进票据的承担费;④可能产生的出口商不完全履约的罚款。此外,进口保理商与福费廷业务中的担保行也从中收取费用,而且由于其承担的风险比出口保理商与福费廷商大,其收取的费用也较高。

(四)业务的运作逻辑不同

一笔业务是否采用保理可以不事先通知进口商,但出口商票据可以由保理商直接向进口商提示收款,遵循的是债务人法律责任尚未彻底确定下的有价证券转让的一般逻辑;而福费廷业务必须事先经过进口商同意才能得到进口地银行的担保,转让的票据也必须事先经进口商承兑,遵循的是进口商法律责任确定下的票据流通逻辑。

在保理业务中,进口保理商是先于进口商向出口保理商付款,但可以以货物质量原因导致的进口商拒付来抗辩;而福费廷业务中,进口地的担保行是后于进口商付款,但不论出于何种原因导致进口商拒付时,都必须先承担付款责任,进出口商之间的贸易纠纷不影响债权转让的独立性。

因此,对出口商来说,福费廷业务比保理业务有更强的保证性。

第三节　出口信用保险

一、出口信用保险概述

(一)出口信用保险的含义

出口信用保险(export credit insurance)是国家为了推动本国的出口贸易,保障出口企业的收汇安全而制定的一项由国家财政提供保险准备金的政策性保险业务。它能为企业的出口贸易、对外投资和对外工程承包等经济活动,提供风险保障。它属于非营利性的保险业务,是政府对市场经济的一种间接调控手段和补充,是世界贸易组织(WTO)《补贴和反补贴协议》原则上允许的支持出口的政策手段。出口信用保险承担的风险特别巨大,且难以使用统计方法测算损失概率,一般商业性保险公司不愿意经营这种保险,所以大多数是靠政府支持来经营的。

(二) 出口信用保险的种类

出口信用保险可以分短期出口信用保险和中长期出口信用保险两类。

1. 短期出口信用保险

短期出口信用保险主要是承保放账期限在 180 天之内的出口贸易。适用于持续性的出口消费性货物。在征得保险公司同意的情况下,放账期在 360 天之内的贸易也可参加短期出口信用保险。

2. 中长期出口信用保险

中长期出口信用保险主要承保放账期限在 1 年以上的出口贸易。适用于资本性货物如飞机、船舶、地铁、电站等成套设备的出口。

保险公司的担保和保险业务不断发展,新的业务例如项目融资担保、海外承包工程履约担保、BOT 项目融资担保、与出口贸易相关的履约保函、预付款保函、投标保函、海外投资项目保险等,承担由于外国政府行为及战争等风险给投资者带来的利益损失。

出口信用保险承包的范围也不断扩大,从机电产品到轻工产品,从化工原料到成套设备,承保的国别也从我国传统的贸易伙伴东南亚、欧美国家扩展到了拉美及非洲国家。

(三) 出口信用保险的作用

出口信用保险自诞生以来发展迅速,风靡全球,备受各国政府和出口商的青睐,其原因在于其对国际贸易起到了重要的促进作用。

1. 解除企业采用灵活运用结算方式的后顾之忧,提高市场竞争力

投保出口信用保险使企业能够采纳灵活的结算方式,接受银行信用方式之外的商业信用方式,使出口企业给予买家更低的交易成本,从而在竞争中最大程度抓住贸易机会,提高出口企业的竞争力,扩大贸易规模。

2. 提高债权信用等级,获得融资便利

出口信用保险承保企业应收账款来自国外进口商的风险,从而变应收账款为安全性与流动性都较高的资产,成为出口企业融资时对银行的一项有价值的"抵押品",因此银行可以在有效控制风险的基础上降低企业融资门槛。

3. 通过损失补偿,保障企业运营安全

通过投保出口信用保险,可以有效控制企业运营风险,保证现金流充裕,保障企业运营安全。同时,信用保险机构作为专业机构,对债务人能够施加最大的追偿压力,出口商也可以从追偿成果中获得比例分成。

二、短期出口信用保险

(一) 短期出口信用保险的种类

目前,中国出口信用保险公司开办短期出口信用保险,凡在中国境内注册的、有出口经营权或对外承包劳务经营权的企业,均可自主选择相关的险种获得保险人提供的风险保障和融资便利。这些险种具体如下。

1. 综合保险

综合保险(comprehensive cover insurance)承保出口商所有以信用证和非信用证为结算方式出口的收汇风险。如果出口商依照贸易合同或信用证规定,出口货物取得并提供合格单据后,因进口国的政治风险或进口商的商业风险而导致出口收汇的损失,则由保险人予以补偿。这一保险的承保范围较大,保险金额较高,但保险费率较低。

2. 统保保险

统保保险(whole turnover insurance)承保出口商所有以非信用证为结算方式出口的收汇风险。该险的承保条件是:①货物、技术或服务必须从中国出口或转口;②结算方式为 D/P、D/A 或 O/A;③付款期限在 180 天以内,但可扩展到 360 天;④签订了明确规范的贸易合同。如果符合上述条件,一旦因进口国或进口商的政治风险或商业风险而导致出口无法收汇的,则由保险人予以补偿。

3. 信用证保险

信用证保险(L/C insurance)承保出口商以信用证为结算方式出口的收汇风险。一旦出口商依照信用证规定提交了单证相符、单单相符的单据后,因进口国或进口商的政治风险或商业风险而导致出口商无法收汇的,则由保险人予以补偿。该险的承保条件是:①货物、技术或服务必须从中国出口或转口;②结算方式必须是不可撤销的跟单信用证;③付款期限在 180 天以内,但可扩展到 360 天。该险的费率相对较低。

4. 特定买方保险

特定买方保险(specific buyer's insurance)承保出口商对一个或几个特定买方,以非信用证为结算方式出口的收汇风险。其承保条件与统保保险相同,但由于出口商是选择性投保,其保险金额较低,费率相对较高。

5. 特定合同保险

特定合同保险(specific contract insurance)承保出口商在某一特定出口合同项下的应收账款的收汇风险。较适合于金额较大的机电产品及成套设备等产品的出口贸易投保。与其他险种相比,该险的承保条件较多:①货物、技术或服务必须从中国出口或转口;②出口产品必须为机电产品或成套设备等;③贸易合同金额超过 100 万美元;④结算方式为 D/P、D/A 或 O/A;⑤贸易合同明确规范;⑥付款期限在 180 天以内,但可扩展到360 天。

6. 买方违约保险

买方违约保险(insurance against buyer's break of contract)承保出口商以分期付款方式订立的合同或其他商务合同(其保险标的是出口的机电产品、成套设备以及对外工程承包或劳务合作)项下,因买方违约而遭受的出运前或出运后的收汇风险而导致的损失。与特定合同保险类似，该险要求的条件较为严格：①货物、技术或服务必须从中国出口或转口；②出口产品必须为机电产品或成套设备为主，包括船舶、高新技术和对外劳务合作等；③保险标的的价值中，中国制造的比重一般不低于 70％，船舶的价值中则不低于 50％；④贸易合同明确规范，且合同金额超过 100 万美元，其中预付款比例不低于 15％；⑤结算方式采用按工程或服务进程分期付款，最长付款期限不超过 180 天。

7. 农产品出口特别保险

农产品出口特别保险（agricultural products export specific insurance）主要承保中国农产品在出口后，买方办理进口通关手续之前，因进口国或地区颁布禁止进口令，提高检验检疫标准，增加检验检疫项目或突然变更许可文件等，导致中国农产品无法在进口国入关等事件，保险人对出口企业因此遭受的损失给予补偿。如近年来中国禽肉类产品出口因"禽流感"疫情而遭遇国外"封关"的事件即可投保此险种。

8. 出口票据保险

出口票据保险（export bill insurance）以提供出口融资的银行为被保险人，通过承保出口票据项下的商业信用风险和付款人所在国的政治风险，为融资银行贴现或押汇的出口票据提供收汇安全保障，帮助出口商获得银行融资便利。凡从事出口票据融资的各类银行均可投保该险。

（二）短期出口信用保险的保险责任及除外责任

1. 短期出口信用保险的保险责任

短期出口信用保险的保险责任主要有两类：商业风险和政治风险。

（1）商业风险：买方破产或无力偿付债务；买方拖欠货款逾期 4 个月以上；买方拒收货物并拒付货款，但原因并非保险人违约，且被保险人已经采取措施，包括必要时向买方起诉，迫使买方收货付款；开证行破产、停业或被接管；单证相符、单单相符时开证行拖欠或在远期信用项下拒绝承兑。

（2）政治风险：买方或开证行所在国家实行外汇管制，禁止或限制汇兑，但在不违反买方所在国法律、法令、命令和条例的前提下，须先由买方按保险公司要求，在指定银行或机构存入相当于他所欠货款的本国货币；买方国家实行进口管制；买方国家撤销已经颁发的进口许可证或不批准进口许可证的展期；买方所在国或货款须经过的第三国颁布延期付款令；买方所在国或任何有关的第三国发生战争、暴乱或革命；其他被保险人和买方均无法控制的非常事件。

2. 短期出口信用保险的除外责任

（1）在交付货物的过程中已经或按常规能够由货物运输保险或其他保险承保的损失。

（2）由汇率变动引起的损失。

（3）由被保险人或代表他的任何人违反合同或不遵守法律引起的损失，买方代理人的破产、违约、欺诈、违法或其他行为引起的损失。

（4）在货物交付前，买方已有严重违约行为，被保险人有权停止发货，但仍向其发货而造成的损失。

（5）在交货时由于买方没有遵守所在国的法律、法令、命令或条例，因而未得到进口许可证或进口许可证的展期所引起的损失。

（6）由于被保险人或买方代理人或承运人破产、欺诈、违约或其他行为引起的损失。

（7）被保险人没有如实、及时申报出口项下发生的损失。

（8）被保险人向未经保险公司批准信用限额并且不适用于被保险人自行掌握的信用限额的买方出口所发生的损失。

（9）货物交付承运人之日起2年内未向保险公司索赔的损失。

（10）在货物出口前,被保险人已经或应该知道本保单条款所述风险已经发生,或由于买方根本违反销售合同或预期违反销售合同,被保险人放弃其解除或中止履行销售合同的权利,仍继续发货而造成的损失。

另外,下列情况也不在出口信用保险的承保责任范围内:银行、运输代理人或承运人擅自放单造成的损失;在货物出口前发生的一切损失;直接或间接由于核辐射或核废料、核燃料引起的放射性污染,或爆炸性核装置或核成分引发的辐射、有毒物、爆炸或其他有害物质所引起的损失;由联合国安理会常任理事国任何两国或两国以上之间的战争所引起的损失;本保单保险责任以外的其他损失。

注意:根本违反销售合同又称根本违约,是指销售合同一方当事人违反销售合同的实质性义务,致使销售合同目的无法实现。在这种情况下,守约方有权解除销售合同。预期违反销售合同,又称预期违约,是指销售合同一方当事人明确表示将不履行销售合同义务,或被证明有经营状况严重恶化、转移财产以逃避债务、丧失商业信誉等丧失或者可能丧失履行债务能力的情形时,另一方当事人有权中止履行销售合同。

（三）短期出口信用保险的使用范围及赔偿比例

1. 适用范围

短期出口信用保险适用于所有以 D/P、D/A 或 O/A 等为商业信用付款条件,且贸易合同中规定的放账期不超过180天(经保险公司同意最多360天),产品全部或部分在中国制造的出口合同项下的出口,均可投保短期出口信用保险。电汇或自寄单据项下的出口也可投保,视同赊账处理。

若不考虑企业负担过重的因素,也可在信用证项下投保出口信用保险。

2. 赔偿比例

（1）一般情况下,买方拒收所致损失的赔偿比例为80%,保险单责任范围内的其他原因所致的损失的赔偿比例为90%。

（2）对于规模较小且管理素质较差的投保单位,拒收拒付的赔偿比例可视情况低于80%,破产和拖欠所致损失的赔偿比例可低于90%。

（3）政治风险项下所致损失的最高赔偿比例为95%。

另注意,保险公司向已投保的出口公司实行"买方信用额度"审批制度,该信用额度将作为保险公司对向该买家出口而承担的保险责任的最高限额。以下几种情况不批准限额:①买方无注册记录或查无此买家。②资信极为不详,且地区风险系数高。③买方财务上已出现困难,发生拖欠。④买方已上"危险买家名单"。

三、中长期出口信用保险

中长期出口信用保险(medium and long-term export credit insurance)是指承保信用期限为1年至10年(经协商,特殊项目的期限可为10年以上),出口商或银行在贸易或投资等对外经济活动中,因境外政治风险或商业风险而遭受损失的一种信用保险。中国信保公司开办此险的宗旨是支持中国商品和服务的出口,鼓励信贷机构为中国出口商提供融资便利,向购买中国商品和服务的外国进口商提供信贷。目前中国信保公司开办的中长期出口信用保险有出口卖方信贷保险和出口买方信贷保险。

(一)出口卖方信贷保险

1. 出口卖方信贷的概念

出口卖方信贷是指在大型机械装备与成套设备贸易中,为方便出口商以延期付款方式出卖设备融资,出口商所在地的银行对出口商向国外进口商出售设备、技术和劳务而提供的一种贷款。出口卖方信贷保险(supplier's credit insurance)是中国信保公司对出口商以延期付款方式出口设备等资本货物,并在卖方信贷融资方式下可能产生的出口收汇风险加以承保。

目前,中国绝大部分出口卖方信贷由中国进出口银行提供,其利率比商业贷款优惠。根据出口项目的不同,中国进出口银行将出口卖方信贷分为六类:①设备出口卖方信贷;②船舶出口卖方信贷;③高新技术产品出口卖方信贷;④一般机电产品出口卖方信贷;⑤对外工程承包贷款;⑥境外投资贷款。

2. 出口卖方信贷的特点

出口卖方信贷的特点有:

(1)卖方信贷是中长期的人民币贷款,资金不出境。

(2)卖方信贷一般使用中国人民银行颁布的指导利率。

(3)卖方信贷的商务合同一般采用延期付款方式,且必须承担汇率风险和进口商的信用风险。

(4)出口商必须在资产负债表上反映出该笔负债。

3. 出口卖方信贷的业务流程

(1)出口商以延期付款或赊销方式向进口商出售大型机械装备或成套设备。进出口商在签订合同后,进口商先支付10%~15%的订金,在分批交货验收和保证期满时,再分期支付10%~15%的货款,其余70%~80%的货款在全部交货后若干年内分期偿还(一般每半年还款一次),并支付延期付款期间的利息。

(2)出口商向其所在地银行商借贷款,签订贷款协议,以融通资金。

(3)进口商随同利息分期偿还出口商货款后,出口商根据贷款协议用以偿还其从银行取得的贷款。

出口商向银行借取卖方信贷,除按出口信贷利率支付利息外,并须支付信贷保险费、承担费、管理费等。这些费用均附加于出口设备的货价中,但每项费用的具体金额进口商不得而知。所以,延期付款的货价一般高于以现汇支付的货价。

4. 出口卖方信贷保险承保的风险范围

出口卖方信贷保险对出口商承保以下风险：

(1) 进口商和担保人破产、倒闭、解散和被清算。

(2) 进口商自付款日起 6 个月仍未按合同支付货款，而且担保人也未履行合同。

(3) 进口国颁布法律，使进口商合法欠债和改变付款货币种类。

(4) 进口国发生政治事件、经济困难，阻碍或延误进口商履行付款义务。

(5) 进口国政府政策致使合同无法执行。

(6) 进口国发生战争、暴乱，致使合同无法履行。

5. 投保人资格和投保条件

出口商投保出口卖方信贷保险，必须符合下列资格和条件：

(1) 出口项目符合进出口双方国家法律法规，不得损害中国国家利益。

(2) 投保时，进口国的政治风险应属于中国信保公司可接受的风险范畴，投保金额不超过投保时进口国国家限额的余额。

(3) 买方和担保人的信用较好。

(4) 投保人是在中国注册的具有相关出口经营权和资质的法人，在与中国信保公司的业务合作经历中，不存在不良记录或违约行为。

(5) 出口标的应主要为中国生产的资本性货物、半资本性货物和与之相关的服务。船舶类产品国产化比率一般不低于 50%，其他机电产品、成套设备不低于 70%，海外工程承包项目的中国成分应符合国家的相关规定。

(6) 出口项目技术可靠，经济效益较好，符合进口国的环保规定。

(7) 商务合同金额应不低于 100 万美元。

(8) 商务合同应规定有一定比例的现汇付款或预付款。船舶类产品交船前进口方现汇支付或预付款比例不低于合同金额的 20%，其他机电产品、成套设备不低于 15%。

(9) 延付期自商务合同约定的买方第一笔还款日起至最后一笔还款日止，一般不超过 10 年，大型项目最长不超过 12 年。宽限期为商务合同生效至延付期开始之前的期限，视项目的规模和复杂程度确定，但原则上不应超过建设期或发运期 2 年。项目信用期（宽限期与延付期之和）最长不超过 15 年。

(10) 买方延期付款利率应反映市场利率水平，原则上不得低于融资成本。

6. 出口卖方信贷保险的除外责任

保险人对下列损失不承担赔偿责任：

(1) 出口商不履行商务合同或违反法律所导致的损失。

(2) 汇率变更引起的损失。

(3) 因进口商的罚款或惩罚性赔偿引起的损失。

(二) 出口买方信贷保险

1. 出口买方信贷的概念

出口买方信贷是指在大型机械装备与成套设备贸易中，由出口商的银行贷款给外国进口商或进口商的银行，用于支持进口商以即期付款形式购买出口商的产品、服务或技术的一种贷款。贷款银行可以是出口国银行，也可以是第三国银行。出口买方信贷保险

(buyer's credit insurance)是中国信保公司的另一项中长期出口信贷保险业务,在出口买方信贷融资方式下,向贷款银行提供的还款风险保障。在出口买方信贷保险中,贷款银行是被保险人,投保人可以是出口商或贷款银行。在该保险下,贷款银行可以保证按期足额收回贷款本金和利息。

出口买方信贷包括直接贷款给进口商和直接贷款给进口商银行,再由该银行转贷给进口商两种方式。

2. 出口买方信贷的特点

出口买方信贷的特点有:

(1) 买方信贷是一种中长期跨国的外汇贷款。

(2) 买方信贷一般使用 OECD 组织公布的商业参考利率或以为 LIBOR 基础的浮动利率。

(3) 买方信贷的商务合同可采用 L/C、D/P 付款方式,出口商发货后可即期收汇,不承担汇率风险和进口商的信用风险。

(4) 出口商无须负债。

3. 出口买方信贷的业务流程

(1) 直接贷款给进口商的程序与做法:①进出口商洽谈签约后,进口商先缴付相当于货价15%的现汇订金。此笔订金可在贸易合同生效日支付,也可在合同签订后的60 天或 90 天支付。②在合同签订至预付订金前,进口商再与出口商所在地银行签订贷款协议。此协议以贸易合同为基础,如果进口商不购买出口国的设备,则进口商不能从出口商所在地银行取得此项贷款。③进口商用其借得的款项,以现汇付款条件向出口商支付货款。④进口商对出口商所在地银行的欠款,按贷款协议的条件分期偿付。

(2) 直接贷款给进口商银行的程序与做法:①进出口商洽谈签约后,进口商先缴付15%的现汇订金。②在合同签订至预付订金前,进口商所在地银行与出口商所在地银行签订贷款协议。此协议以贸易合同为基础,但在法律上具有相对独立性。③进口商银行以其借得的款项,转贷给进口商,后者以现汇条件向出口商支付货款。④进口商所在地银行根据贷款协议,分期向出口商所在地银行偿还贷款。⑤进口商与进口商银行间的债务按双方商定的办法在其国内清偿结算。

上述两种形式的买方信贷协议中,均分别规定进口商或进口商银行需要支付的信贷保险费、承担费、管理费等具体金额,这比卖方信贷更有利于进口商了解真实货价,核算进口设备成本,有时信贷保险费直接计入贸易合同的货价中。

4. 出口买方信贷保险承保的风险范围

该险承保借款人和担保人因政治和商业原因不能遵守协议规定偿还贷款本金和利息的风险。但下列情况保险人不承担责任:

(1) 被保险人违反保险单或贷款协议导致的损失。

(2) 被保险人的过失导致保险单或贷款协议部分或全部无效。

5. 投保人资格和投保条件

在该险下,投保人资格和投保条件与"出口卖方信贷保险"的标准基本相同。

6. 出口买方信贷保险的贷款协议条件

（1）贷款协议的签订应符合协议双方国家法律法规。

（2）还款期在 1 年以上。一般机电产品还款期原则上不超过 10 年，电站项目还款期不超过 12 年。

（3）贷款利率应参照同类贷款的市场利率水平，采用其他利率方式应符合中国信保公司的有关规定。

（4）贷款货币为美元或其他中国信保公司可接受的货币。

四、出口信用保险与国际保理的比较

出口商为了降低风险、减少坏账损失，可以通过采取出口信用保险或国际保理来规避风险。两种业务适用的结算方式有重叠之处，都可以采取托收、放账赊销等方式。但两者在性质、功能、业务范围、操作方式等方面存在区别。

（一）性质不同

出口信用保险与出口信贷一样，属于政府政策性金融的一部分，是政府为了鼓励企业出口而采取的金融扶持政策，通常不具有竞争性。而国际保理属于商业性金融业务，具有竞争性。

（二）功能不同

出口信用保险属于保险范畴，是出口商对应收账款投的保险；国际保理是一种融保险与结算为一体的综合性服务，不仅能减少企业的收账风险，而且能帮助企业加强对应收账款的管理，减少管理费用。

（三）业务范围不同

出口信用保险的使用必须符合政府的产业政策和进出口政策，在我国，出口信用保险一般针对大型机械设备和机电产品出口而设计的。国际保理一般适用于生产原料、零部件、生活消费品等不涉及大量售后服务产品的出口。国际保理商一般不接受收账期长、产品售后服务工作量大或产品性能、质量在交货后较长时间才能明确的合同。

（四）操作方式不同

出口信用保险由政府指定的信用机构办理，申请、办理手续较为烦琐。出口信用保险机构一般要求出口商提供定期的销售额报告及过期的应收账款报告，如债务人（进口商）赖账或破产出现理赔时，出口商须向保险机构提供全套的单据资料。通常不是足额赔偿，而且获得赔偿有时要拖延至进口商（债务人）正式宣布破产。

国际保理主要有单保理和双保理模式。单保理模式下，出口商与进口保理商签订保理协议。出口地银行仅仅起到传递函电及划拨款项的功能，不是保理业务的当事人而仅仅充当中间人。双保理模式下，出口商委托一家本国出口保理商，该保理商再选择委托进口商所在地的进口保理商。出口商将需要核定信用额度的进口商清单交给出口保理商，由其转给进口保理商。进口保理商对进口商进行资信调查，确定信用额度。如出口商贸易合同金额在进口商的信用额度内，出口保理商将对出口商的坏账风险承担全部责任，一旦出现进口商赖账或破产，出口保理商即予赔偿。

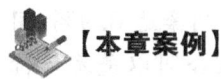【本章案例】

信贷联结出口信用保险：博泵融资案例

2005年4月13日，"博泵"以其子公司——山东博泵机电进出口有限责任公司（以下简称"博泵机电"）名义与苏丹财政国民经济部签署了金额为1 153万美元水泵机组合同。合同项下出口设备已陆续交货完毕并于2007年10月取得验货证明。该合同具体支付方式为：①预付款为出口货值的10%，另包括相应的出口信用保险费，苏丹方面在收到农行博山区支行开立的预付款保函后于2005年12月汇出并收到。②宽限期内计息并在宽限期结束时一次付清，宽限期利息合计为78万美元。③延期付款为出口货值的90%，本金及相应延付利息从2008年1月1日开始，每半年一次偿还等额本金和相应利息，由苏丹中央银行提供还款担保。按延期付款约定，发货后博泵机电账面形成了高达828.4万美元1～4年期的应收账款。

巨额生意虽然成交，但由此而来形成的高额应收账款也使博泵机电陷入进退两难的窘境：因资金吃紧，企业难以正常购进原料组织生产，如不能按期交货又将面临违约责任，影响商誉。正值博泵机电一筹莫展之际，淄博建行采取"引入第三方保险——出口信用保险"的方法，会同中国信保用买断应收账款偿还发放的出口卖方信贷方式，于2008年5月为其办理了该行首单金额为828.4万美元的出口信贷再融资业务，解决了企业的燃眉之急。

了解到博泵机电高额应收账款的资金占用问题之后，淄博建行会同中国信保深入企业调查研究，与企业一道从出口产品市场供求、生产技术、设备及经营，到交货方式、结算方式、保障措施等进行全面分析，掌握了企业现金流量和出口产品的资金走向，并几经往返于北京出口代理商和"中国信保"总部之间。双方一致认为，货款回收周期长、应收账款高、收汇风险大是问题的症结所在；对其实施贷款支持，有风险、但可控，前提是要设计好完整的控制流程。经过充分分析论证，淄博建行与中国信保合作，从满足客户风险控制、资金融通、账款管理、信用支持四个需求环节入手，为博泵机电量身裁定了出口信贷再融资这一开创性的贸易融资产品。这也是全国首例出口信贷再融资业务。

具体流程是：第一步，办理出口卖方信贷（发货前融资）。先由博泵机电以828.4万美元1～4年期的应收账款向中国信保投保买方信用险，以消除银行对高额放账风险的后顾之忧；再由淄博建行向博泵机电发放4 540万元出口卖方信贷。第二步，办理出口信贷再融资（发货后融资）。先由淄博建行投保出口延付合同再融资保险，对原企业中长期出口信用保险进行置换；后由淄博建行在收到《出口延付合同再融资保险单》及《出口延付合同再融资保险责任生效通知书》后，再进行发货后融资产品置换，即为博泵机电办理出口信贷再融资并于结汇后全部归还建行淄博分行在企业发货前已经发放的出口卖方信贷。至此，该业务办理完毕，进入贷后管理期。

出口信贷再融资的实施，帮助博泵机电解决了以下实际问题：一是解决了融资难题，使原料购进、组织生产和按期交货恢复正常；并通过各种融资产品之间的转换运用，减少了对银行授信额度的占用，扩大了融资规模。二是利用不同融资产品适用利率不同的特点，有效降低了企业财务成本。2009年前3个月，在金融危机的背景下，博泵机电实现销售收入 6 035 万元,同比增长 17.45%;完成营业利润 335 万元,销售利润率达 8.9%,同比分别增长 33%、13.5%。三是较好地规避了远期汇率风险。由于该合同以美元计价结算,且账期长达 4 年,在人民币近几年连续升值的情况下存在巨大的汇率敞口。通过办理上述业务,博泵机电可以在银行买断应收账款后提前结汇,及时规避了远期收汇项下的汇率风险。四是解决了企业提前出口退税的问题。根据外汇管理局有关规定,允许银行在办理福费廷和出口保理等性质的应收账款买断业务时出具出口收汇核销单。据了解,该笔出口信贷再融资业务帮助博泵机电提前办理出口退税 670 万元。

出口信贷再融资也为淄博建行带来了三个收益:一是信贷风险得到了有效再控制。由于该业务特别设立了融资的例外条款,即如出现例外条款约定事项,淄博建行可根据《银行、信保公司、出口企业三方赔款转让协议》有关规定向出口企业进行应收账款反转让,追索融资款项,有效地规避了保单承保范围以外可能出现的风险。二是实施了信贷产品替换。即企业取得出口信贷再融资后即用于归还原出口卖方信贷贷款,实现了由银企关系向银保关系转变,便于中国信保利用专业优势实现对海外应收账款的风险监控。三是获得了较好的综合效益。出口信贷再融资不仅为淄博建行带来了 90 万美元的利息收入、73 万美元的管理费,而且"银保企"三方就此达成了战略合作伙伴关系,确立了淄博建行的主办银行地位。如博泵机电将其与全球最大的泵业企业——世界 500 强日本荏原泵业总金额为 2 000 万美元的合资项目落户建行,并将从进出口银行融资的 7 000 万元全部直接转存淄博建行。近年来,通过投保出口信用保险,银保合作累计为企业办理贸易融资达 3 000 多万美元。

分析与点评

通过上述案例可以发现,金融危机背景下,博泵机电通过投保出口信用保险,明确保单受益人,办理出口信贷再融资,完成融资产品的置换,不仅锁定了收汇迟延和过高的外贸坏账率两大风险,而且有效地破解了困扰外向型中小企业发展的"融资难"问题,实现了银行、保险和企业乃至政府的多方共赢,其中出口信用保险贯穿于整个业务的全过程:

第一,出口卖方信贷环节。首先,企业投保中长期出口信用保险。然后,在此基础上,银行、信保公司、企业签订三方赔款转让协议,实现了资金风险的转移。为确保信贷资金风险的全面覆盖,在银保双方的共同协商下,采取了以下保障措施:①锁定汇款路线。即签订三方协议锁定延付款建行回款路线;②合理确定贷款期限及分期用款计划,确保期限与企业未来现金流入期限相匹配;③实行贷款封闭运作,避免贷款挤占挪用。在这个环节中,出口信用保险是银行同意为企业办理出口卖方信贷的前提和基础。

第二,出口信贷再融资环节。出口信贷再融资是出口卖方信贷产品的延续和升级换代,两者的根本差别在于,对保险受益人进行了替换,即由淄博建行投保出口延付合同再融资保险,将在发货前融资环节——中国信保保单赔款受益人由企业转为淄博建行。同时进行了专业化运作:①银行合理设定融资比例,即除按中国信保要求须对应收账款全额买断外,将再融资的最高比例控制在应收账款余额的 95% 以内;②加设迟付期,即在出口合同约定的付款到期日后延长一定时间作为收款预计迟付日,如实际收汇日期超过迟付日,则按"多退少补"方式处理;③企业将出口信贷再融资款项用于归还之前发放的出口卖方信贷;④银行从企业回收货款中扣收出口信贷再融资;⑤若出现进口商违约,由中国信保负责按照《出口延付合同再融资保险合同》规定进行海外应收账款追索。

受金融危机冲击，国际形势复杂多变，国外进口商信用风险加大，银行把握风险异动情况的难度越来越大。在贸易融资过程中，更多银行开始尝试引入出口信用保险作为保障措施，运用银行保单合作模式即为出口企业的应收账款购买保险，并将其对国外进口商的担保额度作为银行发放贷款的重要依据，以此规避被保险人经营出口业务时的国家（地区）的政治风险和买家的商业风险，既满足了企业的保险和融资需求，又降低企业应收账款坏账几率，实现了探索银行自身避险措施和风险转移安排的新突破。

本 章 小 结

1. 福费廷业务是一种新型的贸易结算融资工具，它通常是指由商业银行（包买商）从出口商那里无追索权地购买经进口商承兑的并由进口商所在地银行担保的远期汇票或本票，从而为出口商提供融资的一种贸易融资方式。这种融资方式可用于出口后融资，出口前融资，结构贸易融资和项目融资。福费廷是一种以无追索权形式为出口商贴现远期票据的金融服务。

2. 保理业务是银行对出口商提供的一种短期融资工具。银行介入出口商与进口商之间，在赊销交易的背景下向出口商提供融资，以此换取向进口商收取货款的权利，银行从中收取服务费以获得利润。保理业务发展至今已是一项综合性的一揽子服务，包括向出口商提供进口商资信情况、买断出口商的应收账款、管理应收款并承担坏账损失。

3. 国际保理和福费廷业务中，出口商通过向保理商、福费廷商的债权卖断实现了远期货款的即期化，其本质都是出口方中间机构（出口保理商、福费廷商）在进口方中间机构（进口保理商、担保行）保证下对出口商远期债权的无追索权的贴现，目的都是使出口商所面临的风险及时转移，进出口双方获得贸易融资，两种业务的程序除了遵循一般贸易结算的共同运作外，还体现出不同的特点：业务的背景不同、业务范围不同、业务费用不同、运作逻辑不同。

4. 出口信用保险是国家为了推动本国的出口贸易，保障出口企业的收汇安全而制定的一项由国家财政提供保险准备金的政策性保险业务。出口信用保险分短期出口信用保险和中长期出口信用保险。出口信用保险与国际保理在性质、功能、业务范围、操作方式等方面存在区别。

重 要 概 念

国际保理　双保理　融资保理　公开保理　无追索权保理　福费廷　包买票据
承诺费　出口信用保险　出口卖方信贷保险　出口买方信贷保险

复 习 思 考 题

1. 如何理解福费廷业务的一般业务流程。

2. 请用实证的方法分析福费廷业务中各当事人所面临的各种风险及对策。

3. 归纳国际保理业务的优点,结合我国实际情况谈谈你对我国国际保理业务前景的看法。

4. 请结合福费廷与国际保理业务,对它们各自的优缺点作实证性的比较分析。

5. 与商业保险相比,出口信用保险的特点、原则及承包风险有何不同?

6. 出口信用保险与国际保理有哪些不同之处?

第十一章

跨境贸易人民币结算

在对外贸易中我国大多采用美元、欧元等主流国际货币进行计价结算，除美国、欧盟等主要贸易伙伴外，还有90％以上的国际贸易使用的是第三方货币进行结算。对于使用第三方货币进行计价结算的国家而言，意味着二次兑换的结算成本和汇率风险的加大。特别是在2008年国际金融危机后，这一结算成本和汇率风险更为明显。人民币国际化不仅是中国应对危机的需要，也是世界货币体系重塑、国际金融体系稳定的必然选择。跨境贸易人民币结算有助于人民币区域化乃至国际化步伐的加快。

第一节　跨境贸易人民币结算概述

跨境贸易人民币结算试点自2009年7月正式启动至今，各项工作进展顺利，外贸企业和银行对人民币进行跨境贸易结算的需求不断增长。尤其是自2010年6月试点范围扩大以来，人民币跨境结算量呈现平稳较快增长，参与跨境贸易人民币结算试点的企业也不断增多，极大地推动了跨境贸易人民币结算业务的发展，切实促进贸易与投资便利化。

一、跨境贸易人民币结算的概念

跨境贸易人民币结算是指境内符合条件的企业在自愿的基础上以人民币进行跨境贸易的结算，商业银行在人民银行规定的政策范围内，直接为企业提供跨境贸易人民币结算服务。简单地说，是指在跨境贸易活动中以人民币报关并以人民币结算的国际贸易结算。

由商业银行提供的各种跨境贸易人民币结算相关业务，具体包括汇款、托收、信用证等多种结算方式。

具体包括以下含义：

（1）从事跨境贸易人民币结算的企业必须符合规定条件。根据《跨境贸易人民币结算试点管理办法》规定，申请企业须通过所在地省级政府并协调当地有关部门推荐，并由中国人民银行会同相关管理部门审核同意后，方可从事跨境贸易人民币结算业务。

（2）从事该项业务应满足自愿原则。因此，即便企业可以从事该项业务，也可以在跨境贸易收支中使用外币，相关管理部门既不能强制也不能无故禁止企业从事跨境贸易人民币结算。

二、跨境贸易人民币结算的出台与实施过程

针对金融危机后我国出口大幅下滑的状况,同时为降低因使用第三方货币计价结算所带来的成本和汇率风险,2008 年 12 月,我国首次提出要在广东和长三角地区与港澳地区、云南、广西与东盟地区的货物贸易中试行人民币结算的方案,同时还制定了具体详细的实施步骤和细则并付之行动。2009 年 4 月 8 日,国务院决定在上海、广州、深圳、珠海、东莞五个城市开展跨境贸易人民币结算试点工作,并将境外地域范围暂定为港澳地区和东盟国家;2009 年 7 月 2 日,中国人民银行、财政部、商务部、海关总署、税务总局、银监会等六部委共同制定了《跨境贸易人民币结算试点管理办法》并正式对外公布,标志着我国跨境贸易人民币结算业务正式进入实质的运作阶段。2010 年 6 月,中国人民银行、财政部等六部委又联合发布了《关于扩大跨境贸易人民币结算试点有关问题的通知》,将跨境贸易人民币结算的试点地区扩大到 20 个省(自治区、直辖市)。此外,中国还不断加强与境外国家和地区的经济金融合作,从而为跨境贸易人民币结算提供资金支持。2011 年 8 月 22 日,中国人民银行等六部委再次联合下发《关于扩大跨境贸易人民币结算地区的通知》,至此,跨境贸易人民币结算的境内地域范围扩大到全国,而境外地域范围也扩展到所有国家和地区。

三、《跨境贸易人民币结算试点管理办法》主要内容

2009 年 7 月发布的《跨境贸易人民币结算试点管理办法》共计 27 条,对跨境贸易人民币结算中涉及的主体、业务程序以及信息监测与监管等多项内容进行了较为全面的规定。具体包括以下八个方面的内容。

1. 试点企业的选择与银行分类的规定

试点地区政府负责协调商务、人民银行、海关、税务等部门,并确定跨境贸易人民币结算试点企业。为试点企业提供人民币结算服务的境内银行,包括为试点企业开户的境内结算银行和为境外参加银行开户的境内代理银行,这些境内银行须向中国人民银行当地分支机构备案,以落实相关监测监管规定。

2. 对人民币跨境清算渠道的规定

《跨境贸易人民币结算试点管理办法》规定,试点企业可以通过中国港澳地区人民币业务清算行,又可以通过境内代理银行进行贸易项下人民币清算。

3. 对开立人民币账户的规定

境内代理银行可以与境外参加银行签订人民币代理结算协议,为其开立人民币同业往来账户。利用该账户,境外参加银行可以为开户企业提供人民币收支服务。

4. 对兑换和融资的规定

允许境外参加银行在一定限额内向境内代理银行购买人民币铺底资金,并可为境外参加行提供铺底资金兑换服务。境内代理行可以依境外参加行的要求在限额内购售人民币,境内代理行的购售限额由人民银行确定。境内代理行可以为在其开有人民币同业往来账户的境外参加行提供人民币账户融资,用于满足账户头寸临时性需求,境内代理行的融资额度与期限由人民银行确定。

5．对贸易真实性审核和反洗钱要求的规定

境内结算银行应按照人民银行规定，对交易单证的真实性及其与人民币收支的一致性进行合理审查。境内结算银行应当按照反洗钱的有关规定，采取有效措施，了解客户及其交易目的和交易性质，了解实际控制客户的自然人和交易的实际受益人，妥善保存客户身份资料和交易记录，确保能足以重现每项交易的具体情况。

6．对出口货物退（免）税和不纳入外汇核销管理的规定

使用人民币结算的出口贸易，享受出口货物退（免）税政策。试点企业的跨境贸易人民币收支不纳入外汇核销管理，办理报关和出口货物退（免）税时无须提供外汇核销单。

7．对国际收支统计申报和外债登记管理的规定

对跨境贸易人民币结算业务中涉及的国际收支，试点企业和境内银行应当按照有关规定办理统计申报。由跨境贸易人民币结算所形成的外债无须办理登记与核准手续。

8．对信息监测和监督管理的规定

中国人民银行建立人民币跨境收付信息管理系统（简称 RCPMIS），对人民币跨境收付情况进行统计、分析与监测；同时有权对境内结算银行、境内代理银行和试点企业开展业务检查。一旦发现违规情况，可依法进行处罚。同时，中国人民银行与其他管理部门还建立了必要的信息共享机制，以形成对跨境贸易人民币结算的合理监管。

四、开展跨境贸易人民币结算的意义

跨境贸易人民币结算业务涉及我国进出口企业和参与结算的银行，因此这项业务的开展将促进我国进出口企业的健康发展，有利于我国银行业的境外市场扩展和改善我国外贸的宏观经济环境。

（一）有利于外贸企业规避汇率风险和定价风险

这是企业从跨境贸易人民币结算中得到的直接利益。因为现行我国外贸企业与国外贸易企业大多采用美元、欧元计价和结算，企业从订立合同到合同履行、结算收汇完成，相对周期较长，在整个贸易过程中，企业始终要承担汇率变动的风险。商品定价时的汇率与支付收汇时的汇率变化趋势往往难以准确预测，由此带来的风险损失只能由双方企业承担。近几年美元、欧元的剧烈波动，人民币的持续升值，使我国外贸出口企业蒙受巨大的损失。特别是我国企业主要出口的是附加值较低的加工贸易产品，利润较低，汇率的变化直接影响到产品的定价和盈利，以纺织品为例，业内推算，人民币增值 1％，利润率下降 4％～6％。采用人民币结算可以减少上述损失。同时在排除了汇率变动的影响之后，可更清晰、准确地掌握商品的实际定价，把握出口的收益和进口的成本。

（二）有利于外贸企业降低成本

在采用美元、欧元结算时，国内外企业往往需要承担结算、汇兑、保值等运营成本。一般贸易结算须经过本币—美元—本币两次兑换，除两次汇兑的汇率损失外，在购汇、结汇时还要支付银行手续费，使用人民币结算可以减少一次兑换和相应的费用。与此同时，对于中长期数额较大的合同，企业为了规避汇率风险实现保值，常常需要通过银行进行衍生品交易，因此要承担相应的衍生产品交易费用，如果人民币用于国际结算，则企业

可在避免汇率风险的同时消除了为规避汇率风险而承担的衍生交易费用,从而降低结算成本。据有关资料统计,对出口企业来说,用人民币结算大致可以节约 3%~5% 的结算成本。

(三) 有利于拓宽我国商业银行的境外市场空间

在跨境贸易人民币结算服务中,商业银行既要为境内企业提供结算服务,增加了商业银行的结算收入与汇兑收入;同时又要为境外商业银行开立人民币同业往来账户以提供代理服务,增加了由结算业务衍生出来的中间业务收入。因此,就此而言跨境贸易人民币结算具有较大的收益。

从准入角度讲,进行跨境贸易人民币结算只是将国际结算业务的币种进行调换,并不需要用类似资本金、资产质量等硬性指标对银行进行限制;从技术角度讲,跨境贸易人民币结算主要是实现银行间的账户对接、清算代理等,相当于通过境外代理行或港澳代理行作为中介,进一步延伸了央行人民币支付清算系统的覆盖区域半径。由此可见,跨境贸易人民币结算在我国银行现有的国际结算体制下,将为境内银行拓展其国际业务开辟新的空间,进而增加新的银行业务。随着跨境贸易人民币结算的发展,国内银行在境外的业务拓展,也将带来大量的中间业务收入,而且当人民币在境外产生了一定的沉淀资金后,将会对银行的其他理财服务产生需求。

对商业银行而言,在人民币不断升值的情况下,一直承担着资金上的巨大损失,如果开展跨境贸易人民币结算业务,则可以减少银行外汇头寸储备,相应地减少了人民币升值所带来的损失。此外银行业可能会通过跨境贸易人民币结算业务而获得更多的客户资源。由于外资银行拥有网络及头寸优势,以往的一些大型进出口企业更倾向于在外资银行办理业务,而采用人民币为跨境贸易计价结算货币之后,外资银行的这种优势将转向中资银行,特别是能为境外企业提供人民币融资服务的中资银行海外分支机构将拥有绝对的优势和更为广阔的发展空间。

(四) 有助于改善中国国际收支状况

我国国际收支长期以来均呈现为双顺差,随着外汇储备量的持续增加,合理引导人民币在国际贸易结算中的流通使用,能够有效地改善我国国际收支状况,具体体现为:

首先,有助于减少以美元计价的贸易顺差。总体而言我国的贸易顺差较大,而贸易顺差中的大部分均以美元计价,随着跨境贸易人民币结算在其他国家和地区使用范围的不断扩大,将会大大减少以美元计价的贸易顺差。

其次,有助于减少资本项目盈余。随着跨境贸易人民币结算工作的进一步推进,国外进出口商持有的人民币资产将进一步增加,我国的对外负债随之增加,有利于减少资本项目的盈余。同时,跨境贸易人民币结算有助于国内企业走出去,在海外建立分支机构或进行兼并收购和从事跨国投资、生产、销售等,而跨国投资的增加也会减少资本项目的盈余。

第二节 跨境贸易人民币结算流程与清算渠道

目前,跨境贸易人民币结算系统由试点企业、境内结算银行、境内代理银行、港澳人民币清算行和境外参加行等组成。在跨境贸易人民币结算的过程中,由商业银行提供的人民币跨境支付清算渠道,需要中资银行和外资银行的柜台合作才能完成。2009年7月2日出台的《跨境贸易结算试点管理办法》明确指出,跨境贸易人民币结算业务可以采取代理行模式和清算行模式。其中清算行模式主要适用于港澳地区,其主要功能就是为境内企业提供结算服务;而代理行模式主要针对东盟地区,主要目的是为境外商业银行开立人民币同业往来账户。

一、跨境贸易人民币结算中的参与银行

一笔跨境贸易人民币结算业务会涉及境外参加行、境内参加行、境内代理行和境外清算行四家银行。但有时境内参加行与境内代理行可以是境内同一家银行。

(一) 境外参加行

境外参加行是指为境外客户(公司或金融机构)提供跨境贸易人民币结算或融资服务的境外银行。境外参加行一般是外国金融机构,如中国香港地区的香港汇丰银行、渣打银行、花旗银行、南洋商业银行等;中国澳门地区的澳门兴业银行;东盟地区的越南外贸银行、印度尼西亚银行等。境外参加行也可以是我国境内商业银行在海外的分支机构。

境外参加行需在境内代理行或港澳人民币清算行开有人民币清算账户,以便在不同境内代理银行开立的人民币同业往来账户之间可以进行资金划汇;或者在境内代理行开立的同业往来账户与在港澳人民币清算行开立的人民币账户之间可以进行资金划汇。

(二) 境内参加行

境内参加行又称境内结算银行,是指境内具有国际结算能力、为境内企业开户并提供跨境贸易人民币结算服务的银行。

境内结算银行为境内企业提供跨境贸易人民币结算服务时,应遵守人民币贸易结算的有关规定。主要规定包括:

(1) 按照人民银行规定,对交易单证的真实性及其与人民币收支的一致性进行合理审查。境内结算银行应当按照反洗钱的有关规定,采取有效措施,了解客户及其交易目的和交易性质,了解实际控制客户的自然人和交易的实际受益人,妥善保存客户身份资料和交易记录,确保能足以重现每项交易的具体情况。

(2) 对于人民币跨境贸易结算项下涉及的国际收支交易,按照有关规定办理国际收支统计申报。按照外债统计监测的有关规定对人民币跨境贸易项下涉及的居民对非居民的负债办理外债登记,但不纳入外债管理。

(3) 应按人民银行相关要求接入人民币跨境收付信息管理系统并报送人民币跨境收付信息。

(三) 境内代理行

境内代理行是指为境外参加行开立人民币同业往来账户的境内商业银行。境内代理行可以同时作为境内结算银行,为境内企业办理人民币结算业务。

境内代理行可以与境外参加行签订人民币代理结算协议,为其开立人民币同业往来

账户,代理境外参加行进行跨境贸易人民币支付。境内代理行可以对境外参加行开立的账户设定铺底资金要求,并可为境外参加行提供铺底资金兑换服务。境内代理行可以依境外参加行的要求在限额内购售人民币,境内代理行的购售限额由人民银行确定。境内代理行可以为在其开有人民币同业往来账户的境外参加行提供人民币账户融资,用于满足账户头寸临时性需求,境内代理行的融资额度与期限由人民银行确定。

境内代理行需遵守人民币贸易结算的有关规定,主要规定包括:

(1) 应按规定将人民币代理结算协议和人民币同业往来账户报中国人民银行当地分支机构备案。

(2) 需按照反洗钱和反恐融资的有关规定,采取有效措施,了解客户及其交易目的和交易性质,了解实际控制客户的自然人和交易的实际受益人,妥善保存客户身份资料和交易记录,确保能足以重现每项交易的具体情况。

(3) 办理购售人民币业务时,应按照规定进行购售人民币统计。

(4) 对于人民币跨境贸易结算项下涉及的国际收支交易,按照有关规定办理国际收支统计申报。同时,按照外债统计监测的有关规定对人民币跨境贸易项下涉及的居民对非居民的负债办理外债登记,但不纳入外债管理。

(5) 应按人民银行相关要求接入人民币跨境收付信息管理系统并报送人民币跨境收付信息。

(四)港澳清算行

港澳人民币清算行是指经人民银行和香港、澳门金融管理局认可,已加入人民银行大额支付系统并办理港澳人民币清算业务的商业银行。目前,香港地区的人民币清算行是中国银行(香港)有限公司,澳门地区人民币清算行是中国银行(澳门)有限公司。

港澳清算行可以按照中国人民银行的有关规定从境内银行间外汇市场、银行间同业拆借市场兑换人民币和拆借资金;经批准后可加入全国银行间同业拆借市场,按照有关规定开展同业拆借业务;应按人民银行相关要求接入人民币跨境收付信息管理系统并报送人民币跨境收付信息。

二、跨境贸易人民币结算业务流程

在结算方式上,目前的托收、信用证等国际贸易结算方式都可适用于跨境贸易人民币结算,唯一的区别在于跨境贸易人民币结算中企业都是以人民币报关和结算。如进出口企业采用信用证结算方式下,除了从采用美元信用证转为采用人民币信用证之外并不会有明显的感觉,真正的变化在于境内外银行之间的后台结算部分。比如,中国某出口企业在与海外进口商协商过程中,可以要求人民币结算,海外进口商则在付款行开具人民币信用证,随后议付行通知出口商,之后才是发货、收货、收付款等。

(一)先进/出口后结算的业务流程

(1) 企业与外方签订人民币计价结算的贸易合同,并按合同约定进行生产和交货。

(2) 按合同规定及货物装船到(发)货的情况,以人民币向海关报关。

(3) 企业凭发票、增值税发票和出口报关单退税联(需要退税的需在海关打印)向当地税务机关办理出口免抵退税的申报。

（4）企业向银行提供合同、发票、进（出）口收（付）款说明，在银行办理收款入账或付款。银行按规定将相关信息报送人民币跨境收付信息管理系统。

（二）先结算后进/出口的业务流程

（1）企业与外方签订人民币计价结算的贸易合同，并按合同约定进行生产和交货。

（2）企业向银行提供合同、发票、进（出）口收（付）款说明，在银行办理收款入账或付款（进口预付或出口预收）。银行按规定将相关信息报送RCPMIS。

（3）按合同规定及货物装船到（发）货的情况，企业以人民币向海关报关。

（4）企业实际报关时间与预计报关时间不一致的，应通知银行，由银行向RCPMIS报送相关更新信息。

（5）企业凭发票、增值税发票和出口报关单退税联（需要退税的需在海关打印）向当地税务机关办理出口免抵退税的申报。

进出口企业办理跨境贸易人民币结算流程图如图11-1所示。

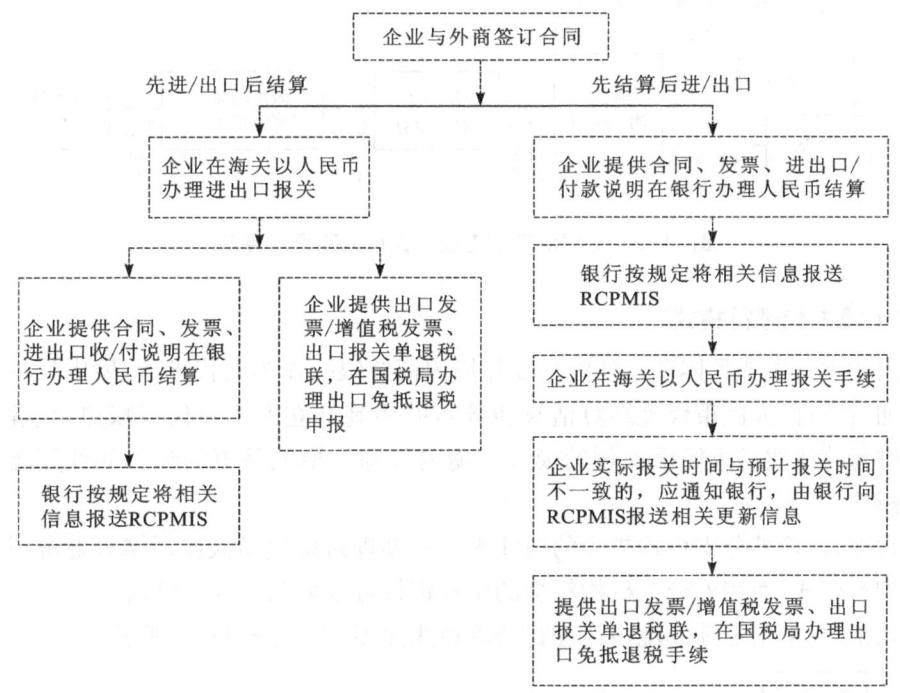

图11-1　进出口企业办理跨境贸易人民币结算流程图

三、跨境贸易人民币结算的清算模式

根据《跨境贸易人民币结算试点管理办法》规定，跨境贸易人民币结算主要采取两类清算渠道进行结算，分别是清算行模式与境内代理行模式。

（一）清算行模式

清算行模式又称港澳模式，主要指发生在中资银行境内总行和境外分支行之间的业务,即境外企业在中资银行境外分支行开设人民币账户,境外分支行(清算行)可以中国外汇交易中心会员的身份办理人民币与港元兑换平盘业务,同时还负责境外参加行的现钞存放与押运事宜。

汇入汇款、汇出汇款的港澳人民币清算行清算模式如图 11-2、图 11-3 所示。

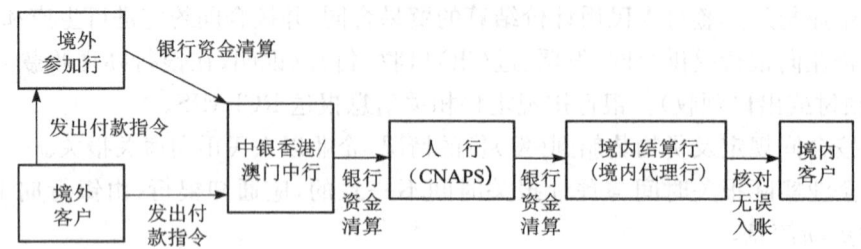

图 11-2 汇入汇款的港澳人民币清算行清算模式

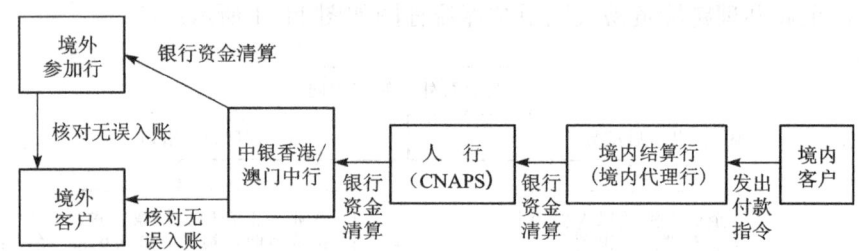

图 11-3 汇出汇款的港澳人民币清算行清算模式

(二)境内代理行模式

境内代理行模式具体是指外资行委托境内商业银行作为其代理行,境内代理银行与境外参加行签订《人民币代理结算清算协议》,并为其开立人民币代理账户,代理境外参加银行进行跨境贸易人民币支付的模式。境内代理行模式是更为流行和使用更加广泛的结算模式。

通常而言,境外分支机构较少的商业银行在办理跨境贸易人民币结算业务时可采取境内代理行模式,而境外分支机构较多的中资银行可以采取清算行模式。

汇入汇款、汇出汇款的境内代理行清算模式如图 11-4、图 11-5 所示。

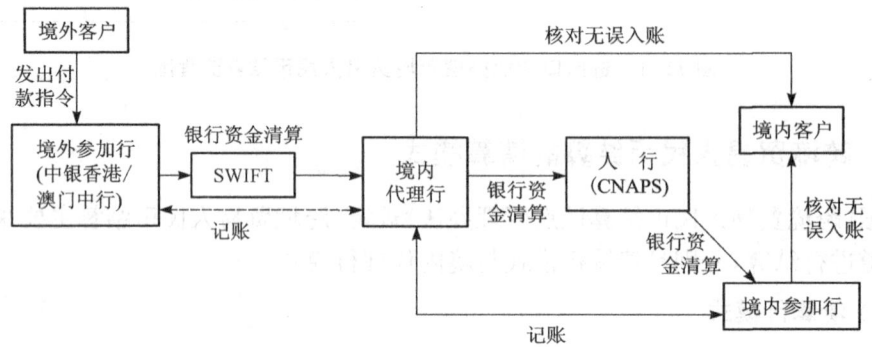

图 11-4 汇入汇款的境内代理行清算模式

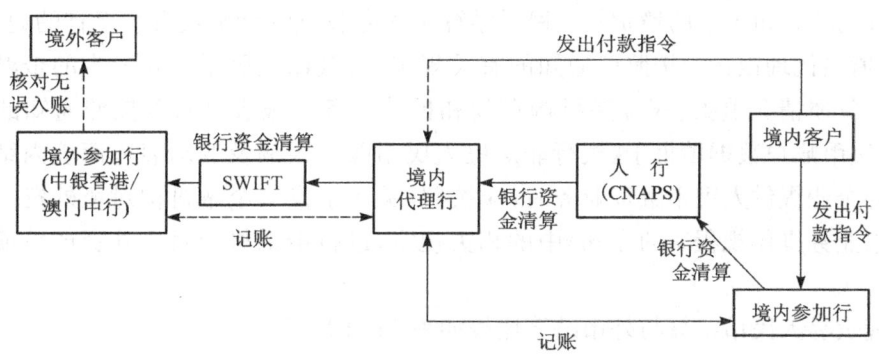

图 11-5　汇出汇款的境内代理行清算模式

四、人民币国际结(清)算的相关安排

尽管目前我国的人民币资本项目尚未实现自由可兑换,人民币尚存许多管制,但跨境贸易人民币结算的开展遵循了国际结算和清算的基本规律。具体表现在以下两个方面:

第一,结算服务的惯例化。主要表现在人民币用于跨境贸易结算时采用了国际间银行代理结算的模式,即作为人民币的发行国,我国银行体系开始为境外银行开立人民币同业往来账户,并根据此账户向境内外各类经济体提供人民币的银行结算服务。而在具体的结算服务种类上,所有银行在开展人民币跨境结算服务过程中将遵循国际结算惯例,如国际商会的《托收统一规则》(URC522)和《跟单信用证统一惯例》(UCP600)等,并最终通过人民币同业往来账户(即代理行结算账户)来完成人民币资金的结算和清算。

第二,资金流程的惯例化。中国是人民币的发行国,因此我国的银行可以直接在中国人民银行开立人民币账户,并可加入中国人民银行的实时全额人民币现代支付系统(China National Advanced Payment System, CNAPS),从而享有人民币的一级清算权。境外银行为了满足对社会主体提供人民币跨境结算的需求,选择在我国的商业银行开立人民币同业往来账户,从而间接加入了我国人民币境内清算系统,这样就使得整个人民币跨境结算的资金流程与国际主流货币的跨境结算资金流程相差无几。

在以上遵循国际货币结算(清算)惯例的制度安排下,使用人民币进行跨境贸易结算实际上与国内贸易通过银行账户进行支付结算并无多大差异。

五、跨境贸易人民币结算的申报

2010年9月国家外汇管理局下发了《国家外汇管理局综合司关于跨境贸易人民币结算中国际收支统计申报有关事宜的通知》,规定由跨境贸易人民币结算业务所引起的跨境人民币流量与存量相关信息均属于国际收支统计申报范围,银行和企业应根据《国际收支统计申报办法》和相关规定办理国际收支统计申报。目前,跨境贸易人民币结算的申报主要限于三种情况:第一是以人民币形式发生的金融机构对境外资产负债的申报;第二是通过大额支付系统收付的申报;第三是银行卡收付的申报。

目前,以人民币形式发生的金融机构对境外资产负债的申报方式较为常见。《国家外汇管理局综合司关于跨境贸易人民币结算中国际收支统计申报有关事宜的通知》中明确规定,境内代理银行应按照该通知的有关规定,将其以人民币形式发生的金融机构对境外资产负债情况填报在《金融机构存放和拆放业务申报表》中,并按照通知的相关规定,将人民币账户数据填报于《银行非居民人民币账户余额及变动表》;而境内结算银行在向境外企业提供人民币融资业务时,应按照《关于下发＜金融机构对境外资产负债及损益申报业务操作规程＞的通知》中的相关规定,进行金融机构对境外资产负债及损益申报。

跨境贸易人民币结算与外币结算比较如表 11-1 所示。

表 11-1　　　　　　　　　　跨境贸易人民币结算与外币结算比较

	以人民币作为结算货币	以外币作为结算货币
在外汇汇率大幅波动时能否规避汇率风险	能	不能
是否需要核销	不需要	需要
是否需要纳入外债指标	不需要	需要
出口是否享受退税	可以	可以
是否进行国际收支申报	需要,且更简便	需要
是否进入待核查账户	不需要	需要
预收预付限额管理	较为宽松	严格

第三节　跨境贸易人民币结算的风险及其防范

人民币作为结算货币的发展趋势和市场容量主要受到国际国内企业的接受程度、各国货币的汇率制度、国际金融市场发达程度和境外人民币流通与便利性的影响,其风险仍然存在。

一、跨境贸易人民币结算中的风险

1. 增加人民币政策调控风险

随着人民币用于跨境贸易结算业务量扩大,境外人民币债权增加,债权累积达到相应的规模,一是必然导致货币供应量不断增加,二是增加人民币境外债权债务管理难度。一旦我国企业进口外国货物需向外支付人民币,通过银行之间的清算划转到外国出口商的账户中,该笔人民币将被作为对我国的债权存在,但是一系列问题就会随之出现:如外国交易方即出口商持有的人民币如何兑换成自由外汇;如果外国交易方即出口商当时不兑换,则会成为境外人民币存款,是否必须纳入资本项目兑换管理;境外所有出口商拥有人民币数量如何有效回流;境外所有出口商拥有人民币再进行各种投资对人民币供应量的影响多大。

2. 增加外汇管理风险

现阶段用人民币结算在客商意愿中存在有两种区域性特征:一是欧美外商对人民币

结算的需求在现阶段并不强烈;二是东盟国家很愿意接受人民币作为主要贸易和投资的结算工具。由于中国与东盟之间经济联系日益密切,中国经济增长的稳定性,人民币在东盟国家受欢迎。这样,人民币在国际上总体的跨境流通还无法形成一个完整的回路。导致境外企业在选择人民币结算时有可能面临两种困难:一是缺乏人民币来源而无法用人民币支付。这主要是指只从中国进口而不对中国出口的国外企业。二是拥有人民币却无法花掉人民币。这主要是指国外企业只向中国出口而不从中国进口。这就是跨境贸易人民币结算附带形成的外汇管理问题。我国实施严格的外汇管理制度,而人民币用于跨境贸易结算一方面会出现出口收汇收到的是人民币,另一方面进口付汇支付的也是人民币,并可能出现多次转汇后支付渠道与国内支付渠道混淆的状况,如何界定人民币"输出输入"渠道,特别是如何核查是否"热钱"流入,都有较大的难度。

3. 增加国际贸易结算的风险

人民币跨境贸易结算具有两种操作模式:清算模式和代理模式。但是这两种模式要考虑两种新的情况:一是结算网络能否相通。国际结算网络与国内清算网络是否达到一致性。二是代理账户增加带来的管理难度。央行对于允许在试点银行开设人民币账户的外资银行有一个框架式的基本要求,即需要具有一定的开设账户条件和签订开户协议。因此,试点银行存在交割风险。

4. 增加监控国际游资的风险

近年来国际游资大量流向发展中国家的外汇、股票和债券市场,已成为国际金融市场动荡不安和触发金融危机的重要因素。无论是流入还是流出,它首先体现于一国的国际收支中,并主要表现为资本项目中短期资本的变动,但是在国际短期资本流动中,投机性流动、安全性流动不仅数额巨大而且变动频繁,造成国际短期资本流动变化迅速且缺乏规律性,难以进行有效分析。使用人民币进行结算以后,中国经济与世界经济的联系将更加紧密,国际金融市场上的任何波动都会对中国的金融市场产生不同程度的影响。加之已经允许用人民币对境内进行投资,人民币跨境流通必将扩容,这也给国际游资的进入创造了可乘之机,毫无疑问对中国金融体系的稳定性带来挑战。

5. 增加人民币升值的风险

在当前人民币升值的预期下,境内进口企业在短期内仍将选择非人民币作为结算货币,央行的外汇储备不可能在短期内大幅减少。而境外的出口企业在将来会越来越多地乐意接受人民币进行的支付,可能导致对人民币需求的增加,两者合力,将有可能会加剧人民币的升值预期。

6. 增加企业骗取退税的风险

从国际惯例的角度出发,跨境贸易人民币结算没有采取类似外汇核销管理的方式审核贸易真实性,试点企业人民币报关、结算和出口退税不用提交核销单,出口收入也不用先进待核查账户,简化了试点企业的业务办理手续,也缩短了资金到账时间。这就意味着申报出口退(免)税手续相对简化,这使得税务部门对这些业务的监管风险加大,同时也给了试点企业涉税违规的便利,出口骗退税的风险也会随之增加。

二、跨境贸易人民币结算的风险防范措施

1. 严格审查试点企业和境外银行资质

严格把握试点企业的选择。在目前各方面防控还不很完善的情况下,试点企业优良的资质,对于风险防控尤其重要。选择资信良好、国际贸易经验丰富,且能够严格遵守财税、商务、海关和外汇管理等各项规定的企业进行试点。这就从试点企业的选择上能够大大降低试点的风险,因此必须有一整套严格的准入制度和评价制度来选择试点企业,严格审查境外参加银行的资格。在为境外参加银行开立人民币同业往来账户时,应当要求境外参加银行提供其在本国或本地区的登记注册文件或者本国监管部门批准其成立的证明、法定代表人或指定签字人的有效身份证等作为开户证明文件,并对上述文件的真实性、完整性及合规性进行认真审查和备案。

2. 确保双方银行协议得到有效落实

为境外参加银行开立人民币同业往来账户,境内银行应与境外参加银行签订代理结算协议,约定双方权利义务、账户开立的条件、账户变更撤销的处理手续、信息报送授权等内容,将整个代理结算置于严格的协议框架范围内,有效防控法律风险。

3. 严格账户使用管理和预警分析

严格试点结算人民币账户的使用范围,规定境外参加银行的同业往来账户只能用于跨境人民币结算,防止利用人民币进行非法支付结算。同时,要探索将境外参加银行的同业往来账户纳入人民币银行结算账户系统进行统一监控。严格账户融资余额和期限控制,必须根据人民币存款总额,建立风险评价指标,确定适当的融资风险比例,规定境内代理银行对境外参加银行的人民币账户融资总余额和融资期限,防止超资金实力的超额融资风险。

4. 加强贸易全过程管理和真实性审核

严格监督试点企业落实贸易支付措施,监督试点企业依法诚信经营,确保跨境贸易人民币结算的贸易真实性,试点企业申请人民币支付业务应当向其境内结算银行提供进出口收款说明和进口付款说明,配合境内结算银行进行贸易单证真实性和一致性审核工作;试点企业应当建立跨境人民币结算台账,准确记录进出口报关信息和人民币资金收付信息,详细记录和反映真实的贸易情况。严格对境内结算银行进行监管,境内结算银行要对办理的跨境人民币资金收付必须逐笔进行贸易单证真实性和一致性审核。未完成贸易单证真实性、一致性审核前,不得为试点企业办理人民币资金支付。加强贸易全过程管理。严格贸易过程预收、预付资金的控制与管理,确保预收、预付资金有真实的贸易基础和收支的合规性。对试点企业的预收、预付人民币资金,境内结算银行应当逐笔审核和记录资金的预收、预付性质及试点企业提供的预计报关时间,并对资金性质和报关时间变化情况进行及时更新;对试点企业预收、预付人民币资金超过合同金额一定比例的,应当向其境内结算银行提供贸易合同、报关单等足以证明贸易真实性的贸易单证。确保贸易背景真实性,境内结算银行向试点企业和境外企业提供各种形式的人民币贸易融资,也应当具有真实的贸易背景,融资金额严格控制在试点企业与境外企业之间的贸易合同金额之内。

5. 加强部门协调和建立有效监管网络

完善人民银行、财政、商务、海关、税务、银监等相关部门的信息共享和管理机制,加大事后检查力度,形成对跨境贸易人民币结算试点工作的有效监管网络。同时,加强跨境人民币资金流动的监测、分析等基础工作,及时指导结算业务工作。强化结算业务办理过程的常规监管,按照反洗钱和反恐融资的有关规定,采取有效措施,通过结算业务办理过程的常规监管,了解客户及其交易目的和交易性质,了解实际客户的自然人和交易的实际受益人,妥善保存客户身份资料和交易记录,确保能足以重视每项交易的具体情况。强化中国人民银行对境内结算银行、境内代理银行、试点企业开展跨境贸易人民币结算业务情况的检查监督,发现违反有关规定的,严格依法进行处罚,确保跨境贸易人民币结算业务健康规范发展。

6. 加快人民币利率市场化和汇率形成机制改革

培育货币市场基准利率,提升金融机构定价能力,放松利率管制,形成发达的二级市场。人民币汇率的市场化改革要求建立健全以市场供求为基础的、有管理的浮动汇率体制,保持人民币汇率在合理、均衡的水平上基本稳定,要根据自身经济改革和发展的需要,推动汇率风险管理工具创新。

 **阅读资料**

跨境贸易人民币结算的交易特点

跨境贸易人民币结算量自试点以来,其规模呈不断扩大的趋势。从全国情况看,截至 2011 年 9 月,我国整个跨境贸易结算量累计已经突破 2 万亿人民币,达 20 793.9 亿元,其中货物贸易结算量达 1.6 万亿元,服务贸易与其他经常项目结算量为 4 500 多亿元。2013 年 9 月,全国累计办理跨境贸易人民币结算业务达约8.6万亿元。

但跨境贸易人民币结算的总体规模依旧较小,所占全国的外贸进出口总额比重偏低,而且还存在区域分布不平衡、进出口结构和境外地区结构失衡等方面的问题。

(一) 区域分布不平衡,东部地区明显高于中西部地区

由于经济发展水平、地区资源禀赋、产业结构状况等方面存在差异,各区域跨境贸易人民币结算成交量也呈现出不同的区域特点。从境内分布地区来看,广东、北京、上海是跨境贸易人民币结算业务开展的主要地区,而其他地区的结算量相对较少,地区发展不平衡。从区域分布的角度来看,东部地区明显高于中西部地区,跨境贸易人民币结算区域分布不均。而在西部地区,广西、内蒙古、云南和新疆等因其边境贸易发展较快,跨境贸易人民币结算金额相对较多,人民币的跨境结算对促进边境贸易的发展起到了积极作用。

(二) 境外地区以中国港澳地区为主

跨境贸易人民币结算开始试点时将境外地区仅限定为中国港澳地区和东盟地区,2010 年 6 月才将境外地域范围扩大到全球。加之我国所处的地理位置及对外贸易结构,也在一定程度上决定了人民币跨境结算的境外区域不平衡。中国人民银行 2010 年第二季度的货币政策执行报告显示,截至 2010 年 6 月,中国香港、新加坡两地的人民币跨境结算业务量总和占到全部业务的 88%。从境外地域来看,与境内地区发生人民币实际收

付业务的国家和地区达 148 个,东盟地区、巴西以及一些新兴市场国家的人民币跨境结算业务也迅速增长。亚洲尤其中国香港是人民币海外业务最发达的地区,为跨境贸易人民币结算提供了较为充分的资金支持,因此这些地区的跨境贸易人民币结算发展也相对迅速。

(三) 货物贸易结算占绝对比重

货物贸易、服务贸易和投资构成了对外经济贸易中使用人民币进行计价结算的三个主要部分。总体而言,货物贸易结算的发展明显快于服务贸易结算,而服务贸易结算又快于跨境投资结算。根据中国人民银行各季度的货币政策执行报告,自跨境贸易人民币结算试点以来,货物贸易结算所占比重最大,但随着时间的推移与跨境贸易人民币结算发展的不断成熟,这一比例呈现不断缩小趋势,而服务贸易及其他经常项目结算金额占比逐步上升。2010 年第一季度,银行累计办理跨境贸易人民币结算业务量 183.5 亿元,其中货物贸易结算金额达 167.19 亿元,占 91.112%,服务贸易和其他经常项目出口结算仅占 8.888%;发展到 2011 年第三季度,银行累计办理跨境贸易人民币结算业务量 5 834.1 亿元,其中货物贸易结算金额 3 968.6 亿元,占比降为 68.024%,而服务贸易和其他经常项目出口结算占比上升到 32.976%。但货物贸易结算仍占绝对比重,服务贸易和其他经常项目人民币结算发展的空间较大。

(四) 进口支付远超出口,结算结构失衡

中国人民银行《2011 年第三季度的货币政策执行报告》显示,2011 年第三季度,跨境贸易人民币结算实际收付总金额为 4 195.7 亿元,其中实付 2 626.7 亿元,实收 1 569.0 亿元。另外,根据国家外汇管理局 2011 年 4 月发布的《2010 年中国国际收支报告》相关数据显示,2010 年全年人民币净流出 400 亿美元。因此,在我国人民币跨境结算中,进口支付远超出口,人民币结算结构失衡。

(五) 人民币结算总体规模偏小

自试点以来,跨境贸易人民币结算量迅速增长,结算规模呈不断扩大趋势,但总体规模仍然偏小,所占我国对外贸易进出口总额的比重较低。跨境贸易人民币结算在未来进一步发展的空间很大。

本 章 小 结

1. 跨境贸易人民币结算是指境内符合条件的企业在自愿的基础上以人民币进行跨境贸易的结算,商业银行在人民银行规定的政策范围内,直接为企业提供跨境贸易人民币结算服务。简单地说,它是指在跨境贸易活动中以人民币报关并以人民币结算的国际贸易结算。

由商业银行提供的各种跨境贸易人民币结算相关业务,具体包括汇款、托收、信用证等多种结算方式。

2. 跨境贸易人民币结算系统由试点企业、境内结算银行、境内代理银行、港澳人民币清算行和境外参加行等组成。在跨境贸易人民币结算的过程中,由商业银行提供的人民币跨境支付清算渠道,需要中资银行和外资银行的柜台合作才能完成。《跨境贸易结算

试点管理办法》指出,跨境贸易人民币结算业务可以采取代理行模式和清算行模式。其中清算行模式主要适用于中国港澳地区,其主要功能就是为境内企业提供结算服务;而代理行模式主要针对东盟地区,主要目的是为境外商业银行开立人民币同业往来账户。

3. 人民币作为结算货币的发展趋势和市场容量主要受到国际国内企业的接受程度、各国货币的汇率制度、国际金融市场发达程度和境外人民币流通与便利性的影响,其风险仍然存在,诸如人民币政策调控风险、外汇管理风险、企业骗取退税等风险,因此必须采取相应的防范措施。

重要概念

跨境贸易人民币结算　境内参加行　境外参加行　境内代理行　清算模式　银行资金清算

复习思考题

1. 什么是跨境贸易人民币结算?我国为何要推进跨境贸易人民币结算?
2. 跨境贸易人民币结算的清算模式有哪几种?
3. 跨境贸易人民币结算与外币结算有何不同?
4. 跨境贸易人民币结算有何特点?
5. 跨境贸易人民币结算有哪些风险?应采取哪些相应的防范措施?

主要参考文献

1. 徐莉芳,王晓博. 国际结算与信贷[M]. 上海:立信会计出版社,2005.

2. 徐进亮,李俊. 国际结算实务与案例[M]. 北京:机械工业出版社,2011.

3. 岳华. 国际结算概论[M]. 上海:立信会计出版社,2001.

4. 刘震,庞红. 国际结算[M]. 北京:首都经济贸易大学出版社,2010.

5. 林孝成. 国际结算实务[M]. 北京:高等教育出版社,2004.

6. 苏宗祥,景乃权,张林森. 国际结算[M]. 北京:中国金融出版社,2004.

7. 姚新超. 国际结算与贸易融资[M]. 北京:北京大学出版社,2010.

8. 张东祥. 国际结算[M]. 北京:首都经济贸易大学出版社,2005.

9. 胡丹婷,杭言勇,傅纯恒. 国际贸易实务[M]. 北京:机械工业出版社,2011

10. 李晓洁,徐曙娜. 国际贸易结算[M]. 上海:上海财经大学出版社,2003.

11. 赵明霄. 国际结算习题与案例[M]. 北京:中国金融出版社,2010.

12. 杨琦,张峻,郭树华. 跨境贸易人民币结算研究[M]. 北京:中国经济出版社,2013.

13. 杨丛. 跨境贸易人民币结算的风险与防范[J]. 管理世界,2011(10).

14. 尤璞. 汇付结算方式的风险防范[J]. 现代商业,2007(26).

15. 王莉,陈琳,刘琳,陈云. 进出口业务单证操作手册[M]. 广州:广东经济出版社,2011.

16. 庄乐梅,李菁. 国际结算实务精讲[M]. 北京:中国海关出版社,2013.

17. 刘卫红,尹晓波. 国际结算[M]. 大连:东北财经大学出版社,2012.

18. 高洁,罗立彬. 国际结算[M]. 2版. 北京:中国人民大学出版社,2012.

19. 韩宝庆. 国际结算[M]. 北京:清华大学出版社,2012.

20. 蒋琴儿. 国际结算 理论 实务 案例[M]. 2版. 北京:清华大学出版社,2012.

21. 周继忠. 国际贸易结算[M]. 上海:上海财经大学出版社,1997.

22. 袁亚丽. 国际贸易结算与融资[M]. 上海:上海交通大学出版社,2015.

23. 程祖伟,韩玉军,姜钰. 国际贸易结算与融资[M]. 4版. 北京:中国人民大学出版社,2016.